All these things

Stefan Krankenhagen

All these things

Eine andere Geschichte der Popkultur

J.B. METZLER

Stefan Krankenhagen
Institut für Medien, Theater und
Populäre Kultur
Universität Hildesheim
Hildesheim, Deutschland

ISBN 978-3-476-05829-4   ISBN 978-3-476-05830-0 (eBook)
https://doi.org/10.1007/978-3-476-05830-0

Die Deutsche Nationalbibliothek verzeichnet diese Publikation in der Deutschen Nationalbibliografie; detaillierte bibliografische Daten sind im Internet über http://dnb.d-nb.de abrufbar.

© Der/die Herausgeber bzw. der/die Autor(en), exklusiv lizenziert durch Springer-Verlag GmbH, DE, ein Teil von Springer Nature 2021
Das Werk einschließlich aller seiner Teile ist urheberrechtlich geschützt. Jede Verwertung, die nicht ausdrücklich vom Urheberrechtsgesetz zugelassen ist, bedarf der vorherigen Zustimmung der Verlage. Das gilt insbesondere für Vervielfältigungen, Bearbeitungen, Übersetzungen, Mikroverfilmungen und die Einspeicherung und Verarbeitung in elektronischen Systemen.
Die Wiedergabe von allgemein beschreibenden Bezeichnungen, Marken, Unternehmensnamen etc. in diesem Werk bedeutet nicht, dass diese frei durch jedermann benutzt werden dürfen. Die Berechtigung zur Benutzung unterliegt, auch ohne gesonderten Hinweis hierzu, den Regeln des Markenrechts. Die Rechte des jeweiligen Zeicheninhabers sind zu beachten.
Der Verlag, die Autoren und die Herausgeber gehen davon aus, dass die Angaben und Informationen in diesem Werk zum Zeitpunkt der Veröffentlichung vollständig und korrekt sind. Weder der Verlag noch die Autoren oder die Herausgeber übernehmen, ausdrücklich oder implizit, Gewähr für den Inhalt des Werkes, etwaige Fehler oder Äußerungen. Der Verlag bleibt im Hinblick auf geografische Zuordnungen und Gebietsbezeichnungen in veröffentlichten Karten und Institutionsadressen neutral.

Planung/Lektorat: Ferdinand Pöhlmann
J.B. Metzler ist ein Imprint der eingetragenen Gesellschaft Springer-Verlag GmbH, DE und ist ein Teil von Springer Nature.
Die Anschrift der Gesellschaft ist: Heidelberger Platz 3, 14197 Berlin, Germany

Er hatte noch nicht den Mut gehabt, die Rechnung seinen Vormündern zu schicken, die äußerst altmodische Leute waren und nicht einsahen, dass wir in einer Zeit leben, wo unnötige Dinge unsere einzigen Bedürfnisse sind.

Oscar Wilde, Das Bildnis des Dorian Grey

Die Originalversion der Titelei wurde revidiert. Im Inhaltsverzeichnis wurden die Untertitel der Kapitel ergänzt.

Dank

Dieses Buch ist über mehrere Jahre entstanden. Positiv ausgedrückt: Ich hatte Zeit, mit vielen Menschen über Ideen und Dinge zu sprechen, die mich im Zusammenhang mit einer materiellen Geschichte der Popkultur beschäftigt haben. Nicht alle können hier genannt werden. Dank gilt meinen Materialtestern, die im Laufe der letzten Jahre Auszüge des Buches gelesen, kommentiert und verbessert haben: Dirk Brall, Werner Greve, Dirk Hohnsträter, Johannes Ismaiel-Wendt, Vera Klocke und Ingrid Tomkowiak.

Um aus dem versammelten Material ein Buch zu machen, braucht es einen Verlag, vor allem aber Lektoren, die diesen Prozess begleiten. Ute Hechtfischer vom Metzler Verlag hat als Erste an *All these things* geglaubt und Ferdinand Pöhlmann hat meine Arbeit mit beruhigender Aufmerksamkeit unterstützt.

Dank gilt auch den Museen, Archiven und Bibliotheken, die Bestandteile ihrer Sammlung digital verfügbar machen, wie das Buffalo Bill Center of the West, die Mary Pickford Foundation, das Archiv der Jugendkulturen e. V. und viele mehr. Dank gebührt vor allem den unzähligen Fans, Sammlerinnen und Liebhabern, die auf eigene Kosten frühe Comics und Modemagazine, historisches Filmmaterial und Rezensionen, Sammelkarten, Fotografien und Werbeplakate im Netz zugänglich machen.

Ohne Marie-Charlotte Simons und Julius Kerstan wären viele dieser Quellen nicht entdeckt worden. Ohne Silke Körber hätte der Text nicht die Stringenz bekommen, die ihm noch fehlte. Danke für die wunderbare Unterstützung, die das Buch reicher und die Arbeit daran vergnüglicher gemacht hat.

Ein nicht weiter zu quantifizierender Dank gilt Hans-Otto Hügel für das anhaltende Gespräch, in dem wir uns seit Jahren befinden. Es ist ein Geschenk.

Schließlich: Julia, Anna und Malte. Ein Hoch auf uns, auf dieses Leben.

Inhaltsverzeichnis

All these things. Über Populäre Dinge   1

1876. Ein Skalp. Der Doppelkörper des Stars   37

1887. Kaugummis. Etwas Großes wird geschehen   53

1896. Ein Gewehr. Spiele spielen   67

1910. Scrapbooks. Beziehungsstatus ungeklärt   95

1917. Diskokugeln. Zuviel Licht   117

1923. Bananen. Moderner Konsum   135

1939/40. Nylonstrümpfe. Ästhetik der Emanzipation   167

1955. Fernbedienungen. Durch Raum und Zeit   183

1962. Suppendosen. Populäre Kultur, Pop und Kunst   213

1973. Brillen. Differenz ist mein Normal   237

1983. Ein Handschuh. Black and White   265

1996. Smileys/Emojis. Die Droge Kommunikation   291

2005. Selfiesticks. Das massentouristische Selbst   311

2016. Pokémon GO. Digitale Dinge   333

Literatur   363

Über den Autor

Stefan Krankenhagen, geboren 1969 in Bonn, lehrt als Professor für Kulturwissenschaft und Populäre Kultur an der Universität Hildesheim. Er war u. a. Fellow am German-American Academic Council in Washington, D. C. sowie am Center for Advanced Studies der Ludwig-Maximilians-Universität in München und Professor an der Technisch-Naturwissenschaftlichen Universität Norwegens in Trondheim. Zu seinen letzten Veröffentlichungen zählen: *Die Poesie des Fußballs. Von Abwehrschlachten, Schönspielern und Tikitaka* (hg. mit Heiko Rothenpieler, 2018) sowie *Wie wir im Gespräch bleiben können. Ein Briefwechsel über Antidiskriminierungsarbeit und den Umgang mit Konflikten an der Universität* (mit Leonie Wyss, 2020).

XIV Über den Autor

Hier ist er in der Menge zu sehen:

© Tobias Hase/dpa/picture alliance

Abbildungsverzeichnis

Abb. 1	Filmstill aus *Blow-Up*, 1966, Regie: Michelangelo Antonioni	1
Abb. 2	Filmplakat von *The Life of Buffalo Bill in 3 Reels*, ca. 1915; © Buffalo Bill Museum and Grave, Golden, Colorado	37
Abb. 3	Anzeige für *Beech-Nut Gum*, 1952; © The Advertising Archives/picture alliance	53
Abb. 4	Filmstill aus *Winnetou 3*,1965, Regie: Harald Reinl; © dpa/picture alliance	67
Abb. 5	Unbeschriebenes Scrapbook, o. J.; © Laurent Davoust/Zoonar/picture alliance	95
Abb. 6	L. B. Woeste: Patentanzeige des Myriad Reflector, 1917; https://patentimages.storage.googleapis.com/9e/4c/73/00bfc626d3f664/US1214863.pdf	117
Abb. 7	Valeriy Kachaev: *Businessman slip banana*, Stockfoto, o. J.; © Valeriy Kachaev/PantherMedia/picture alliance	135

Abb. 8	Anzeige des DuPont Company Laboratory, ca. 1940; © CSU Archives/Everett Collection/picture alliance	167
Abb. 9	Anzeige für die Zenith Flash-Matic, 1955; © Lg Electronics/dpa/picture alliance	183
Abb. 10	Anzeige der Firma Campbell's, ca. 2000; © The Advertising Archives/picture alliance	213
Abb. 11	Elton John auf einer Wohltätigkeitsveranstaltung in London, 1984; © Press Association/dpa/picture alliance	237
Abb. 12	Michael Jacksons Handschuh der *Motown-25*-Show von 1983, präsentiert durch Julien's Auctions, 2009; © Mary Altaffer/AP Photo/picture alliance	265
Abb. 13	Emojis auf einem iPhone 6, Screenshot, 2015; © Uncredited/AP Photo/picture alliance	291
Abb. 14	Wayne G. Fromm: Patentanzeige des Quik-Pod, 2010; https://patentimages.storage.googleapis.com/78/e3/54/c9eb21bf4a151a/US7684694.pdf	311
Abb. 15	Pokémon GO Party in Chicago, 2019; © Amr Alfiky/AP Photo/picture alliance	333

All these things
Über Populäre Dinge

Filmstill aus *Blow-Up*, 1966, Regie: Michelangelo Antonioni.

Ein junger Mann steigt gegen Abend aus einem Rolls-Royce und läuft die belebte Einkaufsstraße auf und ab. Die Geschäfte sind bereits geschlossen, ein Ehepaar sieht sich das Schaufenster eines Möbelgeschäfts an. Leicht gehetzt läuft der Mann umher, bevor er in einer dunklen Hofeinfahrt verschwindet. Er geht eine Treppe hinauf und folgt dem Sound von E-Gitarren, der lauter wird, als er die Tür zu einem Club öffnet. Im Inneren spielt die Band The Yardbirds, das Publikum verharrt dabei fast bewegungslos im Raum. Thomas, die Hauptfigur in Michelangelo Antonionis Film *Blow-Up* von 1966,[1] wandelt zwischen den teilnahmslosen Zuhörerinnen umher, bis er nahe an der Bühne steht. Weil der Verstärker Störgeräusche produziert, beginnt Jeff Beck mit seiner E-Gitarre darauf einzuschlagen, bis er sie schließlich auf den Boden schmeißt und auf ihr herumtritt. Keith Relf singt unbeirrt weiter, Jimmy Page grinst. Beck präsentiert den abgebrochenen Gitarrenhals, an dem die Saiten wie Fäden herabhängen, dem Publikum als Trophäe und wirft den kargen Rest seines Instruments in die Menge. Dadurch erwachen die Leute plötzlich aus ihrer Lethargie und es beginnt ein wilder Kampf, der den Auftritt der Yardbirds endlich zu einem richtigen Rockkonzert macht. Frauen kreischen, Hände recken sich nach oben und versuchen, den Gitarrenhals zu fassen zu bekommen. Dieser landet bei Thomas, der ihn an sich reißt und aus dem Club flieht. Einige verfolgen ihn, stolpern und brechen die Jagd kurz darauf ab. Wieder auf der Straße, sieht man Thomas vor einem Modegeschäft stehend, er lehnt sich an ein Ladenfenster, Schaufensterpuppen im Rücken. Er schaut sich um, sieht seine Trophäe an, schmeißt sie auf den Boden und läuft weiter. Ein Passant hebt das Ding interessiert auf, mustert es einige Sekunden und wirft das, was von Jeff Becks Gitarre übrig geblieben ist, erneut in die Ecke.

Die Qualität der Dinge scheint zu oszillieren – und selten wird die Dynamik ihrer Wandlung derart nonchalant gezeigt, wie in Antonionis Film. Die Gitarre ist so sehr ein Werkzeug des Musikers, wie sie ein technisches Gerät ist, ein fetischisiertes Objekt der Begierde und schließlich bloßer Abfall und Rest. Sie als ‚Ding' zu bezeichnen, ergibt in einem ersten Schritt durchaus Sinn. Sie ist kein ‚Objekt', das in einem Prozess der Erfassung und Verarbeitung, der Kartierung und Kategorisierung zu einem Gegenüber des Subjekts gemacht wird. Dafür ist die Gitarre im Kontext der Szene nicht bedeutsam genug; sie wird an keiner Stelle kulturspezifisch erfasst, so wie etwa ein Museumsobjekt katalogisiert wird. Die Gitarre ist aber auch keine ‚Sache', weil sie ein Begehren auslöst, das über ihren alltäglichen Gebrauch weit hinausgeht. Sie ist kein ‚Artefakt', weil ihr Herstellungsprozess nicht im Vordergrund steht und sie ist keine ‚Ware', weil man zwar Gitarren kaufen kann, aber nicht die Gitarre, die von Jeff Beck während eines Konzerts in London in einem Film von Antonioni zertrümmert wird.

Mit dem Ding lässt sich also umgangssprachlich, aber auch analytisch, eine im produktiven Sinn schwache Begrifflichkeit etablieren. Das Ding da, wie heißt es noch, „Gimme Dat Ding".[2] Anders als das Objekt oder das Artefakt, der Fetisch oder die Ware bezeichnet das Ding dem Philosophen Gernot Böhme zufolge „ein Etwas, das man gerade nicht beim Namen nennen kann oder möchte"[3]. Dennoch ist dieses Etwas etwas Greifbares und Handhabbares, es ist ein physisch-haptisches Ding, kein Atom oder Genom, aber auch keine Farbe, kein Geruch, kein (bloßer) Sinneseindruck.

Aber ist dann die filmische Darstellung einer Gitarre und dessen, was von ihr übrig bleibt, ein materielles Ding? *Eher* nicht. Denn physisch greifbar wird sie nicht, ihre Materialität ist im Swinging London der 1960er

Jahre nur vorstellbar. Dass in *Blow-Up* eine elektrische Gitarre gespielt wird, ist jedoch entscheidend: Ohne ihre technische Verstärkung und die dadurch bedingte Störanfälligkeit würde sich etwa das Moment der eminenten Provokation, das die Jugend- und Subkulten jener Zeit in London und Berlin, in San Francisco und Prag beherrschte, gar nicht erst einstellen. Die Dinge spielten in diesem Jahrzehnt, wie der Sozialhistoriker Wolfgang Ruppert herausgestellt hat, in ihrer „eigensinnigen Widerständigkeit"[4] eine wichtige Rolle, indem sie materiell und symbolisch *dagegen* waren.

In den 1960er Jahren entwickelte sich die Popkultur aus eben diesem Widerstand gegen die vorherrschenden Gesellschaftsformen und Werte. Dabei setzte sie vielfach auf betont aggressive Ausdrucksformen in der Musik, betont vielfältige Ausdrucksformen des eigenen Körpers und betont ironische Ausdrucksformen in der Kunst. Das alles – „und noch viel mehr"[5] – hat dazu geführt, dass „Pop als zeitgeistiges Phänomen in der zweiten Hälfte des 20. Jahrhunderts das gesamte Spektrum der kulturellen Äußerungen erfasst und sich als ‚Lebensgefühl' in der westlichen Welt etabliert [hat]"[6].

Das vorliegende Buch widerspricht diesem Befund nicht, möchte das Phänomen Pop aber breiter fassen. Zum einen, indem die Entstehung der Popkultur als eine Entwicklung aus dem späten 19. Jahrhundert verstanden wird. Zu dieser Zeit sehen sich industriell entwickelte Gesellschaften in Europa und den Vereinigten Staaten zum ersten Mal mit den Bedingungen und Konsequenzen einer Massenkultur konfrontiert. Prozesse der Medialisierung, der Individualisierung und der Ökonomisierung greifen Ende des 19. Jahrhunderts auf eine Weise ineinander, wie wir sie heute als selbstverständlich betrachten müssen. Wenn die Songs von Billie Eilish im Jahr 2020 auf Spotify mehr als acht Milliarden Mal abgerufen wurden, dann auch deshalb, weil durch die Verschränkung von technologischem Fortschritt und ökonomischem Potential mit den medialen Selbstbildern der Zeit immer wieder neu ein popkulturelles Ganzes entsteht. Die Bedingungen dafür sind im 19. Jahrhundert gelegt worden.

Zum anderen entwickelt das Buch eine materielle Geschichte der Popkultur. Im Mittelpunkt stehen die Dinge selbst: die ersten Spearmint-Kaugummis von 1886 und die Nylonstrümpfe der späten 1930er Jahre, die Brillen Elton Johns und der weiße Handschuh Michael Jacksons, die Fernbedienung Flash Matic, Emojis und Selfiesticks. Ich möchte anhand dessen entscheidende Voraussetzungen und bekannte Motive der Popkultur aufzeigen – zum Beispiel die Entstehung von Freizeit anhand von Kaugummis, das Verhältnis von Star und Publikum anhand des Handschuhs von Michael Jackson oder die Logik banaler Kommunikation anhand von Emojis. Dabei soll als ein hoffentlich glückendes Nebenprodukt eine andere Geschichte der Popkultur vom späten 19. Jahrhundert bis zur Gegenwart entstehen: ein sich überlagerndes und doch nicht unscharfes Bild des Populären in der heutigen Kultur.

Dafür ist ein Verständnis der Dinge entscheidend, die ich als Populäre Dinge besonders hervorheben und deshalb großschreiben werde. Es geht mir dabei um eine Unterscheidung, die aus der Menge aller möglichen Dinge diejenigen aussortiert, die spezifisch ‚populär' sind. Was sind also Populäre Dinge? Sind es beliebte Dinge, die den Zeitgeist widerspiegeln, wie ein „Fidget Spinner" oder ein „Mittwochsfrosch"? Sind es modische Dinge wie die Levi's Jeans, Nike-Air-Turnschuhe oder weiße Buffalo-Stiefel? Oder sind es gerade die alltäglichen Dinge, die auf spielerische Weise eine neue Funktion erhalten wie eine Plastikflasche, die für den Bottle-Flip genutzt wird? Das soll im Folgenden geklärt werden.

Populäre Dinge

Populäre Dinge haben mehrere Eigenschaften, auf die im Laufe dieses Kapitels noch näher eingegangen wird: Sie stiften Gemeinschaft (dafür oder dagegen), sie verbinden das Spektakuläre mit dem Alltäglichen (beim Trick mit einer Plastikflasche) und sie sind untrennbarer Teil und Katalysator einer medial vermittelten Kultur, etwa als imaginierte und begehrte Gitarre auf einer Leinwand. Besonders hervorheben möchte ich einleitend zwei Aspekte, die so selbstverständlich sind, dass sie kaum noch bemerkt werden und wenn, dann nur als Kritik: Populäre Dinge sind erstens massenhaft vorhanden und dienen zweitens dem Vergnügen. Genauer gesagt: Weil die Dinge massenhaft vorhanden sind, werden wir durch sie unterhalten, vergnügen wir uns mit ihnen und haben Spaß. Es interessiert mich deshalb, auf welche Weise die Masse an Dingen Unterhaltung produziert und ich behaupte, dass an den Populären Dingen der Umschlag von Quantität (Masse) in Qualität (Unterhaltung) begreifbar wird. Ein einzelner Fidget-Spinner macht nur begrenzt Spaß, erst das Wissen um seine massenmediale Nutzung weltweit unterhält.

Doch der Begriff der Unterhaltung ist nicht selbsterklärend. Was uns unterhält, scheint zu verschieden zu sein, als dass man es auf einen Nenner bringen könnte. Wenn Unterhaltung als das verstanden wird, was unterschiedliche Gruppen von Rezipientinnen in bestimmten Situationen unterhaltsam finden, wird die spezifische Qualität derselben nicht sichtbar. Eine Geschichte der Popkultur wäre dann höchstens als Anekdotensammlung erzählbar. Erst wenn Unterhaltung als ein spezifisches Funktionssystem moderner Gesellschaften betrachtet wird (so wie es ein System ‚Recht' mit je eigenen Regeln gibt, eines der ‚Kunst' oder ‚Politik'), kann es gelingen, allgemeine Kriterien zu definieren.

Aus dieser Perspektive hat der Soziologe Niklas Luhmann die Funktion von Unterhaltung darin gesehen, „virtuelle Realitäten an sich selbst auszuprobieren – zumindest in einer Imagination, die man jederzeit abbrechen kann"[7]. Was Luhmann an dieser Stelle mit dem Begriff des Ausprobierens zusammenfasst, ist dabei nicht als eine persönliche Wahl zu verstehen – also als eine Option, sich mal mehr, mal weniger in virtuellen Realitäten zu verlieren. Vielmehr geht es um eine grundlegende Bedingung moderner Gesellschaften, in denen jede und jeder Einzelne „Identität nicht mehr aus ihrer Herkunft beziehen, sondern sie selbst gestalten müssen"[8]. Das ist der entscheidende Punkt: Wir alle müssen unsere Identität selbst gestalten, sofern wir keinem äußeren Sozialisationsdruck unterliegen, wie es ihn in ausgeprägter Form etwa in (neo-)feudalen Systemen, aber auch in diktatorischen oder Armutsgesellschaften gab und gibt. Es besteht somit die individuelle wie auch gesellschaftliche Notwendigkeit, sich selbst zu gestalten oder anders formuliert: Es besteht die Freiheit, sich permanent selbst gestalten zu müssen.

Unterhaltung ist dabei sozusagen die Trainingsarena für die Gestaltung des Selbst, der Ort, an dem „alles Dargebotene ganz echt und zugleich unecht ist"[9], wie es der Kulturwissenschaftler Hans-Otto Hügel in seiner umfassenden Theorie der Unterhaltung beschrieben hat. Voraussetzung dafür ist, dass diese „Schwebe von Ernst und Unernst"[10] von allen Seiten verstanden und anerkannt wird, so wie die Regeln eines Spiels befolgt werden. Wer nicht weiß, dass die Gewalt im Professional Wrestling Teil einer verabredeten Inszenierung der Kämpfenden ist, könnte Angst bekommen. Wer nicht glauben will, dass sie für den Moment des Kampfes ernst gemeint ist, würde sich langweilen. Unterhaltung „lebt von selbstproduzierten Überraschungen, selbstaufgebauten Spannungen, und genau diese fiktionale Geschlossenheit ist diejenige Struktur, die es erlaubt, reale Realität und fiktionale Realität zu unterscheiden und die Grenze vom einen zum anderen Bereich zu kreuzen."[11]

Jene „fiktionale Realität" darf nicht im Sinne von Scheinhaftigkeit verstanden werden, wie sie der Popkultur gerne unterstellt wird. Die Serie *Lindenstraße* oder die Castingshow *Germanys Next Top Model* sind keine Scheinwelten, die mir falsche Wirklichkeiten vorspielen, sondern ein Angebot, verschiedene Möglichkeiten der Lebensbewältigung oder des glamourösen Auftritts durchzuspielen und damit als fiktionale oder reale Realitäten einzuordnen und selbstständig zu bewerten. Vom Publikum wird deshalb ein „geschultes (und doch nicht: bewußt gehandhabtes) Unterscheidungsvermögen verlangt"[12]. Ohne ein sich schrittweise aufbauendes Expertinnenwissen des Publikums würde Unterhaltung nicht funktionieren. Wir müssen (ernsthaft) wissen, ob der FC Liverpool noch Chancen auf die englische Meisterschaft hat, um die (unernste) Wichtigkeit des nächsten Spiels einschätzen zu können. Wir müssen gehört haben, dass Heidi Klum und Bill Kaulitz geheiratet haben, um Anspielungen auf ihre Lebenswelten zu verstehen, von denen wir nie wissen können, inwiefern sie inszeniert sind. So zeugen nicht zuletzt die sogenannten Paratexte der Unterhaltung – also all die Kommentare, Memes oder Tweets, die in Sekundenschnelle als eine Antwort auf unterhaltende Phänomene und als Unterhaltung selbst produziert werden – von einem hochgradig geschulten und reflexiven Publikum. Denn der „,Witz' der Unterhaltung", so Niklas Luhmann, ist „der ständig mitlaufende Vergleich"[13]. Heute gibt es für jenen Abgleich, in Form des *Second Screen,* sogar eine eigene Materialisierung: den zweiten Bildschirm.

Populäre Dinge sind eingebunden in diese „ästhetische Zweideutigkeit der Unterhaltung"[14]. Sie sind nicht einfach nur populär: Ein Produkt im Supermarkt kann dem Literaturwissenschaftler Heinz Drügh zufolge „als ein populärer Artikel" bezeichnet werden, der „aufgrund seines Erfolgs, der Tatsache, dass er nachgefragt wird, im Regal steht"[15]. Damit hat man aber die Qualität Populärer Dinge noch nicht wirklich erfasst. Wenn es auch eine Bedingung für den „Pop-Geschmack" ist, dass er „sich als Vorliebe für alles [definiert], was populär ist, was sich medial verbreitet, was eine Massenwirkung erzeugt"[16], so sind Quantität und Spektakularität eben nur notwendige, aber keine hinreichenden Bedingungen für das Populäre. Entsprechend könnte man gut und gerne ein Buch über populäre Dinge schreiben, die eine kurzzeitige mediale Berühmtheit erlangt haben. Dieses Buch hätte dann allerdings noch mehr Probleme bei der Auswahl der zu behandelnden Dinge als das vorliegende.

Stattdessen eröffnet der Blick auf Populäre Dinge die einleitend formulierte Frage, wie sich gerade aus den Dingen, die massenhaft vorhanden sind, Unterhaltung im beschriebenen Sinne entwickelt. Dabei behaupte ich, dass der Umschlag von der Quantität der Masse hin zur Qualität der Unterhaltung wesentlich über die konkreten Möglichkeiten des Materials vermittelt wird. Populäre Dinge sind in einem ganz direkten Sinn handhabbare Dinge, die uns als Rezipienten körperlich affizieren: die Gitarre oder die Fernbedienung, die in der Hand liegen; der Kaugummi, der gekaut wird; das Sammelbild oder Pokémon, die eingeklebt oder gespeichert werden. Doch bei diesen Körpernaherfahrungen bleibt es nicht. Erst wenn die massenmediale ‚Dinglichkeit' mitgedacht wird, lässt sich das Spiel von realer und fiktionaler Realität auch wirklich spielen. Populäre Dinge oszillieren zwischen konkreter Aneignung und hochgradiger Fiktionalisierung: Sie sind reale Fiktionen.

Die Dinge spielen also eine entscheidende Rolle als spezifische Materialisierungen der Popkultur. Deshalb müssen sie zugänglich sein, auch und gerade ökonomisch: „Was angeboten wird, steht in mehreren, gestaffelten Formen der Rückkopplung, die sicherstellen, dass es auch gewollt wird"[17], wie der Literaturwissenschaftler Moritz Baßler schreibt. Populäre Dinge sind keine Luxuswaren, auch wenn sie sich aufgrund des größeren Wohlstands heute nicht immer in den Preiskategorien von Kaugummis oder Nylonstrümpfen befinden. Anhand solcher Dinge soll eine Geschichte der Popkultur geschrieben werden, die allerdings noch zu einem weiteren Begriffspaar (neben populär und Populär) Stellung beziehen muss – zum Unterschied zwischen Populärer Kultur und Popkultur.

Die Diskussion dieser Begriffe ist voller Fallstricke und es wird mir keine trennscharfe Unterscheidung gelingen. Für den Anfang ist es wichtig, eine historische Strukturierung anzubieten: Die Populäre Kultur entwickelte sich Mitte bis Ende des 19. Jahrhunderts als eine Reaktion auf politische, soziale und technische Emanzipations- wie Innovationsprozesse. Sie ist, wie der Kulturwissenschaftler Kaspar Maase schreibt „die erste moderne Massenkunst"[18], die sich mit Formaten wie dem Kolportage- und dem Detektivroman, Zirkus und Varieté, Sportveranstaltungen und Völkerschauen, dem Hörspiel oder dem erzählenden Film an ein Publikum aus allen gesellschaftlichen Schichten wandte. Die Populäre Kultur entwickelt und transformiert eigene Genres (Western, Science-Fiction, Kriminalromane, …), spezifische ästhetische Formate (Serie, Show, Werbung, …), sowie Figuren (Star, Fan, Superhelden, …), wie wir sie heute noch kennen. Vieles von dem, was aktuell Popkultur genannt wird, ist deshalb auch Teil der Populären Kultur:

eine Serie wie *Game of Thrones* etwa, die Schlagersängerin Helene Fischer oder Professional Wrestling.

Gleichzeitig hat sich die Popkultur nach dem Ende des Zweiten Weltkriegs sukzessive als etwas Neues und auch von der Populären Kultur Unterscheidbares entwickelt. Das hervorstechendste Merkmal dabei ist ihre Selbstreferentialität, die nicht immer, aber doch dominant als ironischer und/oder subversiver Gestus auftritt. Der Literatur- und Kulturwissenschaftler Thomas Hecken leitet deshalb den Begriff der Popkultur aus der britischen Pop-Art ab. Er hält es für entscheidend,

> „dass *pop* als Begriff nicht nur zur Abkürzung für Popularität fungiert, sondern substanzieller gebraucht wird. […] Zwar haben Kunstkritiker zuvor bereits manchmal abkürzend von der Pop-art als ‚Pop' gesprochen, nun aber, ab 1964, umgreift der Begriff ‚Pop' weitere Gebiete"[19].

1964 war auch das Jahr der größten Erfolge der Beatles, die paradigmatisch für die Etablierung des ironischen Gestus und des selbstreflexiven Zitats in der Popmusik sind. Das Übermaß an kulturellen Zeichen und Dingen, das seit den 60er Jahren auch die Felder des Konsums und der Populären Kultur prägt, machten jenen uneigentlichen Zugriff möglich und auch notwendig. In dieser Zeit wurde die bildende Kunst zum heimlichen Motor der kontinuierlichen Entgrenzung der Popkultur. So beschreibt der Kunsthistoriker Walter Grasskamp das Zusammenfallen von Popmusik und Kunst am Beispiel des Beatles-Albums *Sgt. Pepper's Lonely Hearts Club Band* von 1967 konsequent mit dem Begriff der Popkultur. Der Modus der „Zweitverwertung der Popkultur", so Grasskamp über das berühmte Albumcover, „läßt sich als eine Fokussierung der Aufmerksamkeit verstehen, über welche die Popkultur zum ersten Mal als würdiger Gegenstand des ästhetischen

Diskurses etabliert worden ist"[20]. Manches, was heute unter Popkultur firmiert, ist der Kunst näher als der Populären Kultur – Lady Gaga etwa, wenn sie sich für das *Spex*-Magazin von dem Künstler Wolfgang Tillmans fotografieren lässt.[21]

Hier lässt sich also eine erste Unterscheidung anbieten: Während die Populäre Kultur spätestens Ende des 19. Jahrhunderts eine Form gefunden hat, wie mit der modernen Massenkultur ästhetisch umzugehen sei, baut die Popkultur ab der Mitte des 20. Jahrhunderts auf genau dieser Formsprache auf und entwickelt sie weiter. Die Populäre Kultur selbst und ihre spezifischen Ausprägungen wie Konsum und Werbung, *stardom* und *fandom,* Individualität und Masse werden zum reflexiv gewendeten Material der Popkultur. Die Beatles sind eben nicht nur populär (durch ihre Verkaufszahlen) und Populär (in ihrem Unterhaltungswert zwischen Ernst und Unernst), sondern auch Pop, weil sie sich selbst als populäre Kunstfiguren ausstellen. Für die Dinge sie den 1960er Jahren werden deshalb in diesem Buch die Begriffe Populäre Kultur und Popkultur zwar nicht synonym, aber doch wechselseitig verwendet. Die Leserinnen und Leser müssen in den Grauzonen zwischen Pop, Populär und populär zu eigenen Entscheidungen kommen.

Das „Multiversum" der Popkultur

In diesem Buch werden 14 Dinge des Populären und der Popkultur zwischen dem Ende des 19. und dem Anfang des 21. Jahrhunderts ausdrücklich als Populäre Dinge beschrieben. Dabei frage ich nach ihrem Unterhaltungswert zwischen Ernst und Unernst und beschreibe auch offensichtliche Widersprüche als einen Teil davon – etwa am Beispiel des weißen Handschuhs von Michael

Jackson, der als serialisiertes Massenprodukt und Fanartikel für wenig Geld zu haben ist und als Original des Motown-Konzerts von 1983 zu einem der wertvollsten Memorabilia eines Schwarzen Popstars geworden ist.[22] Es werden auch Dinge beschrieben, die es schwer machen, den Unterhaltungswert der Populären Kultur ernst zu nehmen, weil sich hier koloniale Verstrickungen und asymmetrische Machtbeziehungen so deutlich zeigen. Etwa, wenn der reale Skalp, den William F. Cody dem Häuptling der Cheyenne in einem Kampf nahm, zum fiktionalen Zentrum seiner populären Geschichtsvermittlung im Format der „Wild West Show" wird. Es wird anhand all der hier beschriebenen Dinge mehr oder weniger deutlich, dass das Populäre und die Popkultur Anteil an den zivilisatorischen Brüchen der Moderne haben, deren Motor sie gleichzeitig sind. In ihnen spiegeln sich gelungene wie missglückte, erhoffte und ersehnte, trügerische und gewaltsame Realitäten der letzten 150 Jahre wider.

Dabei wird es in meiner Beschreibungen Populärer Dinge zu spezifischen Ungleichzeitigkeiten kommen. Das ist darauf zurückzuführen, dass die Populäre Kultur – und stärker noch die Popkultur – als globales Medienphänomen stattfindet und gleichzeitig im Rahmen nationaler oder regionaler Besonderheiten rezipiert und transformiert wird. Wenn ich also am Beispiel der Brillen von Elton John über Mittelschichtgesellschaften nachdenke, die den Brillenträger als Populäre Figur erst möglich gemacht haben, dann müsste ich sowohl die historischen Bedingungen und spezifischen Entwicklungen der Gesellschaft in den USA beschreiben, in denen Elton John seinen Durchbruch als medialer Superstar hatte, als auch die seiner Heimat Großbritannien, die den nationalen Kontext für die Entstehung von Glam Rock bildete, sowie die Rahmenbedingungen in Deutschland, welche die Perspektive dieses Buches grundieren. Das wäre zwar möglich, würde dem Ganzen aber eine andere Ausrichtung geben.

Es ist also kaum vermeidbar, dass die spezifischen Ungleichzeitigkeiten auch zu Ungenauigkeiten führen, zum Beispiel zu einer geografischen Verengung: Die Dinge, die hier beschrieben werden, stammen vornehmlich aus US-amerikanischen und europäischen Zusammenhängen. Gab und gibt es keine Popkultur in Lateinamerika, in Asien, auf dem afrikanischen Kontinent? Selbstverständlich gibt es sie, aber das Nachdenken über die Dinge braucht ihre Materialität vor Ort und bedarf des Wissens um ihren Gebrauch. Anhand eines dreckverspritzten Trikots des uruguayischen Fußballhelden Héctor Scarone aus den 1930er Jahren, das heute im Fußballmuseum in Montevideo wie eine Reliquie ausgestellt ist, würde sich einiges über die Gemeinsamkeiten und Unterschiede von Religion und Popkultur erzählen lassen. Aber ich war nie in Montevideo, ich kenne die lateinamerikanische Kultur zu wenig und anders als etwa Diego Maradona, war Héctor Scarone kein globaler Star mit massenmedialem Auftritt und Publikum.

So muss ich die offensichtlichen *shortcomings* meines Blicks auf die Dinge in Kauf nehmen.[23] Dabei ist es der Anspruch des Buches, dass die hier eingenommene Perspektive zu einem „elastischen" Blick auf das „Multiversum" der Popkultur einlädt. Diese Begriffe leihe ich mir von dem Philosophen Ernst Bloch, der daran seine Theorie der Ungleichzeitigkeit entwickelte.[24] Das Multiversum der Popkultur – also die unterschiedlichen, sich gegenseitig beeinflussenden und überlagernden kulturellen, ökonomischen und politischen Bedingungen ihrer Entstehung und Entwicklung – ist besser zu verstehen, so meine ich, mit einem durchgehend breit gefächertem, flexiblen und dynamischen Verständnis der Dinge.

Im folgenden Abschnitt wird dieser Ansatz des Buches noch einmal theoretisch vertieft. Hierbei geht es um die Realität des Medialen und darum, wie gerade anhand der Popkultur deutlich wird, dass sich mit dem Einsatz technischer Massenmedien nicht nur die Welt, sondern unsere Wahrnehmung derselben grundlegend verändert hat. Behandelt wird zudem der Begriff der Popularisierung, den ich anders als die meisten wissenschaftlichen Konzepte als einen Prozess der Normalisierung verstehe: Durch den Gebrauch der Dinge bilden sich temporäre Gemeinschaften, die das gerade noch Spektakuläre völlig alltäglich und vertraut erscheinen lassen. Schließlich soll noch einmal die grundlegende Überlegung erläutert werden, dass die Populäre Kultur und die Popkultur nur im Rahmen einer funktional ausdifferenzierten Massenkultur zu verstehen sind. Ihre Aufgabe ist es, den Überfluss der unterschiedlichsten Dinge, Zeichen und Realitäten so zu sortieren, dass daraus Unterhaltung entsteht.

Künstliche Wirklichkeiten

Noch einmal zurück zum Anfang, zum Film *Blow-Up*. Am Ende der eingangs beschriebenen Szene läuft die Figur Thomas durch London. Die Reste der echten Gitarre, die soeben ihre Fiktionalität als Fetisch der Masse bewiesen hat, genügen ihm nur für wenige Minuten. Dann zieht er weiter, auf der Suche nach neuen Abbildern der Realität: Nicht zufällig ist Thomas Fotograf. Sein Ziel sind jene künstlichen Wirklichkeiten, die nicht nur die Popkultur dominieren, sondern auch jedes technische Ding in seiner Gleichzeitigkeit von Artifizialität und Realität bestimmen. Das ist jedenfalls der Gedanke, dem sich der Philosoph Hans Blumenberg in seinem Buch *Wirklichkeiten in denen wir leben* widmet. Er untersucht darin den Zusammenhang von Lebenswelt und Technik, als einen die Gesellschaft seit Mitte des 19. Jahrhunderts prägenden Faktor. „Die Lebenswelt", das ist für Blumenberg „der zu jeder Zeit unerschöpfliche Vorrat des fraglos Vorhandenen"[25]. Die Lebenswelt ist das, was auf selbstverständliche Weise da ist. Die Technik dagegen scheint für ihn ein Haufen unverständlicher Geräte zu sein:

> „Apparate, Vehikel, Antriebs- und Speicherungsaggregate, Instrumente manueller und automatischer Funktion, Leitungen, Schalter, Signale, usw. – ein Universum von Dingen also, die um uns herum funktionieren, deren vollständige Klassifizierung oft und wenig befriedigend versucht worden ist."[26]

Im weiteren Nachdenken darüber, was mit dem Begriff der Technisierung gemeint sei, überrascht der Autor. Denn unter Technisierung versteht er nicht das „technisch Machen" von manuell betriebenen Dingen, das Ruderboot, das zum Dampfboot wird zum Beispiel, sondern „die ständige Vermehrung und Verdichtung dieser Dingwelt"[27]. Technisierung wäre somit weniger ein qualitativ zu bestimmender Prozess, denn ein quantitativer Maßstab.

Die Populären Dinge, wie sie in diesem Buch beschrieben werden, sind nicht ausschließlich als technische Dinge zu verstehen, aber sie sind es immer auch. Die erste Fernbedienung der TV-Geschichte, die Flash-Matic von 1955, ist offensichtlich ein Instrument mit automatischer Funktion, es besitzt Leitungen, Schalter und sendet als erste kabellose *remote control* Lichtsignale.

Der Song „Yes! We have no Bananas" von 1923 entfaltet seinen Reiz auch über die Materialität der Schellackplatte und die visuelle Gestaltung des Umschlags – aber ohne das Grammophon, den Plattenspieler, die Jukebox wäre sie kein Ding der Populären Kultur. Der Selfiestick hingegen scheint sich nicht entscheiden zu können: Ist er der verlängerte Arm des Menschen oder das Ding, das die technische Apparatur des Smartphones zu seiner Bestimmung als eine Art Porträtist des 21. Jahrhunderts führt?

Was mich an den Überlegungen Blumenbergs interessiert, sind zwei Momente der Technisierung der Dinge, die auch für die Dinge des Populären und der Popkultur gelten können: Erstens, sie sind artifiziell und in diesem Sinne nicht selbstverständlich gegeben. Die Dinge der Populären Kultur sind also keine Alltagsdinge, sie umgeben uns nicht als selbstverständliche Lebenswelt. Das scheint zunächst eine paradoxe Aussage zu sein: Warum sollten eine Fernbedienung, eine Schallplatte oder ein Selfiestick nicht selbstverständlich und vertraut, warum keine Alltagsdinge sein? Die Antwort ist, dass die Dinge der Popkultur eine besondere Zeitlichkeit besitzen, die sie in einem ersten Schritt an die Gegenwart binden, die prinzipiell neu und unvertraut ist. Als Teil der Massenkultur besitzen sie „eine forcierte Disposition der Gegenwärtigkeit, der Konzentration auf performative Immanenz und der präsentischen Akzentuierung des Hier und Jetzt"[28], wie es der Soziologie Michael Makropoulos formuliert. Genau diesen Umstand kann sich eine kulturhistorisch orientierte Forschung zu Nutzen machen: Die Fernbedienung erzählt dann etwas über die Unvertrautheit mit diesem Ding im Jahr 1955, die Schallplatte über ihre Andersartigkeit um 1900 und der Selfiestick über das Befremden, das uns in den 2010er Jahren überfallen hat, als dieses Ding plötzlich überall in Gebrauch war.

Die Dinge der Popkultur sind somit gerade aufgrund ihrer Gegenwartsfixierung als historische Quellen nutzbar – nicht nur, weil sie schnell veralten, sondern weil sich durch die Differenz von nicht selbstverständlicher Künstlichkeit und selbstverständlicher Lebenswelt Erkenntnisse zur Zeitgeschichte gewinnen lassen.

Popularisierung als Normalisierung

Alle diese Dinge erzählen auch etwas über den Prozess ihrer Popularisierung. Letzteres wird gemeinhin als eine Entwicklung verstanden, durch die kulturelle Objekte wie „ein paar Jeans, eine Fernsehserie oder ein Videoclip durch ein breites Interesse zu einem populären Objekt"[29] werden. Indem Rezipienten und Konsumentinnen jenes Objekt „sinnlich begehren, auf das eigene Leben beziehen und sich in Gedanken, Phantasien, Gesprächen und Handlungen verstärkt mit ihm beschäftigen"[30], koproduzieren sie dessen massenhafte Verbreitung und tragen zu seinem ökonomischen Erfolg bei. Diese Vorstellung verknüpft Popularisierung mit dem Neuen, dem Außergewöhnlichen und Begehrenswerten – und verstellt dadurch eine entscheidende Beobachtung, die hier stark gemacht werden soll: Popularisierung ist ein Prozess der Normalisierung. Popularisierung benötigt zwar Momente des Spektakulären und der Begierde, aber als Prozess vollendet sich Popularisierung erst dann, wenn das Unvertraute gewöhnlich geworden ist. Es ist völlig normal, eine Fernbedienung zu benutzen, es war lange Zeit normal, eine Platte aufzulegen und es ist normal, einen Selfiestick an einem Smartphone zu befestigen, um sich damit selbst zu fotografieren. Erst dadurch, dass die spektakulären Dinge vertraut geworden sind, zeigen sie sich als Material der Populären Kultur.

Aus dieser Grundthese leiten sich zwei Schlussfolgerungen ab, die im Lauf des Buches immer wieder aufgenommen werden. Zum einen sticht aus dieser Perspektive der praktische Umgang mit den Dingen hervor, der konkrete Gebrauch. Als die Flash-Matic Fernbedienung Mitte der 1950er Jahre auf dem US-amerikanischen Markt eingeführt wurde, lag eine 16-seitige Gebrauchsanleitung bei, die die Nutzung dieses neuen Dings erklären sollte. Darin heißt es unter anderem: „Um den Sender zu wechseln, muss man mit dem Lichtsignal auf die obere linke Ecke des Fensters zielen"[31] – denn man musste mit der Fernbedienung auf Sensoren in den Ecken des Fernsehgerätes zielen. „HINWEIS: Es ist ein wenig Übung erforderlich, um zu lernen, wo und wie lange das Licht für den jeweiligen Vorgang leuchten muss."[32] Der Umgang mit der Fernbedienung ist nur praktisch zu erlernen, meist geht das aber sehr schnell. Die Dinge der Populären Kultur sind in einem buchstäblichen Sinne zur Hand, an ihnen entfaltet sich eine körperliche Subjekt-Objekt-Beziehung. Anders als museale Objekte, die auf Distanz zu den Betrachtenden gehalten werden müssen, entfalten die Populären Dinge eine Praxis der Nähe und des unproblematischen Umgangs mit ihnen. Die Fernbedienung halte ich in der Hand, so wie ich die Platte auflege oder den Selfiestick justiere. Diese Dinge ermöglichen, ja erzwingen geradezu, dass wir uns zu ihnen in eine direkte physische Beziehung setzen. Dass sich Dinge und Menschen sogar wechselseitig beeinflussen und zu einem neuartigen technosozialen Etwas werden, das zeigt sich aktuell besonders deutlich am sogenannten Internet der Dinge als Verbindung von physischen und virtuellen Dingen mithilfe künstlicher Intelligenz, worauf später noch eingegangen werden soll.

Zum anderen verweist der Begriff der Normalisierung auf die soziopolitische Dimension der Ding-Beziehung als Teil der schrittweisen Entwicklung moderner und spätmoderner Gesellschaften zwischen dem 19. und dem 21. Jahrhundert – und damit auf die Frage, wie sich Gesellschaften als soziale Einheiten verstehen lernen. Am Anfang dieser Periode tritt der Nationalstaat als Motor der Vergesellschaftung seinen ambivalenten Siegeszug an wie der Historiker Hagen Schulze festhält:

> „Den Ausweg aus dem politischen Normenverlust, der Erschütterung herkömmlicher Loyalitätsbindungen bot der Nationalstaat: Also ein starker Staat, dessen Institutionen fest und dauerhaft genug waren, um die Errungenschaften des Liberalismus dauerhaft zu schützen und zu befördern, gestützt auf die Legitimation durch die Nation, ihre Geschichte und ihre Kultur."[33]

Der Nationalstaat begründete Institutionen, die den Einzelnen zu einem Teil des Staates machen sollten. Soziale Regulation und Integration fand zu dieser Zeit – und findet bis heute – „mit den Mitteln einer autoritativ-disziplinären Vergesellschaftung"[34] statt. Dazu gehören auch die phantasmagorischen und realen Inthronisierungen eines „natürlichen" Souveräns, eines Führers, der als imaginärer Fluchtpunkt die Einheit der Vielen garantieren soll. Von dieser Idee haben die Staaten Europas bis heute nicht gelassen. Dennoch ist es offensichtlich, dass spätestens seit den 1970er Jahren neben die regulative Vergesellschaftung auch Formen der informellen Vergemeinschaftung getreten sind; sie füllen die Lücken, die fehlende oder schwächer werdende soziale Normen hinterlassen haben.

Für den Anthropologen Daniel Miller ist es die materielle Kultur (und hier vor allem die Dinge), die den sozialen Zusammenhalt auf einer alltäglichen Ebene garantiert. Weil der moderne Staat zu effizient geworden sei, bilden sich, gleichsam kompensatorisch, „ziemlich kleine Gesellschaften" rund um die Dinge des Alltags:

> „Heute muss jeder Haushalt, auch wenn er nur aus einer Person besteht, zumindest einen Teil jener kosmologischen und ökonomischen Prinzipien und Praktiken selbst entwickeln, die früher von der Gesellschaft bereitgestellt bzw. aufgezwungen wurden."[35]

Die Dinge stiften soziale Beziehungen, vor allem jene, die täglich zur Hand sind und den Horizont unserer Lebenswelt bilden. Neben körperlich-subjektiven Verbindungen, die sich durch den Gebrauch der Dinge formieren, ermöglichen die Dinge der Popkultur somit Zusammenhalt jenseits regulativer Vergesellschaftungsprozesse und soziopolitischer Kohäsion. Prosaisch formuliert: Sie lassen die Menschen zusammenfinden und miteinander reden. In diesen scheinbar banalen Funktionen liegt ihre große Leistung, wie der amerikanische Kunstkritiker Dave Hickey schreibt:

> „Insofern sind wir soziale Wesen, denen aufgegeben ist, die Bedingungen der eigenen Soziabilität aus der fragilen Ressource unserer privaten Vergnügungen und geheimen Wünsche heraus zu erschaffen. Daher – in Ermangelung eines treffenderen Begriffs – *korrelieren* wir. Wir versammeln uns rund um die Ikonen aus der Welt der Mode, des Sports, der Künste und der Unterhaltung wie um eine Feuerstelle. Rund um diese seltsamen Attraktoren ziehen wir unendliche Umlaufbahnen. Wir organisieren uns selbst in nicht-exklusiven Wunschgemeinschaften."[36]

Von dieser Perspektive aus betrachtet, sind es die Dinge, welche die soziale Welt der Subjekte strukturieren: Auch sie sind Akteure der Versammlung von Menschen und Dingen. Aber jene nicht-exklusiven

Wunschgemeinschaften, die Hickey an uns beobachtet, können sich nur dann versammeln, wenn sie ökonomisch zugänglich sind und einen hohen Grad an Austauschbarkeit aufweisen. Es ist somit gerade die viel kritisierte Ökonomisierung und Standardisierung der Dinge, ihre potentielle Ersetzbarkeit und freie Kombinierbarkeit, die den notwendigen sozialen und kommunikativen Anschluss generieren und garantieren.

Dazu ein Beispiel: Als die heute weitverbreitete Tupperware Ende der 1940er Jahre zum ersten Mal im Einzelhandel und im Versand angeboten wurde, hatte sie keinen Erfolg beim Konsumenten. Plastik schien als Material für den US-amerikanischen Haushalt nicht geeignet. Erst die überraschende Idee, Tupperpartys in den Vorstädten großer, urbaner Zentren zu veranstalten, brachte der industriell gefertigten Produktpalette von Earl Tupper durchschlagende Popularität und wirtschaftlichen Gewinn:

> „Tupperware machte sich den Geselligkeitstrieb und die wirtschaftliche Benachteiligung der Vorstädterinnen zu Nutze und bot ihnen im Gegenzug antiradikale Ausstiegsmöglichkeiten aus ihrer häuslichen Isolation an"[37], wie die US-amerikanische Historikerin Alison Clarke erforscht hat.

Es zeigt sich, dass besonders die Dinge der Konsum- und Warenwelten geeignet sind, durch ihren Gebrauch zu Katalysatoren für die Bildung informeller, ökonomisch und kommunikativ ausgerichteter Gemeinschaften zu werden.

Die Massenkultur der Dinge

Neben den zuvor behandelten Modi des praktischen Gebrauchs und den Momenten der Vergemeinschaftung soll aber noch ein zweiter Gedanke Blumenbergs für die

Charakterisierung Populärer Dinge hinzugezogen werden – deren ständige Vermehrung und Verdichtung, ihre Vielzahl also. Populäre Dinge sind, wie bereits angesprochen, immer *en masse* vorhanden, sie künden von einer Überflussgesellschaft.

Gewöhnlich ruft der Überfluss der Dinge Kritik hervor. Die ethisch grundierten, oft kapitalismuskritisch genannten Argumente lassen sich bis zu John Locke zurückverfolgen. Der englische Philosoph schuf als sogenannter Vater des Liberalismus Ende des 17. Jahrhunderts die Verbindung von Arbeit und Eigentum, wodurch das Vorrecht des Adels auf Land und Besitz angezweifelt wurde: Wer das Land bebaue, dem gehöre es auch. Gleichzeitig solle der Mensch nie mehr produzieren, als das, was er selbst verbrauchen könne – eine Art Agrarkapitalismus mit moralphilosophischen Grenzen. Damit wurde gleichwohl ideengeschichtlich ein Startschuss gegeben, um selbsttätig und selbstmächtig in Gottes Schöpfung einzugreifen, verbunden mit der systematischen Ausbeutung fossiler Energieträger. Dies führte zu einem kontinuierlichen Wirtschaftswachstum in Europa, das sowohl finanzielle Gewinne als auch die permanente Mobilisation und Transformation von Rohstoffen beinhaltete. „Letztlich ernähren wir uns von Kohle und Erdöl", spitzt es der Historiker Rolf Peter Sieferle zu, „nachdem diese in der industriellen Landwirtschaft zu eßbaren Produkten verwandelt worden sind"[38].

Die *Verwandlung der Welt*, wie sie der Historiker Jürgen Osterhammel 2009 in seiner Geschichte des 19. Jahrhunderts gezeichnet hat, ist somit unweigerlich eine Geschichte des forcierten Wachstums, der dauernden Bewegung, des permanenten Zuviels.[39] Denn im historischen Übergang von einer Marktökonomie zu einer Wettbewerbsökonomie, wie es in Deutschland etwa durch die Einführung der Gewerbefreiheit und die sukzessive Abschaffung der Zünfte um 1850 geschah, wurden die Grenzen des Zuwachses immer weiter ausgereizt. Besaßen die meisten Deutschen Mitte des 19. Jahrhunderts gerade einmal ein Paar Schuhe, verfügen Menschen im westeuropäischen Durchschnitt heute über 10 000 Gegenstände pro Person. Ein Supermarkt in Deutschland führt etwa 27 000 Produkte; ein warenhausähnlicher Einkaufsmarkt beherbergt mehr als 160 000 Dinge und damit unvorstellbar mehr als das, was ein einzelner Mensch kaufen oder gebrauchen könnte. „Wir haben den sensationellen Prozeß vor uns", schreibt Sieferle über die letzten 200 Jahre, „daß sich nicht nur die Weltbevölkerung seit Beginn der Transformationsära etwa verzehnfacht hat, sondern daß zugleich auch der Konsum pro Kopf der Bevölkerung gewachsen ist, wenn auch im globalen Rahmen in sehr unterschiedlichem Maße"[40].

Die Reduzierung des Überflusses und die damit verbundenen ökologischen und sozialen Kosten wurden spätestens seit den 1970er Jahren intensiv diskutiert. Ebenso wird die ökonomische Verdinglichung der kapitalistisch formierten Gesellschaftsstrukturen aus neomarxistischer Sicht kritisiert. Allerdings hat der Überfluss selbst seine Kritik erfasst: Die Angebote und Ratgeber, die sich zwischen fernöstlichem Feng Shui und dem Manufactum-Katalog auf eine bewusste Auswahl spezialisiert haben – auf die „guten Dinge" –, werden aktuell immer mehr und produzieren weitere und neue Dinge. In einer Überflussgesellschaft, so muss man zugespitzt formulieren, bringt auch Reduktion Quantität hervor.

Dabei ist unbestreitbar, dass sich jede und jeder von uns durch die Praxis des Konsumierens in ein Verhältnis zur Welt setzt. In Anlehnung an Daniel Miller und Dave Hickey habe ich argumentiert, dass die Dinge Gemeinschaft jenseits gesellschaftlicher Normen und Werte stiften. Der Konsumhistoriker Dominik Schrage hat hingegen überzeugend gezeigt, dass und wie Massenkonsum als „Medium der Vergesellschaftung" betrachtet werden sollte:

> „Die jeweilige Art der Verfügbarkeit dieser Dinge bestimmt damit die gesellschaftliche Rolle des Konsums mit, und auch die sich wandelnden Weisen ihres Gebrauchs bleiben den Sozialbeziehungen nicht äußerlich. Vielmehr werden sie durch den Konsum *vermittelt*, das heißt durch den Gebrauch handelbarer Objekte überhaupt erst *ermöglicht* und können sich somit auch durch ihn *verändern*."[41]

Anders ausgedrückt: Gerade weil im Überfluss der Dinge so viele politische, soziale und kulturelle Widersprüche stecken, erlaubt ein Blick darauf neue Erkenntnisse über die letzten 150 Jahre. Für den Augenblick soll deshalb ein anderer Blick auf den Überfluss der Dinge unter dem diskreditierten Schlagwort der Massenkultur geworfen werden. Denn die Dinge sind massenhaft vorhanden und werden oft als Massenware verurteilt – obwohl es unmöglich ist, als Kritiker nicht selbst Teil dieser Kultur zu sein. Entsprechend lohnt es sich, diese ernst zu nehmen und nach ihren Eigenschaften und Folgen zu fragen.

Was ist die Massenkultur, beziehungsweise was ermöglicht und was verunmöglicht sie? Für den Soziologen Michael Makropoulos ist sie

> „eine Kultur, die Kontingenz nicht nur und nicht in erster Linie als Unsicherheit problematisiert [...], sondern als Möglichkeitsoffenheit positiviert und damit als Gewinn menschlicher Freiheit bewertet"[42].

Kontingenz ist der zentrale Begriff der Theorie Makropoulos', mit dem er darauf verweist, dass die Vorstellung davon, dass etwas anders sein könnte als es ist, die grundlegende Bedingung für eine Massenproduktion auf allen Ebenen darstellt – der Dinge und Waren, der Ideen und Manifeste, der Symbole und Diskurse. Die Verschränkung von Technisierung und Medialisierung, ökonomischer Liberalisierung und politischer Demokratisierung seit der Mitte des 19. Jahrhunderts hat dazu geführt, dass der „Möglichkeitssinn" (Hans Blumenberg) des Menschen ins Unendliche gestiegen ist. Es ist machbar, dass ein Ding in meiner Hand den Fernseher umprogrammiert ohne, dass ich aufstehen muss: „You have to see it to believe it"[43]. Es ist möglich, dass eine Plastikdose den Geruch und Geschmack von Knoblauch nicht aufnimmt, sondern vollständig neutral bleibt: „What's the secret?"[44] Es ist möglich, dass mich mein Auto vollautomatisch zum Ziel fährt und es ist möglich, dass ich mit meinen Möbeln spreche: „Should your AI fulfil your needs before you ask?"[45]

Kontingenz als die Möglichkeit, dass etwas immer auch anders sein könnte als es ist, wird deshalb zum zentralen Begriff der Theorie der Massenkultur, weil jene Offenheit sowohl für die individuelle Selbstentfaltung gilt, als auch für die damit zusammenhängenden Formen der Vergemeinschaftung und der Vergesellschaftung. Vor allem die europäischen und nordamerikanischen Staaten sind seit Mitte des 19. Jahrhunderts derart eng zwischen Quantität und Qualität, zwischen den Vielen und den Einzelnen verschaltet. Massenkultur, verstanden als eine historische Entwicklung und Realität (nicht als Ideologie), „steht nicht im Widerspruch zu Individualisierungsprozessen, sondern ist Ausdruck ihrer konsequenten Weiterentwicklung"[46], wie es die Soziologin Hannelore Bublitz formuliert. In den gebrochenen Lichteffekten einer Diskokugel kann sich die Einzelne in der Gemeinschaft der Tanzenden spiegeln und erkennen. Wenn, wie Bublitz behauptet, „Masse das Medium [bezeichnet], zu dem sich Individuen in Beziehung setzen"[47], dann ist die Popkultur erstens der dominante ästhetische Modus für diese Beziehungserfahrung und dann braucht es zweitens konkrete Dinge, die das Medium materialisieren und damit die abstrakte Kategorie ‚Masse' erfahrbar machen.

Was für den Einzelnen möglich erscheint, ist deshalb immer auch für die Vielen erreichbar – und umgekehrt. Ich könnte ein Auto besitzen, das für mich fährt: weil es technisch realisiert worden ist und weil es viele gibt, die mir diese Möglichkeit aufzeigen. Damit wächst auf ambivalente Weise sowohl die Freiheit des Möglichen als auch die Unfreiheit des nur Möglichen. Das ist die *unmögliche* Seite der auf Kontingenz abgestellten Massenkultur: Sie entwickelt einen phantasmagorischen Horizont, in dem nie alles zu verwirklichen ist. Oder, in der nüchternen Sprache des Soziologen Gerhard Schulze: Die konsumistisch ausgerichtete Massenkultur produziert unvermeidbar auch massenhaft „Enttäuschung".[48]

Die Massenkultur verlangt damit auch eine „Einübung in den transitorischen Charakter von Objekten"[49]. Die Dinge verändern sich, sie werden weiterentwickelt, verschwinden – vom Markt oder der eigenen Wunschliste – und werden erneut aufgelegt. Gerade anhand warenförmig organisierter Dinge wird deutlich, „daß ihnen nichts Definitives eignet"[50]. Die Dinge der Populären Kultur sind gewissermaßen infinit, potentiell unendlich sowohl in ihrem Bedeutungshorizont, als auch in ihrer materiellen Verfasstheit. Die Mode ist dafür ein gutes Beispiel, wie der Soziologe Georg Simmel bereits Anfang des letzten Jahrhunderts feststellte: „Die Form eines fieberhaften Wechsels ist hier so wesentlich, daß sie wie in einem logischen Widerspruch gegen die Entwicklungstendenzen der modernen Wirtschaft steht."[51] Entsprechend trägt gerade die zeitgebundene Struktur der Mode in den je aktuellen *seasons* ihre eigene Fortsetzungsstruktur in sich.

Vergänglichkeit ist hier produktiv auf Unendlichkeit angelegt: „Das Leben gemäß der Mode ist in sachlicher Hinsicht eine Mischung von Zerstören und Aufbauen, in dem Vernichten einer früheren Epoche gewinnt ihr Inhalt seinen Charakter."[52]

Mithilfe des Begriffs des Modischen oder abwertend des „nur Modischen", kann man an dieser Stelle eine Brücke zu den digitalen Dingen der Gegenwart schlagen. Ob diese überhaupt sinnvoll als Dinge bezeichnet werden können, wird in den letzten Kapiteln des Buches diskutiert. Ungeachtet dessen ist jedoch auffällig, dass die Zeitstruktur digitaler Dinge so paradox ist, wie die der Mode: Als Teil des sich überbietenden Wettbewerbs, etwa der Spieleindustrie, sind sie vergänglich. Möchte man die Super Marios, die Angry Birds und Pokémons als digitale Dinge bezeichnen, so sind diese für eine kurze Zeit sehr intensiv in Gebrauch, um dann beinahe wertlos zu werden. Gleichzeitig ist die Ausrichtung auf quantitative Unendlichkeit im Sinne ihrer technischen Aktualisierung ein Grundzug digitaler Spiele und ihrer Spielwelten. Ihre Level-Struktur wie auch die technische Optimierung durch neue Versionen und Apps schafft ein „Weltverhältnis, das die prinzipielle Unabschließbarkeit, ja die Unendlichkeit als solche emotional positiv besetzt"[53]. Natürlich bedeutet technische Aktualisierung dabei immer auch ökonomische Aktualisierung: Es darf mehr gekauft werden.

An den digitalen Dingen ist deshalb ein wichtiger Unterschied zwischen dem 19. und dem 21. Jahrhundert zu erkennen. Auch wenn bereits bei den Jukeboxes der 1930er Jahre durch „eingebaute mechanische Spielzähler"[54], eine quantifizierende Auswertung von Musik ermöglicht wurde, wie der Kommunikationswissenschaftler Eric Harvey gezeigt hat, so erreicht die ökonomisierte Feedbackschleife zwischen Produktion und Rezeption heute ein neues Niveau. Neben der nachträglichen Überzeugung vom Kauf eines Dings steht aktuell vor allem die Vorhersage im Mittelpunkt der ökonomischen Operation. Durch die Datafizierung von Spielen, Filmen und Musik auf Streamingplattformen, hat sich ein Markt für Empfehlungsalgorithmen entwickelt, der atemberaubend ist, wie der Medienmusikwissenschaftler Robert Prey zuspitzt: „Diejenigen, die die Kämpfe um die Empfehlungen gewinnen, könnten auch die Musikstreaming-Kriege für sich entscheiden."[55]

Auch hier geht es also um Masse und die Folgen der Umwandlung in Unterhaltung: Deezer, Amazon Music oder Spotify haben im Durchschnitt über 30 Mio. Songs für jeden ihrer Hörer anzubieten, Tendenz steigend. Quantität wird damit zum Problem und die Empfehlung zur anvisierten Lösung, die sich allerdings auf wechselnde Stimmungen und variierende Lebenskontexte der Hörerinnen einzustellen hat:

> „Wie sollte Amazons Empfehlungssystem zwischen einer spezifischen Anfrage nach Pharrell Williams' Hit *Happy* aus dem Jahr 2014 und einem allgemeinen Wunsch nach fröhlicher, beschwingter Musik unterscheiden? Um die Auswahl von stimmungsbasierten Sounds aus Amazons Musikbibliothek zu erleichtern, musste jeder Song im Katalog mit einer bestimmten Stimmung assoziiert werden. Die ersten 5000 wurden manuell erfasst, danach wurden Algorithmen für die restlichen 40 Millionen Titel eingesetzt."[56]

Datafizierung bedeutet somit einen Quantensprung in der Personalisierung warenförmig organisierter Dinge – ist aber gleichzeitig, im Sinne des oben zitierten Moritz Baßler, „eine gestaffelte Form der Rückkopplung", wie sie die Popkultur schon immer kennt.

Bleibt also alles beim Alten, gerade weil alles neu ist? Hans-Otto Hügel hatte sich in seiner 1993 erstmalig veröffentlichten Theorieskizze der Unterhaltung abschließend gefragt, wann die Epoche der Unterhaltung wohl enden würde. Seine Antwort vor knapp 30 Jahren lautete: „Wir werden es noch erleben."[57] Einiges spricht dafür, dass dieser Umbruch gekommen ist. So hat der Philosoph Byung-Chul Han beobachtet, dass „der Unterschied zwischen fiktionaler und realer Realität, an dem Luhmanns Unterhaltungsbegriff noch festhält, [nicht mehr relevant ist]"[58]. Der Erfolg der populären Unterhaltung, so Han, habe sich gewissermaßen selbst gefressen: „Die *Wirklichkeit* selbst scheint eine *Wirkung* der Unterhaltung zu sein."[59]

Ich bin mir nicht sicher, ob die Beobachtung einer aufkommenden Hyperrealität oder Metasimulation, die in regelmäßigen Abständen aus den Medientheorien in den gesellschaftlichen Diskurs schwappt, ein Argument für das Ende der Unterhaltung ist. Etwas anderes scheint mir bedenklicher: Zum einen zeigt sich, dass Unterhaltung historisch von der sozialen Durchlässigkeit zwischen Ethnien, Klassen und Geschlechtern lebt. Doch Aufstiegsmöglichkeiten als genuiner Ausdruck von kontingent strukturierten Gesellschaften scheinen heute immer weniger vorstellbar, weil sie nicht mehr *en masse* realisiert werden können und sich ihre Teilbereiche zunehmend abschotten. Zum anderen steht in Gefahr, dass die Gesellschaften in Europa und Nordamerika nach und nach ihrer freiheitlichen Grundordnungen beraubt werden oder sich selbst berauben. Dazu gehört auch ein wachsender „Unwillen […] Vielfalt in all ihren Erscheinungsformen zu ertragen"[60], wie es der Arabist Thomas Bauer formuliert. Die Populäre Kultur und die Popkultur leben aber von der Freiheit, jedes noch so banale, fragwürdige oder unnötige Ding auch ganz anders begreifen zu können: als Verführung vielleicht, als einen komischen Moment, als Feier überschüssiger Energie. Will man die Popkultur auf eine eindeutige Aussage festlegen, verschwindet ihr Zauber.

Anmerkungen
1. Einen Ausschnitt dieser Szene mit den Yardbirds im Film kann man auf YouTube sehen unter: https://www.youtube.com/watch?v=jSJGEn4FDys (31.03.2021).
2. The Pipkins: Gimme Dat Ding. In: Dies.: *Gimme Dat Ding!* Capital Records 1970.
3. Böhme, Gernot: *Atmosphäre. Essays zur neuen Ästhetik*. Frankfurt a. M. 1995, S. 157.
4. Ruppert, Wolfgang: *Um 1968. Die Repräsentation der Dinge*. Marburg 1998, S. 41.
5. Wie Rio Reiser 1986 in „König von Deutschland" sang. Auf: *Rio I*. CBS 1986.
6. Grasskamp, Walter/Krützen, Michaela/Schmitt, Stephan (Hg.): *Was ist Pop? Zehn Versuche*. Frankfurt a. M. 2004, S. 7.
7. Luhmann, Niklas: *Die Realität der Massenmedien*. Opladen 1996, S. 111.
8. Ebd.
9. Hügel, Hans-Otto: *Lob des Mainstreams. Zu Begriff und Geschichte von Unterhaltung und Populärer Kultur*. Köln 2007, S. 21.
10. Ebd., S. 22.
11. Luhmann, Niklas: a. a. O., S. 101 f.
12. Ebd., S. 99.
13. Ebd., S. 114.
14. Hügel, Hans-Otto: a. a. O., S. 20.
15. Drügh, Heinz: *Ästhetik des Supermarkts*. Konstanz 2015, S. 15.

16. Groys, Boris (2004): Der Pop-Geschmack. In: Grasskamp, Walter/Krützen, Michaela/Schmitt, Stephan (Hg.): *Was ist Pop? Zehn Versuche*. Frankfurt a. M. 2004, S. 99.
17. Baßler, Moritz: Leitkultur Pop? Populäre Kultur als Kultur der Rückkopplung. In: *Kulturpolitische Mitteilungen* 148/I (2015), S. 37.
18. Maase, Kaspar: *Grenzenloses Vergnügen. Der Aufstieg der Massenkultur 1850–1970*. Frankfurt a. M. 2001, S. 21.
19. Hecken, Thomas: *Pop. Geschichte eines Konzepts 1955–2009*. Bielefeld 2009, S. 100 f.
20. Grasskamp, Walter: *Das Cover von Sgt. Pepper. Eine Momentaufnahme der Popkultur*. Berlin 2004, S. 114.
21. *Spex. Magazin für Popkultur*: Lady Gaga natürlich! (Juli/August 2011), Nr. 333, S. 34–44.
22. Die Begriffe „Schwarz" und „Weiß" werden immer dann groß geschrieben, wenn sie nicht nur eine Farbe meinen, sondern darüber hinaus auf die historischen, politischen und kulturellen Muster verweisen, die Menschen als Schwarz oder Weiß prägen und kennzeichnen. Wo Reproduktionen von rassistischen Begriffen oder Abbildungen in diesem Buch vorkommen, erfüllen sie den Zweck historischer Quellen.
23. Dazu gehört auch, dass ich keine überzeugende Lösung gefunden habe, wie mit der sprachlichen Adressierung von zwei und mehr Geschlechtern umzugehen ist. Natürlich singt Beyoncé immer für Zuhörer und Zuhörerinnen so wie Karl May seine Reiseromane für Leserinnen und Leser schrieb. Umgekehrt gibt es historische Entwicklungen, die dazu geführt haben, dass am Bau der Pacific Railway (siehe „Ein Skalp") nur Arbeiter beteiligt waren und

keine Arbeiterinnen oder aber, dass es überwiegend Käuferinnen von Nylonstrümpfen gab und gibt. Das Buch wird deshalb einen Mittelweg gehen, indem sowohl die männliche wie die weibliche Form verwendet und dabei bestimmte historische Eigenheiten berücksichtigt werden. Angesprochen sind immer alle Geschlechter.

24. Bloch, Ernst: *Tübinger Einleitung in die Philosophie I*. Frankfurt a. M. 1973, S. 201.
25. Blumenberg, Hans: *Wirklichkeiten, in denen wir leben*. Stuttgart 1986, S. 23.
26. Ebd.
27. Ebd., S. 10.
28. Makropoulos, Michael: *Theorie der Massenkultur*. München 2008, S. 112.
29. Winter, Rainer: Popularisierung. In: Hügel, Hans-Otto (Hg.): *Handbuch Populäre Kultur. Begriffe, Theorien und Diskussionen*. Stuttgart 2003, S. 348.
30. Ebd.
31. Zenith Radio Corporation: Flash-Matic Remote Control. Chicago 1955, siehe https://www.earlytelevision.org/pdf/zenith_flashmatic_owners_manual.pdf (31.03.2021). Diese und alle folgenden Übersetzungen von englischsprachigen Quellen ins Deutsche wurden anhand des jeweiligen Originals von Silke Körber vorgenommen.
32. Ebd.
33. Schulze, Hagen: *Staat und Nation in der europäischen Geschichte*. München 2004, S. 240.
34. Makropoulos, Michael: a. a. O., S. 141.
35. Miller, Daniel: *The Comfort of Things*. London 2008, S. 218.
36. Hickey, Dave: *Der unsichtbare Drache*. Berlin 2015, S. 100.

37. Clarke, Alison J.: Tupperware: Vorstadt, Gesellschaft und Massenkonsum. In: Ortlepp, Anke, Christoph Ribbat (Hg.): *Mit den Dingen leben. Zur Geschichte der Alltagsgegenstände.* Stuttgart 2010, S. 168.
38. Sieferle, Rolf Peter: Gesellschaft im Übergang. In: Baecker, Dirk (Hg.): *Archäologie der Arbeit.* Berlin 2002, S. 125.
39. Siehe Osterhammel, Jürgen: *Die Verwandlung der Welt. Eine Geschichte des 19. Jahrhunderts.* München 2009.
40. Sieferle, Rolf Peter: a. a. O., S. 126.
41. Schrage, Dominik: *Die Verfügbarkeit der Dinge. Eine historische Soziologie des Konsums.* Frankfurt a. M./New York 2009, S. 8.
42. Makropoulos, Michael: a. a. O., S. 10.
43. Siehe Martin, James: Remembering Eugene Polley and his Flash-Matic remote (photos). In: *c/net*, 23.05.2012: https://www.cnet.com/pictures/remembering-eugene-polley-and-his-flash-matic-remote-photos/ (31.03.2021).
44. Siehe Werbeanzeige „Tupperware! Best thing that's happened to women since they got the vote", https://c2.staticflickr.com/4/3047/3039574050_2c1e88a85b.jpg (31.03.2021).
45. Lavers, Nick: Ikea Wants to Know: Do you speak human? In: *New Atlas*, 02.05.2017: https://newatlas.com/ikea-artificial-intelligence/49320/ (31.03.2021).
46. Bublitz, Hannelore: *In der Zerstreuung organisiert. Paradoxien und Phantasmen der Massenkultur.* Bielefeld 2005, S. 10.
47. Ebd.: 28.
48. Schulze, Gerhard: *Die Erlebnisgesellschaft: Kultursoziologie der Gegenwart.* Frankfurt a. M. 1993, S. 63.
49. Makropoulos, Michael: a. a. O., S. 124.
50. Ebd.

51. Simmel, Georg: *Gesamtausgabe.* Bd. 10: Philosophie der Mode 1905; Die Religion (1906/1912); Kant und Goethe (1906/1916); Schopenhauer und Nietzsche (1907). Frankfurt a. M. 1995, S. 33.
52. Ebd., S. 20.
53. Makropoulos, Michael: a. a. O., S. 133.
54. Harvey, Eric: Station to Station: The Past, Present and Future of Streaming Music, 2014, siehe https://pitchfork.com/features/cover-story/reader/streaming/ (31.03.2021).
55. Prey, Robert: Knowing Me, Knowing You: Datafication on Music Streaming Platforms. In: Ahlers, Michael, [u. a.] (Hg.): *Big Data und Music. Jahrbuch für Musikwirtschafts- und Musikkulturforschung.* Wiesbaden 2019, S. 12.
56. Ebd.
57. Hügel, Hans-Otto: Ästhetische Zweideutigkeit der Unterhaltung. Eine Skizze ihrer Theorie. In: *montage a/v. Zeitschrift für Theorie und Geschichte audiovisueller Kommunikation* 2/1 (1993), S. 138.
58. Han, Byung-Chul: *Gute Unterhaltung.* Berlin 2018, S. 157.
59. Ebd.
60. Bauer, Thomas: *Die Vereindeutigung der Welt. Über den Verlust an Mehrdeutigkeit und Vielfalt.* Stuttgart 2018, S. 12.

1876. Ein Skalp
Der Doppelkörper des Stars

Filmplakat von *The Life of Buffalo Bill in 3 Reels*, ca. 1915.

1876 war William F. Cody 30 Jahre alt und spielte mit der von ihm gegründeten „Buffalo Bill Combination" auf den Bühnen an der Ostküste der USA den Wilden Westen nach. Zuvor hatte er schon als Viehjunge gearbeitet und als Scout für die Kavallerie an der Eroberung des amerikanischen Westens teilgehabt. Sein Spitzname wurde ihm nach der Erschießung von über 3000 Bisons innerhalb weniger Monate verliehen. Die Ausrottung der Tiere beraubte die indigenen Stämme Amerikas nach und nach ihrer Lebensgrundlage – und das Fleisch diente zur Versorgung der Arbeiter der Kansas Pacific Railway, die bis 1869 eine ständige Verbindung zwischen der US-amerikanischen Ost- und Westküste etablierte. An beiden Ereignissen war Cody in diesem Sinne als einer von vielen Zehntausend beteiligt. Nicht zuletzt war William F. Cody als „Buffalo Bill" Protagonist in einem wöchentlich erscheinenden Groschenroman des New Yorker Autors Ned Buntline. Mit großem Erfolg: Das urbane Publikum im Osten des Landes war wild nach dem Wilden Westen.

So entwickelte sich „Buffalo Bill's Wild West" zum spektakulärsten Unterhaltungsformat des ausgehenden 19. Jahrhunderts. Tourneen durch die USA wechselten sich mit regelmäßigen Auftritten in Europa ab. Im Rahmen der Weltausstellung 1887 sahen mehr als zwei Millionen Besucher die Show in der britischen Hauptstadt. Der Besuch der Königsfamilie wurde zu einer medialen Sensation, die von Codys Marketingabteilung begleitet und angefeuert wurde. Ob in Kassel, Ljubljana oder Cardiff; ob in Pisa, Plauen oder Paris: Wo die „Wild West Show" gastierte, zog sie die Massen an. William F. Cody soll in Europa zu dieser Zeit bekannter gewesen sein als der amerikanische Präsident.

1876. Ein Skalp

Die Show besaß 18 eigene Züge, die größte mobile Stromversorgung jener Zeit und eine Küche, die 700 Personen gleichzeitig versorgen konnte. Für die Infrastruktur, die Produktionskosten und die Logistik von Popkonzerten der Gegenwart hat William F. Cody die Standards gesetzt. Seine Show finanzierte Ende des 19. Jahrhunderts von einer eigenen Presseabteilung bis zu den *Candy Stands* alles, was der Unterhaltungsindustrie Ehre macht, wie die Historiker Robert Rydell und Rob Kroes feststellen: „Der Wilde Westen wurde zu einer im militärisch-industriellen Maßstab operierenden mobilen Traumfabrik, die Erzählungen von heroischen Eroberungen für ein Millionenpublikum produzierte."[1] Es waren nicht die US-amerikanischen Soldaten, die nach dem Zweiten Weltkrieg die Populäre Kultur nach Europa brachten, es waren William F. Cody und seine „Wild West Show" am Ende des 19. Jahrhunderts.

Bis es soweit war, ereignete sich im Juli 1876 eine Schlacht, die als „Battle of the Little Bighorn" historische Berühmtheit erlangte. Nicht weit entfernt vom heutigen Yellowstone-Nationalpark, wurden US-amerikanische Truppen um General Georg A. Custer von Kriegern der Lakota, der Cheyenne und von Arapaho-Stämmen geschlagen und Custer getötet. In die darauffolgenden Kämpfe war auch Cody involviert, der trotz seines Bühnenengagements in diesen Jahren für die Kavallerie ritt. In einem Gefecht im selben Jahr tötete und skalpierte er den Cheyenne-Krieger Yellow Hair. Er hatte sich dafür – in der realen Kampfhandlung vor Ort – in ein Kostüm gekleidet, mit dem er wenig später in dem Bühnenstück *The Red Right Hand; or, Buffalo Bill's First Scalp for Custer* auftrat. William F. Cody ermordete einen Menschen in seinem Buffalo-Bill-Kostüm, gleichsam als Darsteller dieses Mordes im Rahmen einer künftig stattfindenden Unterhaltungsshow.

Es gibt viele Beispiele, anhand derer die Verschränkung von Geschichte und Populärer Kultur deutlich wird und letztere die Deutung historischer Zusammenhänge beeinflusst. Filme wie *Schindlers Liste* prägen die kollektiven Vorstellungen davon, was der Holocaust gewesen ist und führten dazu, dass *historic walks* entlang der Drehorte des Films in Kraków stattfanden. Doch die Ununterscheidbarkeit von realer Geschichte und medialer Inszenierung geht bis in das späte 19. Jahrhundert zurück und nirgends wird sie so deutlich wie anhand der geschilderten Szene aus dem Jahr 1876. Der Skalp in Codys Händen ist nicht nur das reale Zeichen eines realen Mordes, sondern auch ein fiktionales Zeichen populärer Unterhaltung. Zusammengehalten wird beides durch den Körper des Stars selbst, der sich hier und von dieser Zeit an buchstäblich als Doppelkörper präsentiert.

Der Doppelkörper des Stars

Stars haben einen „Doppelkörper", weil es sie immer einmal und mehrmals gibt: Buffalo Bill existiert als ein realer und als ein medialer Körper. Das Entscheidende ist, dass diese beiden Körper nicht zu unterscheiden sind. Es ist nicht zu bestimmen, wer Yellow Hair ermordete und seinen Skalp nahm: Buffalo Bill oder William F. Cody. In der Kommandoliste der Fünften Kavallerie ist er als „Scout William F. Cody"[2] gelistet. Anwesend war er aber genauso als eine Figur, die ein Kostüm trug, „sodass er im folgenden Winter dem Publikum erzählen konnte, dass er die authentische Kleidung eines Prärie-Scouts trug"[3]. Nur so funktioniert der Star als eine der beiden zentralen Figuren der Populären Kultur neben dem Fan (siehe „Scrapbooks"), der etwas später entsteht: als real-medialer Doppelkörper.

Die Liste von Starfiguren wird seitdem mit jedem Tag länger und diverser. Heute werden nicht nur Bühnen- und Filmschauspielerinnen zu Stars, sondern auch Sportler und YouTuber, Influencerinnen und manchmal sogar Politiker. Selbstverständlich gehören dazu auch jene Mitglieder der Kardashian-Familie, die angeblich gar nichts können und doch eines sehr deutlich zeigen – wie sich der eigene Körper in einen medialen Körper verwandeln lässt und umgekehrt. Das verbindende Element zwischen William F. Cody und Kim Kardashian, zwischen Elton John und Mary Pickford ist deshalb auch nicht die sogenannte Berühmtheit, sondern der bewusste Umgang mit der Medialität ihrer Körper, im Sinne einer Gleichzeitigkeit von körperlicher An- und Abwesenheit.

Die Struktur des Doppelkörpers dominiert das Nachdenken über den Star: Ist George Clooney in echt so charmant wie in seinen Interviews? Was denken Christina Aguilera und Britney Spears in echt über den Kuss mit Madonna? Ist das noch der echte oder schon der geliftete Tom Cruise? Dieser unendlichen Suche nach dem Echten im Unechten ist nicht zu entkommen. Sämtliche „Documentaries", „Making-Ofs" und Hintergrundberichte nähren sich von der funktionalen Uneindeutigkeit des Stars, wie der Poptheoretiker Diedrich Diederichsen herausstellt: „die Zurschaustellung von als privat codierten Vorgängen – sei es als reality tv, Porno, Bekenntnis-Show – [verhüllt] diese erst recht"[4]. Die Gleichwertigkeit des realen wie medialen Körpers führt zu einer Frage, die nie abschließend beantwortet werden kann, die aber die Starfigur in der Populären Kultur erst möglich macht: Wer ist das da eigentlich?

Wer ist das eigentlich, wer hat Yellow Hair skalpiert, Buffalo Bill oder William F. Cody? Und wer von den beiden steht auf der Bühne eines Theaters oder einer Freiluftshow, in einer realen Uniform und hält einen echten Skalp in die Höhe? William F. Cody scheint schon immer Buffalo Bill gewesen zu sein und Buffalo Bill schon immer William F. Cody. Es kommt zu einer intendierten Ununterscheidbarkeit von Selbst und Figur (an der durch die Zeit hindurch viele Stars öffentlich leiden, obwohl es die Bedingung ihres *Stardoms* ist).

Damit das Publikum also gerade nicht entscheiden kann, wer hier als Figur oder als Selbst auftritt, ist es wichtig, Authentizitätssignale im medialen Setting zu senden. Dies geschah im Fall der Starfigur des Buffalo Bill bereits vor der Inthronisierung des Films als technisch reproduzierbarem Massenmedium: In Form von Postkarten und Fotografien, von Groschenromanen oder Plakaten erlangte Buffalo Bill massenmediale Realität. Umso entscheidender war es deshalb in dieser ersten Phase der Populären Kultur, die sich im Rahmen von Präsenzmedien wie Zirkus, Varieté und Sportveranstaltungen entwickelte, dass eine Realität der Präsenz etabliert wurde: die Wirklichkeit des anwesenden Körpers vor einem anwesenden Publikum. Entsprechend stehen die physischen Fähigkeiten der Stars von Anfang an im Zentrum der Aufmerksamkeit, und auch William F. Cody wusste genau, wie er authentisch erscheinen konnte. Er gab seinen Zuschauern die Möglichkeit, den medialen im präsenten Körper wiederzuerkennen und umgekehrt.

Von Cowboys ...

Cody konnte tatsächlich reiten, zureiten und schießen. Die „Wild West Show", seine folgenreichste Erfindung, begann 1882 als eine Freiluftveranstaltung zur Feier der US-amerikanischen Unabhängigkeit und wurde nachträglich als „Old Glory Blowout" bezeichnet. Dabei führte er letztlich nichts anderes vor als spezifische, mit der Eroberung des Westens eng verknüpfte körperliche *skills:* „Cody hatte buckelnde Wildpferde, Büffelreiten, Lassowerfen und Pferderennen und zahlte Geldpreise an die Teilnehmer."⁵ Trapper, Scouts und Cowboys, die zu diesem Zeitpunkt ihrer praktischen Aufgaben in der Eroberung des Westens historisch bereits enthoben waren, wurden zu zentralen Figuren der Shows, die entsprechend ihres volkskundlichen Ausstellungscharakters oftmals als *exhibition* betitelt wurden. Mehr als 30 solcher *exhibitions* wurden als eigenes Geschäftsmodell etabliert und tourten Ende des 19. Jahrhunderts durch Nordamerika. Reale Praktiken der Cowboys wurden hier als spektakuläre Nummernrevue vor Publikum ausgestellt – nicht unähnlich dem Zirkus, der zur selben Zeit ein Massenpublikum anzog.

Anders als in den Zirkusnummern wurde durch die Schieß- und Reiteinlagen eine (abwesende) Geschichte gleichermaßen entworfen und beglaubigt: die der gewaltsamen Eroberung des Westens. Die „Wild West Show" war damit Teil einer umfassenden Unterhaltungskultur – bestehend aus Vaudeville-Theater und Zirkus, aus Minstrel-Show (siehe „Ein Handschuh") und Groschenromanen, aus Industrie- und Weltausstellungen –, die vor und nach dem Ende des Amerikanischen Bürgerkriegs die Darstellung rassistischer Stereotype als Zugpferd für eine nationale Versöhnungsideologie nutzte. Das Narrativ imperialer Überlegenheit des „weißen Mannes", sei es über indigene Völker des amerikanischen oder des afrikanischen Kontinents, sei es über Menschen, Maschinen oder Tiere, wurde vor einem Publikum aufgeführt, das zum einen selbst multiethnisch und multinational war und zum anderen durch Massenimmigration aus Europa und Arbeitskämpfe im Land hochgradig verunsichert war.

Dominik Schrage bezeichnet es als eine der Leistungen des frühen Massenkonsums in den USA „durch den Gebrauch standardisierter Objekte den Alltag von Konsumenten – nicht nur der frisch eingewanderten – zu stabilisieren"[6]. Vergleichbares gilt für die „Wild West Show", deren Entwicklung in eine Zeit fiel, in der sich die politischen, ökonomischen und kulturellen Modernisierungsschübe in den USA innerhalb weniger Jahrzehnte vollzogen – nicht wie in Europa innerhalb von zwei Jahrhunderten. Zwischen 1870 und 1910, ganze 40 Jahre lang, immigrierten täglich 1500 Menschen in die Vereinigten Staaten. Infolge dieser Masseneinwanderung von über 20 Mio. Menschen löste sich auch die Grenze zwischen besiedeltem und unbesiedeltem Land nach und nach auf und wurde genau deshalb zu einem Leitmotiv amerikanischer Kultur wie auch ihrer Geschichtsschreibung. Weil er selbst einen Teil dieser Grenzverschiebungen darstellte, waren wenige Figuren geeigneter, ein positives amerikanisches Selbstbild zu schaffen, als der Cowboy.

Die Akteure und ihre Vorführungen auf der Bühne senden in diesem Sinn unhintergehbare Präsenz- und Authentizitätssignale. Die Kritiker nahmen das begeistert auf, 1891 hieß es etwa im *Liverpool Mercury,* nachdem die Show mehrere Abende in der englischen Stadt verbracht hatte:

> „Es ist ein Stück Wilder Westen, das leibhaftig in unsere Mitte transportiert wurde. Es ist keine Show im herkömmlichen Sinne, denn die Darsteller sind allesamt echte Charaktere – Männer, die nicht auf der Bühne, sondern im wahren Leben eine Rolle gespielt haben."[7]

Der Journalist hatte recht und unrecht zugleich. Die Darsteller der Show wussten, wie sie Pferde zureiten und mit der Waffe umgehen mussten. Doch sie wussten nicht, wie sie als Cowboys vor einem Publikum echt agieren sollten. Erst durch die Groschenromane der 1870er Jahre wurden Cowboys zu stabilen und positiv konnotierten Serienfiguren, bis dahin waren sie „eine Klasse von Menschen, die in schlechtem Ruf standen, bis sie in der Fiktion popularisiert wurden"[8]. Erst auf der Bühne lernten Cowboys, wie eigentliche Cowboys zu agieren.

Doch die Körper der Cowboys reichten allein nicht aus – oder besser: Das Konzept war ausbaufähig. So entwickelte sich das, was ab 1883 die „Wild West Show" heißen sollte, unter einer entscheidenden Prämisse. Durch die Aufnahme indigener Körper in die Show wurde die Dramatisierung eines Konflikts ermöglicht, dessen populärkulturelles Potential bis heute nicht ausgeschöpft scheint: der Kampf von Cowboys und Indianern.

... und Indianern

Für ihren öffentlichen Erfolg und ihre Sichtbarkeit sind Starfiguren auf den dramatischen Konflikt als Teil einer realen Geschichte angewiesen. Heutzutage mag sich die Dramatik im Leben solcher Persönlichkeiten eher in Grenzen halten, bewegt sie sich doch häufig zwischen Ehe- und Drogenproblemen, zwischen Schaffens- und Sinnkrisen, zwischen Pocher und Wendler. Umso besser, wenn tatsächlich noch etwas auf dem Spiel steht, das eigene Leben vielleicht oder die Einheit der Nation. Die Geschichte des 19. Jahrhunderts, so könnte man sagen, machte William F. Cody ein Angebot, das er nicht ablehnen konnte und im Gegenteil schamlos ausnutzte: die Eroberung des Westens und die Vertreibung der indigenen Völker als *Birth of a Nation*, als Ursprungserzählung Amerikas auf die Bühne zu bringen. Genau dafür musste Cody die Seite der Gegner besetzen, wie die

Amerikanistin Joy S. Kasson schreibt: „Schon 1883 wusste er, dass die Indianer für seine Show unverzichtbar waren."[9]

So wurden aus Männern, Frauen und Kinder der indigenen Völker Nord- und Mittelamerikas (semi-)professionelle Indianer-Darsteller. In der „Wild West Show" mussten sie Postkutschen überfallen, Siedlungen angreifen und Frauen verschleppen, Marterpfahl-Tänze und Reitkünste vorführen und sich nicht zuletzt von Buffalo Bill in die Flucht schlagen lassen. War die Veranstaltung vorbei, wurden sie plötzlich, ganz real, in den Straßen und Läden der Stadt gesehen, wie ein Journalist aus Mainz 1891 erstaunt feststellte:

> „Die Indianer und Indianerinnen von Buffalo Bill's Wild West durchstreiften heute Morgen in allen Richtungen die Stadt, fortwährend von einer großen gaffenden Menschenmenge begleitet. Sie kehren dabei häufig in Geschäfte ein und bewerkstelligen Einkäufe."[10]

Als Indianer-Darsteller waren sie auf den Plakaten zu sehen, die zigtausendfach die Shows in Nordamerika oder Europa ankündigten, hatten Autogrammkarten, und wurden zu Motiven für Fotografie und Kunst. Dabei waren sie gleichwohl in einem abhängigen System asymmetrischer Machtstrukturen eingebunden, wie Kasson nachdrücklich gezeigt hat: „Aber die ‚Freundschaft', die in […] Wild-West-Aufführungen angeboten wurde, ehrte die Würde der Indianer nur auf Kosten der Kapitulation vor der weißen Dominanz und Kontrolle."[11] So defilierten Indianer-Darstellerinnen als exotisierte Wesen eines europäischen Blickregimes über die großen Prachtstraßen in New York oder Paris und wurden zur Audienz bei Königin Victoria geladen. Sie waren bekannt wie Sitting Bull (eigentlich: Tȟatȟáŋka Íyotake) oder gefürchtet wie die Vertreter der Ghostdance-Bewegung, die trotz ihrer Verurteilung durch

US-amerikanische Gerichte mit Cody reisen und auftreten durften.[12] Überwiegend aber blieben sie zahllose unbekannte Statisten einer Unterhaltungsshow.

Es ist müßig zu kritisieren, dass die Populäre Kultur die historischen Begebenheiten und ihre Akteure nicht adäquat wiedergebe. Das tut sie natürlich nicht, sie betreibt vielmehr Geschichtsvermittlung im Modus der Unterhaltung. Unterhaltend ist Geschichte immer dann, wenn sich vor einem Massenpublikum dramatische Konflikte inszenieren lassen und dabei auf spielerische Weise eine Unklarheit etablieren, wer überhaupt Erzähler dieser Geschichte(n) ist. Die „Wild West Show" steht damit am Anfang einer Entwicklung, die in technischen Medien Vergangenheit für ein globales Publikum in Szene setzt. Das Publikum lernt seit dieser Zeit an etwas teilzunehmen, bei dem es nicht anwesend war. William F. Cody und sein alter Ego Buffalo Bill etablieren, so beschreibt es der Historiker Richard White treffend einen „[…] heute postmodernen Westen, in dem Performance und Geschichte hoffnungslos ineinander verwoben waren"[13].

Diese Vermischung von Inszenierung und Ereignis braucht einen Vermittler und es ist der Star, der diese Rolle par excellence ausfüllt. Denn dieser agiert in einer Sphäre des Dazwischen, sein Doppelkörper vermittelt symbolisch zwischen dem Realen und dem Medialen Der Skalp ist der materielle Ausdruck für diesen Transfer zwischen einer realen Geschichte und einem medialem Erlebnis.

Grenzgänger

Es macht einen Unterschied, wer unter welchen Bedingungen einen Gegner skalpiert. Während diese kriegerische Praxis im Ritus der indigenen Völker einen festen Platz hatte und seit dem 16. Jahrhundert für den amerikanischen Kontinent nachgewiesen werden kann[14], wird sie während des Englisch-Französischen Krieges zu einer willfährigen Mordpraxis und einem Geschäftsmodell. Der Hauptmann der preußischen Armee und spätere Kolonialhistoriker Georg Friederici schreibt in seinem 1906 erschienenen Band *Skalpieren und ähnliche Kriegsgebräuche in Amerika* von den im 18. Jahrhundert ausgesetzten Prämien:

> „[…] für jeden gefangenen männlichen Indianer im Alter von mehr als 10 Jahren 150 Dollar, für jeden Skalp eines getöteten Indianers 134 Dollar, […], für jeden Skalp einer getöteten Squaw 50 Dollar"[15].

Das Kopfgeld für den Skalp der Feinde wurde also auf perfide Weise gestaffelt. Das meiste Geld gab es für männliche Krieger, etwas weniger für Frauen, noch weniger für Kinder.

Ende des 19. Jahrhunderts dagegen, zu Codys Zeiten, wurden zwar noch letzte Kämpfe gegen indigene Gruppen im Mittleren Westen geführt, aber die geopolitische Eroberung des Landes war abgeschlossen. Der Skalp verlor im selben Maße seine Bedeutung für die Eroberer, wie die Grenze zwischen unbesiedeltem und besiedeltem Land verschwand. Die von dem Historiker Frederick Jackson Turner entwickelte These vom *Frontierism* beschrieb diese ab den 1890er Jahren bis heute anhaltende Wirkung: Turner zufolge ist es der dramatische Konflikt an der Grenze von Zivilisation und Wildnis, der den amerikanischen Charakter ausmacht[16].

Erst die Konfrontation mit natürlichen und kulturellen Grenzen, so Turner, habe die amerikanische Nation und ihren Charakter geformt:

„Die Frontier stellt die Linie der rasantesten und wirksamsten Amerikanisierung dar. Die Wildnis triumphiert über den Kolonisten. Sie findet ihn mit seiner Kleidung, seinem Gewerbe, seinen Werkzeugen, seinen Transportmitteln und seinem Denken als Europäer vor. Sie holt ihn aus dem Eisenbahnwaggon und setzt ihn ins Birkenkanu. Sie beraubt ihn seiner Gewänder der Zivilisation und kleidet ihn in Jagdhemd und Mokassins. Sie versetzt ihn ins Blockhaus der Cherokee und Irokesen und zieht eine indianische Palisade um ihn herum. Binnen kurzem beginnt er mit dem Pflanzen indianischen Maises und dem Pflügen mit spitzem Stock; er stößt den Kriegsruf aus und nimmt sich den Skalp auf orthodoxe, indianische Art. Kurzum, an der Frontier ist die Umwelt zunächst zu stark für den Mann."[17]

Entscheidend an Turners These ist weniger die dramatisierte Gegenüberstellung von Zivilisation und Wildnis, als deren gegenseitige Durchdringung. Nach Turner muss der zivilisierte Weiße den Indianern ähnlich werden und nimmt ihnen als Zeichen der Beherrschung – aber auch als Beweis seiner kulturellen Verwandlung – den Skalp. Aus europäischer Zivilisation und indigener Wildnis entsteht dadurch etwas Neues: der amerikanische Nationalcharakter. Es ist der Skalp in den Händen eines Weißen, der somit zum deutlichsten Zeichen der Amerikanisierung wird.

Im Rahmen einer Unterhaltungsshow ist der Skalp im buchstäblichen Sinn ein „Grenzobjekt"[18], indem er den Zuschauenden die Frage stellt, auf welcher Seite der Grenze sie sich befinden und die Möglichkeit offenlässt, verschiedene Perspektiven auf die Geschichte der imperialen Landnahme einzunehmen.

„Amerikanische Indianer mögen sowohl vom Management des Wilden Westens als auch von den assimilationistischen Reformern und Regierungsbeamten als Objekte politischer Entscheidungen betrachtet worden sein. Aber die daraus resultierende Öffentlichkeit erlaubte es ihnen, auf eine Art und Weise zu sprechen, die Aufschluss darüber gab, wie diese Angelegenheiten für sie als Subjekte ihrer eigenen Geschichten aussahen."[19]

Amerikanische Unterhaltungskultur, wie sie sich seit den 1880er Jahren als globales Phänomen entwickelte, integrierte das ihr Fremde somit auf zugleich gewaltsame und emanzipatorische Weise.

In diesem Prozess ist der Skalp zu einem seriellen Motiv im Medienkosmos des Buffalo Bill geworden. Drucke, Postkarten und Zeichnungen mit dem „First Scalp for Custer" kursierten als Ankündigungen, Beigaben und Souvenirs der „Wild West Show", wie auch als Illustration seiner Autobiographie. Als die Wild West Show 1913 bankrottging, versuchte sich Cody an dem neuen Massenmedium Film und produzierte *The Indian Wars Refought*. Das Werk gilt als verschollen, die Produktionen der „Buffalo Bill & Pawnee Bill Film Company" erwiesen sich als unrentabel. In einem noch erhaltenen Vorgängerfilm *The Life of Buffalo Bill* ist allerdings eine Traumsequenz zu finden, in der Codys Kampf gegen Yellow Hair nachgestellt wurde. Wieder steht der Cowboy in Siegerpose über dem Indianer. Populäre Geschichte(n) nehmen kein Ende: Wie in einem (Alb-) Traum erscheint der Skalp bis heute als das ambivalente Zeichen, dass es in der Populären Kultur um Leben und Tod geht – und dennoch für den Moment niemand Angst haben muss.

Anmerkungen

1. Rydell, Robert W./Kroes, Rob: *Buffalo Bill in Bologna: The Americanization of the World, 1869–1922*. Chicago 2005, S. 31.
2. Hedren, Paul L.: *First Scalp for Custer: The Skirmish at Warbonnet Creek, Nebraska, July 17, 1876*. Lincoln/London 1980, S. 96.

3. Ebd., S. 1.
4. Diederichsen, Diedrich [u. a.]: *Das Madonna Phänomen.* Hamburg 1993, S. 23.
5. Yost, Nellie: Virtual Nebraska: North Platte, Lincoln County. Lincoln, University of Nebrasca 2005: https://casde.unl.edu/history/counties/lincoln/northplatte/index.php (30.03.2021).
6. Schrage, Dominik: Die Verfügbarkeit der Dinge. Eine historische Soziologie des Konsums. Frankfurt a. M./New York 2009, S. 191.
7. N. N. zit. n. Russel, Don: *The Lives and Legends of Buffalo Bill.* Norman 1960, S. 372.
8. Sears, John: Bierstadt, Buffalo Bill, and the Wild West in Europe. In: Kroes, Rob [u. a.] (Hg.): *Cultural Transmission and Receptions: American Mass Culture in Europe: European Contributions to American Studies*, Vol. XXV. New York 1993, S. 13.
9. Kasson, Joy S.: *Buffalo Bill's Wild West: Celebrity, Memory, and Popular History.* New York 2000, S. 170.
10. N. N. zit. n. Rettinger, Elmar (Hg.): *Der Wilde Westen am Rhein – Buffalo Bill in Mainz.* Mainz 2010, S. 50.
11. Kasson, Joy S.: a. a. O., S. 180.
12. Die sogenannte Geistertanz-Bewegung war aus heutiger Sicht ein friedlicher Protest gegen die herrschende Unterdrückung in den Reservaten. Sie wurde von Politik und Verwaltungsseite misstrauisch beobachtet und diente als Legitimation im Zusammenhang mit der Ermordung von u. a. Sitting Bull und Crazy Horse (eigentlich Tashunka Witko). William F. Cody erreichte durch Verhandlungen mit der Regierung, dass die „dreiundzwanzig Geistertanz-Gefangene unter den fast hundert Sioux während der Saison 1891–92 mit Cody nach Europa gingen", in: Kasson, Joy S.: a. a. O., S. 191.

13. White, Richard: Frederick Jackson Turner and Buffalo Bill. In: Ders./Nelson Limerick, Patricia: *The Frontier in American Culture.* Berkeley/Los Angeles 1994, S. 29.
14. James Axtell und William C. Sturtevant zeigen, dass unterschiedlichste Quellen für „aufwendige zeremonielle Behandlungsmethoden von Skalps, die in den lokalen religiösen Glauben integriert sind; und der Ersatz eines Skalps durch einen lebenden Gefangenen, der als Ersatz für ein verstorbenes Familienmitglied aufgenommen wird" seit dieser Zeit vorliegen. Axtell, James/Sturtevant, William C.: The Unkindest Cut, or Who Invented Scalping?. In: *The William and Mary Quarterly* 37/3 (1980), S. 462.
15. Friederici, Georg: *Skalpieren und ähnliche Kriegsbräuche in Amerika.* Kassel 1991, S. 51.
16. Allerdings nahm 1893, als er seine Thesen auf dem Jahrestreffen der American Historical Association in Chicago vortrug, fast niemand davon Notiz. Seine Kollegen, so der Historiker Philipp Gassert, „[...] zogen es vor, sich ‚Buffalo Bill's Wild West Show' anzusehen, die am Nachmittag in Chicago gastierte". Philipp Gassert in Turner, Frederick Jackson: *Demokratisches Selbstverständnis und der Westen. Texte über Amerika.* Stuttgart 2019, S. 112.
17. Ebd., S. 10 f.
18. Star, Susan L./Griesemer, James R.: Institutional Ecology, 'Translations' and Boundary Objects. Amateurs and Professionals in Berkeley's Museum of Vertebrate Zoology 1907–39. In: *Social Studies of Science* 19/3 (1989), S. 387–420.
19. Kasson, Joy S.: a. a. O., S. 187.

1887. Kaugummis
Etwas Großes wird geschehen

Anzeige für *Beech-Nut Gum*, 1952.

Was keine Initiative und keinerlei moralische Entrüstung in einer fast 150-jährigen Geschichte des professionellen Baseballs erreicht haben, wurde 2020 durch die Covid-19-Pandemie vollbracht: Kautabak zu kauen und auszuspucken ist auf den Baseballfeldern der US-amerikanischen Major Baseball League (MBL) aus gesundheitlichen Gründen verboten worden. Das Kaugummikauen ist weiterhin erlaubt. Die Stars der MBL können sich also auch künftig einen „Big League Chew" in den Mund stecken und die knapp drei Stunden, die ein Baseballspiel durchschnittlich dauert, kauend verbringen. Kaugummi und Baseball scheinen unzertrennlich, sie kleben förmlich aneinander und erlauben einen Blick auf die enge Verzahnung von Sport-, Konsum- und Vergnügungskultur am Ende des 19. Jahrhunderts.

Aber wie kommt es, dass uns Kauen solch ein Vergnügen bereitet, noch dazu eines, das nicht der Aufnahme von Nahrung dient? Schließlich wird der Mundraum beim Kaugummi kauen mehr als nötig eingespeichelt, sodass der überflüssige Teil relativ bald wieder abgegeben werden muss. Ein scheinbar sinnloses Unterfangen von Speichelproduktion und -reduktion. Was macht Spaß daran und warum haben sich Kaugummis und die Praxis des Kauens und Spuckens gerade mithilfe von Baseball popularisiert?

Eine Antwort, die hier nur kurz erwähnt werden soll, findet sich in den populärmedizinischen Debatten jener Zeit. Horace Fletcher etwa, Geschäftsmann und selbst ernannter Erfinder einer Kau-Theorie, hatte durchschlagenden Erfolg mit seiner Behauptung, die körpereigene Produktion von Speichel würde Zivilisationskrankheiten wie Übergewicht, Sodbrennen und Nervosität heilen. In seinem damals hochgelobten Buch *The A, B to Z of our own Nutrition* schrieb er 1903: „Ich lernte bald, dass [meine] Probleme von einem *Zuviel* an mancherlei Dingen herrührten, unter anderem von zu viel Essen und

1887. Kaugummis

zu vielen unnötigen Sorgen"[1]. Wie viele vor und nach ihm behauptete Fletcher, den Überfluss der Dinge durch die Erfindung und Durchsetzung neuer Dinge regulieren zu können. Die Kaugummi-Industrie, seit 1899 konzentriert in der „American Chicle Company", war gerne bereit, hier Abhilfe zu schaffen und den Kaugummi in den populärmedizinischen Diskurs der Jahrhundertwende einzuspeisen.

Etwa, indem sie die finale World Series der MBL von 1919 durch eine Werbekampagne begleiten ließ, die jeden Tag des zehntägigen Wettkampfs in den Zeitungen des Landes eine neue Anzeige schaltete. Deren Tenor war, dass man Kaugummi für die konzentrierte Ruhe in einem nervenaufreibenden Wettkampf brauchte. Zu diesem Zeitpunkt hatte sich bereits eine öffentliche Meinung herausgebildet: Die immer gleiche Betätigung des Kaugummi kauens beruhige die Nerven, was sich besonders an erfolgreichen Baseballspielern zeige, deren Sammelkartenbilder wiederum den Kaugummipackungen beigelegt waren. So wurden Kaugummis in den Sportzeitungen des Landes gleichsam als Medizin angepriesen, etwa 1895 in *The Sporting Life,* wo die Firma White ihren Yucatan-Kaugummi neben den Baseball-Ergebnissen des Wochenendes bewarb: „Kaugummi mit Pfefferminzgeschmack […] zur Linderung der quälenden Schmerzen bei Verdauungsstörungen und Sodbrennen"[2].

Nach dem entscheidenden achten Spiel der World Series im Jahr 1919 konnten die Werbeschlagzeilen unter einem Adams-Kaugummi entsprechend selbstsicher behaupten: „Mit besseren ‚Nerven' haben die Cincinnati Reds die World Series gewonnen."[3] Ärgerlich nur, dass die Finalrunde als größter Betrug in die Geschichte des professionellen Baseballs einging: Es waren acht gekaufte Spieler der Chicago White Sox, die das Spiel für Cincinnati gewannen.

Eine andere Erklärung für den Erfolg des Kaugummis ist in der historischen Entwicklung hin zu mehr Freizeit als Massenphänomen zu sehen. Soziale und ökonomische Reformen bildeten ab Ende des 19. Jahrhunderts in Industriestaaten die Grundlage dafür, dass freie Zeit vor allem für Arbeiter und kleine Angestellte verfügbar, rechtlich abgesichert und nicht zuletzt staatlich garantiert wurde. Freie Zeit wurde schrittweise zum Besitz des Einzelnen: Man hatte Zeit. Wie verbringt man die jetzt?

Einfach mal rumstehen

Zum Beispiel auf dem Baseballfeld, wo sich die Zeit zu dehnen schien: „Baseball richtet sich nicht nach der Uhr"[4], wie der amerikanische Politikwissenschaftler Michael Mandelbaum nüchtern feststellte. Es ist kein Zufall, dass ein Politologe über den Volkssport Baseball nachdenkt, den *national pastime,* der noch vor Football und Basketball in der Reihe der Sportarten steht, die auf spezifische Weise die US-Kultur zu repräsentieren scheinen. „Baseball verdrängte als Zuschauersport jede potentielle Konkurrenz"[5], schreiben Andrei Markovits und Steven Hellermann in ihrer vergleichenden Würdigung der *Big Three.* „Mittelschicht und Arbeiterschaft nahmen das Baseballspiel an und machten es zu Amerikas Nationalspiel und zu einem Zeitvertreib für die ganze Nation."[6]

Eben deshalb wird Baseball zum Volkssport, weil man sich auf und neben dem Platz die Zeit vertreiben musste. Man hatte schlichtweg zu viel davon, in der verhältnismäßig wenig passierte. Während ein Fußballspiel 90 Minuten dauert, wie Sepp Herberger bemerkte, wird Baseball in *innings* gemessen. Neun innings (mit jeweils zwei *half-innings*) galten ab 1860 als Zeitmaß für ein Baseballspiel. Im Rahmen jedes innings sind die konkurrierenden Mannschaften einmal in der Offensive (mit dem *batter,* dem Schläger, und seinen *runners,* den Läufern auf den drei *bases*) und einmal in der Defensive (mit dem *pitcher,* dem Werfer, seinem *catcher,* dem Fänger hinter dem Schläger, und seinen *fielders,* den Feldspielern). Erst wenn drei Spieler der Offensive *out* sind (auf vielfältige Weise, die hier nicht rekapituliert werden kann, weil das noch mehr Zeit kosten würde, als es auf dem Spielfeld braucht), wechselt das half-inning. Das Spiel entscheidet gewissermaßen selbst über sein Ende – nicht ein von außen gesetzter Zeitrahmen.

Da ein Baseballspiel zumindest im Regelfall nicht unentschieden enden darf, kann es nach neun innings zu unzähligen *extra innings* kommen. Ganze 26 innings etwa spielten die Brooklyn Robins gegen die Boston Braves 1920. Die Partie wurde wie so viele andere vor der Einführung des Flutlichts wegen Dunkelheit abgebrochen. 25 innings dauerte der längste Wettkampf der MBL-Geschichte: Über acht Stunden, verteilt auf zwei Tage, standen sich die Milwaukee Brewers und die Chicago White Sox im Jahr 1984 gegenüber. Aber auch reguläre *nine-inning games* können lange dauern, so wie die knapp fünf Stunden, in denen 2006 die Spieler der Boston Red Sox und der New York Yankees auf dem Feld standen. Praktischerweise gibt es für Spieler wie für Zuschauer seit etwa 1880 die Tradition des *seventh-inning stretch,* eine zehnminütige Pause vom vielen Rumstehen und Rumsitzen. Schließlich ist da noch das längste inning in der Geschichte des Baseballs: Es dauerte eine Stunde und acht Minuten und wurde 2004 zwischen den Detroit Tigers und den Texas Rangers ausgetragen. Dabei kam es zu nicht weniger als 110 Würfen, zwischen denen sich alle auf und neben dem Platz die Zeit vertreiben mussten.[7]

Beim Baseball hat man also Zeit. Man wartet. Man wartet aber nicht auf Godot, sondern darauf, dass etwas

Exorbitantes, etwas noch nicht Dagewesenes passiert: Denn dass ein gerundeter Schläger von maximal sieben Zentimetern Durchmesser einen kleinen Ball trifft, der aus 18,5 Metern mit einer Durchschnittsgeschwindigkeit von 140 km/h auf den Körper des Schlägers geworfen wird, ist hochgradig unwahrscheinlich. „Selbst die besten Schlagmänner treffen den Ball in der offiziellen Schlagzeit zu 70 % nicht sicher."[8] Dass der Ball dann auch noch so getroffen wird, dass er nicht aus der Luft gefangen werden kann oder abseits des markierten Feldes aufkommt, ist schlichtweg unglaublich. Beim Baseball hofft man also auf den Moment, in dem sich plötzlich alles verändert – so lange, bis das Warten wieder beginnt.

Kaugummi ist der ideale Begleiter für beide Situationen, das Ausharren und die Explosion. Er ist das Ding, das immer da ist und nie stört, das Ding, das zäh und geschmeidig auf seinen Augenblick wartet.

1887: Es macht pop

Der historische Moment des Kaugummis kam Mitte des 19. Jahrhunderts, als der New Yorker Erfinder Thomas Adams dem ehemaligen Präsidenten Mexikos, General Santa Anna, große Mengen eines latexartigen Baumsaftes abkaufte, in der Hoffnung, dass er sie für die Produktion von Gummireifen nutzen könnte. Das stellte sich als ein teurer Irrtum heraus, in den Adams mehr als 30 000 eigene US-Dollar für Entwicklung und Produktion investierte. Chicle, wie der pflanzliche Rohstoff in Mexiko genannt wurde, eignete sich aber hervorragend um eine Kaumasse herzustellen, die in Streifen portioniert bald in Apotheken verkauft und als Zugabe zu Süßigkeiten verschenkt wurde. Als die neu gegründete Firma Adams &

Sons damit begann, der Chicle-Kaumasse Zucker zuzusetzen, wurde sie zum führenden Kaugummifabrikanten Nordamerikas.

„Ab den späten 1880er Jahren konnte man Adams-Kaugummi fast überall in den USA kaufen. Das Unternehmen beschäftigte mehr als 300 Arbeiter in der größten Kaugummifabrik der Welt, die sich in der Nähe der Brooklyn Bridge befand. Täglich wurden dort etwa fünf Tonnen Kaugummi produziert."[9]

Die Erfindung des Kaugummis zeigt, dass Populäre Dinge nicht genuin neu sein müssen. Chicle und ähnliche pflanzliche Rohstoffe wurden in allen Teilen der Welt seit Jahrhunderten gekaut, dienten der Ernährung oder erfüllten medizinische sowie rituelle Funktionen. Doch erst die industrielle Produktion machte ein Überangebot auf einem zunehmend globalisierten Massenmarkt mit seinen Distributionswegen und medialen Aufmerksamkeitsökonomien möglich – nicht zuletzt durch die Verbindung mit anderen Formen der Unterhaltungskultur, zuerst Baseball, später Film und Popmusik. Erst damit wurde aus dem Saft ausgewählter Bäume in Mexiko Kaugummi.

Nicht nur Thomas Adams ergriff die Gelegenheit, sondern viele weitere mit und nach ihm. William Wrigley wurde im Verlauf des frühen 20. Jahrhunderts mit dem Wrigley's Spearmint zu einem der zehn reichsten Männer Amerikas – und 1921 zum Hauptaktionär der vielleicht ruhmreichsten Baseball-Mannschaften überhaupt, den Chicago Cubs. Der erste Kaugummi mit Minzgeschmack wurde allerdings nicht von ihm erfunden, sondern kam 1887, sechs Jahre vor dem ersten Wrigley's, durch William J. White auf den Markt. White experimentierte, wie alle der genannten Gründer, in der eigenen Küche mit Chicle und Sirup, bevor er eine Rezeptur fand, die es erlaubte, die zähflüssige Masse mit Geschmacksstoffen anzureichern. Sein Yucatan-Kaugummi, der erste mit Pfefferminzgeschmack, wurde ab 1887 in rosa Packpapier und mit einem gelben Siegelband verkauft.

Damit hatte er den Kaugummi zwar nicht erfunden, aber etwas Entscheidendes hinzugefügt: Dauer und Unverwechselbarkeit. Er hatte entdeckt, dass Pfefferminze, gemischt mit Maissirup und verstoßen mit dem Chicle-Rohstoff, einen gleichzeitig süßen und erfrischenden Geschmack erzeugte, der sich beim Kauen länger hielt als purer Zucker. Das war entscheidend, denn Kaugummis füllen genau jene Augenblicke gelangweilter Konzentration, wie sie etwa auf und neben dem Baseballballfeld vorkommen. Das Material besteht aus einer geschmackvollen Kaumasse, die den Körper über einen möglichst langen Zeitraum hinweg gleichzeitig aktiviert und sediert. So schreibt Michael Redclift in seiner Kulturgeschichte *The Fortunes of Taste:* Kaugummi „bietet eindeutig einen hohen Grad an unmittelbarer Befriedigung, eher als ein indirektes, antizipierendes Vergnügen. Das Kauen von Kaugummi stimuliert die Körperfunktionen auf eine sehr angenehme Weise [...], obwohl der Lustgewinn so unmittelbar ist"[10].

William White hatte nicht nur die stoffliche Basis dieser ganz spezifischen Körpererfahrung des Kauens optimiert, sondern eine Entwicklung vorweggenommen, die beispielsweise durch die Serie *Mad Men* Eingang in das populäre Wissen gefunden hat. Deren Motto lautet in etwa: Wenn alle dasselbe machen, bist Du frei zu behaupten, was dein Produkt von anderen unterscheidet – auch dann, wenn es sich gar nicht unterscheidet. Wenn alle Tabaksorten im Produktionsverlauf zur Zigarette geröstet werden, dann unterscheiden sich Lucky Strike genau dadurch: „It's toasted". Wenn alle Kaugummis süß und zäh sind, dann unterscheidet sich der Yucatan genau dadurch: „a flavor that is lasting and pleasant to the taste"[11]. Dieser Satz war auf jedem Einwickelpapier von Yucatan zu lesen. Um der Behauptung Nachdruck zu verleihen, brauchte es nur noch ein ästhetisches Pop-Up, einen kleinen Hingucker, wie etwa ein gelbes Siegelband um ein rosa Packpapier – und schon wurde das immer gleiche zum begehrenswert Besonderen.

Thomas Adams war der erste, der in den 1880er Jahren Kaugummiautomaten auf den Bahnsteigen in New York aufstellen ließ. William Wrigley hingegen muss ein Verkaufsgenie gewesen sein: Er ließ in den 1920er Jahren massenhaft in Zügen und Autos, auf *billboards* und in Radioprogrammen für sich werben. Doch letztlich war es William White, der erkannte, dass man durch Kaugummi das Alltägliche mit dem Aufsehenerregenden verbinden konnte. Während man mit dem einen beschäftigt ist – arbeiten oder warten (oder auf Arbeit warten) – kann man leicht auch etwas anderes machen: Kaugummis verbinden Arbeit und Vergnügen, nicht anders als ein schnell gespieltes Angry-Birds-Videospiel auf der Dienstreise im ICE (siehe „Pokémon GO").

„Wenn Sie arbeiten wollen, schnappen Sie sich diesen Kaugummi und legen Sie los"[12] steht auf einem der vielen Sammelkartenmotive, die dem Yucatan-Kaugummi beigelegt waren. Je mehr Arbeit den Tag ausfüllt, desto wichtiger wird ein Ding, mit dem man so tun kann, als ob man sich gar nicht anstrengen müsse, oder das eine gewisse Lässigkeit in den Alltag bringt. Kaugummis stehen deshalb für eine freie Zeit, die hart erarbeitet wurde.

Aus freier Zeit wird Freizeit

Das 19. Jahrhundert war die Epoche der kapitalistischen Lohnarbeit. Ein Arbeitstag – etwa bei der Verlegung der Pacific Railway in den 1860er Jahren (siehe „Ein Skalp") – dauerte im Normalfall 12 Stunden. Während in den USA im Jahr 1850 ein Industriearbeiter durchschnittlich also 72 Stunden arbeitete (in Deutschland waren es zur selben Zeit 85 Stunden), sank die Wochenarbeitszeit im Jahr 1890 auf 60, um 1910 herum auf 54 Stunden. „Die weitaus größten Gewinne an arbeitsfreier Zeit", so hält es die grundlegende Studie von Erwin K. Scheuch fest, „erfolgen in westlichen Industriegesellschaften bis zum Ende des 1. Weltkriegs"[13]. Freie Zeit war deshalb eine der Grundvoraussetzungen für die Emanzipation der Arbeiterinnen und Arbeiter, wie es Karl Marx kurz nach der Gründung der Ersten Internationale 1865 in einem Vortrag zuspitzte: „Ein Mensch, der nicht über freie Zeit verfügt, dessen ganze Lebenszeit – abgesehen von rein physischen Unterbrechungen durch Schlaf, Mahlzeiten usw. – von seiner Arbeit für den Kapitalisten verschlungen wird, ist weniger als ein Lasttier."[14]

Freie Zeit und Freizeit als Gegenstück zur industriellen Lohnarbeit entstehen historisch gesehen also erst im 19. Jahrhundert. Während „der Tageslauf der vorindustriellen Gesellschaft durch eine Zeitstruktur gekennzeichnet [war], die nicht in die zwei Phasen Arbeit und Nichtarbeit zerfiel"[15], änderte sich dies infolge der sozialen und ökonomischen Umbrüche durch die industrielle Revolution seit dem späten 18. Jahrhundert. Arbeit wird zum Kapital des Einzelnen und gleichzeitig zum Eigentum anderer. Freie Zeit, die der arbeitenden Bevölkerung im Kapitalismus frei nach dem Sozialreformer Pierre-Joseph Proudhon „gestohlen" wurde, stand nun kontinuierlich im Fokus sozialistischer, später sozialdemokratischer und marktwirtschaftlicher Politikkonzepte sowie gewerkschaftlicher Initiativen.

Freizeit hingegen wurde von dieser Warte aus scharf kritisiert, denn sie schien die ökonomisierte Variante von freier Zeit zu sein und war deshalb problematisch. Eine solche Definition unterschlägt jedoch, dass Freizeit eine andere Qualität als freie Zeit besitzt, gerade weil sie über ihre Warenförmigkeit einen erweiterten Anschluss an Gesellschaft herstellt. Freie Zeit ist etwas „unbestimmt Gelassenes"[16] und somit an antike Vorstellungen von Muße und die damit verbundene Bildung schöpferischer Fähigkeiten und den Raum für kritische Reflexion geknüpft. Das „Muße-Monopol" – wie Walter Tokarski es sowohl für die Antike als auch für ein deren Idealen nacheiferndes Bildungsbürgertum feststellt – hatten allerdings nur „die herrschenden Schichten inne"[17].

Freizeit transformiert dieses Konzept der Selbstbildung durch Muße unter demokratisch strukturierten, konsumistisch orientierten und medial vermittelten Massengesellschaften. Wenn Freizeit kritisiert wird, dann deshalb, weil sie unter ebendiesen Bedingungen entsteht und sich mit den offensichtlichen und massiven Nebenwirkungen für Mensch und Umwelt weiterentwickelt. Allein die Beleuchtung der etwa 80 Heimspiele eines aktuellen MBL-Teams verbraucht über 30 Mio. Kilowattstunden und damit weit mehr Strom, als über tausend Eigenheime im Jahr benötigen. So verheerend diese und noch viele andere Zahlen sind, so wenig sollten die egalitären und emanzipativen Grundzüge unterschlagen werden, denn die quantitative Dimension ist entscheidend: Im fortschreitenden Umbruch der Industrie- zur Dienstleistungsgesellschaft wurde der Achtstundentag eingeführt, die Sonntagsarbeit eingeschränkt oder abgeschafft, der Jahresurlaub wie auch die soziale

Absicherung bei Krankheit ausgeweitet und weitere staatliche Maßnahmen zum Schutz der arbeitenden Bevölkerung ergriffen. Das führte dazu, dass die Mehrheit der Bevölkerung, wie Scheuch zusammenfasst, „für die individuelle Gestaltung disponibler Zeit objektiv in einem Maße ökonomisch, gesundheitlich und im Sinne sozialer Sicherheit freigesetzt [ist], das früher nur kleinen Gruppen von gewöhnlich hohem Status in anderen Gesellschaften verfügbar war"[18]. Erst wenn so viel freie Zeit für so viele Menschen vorhanden ist, dass die Frage, wie man sie verbringt, zu einem kontingenten Problem wird, können Freizeitangebote entstehen, die sich der Sache spielerisch nähern: indem sie sicherstellen, *dass* etwas passiert und offen lassen, *was* dabei passiert.

Latente Momente

Es ist nur konsequent, dass sich der Kaugummi seit etwa 150 Jahren in den Mündern von so vielen Jugendlichen, Halbstarken und nie ganz Erwachsenen findet, die sich auf Tankstellen, Jahrmärkten oder auf dem *ball field* ihre Zeit vertreiben. Sie alle warten auf etwas, das sich schon ankündigt, leise oder mit überwältigender Macht. Etwas Großes wird geschehen, so haben sie gehört. Und weil es seit der Erfindung von Walter Diemer im Jahr 1928 auch noch *bubble gum* gibt, kann das Spiel der Erwartungen immer weitergetrieben werden, mitten ins Herz der Popkultur hinein. Die Mitglieder der „Pink Ladies" im Filmmusical *Grease* blasen ihre *bubbles* mit aufreizender Lässigkeit. In der Disney-Serie *Shake it up* kauen alle unentwegt Kaugummi und lassen die Kaublasen mit unschuldiger Naivität im eigenen Gesicht zerplatzen. In dem Thriller *Wer Gewalt sät* (1971) spielt Susan George mit ihrem Kaugummi ebenso wie mit den Gefühlen ihres Filmpartners Dustin Hoffman. In dem Kurzfilm *Bubble Gum* (2018) von Ella Fields warten zwei 14-jährige Mädchen darauf, sich ihre Liebe zu offenbaren: Sie liegen im Gras und solange der Kaugummi noch schmeckt und Blasen wirft, könnte sich etwas ereignen, das alles verändert.

Doch es passiert nie etwas – immer ist es kurz davor: Weil in einer möglichkeitsoffenen Kultur immer irgendetwas passiert (das Unerwartbare wird garantiert), aber es nicht sicher ist, was genau und vor allem wann es passiert, wird die Latenz zum vorherrschenden Modus. Diese Momente zwischen noch nicht und nicht mehr sind es wert, ausgekostet zu werden. Ich könnte ihn küssen, sie könnte mich küssen. Oder weiterkauen und abwarten: Etwas, irgendetwas Großes wird geschehen.

Anmerkungen
1. Fletcher, Horace: *The A, B to Z of our own Nutrition*. New York 1903, S. xvi.
2. Siehe Yucatan-Werbung in: *Sporting Life*, Vol. 25, Issue 22 (24.08.1895), S. 15.
https://digital.la84.org/digital/collection/p17103coll17/id/47778/rec/1 (30.03.2021).
3. Siehe „Better Nerves won …":
http://baseballresearcher.blogspot.com/2019/06/the-black-sox-jack-world-series.html (30.03.2021).
4. Mandelbaum, Michael: *The Meaning of Sports. Why Americans watch Baseball, Football, and Basketball and what they see when they do*. New York 2004, S. 40.
5. Markovits, Andrei/Hellermann, Steven: *Im Abseits. Fußball in der amerikanischen Sportkultur*. Hamburg 2002, S. 114.
6. Ebd., S. 115.
7. Alle Daten siehe: https://www.mlb.com/news/longest-games-in-baseball-history-c275773542 (30.03.2021).

8. Mandelbaum, Michael: a. a. O., S. 50.
9. Mathews, Jennifer P.: *Chicle: The Chewing Gum of the Americas, from the Ancient Maya to William Wrigley.* Tucson 2009, S. 42.
10. Redclift, Michael: *Chewing Gum. The Fortunes of Taste.* New York/London 2004, S. 34.
11. Siehe Yucatan-Werbung: https://www.worthpoint.com/worthopedia/whites-yucatan-chewing-gum-wrapper-1826936467 (30.03.2021).
12. Siehe „If you want work …": https://www.icollector.com/Collection-of-White-s-Yucatan-Gum-Items_i25564643 (30.03.2021).
13. Scheuch, Erwin K./Scherhorn, Gerhard: *Freizeit. Konsum.* Stuttgart 1977, S. 7.
14. Marx, Karl/Engels, Friedrich: *Werke.* Herausgegeben vom Institut für Marxismus-Leninismus beim ZK der SED, Bd. 16: Lohn, Preis, Profit. Berlin 1962, S. 144.
15. Tokarski, Walter/Schmitz-Scherzer, Reinhard: *Freizeit.* Stuttgart 1985, S. 31.
16. Scheuch, Erwin K./Scherhorn, Gerhard: a. a. O., S. 39.
17. Tokarski, Walter/Schmitz-Scherzer, Reinhard: a. a. O., S. 27.
18. Scheuch, Erwin K./Scherhorn, Gerhard: a. a. O., S. 11.

1896. Ein Gewehr
Spiele spielen

Filmstill aus *Winnetou 3*, 1965, Regie: Harald Reinl.

41 Jahre hatte er stillgehalten. Doch zu seinem Berufsjubiläum 1937 schmückte der Dresdner Büchsenmacher Max Fuchs sein Geschäft mit einer Fotografie, die ihn mit dem „berühmtesten Gewehr der Welt" zeigte. In seiner Schützentracht sitzt er auf diesem Foto vor seinem Laden, ein schon leicht ergrauter Herr mit Janker, Lederhose und Kniestrümpfen. In der rechten Hand hält er die „Silberbüchse", sodass der beschlagene Kolben mit dem „W" unzweifelhaft zu erkennen ist. Max Fuchs aus Kötzschenbroda bei Radebeul hat das Gewehr Winnetous, des Häuptlings der Apachen, in der Hand.

Die Geschichte vom eigentlichen Schöpfer der Silberbüchse (und von Old Shatterhands Gewehr „Bärentöter") ist schon einige Male erzählt worden. Seit der damalige Leiter des Karl-May-Museums in Radebeul, Klaus Hoffmann, in einer detaillierten Recherche 1990 den Weg der beiden Gewehre nachgezeichnet hat, weiß man: Karl May hatte den jungen Büchsenmacher 1895 aufgesucht, ihm seine Vorstellungen nahegebracht, drei Winnetou-Bände hinterlassen und Fuchs dann seine Arbeit machen lassen. Im April 1896 erhielt er Silberbüchse und Bärentöter, die seinen Lesern bereits seit 1878 aus der Erzählung *Die Gum*, beziehungsweise 1879 aus *Der Waldläufer* bekannt waren. Durch die gute Bezahlung seiner Arbeit hatte Fuchs die Möglichkeit, sich selbstständig zu machen und eröffnete im Jahr 1897 das Geschäft als Büchsenmacher, Mechaniker und Fahrradhandlung. Er selbst wurde ein hochdekorierter Meisterschütze der „Privilegierten Scheibenschützen-Gesellschaft der Königlichen Haupt- und Residenzstadt Dresden", der beide Weltkriege überlebte und 1954 starb.

Auf den ersten Blick wiederholt die nachträgliche Herstellung der Gewehre aus dem Fundus seiner Reiseromane das Identitätsspiel des Karl May, der seit den 1890er Jahren auch als Old Shatterhand oder Kara Ben Nemsi auftrat. Ungezählt sind die Anekdoten aus Briefen und Vorträgen, in denen sich der nun berühmte Autor mit fremden Federn schmückte: Mal behauptete er, 1200 Sprachen und Dialekte zu beherrschen, dann hatte sein Gürtel Platz für 1728 Patronen und an anderer Stelle sprach er von seinen 20 Reisen nach Amerika. Die Silberbüchse und der Bärentöter dienten ab 1896 auch als materielle Beweise für die Behauptung, ein anderer zu sein. Noch im selben Jahr ließ der Autor eine Reihe von Fotografien anfertigen, die ihn in voller Montur als Old Shatterhand mit den Gewehren zeigten. Aus der literarischen Fiktion wurden konkrete materielle Objekte und aus diesen wiederum die medialen Abbildungen, die die ursprüngliche Fiktion beglaubigten. Es war somit nicht nur das Dinghafte des Gewehrs, sondern gleichzeitig dessen massenhafte Medialisierung, wodurch die erfundenen Geschichten zu vermeintlich wahren Ereignissen wurden. Karl May spielte in dieser Vervielfältigungs-Strategie der Dinge eine entscheidende Rolle.

Doch anders als bei seinem Vorgänger William F. Cody alias Buffalo Bill war die fiktionale Realität des Starkörpers nicht einmal ansatzweise durch die reale Realität gedeckt. Während Cody tatsächlich Pionier im Westen und an mehreren Kämpfen gegen indigene Stämme beteiligt war, ließ sich May, genauso arm geboren wie sein amerikanisches Pendant, zum Lehrer ausbilden, der er nie wurde, weil man ihm seine kleinkriminellen Taten im deutschen Obrigkeitssystem nicht durchgehen ließ. Anders als an der amerikanischen *frontier* gab es im Königreich Sachsen keine freien Räume, die besetzt werden konnten. Während sich Cody damit rühmte, mit 11 Jahren einen Indianer erschossen zu haben, bekam May mit 17 Jahren einen Verweis der sächsischen Lehrerkonferenz, weil er zu Weihnachten 6 Kerzen stahl. Während Cody sein biografisches durch das fiktionale Selbst verdoppeln konnte, musste Karl May dieses überhaupt erst erfinden. Oder besser: Er hatte es sich spielend erarbeitet.

Das fiktionale Selbst

Die kriminelle Karriere des Karl May zwischen seinem 19. und seinem 32. Lebensjahr entbehrt nicht einer gewissen tragischen Komik. Zum ersten Mal ins Gefängnis kam er, nachdem er sich als Fabrikschullehrer mit Taschenuhr, Tabakspfeife und Zigarrenspitzen versorgt hatte, um seiner Familie „mit diesem vorgeblichen Besitz seinen sozialen Aufstieg zu illustrieren"[1], wie Johannes Zeilinger über Karl Mays Traum von Größe schreibt. Er wollte ein anderer sein: gebildeter, reicher, großzügiger. Und so ging es weiter: Karl May trat als Augenarzt Dr. med. Heilig auf, als Seminarlehrer Ferdinand Lohse, als Noten- und Formenstecher Hermin, als Polizeileutnant von Wolframsdorf, als Mitglied der geheimen Polizei und als Bote eines Dresdner Advokaten. Bei seiner Verhaftung nannte er sich Albin Wadenbach, Sohn eines wohlhabenden Plantagenbesitzers aus Martinique. Seine Beute in diesen Jahren war verheerend gering – mal waren es Kleidungsstücke, mal Pelze, die er zu einem geringen Wert verkaufte. Mal konfiszierte er zehn Taler und eine Uhr, mal versetzte er Billardkugeln aus einem Restaurant. Ein gestohlenes Pferd konnte er nicht verkaufen. Knapp acht Jahre saß er insgesamt in Haft. Selbst der Kuss, den er als 19-jähriger Klavierlehrer der gleichaltrigen Ehefrau seines Vermieters gab, hatte beinahe ein juristisches Nachspiel. May wurde allerdings strafmindernd zugebilligt, dass er den Ehemann wohl nur durch einen „knabenhaften Streich" erschrecken wollte.[2] Das Deutsche Kaiserreich war nicht der Wilde Westen, so viel ist sicher.

Zwei Aspekte scheinen dabei erwähnenswert. Zum einen geht es um die Bedeutung der materiellen Objekte, die hier sozusagen als Requisiten eines Verkleidungskünstlers dienen. Es fängt mit den Dingen an: Taschenuhr und Tabakspfeife für den jungen Aufsteiger, maßgeschneiderte Kleidung für den promovierten Arzt, Pelze für den Seminarlehrer, eine Uhr für den Polizisten oder Briefe, die er als Plantagenbesitzererbe in die Heimat Martinique schrieb. Karl May scheint früh ein genaues Gespür für den habituellen Wert der Dinge im sozialen Gefüge der Gesellschaft entwickelt zu haben. Er spielte diese Rollen nicht nur aus Not, sondern war ausgesprochen fähig, sich mithilfe ausgewählter Dinge in einen anderen zu verwandeln. Dabei kam ihm das preußische Obrigkeitssystem entgegen. Als „romantischen, idealisierten Glanz"[3] beschrieb der Historiker Hagen Schulze den Glauben an Männer in Uniform, der die Zeit nach der Reichsgründung prägte. Karl May wusste sich den Glanz der Dinge zu Eigen zu machen.

Zum anderen fällt bei aller kleinkriminellen Armut das Vergnügen auf, das hier auch am Werke gewesen sein muss. In den Prozessakten, die Zeilinger zitiert, wird das Bild eines „komischen Menschen" gezeichnet, „der gewissermaßen aus Übermuth auf der Anklagebank zu sitzen schien"[4]. Das ist weniger verwunderlich, als es zunächst klingen mag. Denn was immer wir als Menschen besonders gut können, macht uns meist auch Spaß: Wer im Gefängnis sitzt, als Betrüger enttarnt wurde und noch immer Briefe an imaginäre Geschäftspartner schreibt, der hat Vergnügen daran, das einmal begonnene Spiel mit ganzem Herzen weiterzuspielen. Karl May mag als fünftes von 14 Kindern eines Heimwebers geboren worden sein – eigentlich ist er ein direkter Nachkomme aller Schausteller, Ausrufer und Drehorgelspieler des 19. Jahrhunderts. Er bietet seine Rollen zu Beginn seiner Karriere mit einem übermütigen Unernst dar, den er sich sogar vor Gericht nicht austreiben ließ. Er ist der Schelm, der dem Publikum verführerisch zublinzelt, er ist das Kind, das aus der Wiese hinter dem Haus eine Prärie und aus dem Stock ein Gewehr macht. Statt den Menschen Karl May aber zu pathologisieren, wollen wir den Spieler und sein Spielzeug genauer betrachten.

Spiele spielen

Im gleichen Jahrzehnt, in dem Karl May seine echten Spielzeuggewehre in Auftrag gab, veröffentlichte einer der führenden Vertreter der Kunsterziehungsbewegung in Deutschland, Konrad von Lange, seinen Aufsatz *Die künstlerische Erziehung der deutschen Jugend.* Hierin schreibt er über den Wert von Spielzeug: „Die genauere Beobachtung der Formen in der Natur weckt in dem Kinde den Wunsch, plastisches Spielzeug zu besitzen, das der Natur nachgebildet ist"[5]. Das Spielzeug ist dem Kunstwerk darin ähnlich, so der Pädagoge, dass es wie eine Nachahmung der Natur wirkt. Somit seien genau jene Spielsachen wertvoll, die in einem Verhältnis zur Natur stehen würden. Von Lange nennt beispielhaft „Puppe und Hampelmann, Bleisoldaten, Häuser und Bäume aus Nürnberger Spielwarenschachteln, Tiere aus Holz oder Pappmaché"[6]. Besonders die Nachahmungen der natürlichen Gegebenheiten würden die „ästhetische Illusionsfähigkeit" des Kindes fördern, die für ihn zum Kern der schöpferischen Kräfte des Menschen gehört: „Das kindliche Spiel ist, wie man längst erkannt hat, der Ursprung jeder Kunst."[7] So weit, so Schiller: In der Tradition von Friedrich Schillers Abhandlung *Über die ästhetische Erziehung des Menschen* in Briefform (1795) verknüpft von Lange nun freien Spieltrieb, schöpferische Tätigkeiten und die (Selbst-)Bildung des Menschen. Gut hundert Jahre nach Schiller ist es jedoch bemerkenswert, dass solch profanen Dingen wie Bleisoldaten, Puppen und Hampelmännern eine gleichsam katalytische Funktion zugestanden wird: Kinderspielzeug wird zum Auslöser für ästhetische Bildungsprozesse.

Darüber hinaus besaß Konrad von Lange eine Fähigkeit zur genauen Beobachtung lebensweltlichen Verhaltens, die seinem berühmten Vorgänger abging. So sei jedes Spiel letztlich eine „künstlerische Selbsttäuschung"[8]. Wo Schiller an Kunst und Spiel eine besondere „Eigentlichkeitserwartung" stellte,[9] gibt sich von Lange mit der weitaus humaneren Uneigentlichkeit zufrieden, also mit dem Wissen um den ernsten Unernst des Spiels. Für Schiller, kurz nach der Wendung der Französischen Revolution hin zum *terreur*, musste das Spiel immer mehr als nur ein Spiel sein: „Die Entlastung von der gescheiterten politischen Revolution ist", wie der Philosoph Odo Marquard mit Blick auf Schillers Abhandlung bemerkte, die Kunst: „der Versuch, die gescheiterte Revolution durch gelungene Kunst zu ersetzten"[10]. Weil Kunst und Spiel von Schiller jenseits der Abscheulichkeiten des politisch Konkreten verstanden wurden, werden sie seit dem ausgehenden 18. Jahrhundert auf das Engste verknüpft. Spielen (und Spielzeug) mussten, gerade im Deutschland der gescheiterten bürgerlichen Revolutionen mehr als ein Vergnügen sein. Die Spielenden sollten ästhetisch gebildet und zu einem Kultursubjekt gemacht werden, das kontinuierlich im Werden ist. Bewusste Selbsttäuschung hatte hier keinen Platz.

Konrad von Lange fokussiert dagegen auf die Materialität des Spiels. Demnach täusche ich mich dabei selbst und weiß sehr wohl um diese Täuschung. Ein Spielzeug spielt mir also buchstäblich etwas vor – etwa, dass ich mit sechs Jahren schon ein sorgendes Elternteil bin, der der Puppe zu Essen geben muss; dass ich einen Bauernhof besitze und meine Holzkühe in meinem Holzgatter laufen lasse. Oder eben, dass ich mit Bleisoldaten eine ganze Schlacht gewinne, mit einem Plastikgewehr auf die Jagd gehe und Indianer oder Cowboys erschieße. Es ist das Material, das uns offensichtlich täuscht und gleichzeitig mittels seiner haptischen Qualitäten teilhaben lässt: Porzellan statt Haut, Holz statt Fell, Plastik statt Eisen. Gerade weil mir die Materialität etwas vorspielt, weiß ich um die (Selbst-)Täuschung, an der ich gleichzeitig aktiv mitwirke.

Entsprechend war der aufkommenden Spielzeugindustrie im letzten Drittel des 19. Jahrhunderts daran gelegen, ein immer vollständigeres Sortiment der Nachahmung des Realen zu erschaffen. „Wir haben vor einiger Zeit in Ostende eine internationale Puppenausstellung (!) erlebt, von der Wunderdinge berichtet wurden", schreibt Konrad von Lange:

> „Selbst die Spielzeugläden unserer mittelgroßen Städte können zeigen, daß natürliche Haare, bewegliche Augen und Gelenke, kostbare Kleider und Schmucksachen bei Puppen gegenwärtig geradezu die Regel bilden. Selbst lebensgroßer Maßstab und täuschendes Schreien gelten als gar nichts seltenes mehr."[11]

Neben Frankreich war Deutschland zu dieser Zeit führend in der (halb-)industriellen Herstellung von Spielzeug: Puppen und Puppengeschirr, Holzspielzeug und Bauklötze, später dann Zinn- und Blechfiguren, Eisenbahnen und Pappmaché-Welten kamen aus den Zentren der Spielzeugindustrie wie Nürnberg, Göppingen oder Sonneberg:

> „Die deutsche Spielwarenindustrie war – mit einem geschätzten Exportanteil von 80 Prozent – zumindest bis 1914 die größte der Welt – wiederum über 80 Prozent aller Spielwaren wurden in Deutschland hergestellt."[12]

Im Zuge der Einführung der Gewerbefreiheit im 19. Jahrhundert wurde die regulierende Macht der Zünfte in Deutschland eingeschränkt und schließlich aufgehoben. So konnten bis 1899, etwa in Sonneberg in Thüringen, 2395 Betriebe entstehen, die meist in Heimarbeit „11 760 Menschen, darunter 5108 Frauen und Mädchen sowie 1172 Kinder beschäftigten und Spielwaren im Wert von 10,9 Mio. Mark produzierten"[13]. In Nürnberg war es die Firma Bing, die neben der Haushalts- und Küchengeräten führend in der Herstellung von „Blech- und Metall- Spielwaren in grossartiger Auswahl" wurde, wie die Werbung zu dieser Zeit versprach. In ihren Zinnfiguren-Katalogen zur Jahrhundertwende spiegelte sich der Wunsch nach jener ästhetischen Illusionsfähigkeit, von der Konrad von Lange zur selben Zeit als Pädagoge schrieb. In flachen oder halbplastischen Figuren und Ensembles wurden Kavallerie und Infanterie, ein Musikcorps, Wagenpark oder Schilderhäuser angeboten. Im Wagenpark 70/405/3 befanden sich beispielsweise „2 Kanonen, 1 Munitionswagen, 1 Lazaretwagen, 1 Leiterwagen und 1 Feldpostwagen mit Bespannung"[14]. Das Ganze im Karton für 2,10 Mark.

Vor allem in Blech-, Zinn- und Papierfiguren materialisierte sich zu dieser Zeit die spielerische Nachahmung der Realität. Ähnlich den Dioramen, also den Schaukastenbildern in den Museen der Gründerzeit oder den Panoramabildern, die im späten 19. Jahrhundert als populäres Bildungsvergnügen entstanden, machten sie einen thematischen Raum auf. Nicht nur die kleine, gerade auch die große, immer fremder werdende Welt sollte anschaulich gemacht werden. Folglich ist es konsequent, dass industriell gefertigtes Spielzeug seit dieser Zeit „für Kinder wie für Erwachsene produziert" wurde und wird,[15] – Spielzeug als eine Form der Wahrnehmung der Welt.

Genau dieses Spiel begann im letzten Drittel des 19. Jahrhunderts. Töpfe, Geschirr und Möbel ließen die Orte des privaten Wohnens aufleben, Elefanten, Affen und Kamele spiegelten die Exotik fremder Länder wider. Die Zinnfiguren von Ernst Heinrichsen aus Nürnberg boten nicht nur Soldaten in Paradeuniformen aus Preußen, Sachsen oder Bayern an, sondern auch britische Dragoner und russische Fußtruppen, amerikanische Trapper und indianische Bogenschützen. Die schwäbische Firma Märklin produzierte nicht nur die bis heute bekannten Eisenbahnen, sondern bot im Katalog von 1915 auch „Erd- und Rasenhänge aus Holz und Pappe; mit rauher, frischfarbiger Bemalung"[16] an. Nicht zu vergessen das Thema des Deutsch-Französischen Kriegs im 19. Jahrhundert in allen erdenklichen Variationen: Alle bedeutenden Hersteller von Zinnfiguren produzierten Armeen von Zinnsoldaten, fast könnte man von einer parallel verlaufenden Aufrüstung sprechen. Die Spielzeugindustrie nahm Anteil an der aggressiven Militarisierung der Nationalstaaten – sie bot aber auch die Möglichkeit, jene Prozesse ansatzweise zu begreifen bzw. zu greifen. Im Miniaturformat akkurat zurechtgemacht, in kleinen Schachteln verpackt und im eigenen Kinderzimmer neben dem Bett aufgebaut: So wurde 1871 als Krieg nachgespielt.

Man sollte erwarten, dass auch die erste Herstellung und Verbreitung von Spielzeugwaffen in diese Zeit fällt, doch die industrielle Fabrikation von Spielzeuggewehren und -pistolen scheint zu dieser Zeit gering gewesen zu sein. „Trotz der durchaus vorhandenen ‚Kriegsmentalität' des Kaiserreichs war aber das Thema Krieg in der Produktpalette der Spielwarenbranche keineswegs vorherrschend – entgegen mancher Einschätzungen"[17], schreibt Heike Hoffmann. Das imperiale und koloniale Sendungsbewusstsein um 1890 schlug sich deutlicher in den Reiseromanen und den Völkerschauen nieder, nicht unbedingt in der

Produktion von Spielzeuggewehren. Dennoch gab es sie, Hersteller wie Cromwell im amerikanischen Connecticut, die 1895 ein Patent auf ihre „Toy Pistol"[18] anmeldeten, mit der Bandmunition genutzt werden konnte, also Papierstreifen, die in regelmäßigen Abständen mit Zündpulver-Plättchen gefüllt waren. Im Deutschen Reich war es neben Märklin vor allem die Firma Adrian & Rode im Rheinland, die als Schlossfabrikation begann und ab 1879 auf Kinderspielzeug umschwenkte. Sie wurde zu Europas größtem Spielzeugpistolenhersteller, der in den 1930er Jahren über 70 Modelle mit Einzelzündplättchen-Mechanik, sogenannte Amorcespistolen, Hundertschuss-Pistolen oder Knallkorkenpistolen produzierte. Über 200 Mio. Spielzeugpistolen weltweit verkaufte Adrian & Rode in der ersten Hälfte des 20. Jahrhunderts bevor die Firma 1967 Konkurs anmelden musste.

Bereits um 1900 zierte den Briefkopf von Adrian & Rhode ein imposantes Fabrikgelände und die Firma gab als „Specialitäten" des Hauses folgendes Sammelsurium an: „Vorhangschlösser, Kinderpistolen, Griffelspitzer, Riemenverbinder, Topfuntersetzer, Schreibzeuge, Räder für Spielwaren, Nussknacker, Artikel für den Export"[19]. Zwischen der Reichsgründung und dem Anfang des Zweiten Weltkriegs kam es zur Massenproduktion von Spielzeugpistolen und -gewehren, wobei man ausschließlich auf die Nachahmung von realen Waffen setzte. Erst später, ab Ende der 1920er Jahre wurden etwa Laserpistolen aus Science-Fiction-Comics populär, aber die heutigen Dartblaster mit ihren orange-blauen Applikationen, gelben oder hellgrünen Gummigeschossen waren 1896 noch weit entfernt. Für diese Zeit waren sie zu fiktional.

Denn die Dinge der Populären Kultur sollten zum Ende des 19. Jahrhunderts vor allem ein Näheverhältnis zwischen Mensch und Ding herstellen. Die Vertrautheit mit den Dingen wird zwar immer auch unterbrochen durch die bewusste und spielerisch gestaltete (Selbst-)Täuschung, doch es ist auffällig, dass zu dieser Zeit der mimetische Charakter der Dinge deutlich im Vordergrund stand. Nicht nur die Silberbüchse und der Bärentöter wurden von einem ausgebildeten Büchsenmacher hergestellt, auch die massenhafte Produktion von Spielzeugwaffen wurde von einer Firma initiiert, die sich auf die Herstellung von Schlössern spezialisiert hatte – also die Voraussetzungen für eine exakte Nachahmung des komplexen Repetiermechanismus bei Pistolen und Gewehren erfüllte. Adrian & Rode wurde Marktführer, weil die Firma es schaffte, ein Ding herzustellen, das in Material und Gewicht, Mechanik und Leistung einer realen Waffe am nächsten kam. Die Dinge der Populären Kultur mussten im ausgehenden 19. Jahrhundert *echt* sein.

Die Möglichkeiten, die durch solch mimetisches Spielzeug aufgemacht werden, bestehen in der Verschränkung aus Erzählung und Geschichte: Ein tatsächlicher Krieg, ein historischer Kampf, wird als eine gespielte Geschichte sich selbst und anderen immer neu erzählt. Das gilt für Zinnfiguren und Spielzeugpistolen des 19. Jahrhunderts ebenso wie für die Reenactment-Spiele des 20. Jahrhunderts, in denen historische Schlachten aus dem Amerikanischen Bürgerkrieg detailgetreu nachgespielt werden, und für virtuelle Games des 21. Jahrhunderts. Aber die Selbstverständlichkeit, mit der wir heute zwischen Realität und Fiktion hin und her wechseln und mit der wir auf die damit verbundene Unterscheidungsaufforderung reagieren (wirklich passiert oder nur gespielt?), ist historisch angelernt und im 19. Jahrhundert nicht im gleichen Maße vorhanden gewesen. Das machte es für einen geschickten Erzähler leichter, die realen Fäden des Materials und die fiktionalen Fäden so zu verknüpfen, dass beide (noch) nicht zu trennen waren. Ausschlaggebend dafür war der

Einsatz eines technischen Mediums, das heute durch seine Manipulierbarkeit besticht, damals aber seinen Siegeszug als neue Wahrheitsmaschine antrat: die Fotografie.

Die technische Reproduktion der Dinge

„Die Literatur des 19. Jahrhunderts arbeitet mit Bildern"[20], schreibt Rolf H. Krauss über eine Zeit, in die nicht nur die Erfindung des Fotoapparats fiel, sondern die in der impressionistischen Malerei die Wahrnehmung visueller Reize überhaupt erst zum dominanten Sujet der Kunst machte. „Die Werke Karl Mays dagegen werden von der Handlung bestimmt."[21] Auch wenn es durchaus literarische Landschaftsbeschreibungen in den Reise- und Abenteuerromanen von Karl May zu finden gibt, genügt ein kurzer Vergleich mit James F. Coopers *Der letzte Mohikaner* von 1826, um diese Aussage zu bekräftigen. Während Cooper seitenlang Naturschauplätze seines Romans nachzeichnet, begnügt sich May mit wenigen Strichen, die eher einer Halbtotalen im Film als einem Landschaftsporträt ähneln:

> „Wir fegten wie im Sturme über die grasige Ebene dahin, und es war eine wahre Lust, das lange, schneeweiße Haar Old Wabbles und die fast noch längere braune Mähne Old Surehands im Winde fliegen zu sehen."[22]

Gleichzeitig ist das Bild auf eine viel dominantere Weise präsent, als das bei Cooper und anderen Abenteuerschriftstellern der Zeit der Fall war. Was in seiner Periode als kleinkrimineller Betrüger die Verkleidungen und Requisiten waren, leisteten nach den ersten Erfolgen der 1890er Jahre die medialen Abbilder des Autors. Fotografien sind die neue Verkleidung, gerade weil sie mit einem noch ungebrochenen Authentizitätsanspruch auftreten. „Das Wesen der Photographie besteht in der Bestätigung dessen, was sie wiedergibt"[23], schreibt Roland Barthes in *Die helle Kammer*, seinem Standardwerk zum Thema.

In diesem Text aus dem Jahr 1980 spiegelt sich die ursprüngliche Faszination wider, die die Fotografie im 19. Jahrhundert ausgelöst haben muss: Barthes reinszeniert gewissermaßen den noch ungelernten Blick auf das Medium. Er tut dies im Vertrauen darauf, dass es sich bei der Fotografie um eine Wahrheitsmaschine der besonderen Art handelt. Denn im Unterschied zur Malerei, so der Philosoph, „läßt sich in der Photographie nicht leugnen, daß die Sache dagewesen ist"[24]. Ein technisches Bild (und nur ein technisches Bild) ist wahr, weil es den Moment bezeugt, in dem sich die Lichtstrahlen eines Objekts und eine mit Silbersalzen beschichtete Platte getroffen haben. „Denn der Sinngehalt des ‚Es-ist-so-gewesen' ist erst von dem Tage an möglich geworden, da eine wissenschaftliche Gegebenheit, die Entdeckung der Lichtempfindlichkeit von Silbersalzen, es erlaubte, die von einem abgestuft beleuchteten Objekt zurückgeworfenen Lichtstrahlen einzufangen und festzuhalten. Die Photographie ist, wörtlich verstanden, eine Emanation des Referenten"[25] – und somit eine Erscheinung des wiedergegebenen Objekts. Die Fotografie wird zu einer neuen Art der Beglaubigung von Welt, die sich ab dem 19. Jahrhundert zu einer eigenständigen Kunstform entwickelt – die Kunst der Existenzversicherung im technischen Abbild. Bei kaum jemandem fällt dies auf so fruchtbaren Boden wie bei dem Verkleidungskünstler Karl May: Er verknüpft gekonnt die Anwesenheit der Dinge mit dem „Es-ist-so-gewesen" der Fotografie.

Dass die Materialisierungen von Silberbüchse und Bärentöter gerade im Jahr 1896 in einer neuen Fotoserie des Autors dokumentiert wurden, scheint daher kaum zufällig. Bis dahin zeigte sich Karl May vor allem in der Pose des jungen Intellektuellen: Von 1875 gibt es eine Fotografie von Julius Grusche, die ihn in seiner Zeit als Redakteur der Zeitschrift *Der Beobachter an der Elbe* zeigt.[26] Im Anzug und mit sauber zurückgekämmtem Haar, einen Zwicker auf der Nase (siehe „Brillen"), zeigt sich May als vermeintliches Mitglied der Oberschicht. Bekannt ist, dass er in den folgenden Jahren einen falschen Doktortitel annahm, eines der wichtigsten Requisiten des Bildungsbürgertums. Noch die Bände der Werkausgabe des Verlags Fehsenfeld, die ab 1892 erschienen, schmückte eine vergleichbare Porträtfotografie des Autors auf dem Frontispiz. Karl May war zu dieser Zeit vor allem ein (fotografisches) Abbild seines intellektuellen Geltungsstrebens. Denn die Fotografie bleibt bis Ende des 19. Jahrhunderts vor allem ein Medium „von Gebildeten für Gebildete"[27]. Erst die Entwicklung von Kleinbildkameras in den 1920er Jahren verursachte eine frühe Welle der Amateurfotografie, wofür die sogenannten Knipserbilder typisch waren.

Auffällig an der erwähnten Bildserie von 1896 ist, wie präzise das neue Image des Karl May im Verhältnis von literarischer Fiktion zu auktorialem Selbst und der Dinglichkeit der Gewehre inszeniert wird. Aus den Briefen des Schriftstellers weiß man, dass er sich in dem Monat, in dem er Bärentöter und Silberbüchse von Max Fuchs überreicht bekam, von Alois Schießer, einem befreundeten Jurastudenten, ablichten ließ. Insgesamt 101 Fotografien entstanden im April 1896. Denn, so formuliert es May gegenüber Friedrich Fehsenfeld mit dem Selbstbewusstsein des endlich erfolgreichen Autors: „Meine Leser drängen nach Photographien."[28]

Die Serie, die kurz darauf von dem Fotografen Adolf Nunwarz zur gewerblichen Verwendung erworben wurde,

wurde ein Hit. Es ist großartig zu sehen, mit welch selbstverständlicher Mischung aus Ernst und Unernst sich Karl May als Old Shatterhand dem Kameraauge aussetzte, einem Popstar gleich, wie knapp hundert Jahre später David Bowie als Ziggy Stardust. May und Bowie und viele andere mehr lassen in ihren Inszenierungen den Verwandlungsprozess selbst zum Zentrum ihrer medialen Abbildung werden. So schleicht May auf einer der besagten Fotografien auf allen Vieren an einen imaginierten Gegner heran, in voller Westmann-Montur und mit der Silberbüchse in der Hand. Mit aufgerissenen Augen und konzentrierter Spannung im Körper, im Hintergrund eine Fototapete, die semi-exotische Pflanzen und heimische Farne zeigt. Alles an diesem Foto schreit *fake:* Nicht Old Shatterhand ist zu sehen, sondern Karl May wie er Old Shatterhand darstellt. „Damit legt er den Akzent", wie Hans-Otto Hügel schon an Mays Kolportageromanen festgestellt hat, „auf den durch das Kostüm vorgenommenen Rollenwechsel"[29]. Die Uneigentlichkeitserwartung der Populären Kultur, hier wird sie vorgeführt.

Nicht anders verläuft die Inszenierung Mays in seinem Arbeitszimmer. Versunken am Schreibtisch sitzend, mit dem Stift in der Hand, ist er ganz im Gestus des Reiseschriftstellers abgelichtet. Das Interieur ist zur Bühne geworden: An der Wand hängen die Gewehre, mittig ein Elchkopf, der auf den Schriftsteller herabblickt, daneben steht ein ausgestopfter Löwe in Originalgröße. Ein weiteres Foto zeigt einen asiatisch anmutenden Diwan, der für die Abenteuer des Kara Ben Nemsi steht. Die Fotos sind berühmt-berüchtigt, weil darin zu guter Letzt auch das heimische Tapetenmuster in der Villa Shatterhand – ein Blütendekor altdeutscher Prägung – offenbart wird. Nichts passt und doch ist alles passend: die Exotik fremder Länder wie die sächsische Heimat, die wilden Abenteuer eines Helden und die nachdenkliche Ruhe des Schriftstellers. Die Dinge spielten in dieser Authentifizierungsstrategie eine wichtige Rolle. Als Requisiten eines Verkleidungskünstlers treten sie mit dem unhintergehbaren Anspruch auf, echt zu sein, benutzt zu werden. Es ist gerade ihre konkrete Handhabung, die den Lesern ein Identifikationsangebot macht. Dazu gleich noch mehr.

Die Fotoserie wird auch ökonomisch ein Erfolg – nicht nur für den Fotografen, sondern auch für Karl May und dessen Hauspostille, den *Deutschen Hausschatz*. Nunwarz schaltete ganzseitige Anzeigen, in denen er die „Photographien des berühmten und beliebten Reiseschriftstellers Dr. Karl May" zum Kauf anbot. Ein Kabinett-Format „Dr. Karl May als Old Shatterhand. Stehfigur mit Silberbüchse" konnte für 1 Mark zuzüglich 20 Pfennig Porto bezogen werden.[30] Auch der Schriftsteller selbst bewarb die Fotografien; sehr unverblümt etwa im Nachwort seiner Reiseromane. Der *Deutsche Hausschatz* wiederum, die vierteljährlich erscheinende katholische Familienzeitschrift, in der Karl May zwischen 1879 und 1897 den Großteil seiner Texte veröffentlichte, räumte ihrem Erfolgsautor den Platz zur ausgiebigen Selbstdarstellung ein. Sein Text *Freuden und Leiden eines Vielgelesenen* aus dem Herbst 1896 ist mit mehreren Fotografien illustriert, auf der Titelseite posiert May als Old Shatterhand mit der Silberbüchse. Die Präsentation des Gewehrs wird zum Anlass für die kunstvolle Beglaubigung des erfundenen Selbst.

Ähnlich wie William F. Codys Zeitungsartikel *My First Dead Indian* tritt auch *Freuden und Leiden eines Vielgelesenen* als eine autobiografische Erzählung auf. Beide Texte entstanden auf dem Höhepunkt des Ruhms – Cody zeigte seine Wild West Show 1887 vor mehr als zwei Millionen Besuchern auf der Weltausstellung in London;

May verdiente alleine an Honorarzahlungen des Verlags Fehsenfeld im Jahr 1896 mehr als 60 000 Mark. Beide Texte sind außerdem an ein Zeitungen und Zeitschriften lesendes Massenpublikum gerichtet und entwerfen eine spezifische Authentifizierungsstrategie. Cody erzählt von seinen ersten Erfahrungen mit der *frontier,* die im Mythos des amerikanischen Westens die zivilisierte Welt von der barbarischen Welt trennt und nur im Kampf um Leben und Tod erobert werden kann. May erzählt von seinen ersten Erfahrungen als eine öffentliche Figur, als ein Star, der sich vor seinen Fans nicht retten kann und will. Weil es May also bereits um sein öffentliches Bild geht, tauchen Fotografien in diesem Text sowohl explizit als auch implizit als eine Beglaubigungsstrategie auf. „Dunner unds Messer", ruft der erste Besucher aus, als er in das Arbeitszimmer des Autors geleitet wird, „das ist ja ein Löwe, ein richtiger, wirklicher Löwe!". Derselbe Gymnasiast darf, so schreibt May, dann „auf dem Diwan" sitzend eine Pfeife rauchen, bevor er den „chinesischen Pavillon" besucht.[31] Die Requisiten der Fotografien kommen in der Erzählung vor, sie authentifizieren sowohl den Anspruch auf Wahrhaftigkeit – „ein richtiger, wirklicher Löwe" –, wie die Erzählung umgekehrt von dem technischen Medium der Fotografie beglaubigt wird.

Indem die Rezipienten seit Etablierung der Populären Kultur als einer Massenkunst des 19. Jahrhunderts nach technisch reproduzierten Abbildern ihrer Stars verlangen, spielen sie das Spiel von Nähe und Distanz, von menschlichem Körper und technischem Abbild, von medialer Fiktionalität und dinghafter Materialität mit. Das Publikum wird zum Personal der populären Geschichten: zu einem Gymnasiasten, einer „Dame in Trauer" oder einem „Reisenden in Spielwaren". Denn es geht darum, den Graben zwischen körperlicher An- und medialer Abwesenheit zu schließen. Daher kommen viele Leser und

Leserinnen persönlich zum Wohnsitz in Radebeul, werden durchs Haus geführt und sogar verköstigt – und im selben Text wird ihnen das mediale Abbild als echter Körper verkauft: „Er hat mich nach den von mir existierenden Bildern erkannt"[32], schreibt May über einen seiner Leser.

So wie das Publikum Karl May nach seinem Abbild erkennt, so soll auch der Schriftsteller seine Leser „erkennen". Wie Roland Barthes beschreibt, findet dabei eine Form der Vereinigung statt:

> „Eine Art Nabelschnur verbindet den Körper des photographierten Gegenstandes mit meinem Blick: das Licht ist hier, obschon ungreifbar, doch ein körperliches Medium, eine Haut, die ich mit diesem oder jener teile, die einmal photographiert worden sind."[33]

So haben nicht nur die Leser Karl Mays dessen fotografische Haut gesammelt, um davon wie von dem „Licht eines Sterns"[34] berührt zu werden, sondern auch der Autor selbst hat ein Sammelalbum der Fotografien seiner Leser angefertigt.

Mediale Beziehungen

Die Populäre Kultur ermöglicht und verlangt, inszeniert und ökonomisiert massenmediale Beziehungserfahrungen. Die direkte Verbindung von Körper und Ding etwa im Fußballspiel ist dabei genauso relevant wie die zwischen Stars und ihren Fans. Weil die Populäre Kultur aber seit dem späten 19. Jahrhundert zunehmend eine entpersönlichte Kultur der Massengesellschaft ist, muss sie bis heute immer neue Formen der Nähe entwickeln (siehe „Smileys/Emojis"). Zwischen den Autogrammkarten von Buffalo Bill und dem Like-Button auf Facebook entspinnt sich die

Geschichte medialisierter Beziehungen in der Populären Kultur und im Pop.

Die Silberbüchse des Karl May ist auch hierfür ein gutes Beispiel. Neben ihrer Materialität als greifbares Original, ihrer Serialität als Spielzeuggewehr und Fiktionalität als fotografische Erscheinung ist es Karl May gelungen, der Silberbüchse noch eine weitere Funktion zuzuweisen: Das Gewehr wird zum Requisit der unterschiedlichsten Inszenierungsstrategien seiner Leser.

> „In Anbetracht der innigen Geistesbeziehung, in welcher ich zu meinen geehrten und lieben Leserinnen und Lesern stehe, würde es mich herzlich freuen, wenn sie die Freundlichkeit hätten, mir für mein Leseralbum ihre Photographie beizulegen."[35]

Mit diesen Worten richtet sich May seit Anfang der 1890er Jahre an sein Publikum und kann in der Folge gemeinsam mit seiner Frau Klara ein Album mit über 500 Porträts zusammenstellen.

Das ist neu: Die Handhabung der Dinge wurde damit vom Star auf die Fans verschoben. Was heute längst durch eine ausgreifende Kulturindustrie normalisiert ist – Joanne K. Rowling muss niemandem schreiben, dass man den Zauberstab Harry Potters kaufen kann, um wie der nickelbebrillte Junge aufzutreten – wurde Ende des 19. Jahrhunderts erstmalig durch den Autor selbst initiiert. Damit verschiebt sich die Uneigentlichkeitserwartung auf die Seite der Rezipientinnen, d. h. sie sind nun gefordert, ähnlich überzeugende Selbstinszenierungen zu entwerfen, wie sie ihnen der Star vorgespielt hat. Sie dürfen – nein, sollen – neben ihrem eigentlichen ein uneigentliches Selbst entwerfen. Das Sammelalbum Mays zeigt nun vornehmlich ernsthafte Gesichter, die von professionellen Fotografen der Zeit in Szene gesetzt wurden – ein größtenteils bürgerliches Publikum, das sich eine Fotografie leisten konnte. Gerne ließen sich ganze Familien ablichten, etwa der Kaufmann Stephan aus Brüx, seine Frau Emma und ihr Sohn Karl. Dabei entwickelten die Stephans keinen Ehrgeiz, sich auf das Beziehungsspiel der Populären Kultur einzulassen. In ihrem Sonntagsstaat blicken sie würdevoll in die Kamera, ohne eine Silberbüchse oder andere Requisiten aus dem Fundus der Romane. Visuell orientieren sich die meisten der Leserinnen und Leser Karl Mays an seinen frühen Bildstrategien. Sie inszenieren sich als Bildungsbürger, die sie sind – oder hoffen, zu sein: „Herzlichen Gruß, habe auch sehr viele Reisen gemacht"[36], schreibt Corbinian Gümbel aus München zu seinem Foto.

Doch es finden sich auch einige Aufnahmen, die sich dem Unernst der Verkleidung ausgesetzt haben und gerade dadurch ein Stück reflexive Distanz gewinnen. Das gilt weniger für jene Fotografien, auf denen sich gesetzte Herren als Jäger mit Gewehr präsentieren, als für diejenigen, bei denen das Bild gleichsam „verrutscht". Bei C. Bigler aus Bern sieht der umgehängte Lendenschurz wie die Schutzkleidung eines Handwerkers aus;[37] ein Strick, quer über den Oberkörper geführt, soll wohl den Köcher andeuten, der nicht zu sehen ist. Dennoch ist auf seiner Fanpostkarte deutlich der Anspruch zu sehen, einem medialen Vorbild ähnlich zu werden.

Noch ausgeprägter zeigt sich dies im Fall des Burghard Breitner, ein vielleicht 14-jähriger Junge, der sich 1895 und 1897 bei einem „K. u. K. Hof-Photograph" in Salzburg ablichten ließ. Auf einem seiner Fotos ist er in der Pose des Old Shatterhand zu sehen.[38] Vorbild ist eine Abbildung aus dem *Hausschatz,* die May im Oktober 1896 das erste Mal mit der neuerworbenen Silberbüchse einem Massenpublikum zeigt. Wie sein Idol hält Breitner den Kopf leicht nach oben geneigt, die linke Hand in die

Hüfte gestützt, um mit der rechten Hand seine Silberbüchse am oberen Lauf zu halten. Seine Pose ist dabei Mittel der Reflexion, der Distanznahmen vom eigenen Selbst. Dass Burghard Breitner nicht Karl May ist, wird im Versuch ihm ähnlich zu werden, erst sichtbar. Das unterscheidet die erwähnten Fotografien auch von allen Formen des Schauspielens. Die Frage, ob jemand Karl May sei, stellt sich bei all den Fotos der Leser – auf einer Gartenbank, mit Kind und Fahrrad oder in ehelicher Zweisamkeit – erst gar nicht. Paradoxerweise konturiert also gerade die mediale Pose das Aufscheinen eigener Subjektivität, indem sie eine Übung im Umgang mit Medialität darstellt (siehe „Selfiesticks"). Es ist offensichtlich, dass der Posierende um die mediale Apparatur, die ihn umgibt weiß: Burghard Breitner lässt sich fotografieren, lässt sich anschauen und beurteilen.

> „Gegen den Voyeurismus hilft nur eines – sich beobachten lassen. Die Pose ist [...] etwas, das nicht einfach nur in der Mitte zwischen Aktion und Passion steht, sondern konkreter ein aktives Passivsein, aktives Zeigen ansteuert."[39]

Was Diedrich Diederichsen hier am Popstar-Phänomen der Gegenwart beschreibt, ist bereits in der Populären Kultur des 19. Jahrhunderts zu finden: Die Rezipientinnen üben sich darin, aktiv zu zeigen, dass und wie genau sie mit medialen Vorbildern umgehen können. Dabei entstehen nicht nur mimetische Bilder der Nähe, sondern auch Verschiebungen und Varianzen. Emma Pfeiffer, ein junges Mädchen, das May aus München schreibt, schmückt sich zwar mit verschiedenen Requisiten einer indianischen Squaw, hält aber gleichzeitig ein Gewehr in der Hand und verschiebt so die soziale Rolle, die ihr möglicherweise zugedacht ist. Noch auffälliger sind die offensiven Fehlbesetzungen der Requisiten, etwa wenn die Brüder Gagg ein Hackebeil als Tomahawk inszenieren, oder sich zwei Freunde in Wolldecken gehüllt vor einem provisorischen Wigwam lümmeln (Storch und Freund). Gerade sie haben das Spiel verstanden: in bewusster Selbsttäuschung dem Vorbild nahekommen und doch fernbleiben, Medialität zu erzeugen und doch bei sich selbst bleiben. Nichts anderes heißt es bis heute, Beziehungserfahrungen in der Popkultur zu machen.

Ausgespielt

1910 beklagte der Schriftsteller Egon Erwin Kisch, der Karl May in Radebeul besuchte, dass die Silberbüchse nur mehr ein „Torso eines europäischen Schießprügels [sei], dem die Läufe fehlten"[40]. Da hing das Gewehr des Apachen-Häuptlings schon ein Jahrzehnt in einem Holzschuppen auf einem Grundstück gegenüber der Villa Shatterhand. Karl May hatte sich um 1900 von seinen Gewehren getrennt, genauer gesagt: Er hatte sich aus dem Spiel verabschiedet.

Anhand der hier verfolgten Kriterien – der Materialität der Gewehre, der fotografischen (Selbst-)Inszenierung und der spezifischen Kommunikation mit der Leserschaft – lässt sich auch nachvollziehen, wie konsequent der Bruch des Autors war. Zwar produzierte die Spielzeugindustrie weiter Gewehre und Pistolen, Bleisoldaten und Spielzeugpatronen, doch Karl May stellte seine echten Spielgewehre in den Giftschrank, versenkte die 101 Negativplatten der Schießer-Fotografien in der Donau und schrieb die vier Bände *Im Reiche des silbernen Löwen*. Im Verlauf dieser Erzählungen lässt er den Protagonisten Kara Ben Nemsi seine Waffen wegschließen und sogar ganz aus seinem Gedächtnis streichen: „Ich hatte sie vergessen, vollständig vergessen, gar nicht mehr an sie gedacht."[41] Die Gewehre, die Verkleidungen, die Behauptungen waren nur noch Insignien eines früheren fiktionalen Selbst.

Das Jahr 1900 markierte für May eine Wende: Es war nicht nur die Zeit nach der ersten Orient-Reise des Autors, sondern auch die Zeit der Scheidung von seiner Frau Emma sowie unterschiedlicher Anklagen und Prozesse gegen ihn. Es wurde ernst, und das vor allem deshalb, weil May das Spiel nicht mehr spielen wollte. Die Anschuldigungen besonders von Rudolf Lebius und Ansgar Pöllmann, er hätte nicht nur seine Erzählungen nie erlebt, sondern Schundliteratur verfasst und die Jugend verdorben, waren heftig und zumindest zum Teil haltlos. Das eigentliche Problem, wie der Großteil der Karl-May-Adepten bis heute behauptet, waren sie aber nicht. Entscheidend war vielmehr, dass er das Spielfeld wechselte. Wie ein Schauspieler wechselte er das Fach und wurde vom Abenteuerschriftsteller zum Künstler. Diesen Rollenwechsel vollzog May auf und hinter der Bühne: indem er seine Romane, die nun von Völkerverständigung und Frieden handelten, im Stil des Symbolismus literarisierte; sich von dem Dresdner Hof-Fotografen Erwin Raupp in seriösen Posen ablichten ließ sowie sich mit dem bildenden Künstler Sascha Schneider anfreundete, der sowohl die Titelbilder seiner Romane neu gestaltete als auch den Salon der Villa Shatterhand mit einem monumentalen Wandgemälde schmückte. Nachgemachte Gewehre eines Dresdner Büchsenmachers hatten hier keinen Platz mehr.

„Die Waffen, welche erst eine so große Rolle spielen, der Bärentöter, der Henrystutzen, die Silberbüchse, werden immer weniger gebraucht. An die Stelle des Säbels und der Flinte, des Revolvers und des Messers treten die Intelligenz und die Menschlichkeit als immerwährende

Siegerin"[42], schreibt May unter dem Pseudonym Franz Langer über seine eigenen Abenteuerromane. Der Künstler Karl May sagt sich in dieser Zeit von dem Unterhaltungskünstler los, der er einmal gewesen war.

Indem er seine Gewehre ablegt (real, medial, fiktional), geht May den Schritt in die Eindeutigkeit. Keine erfundenen Reisen mehr, kein Doktortitel, kein Als-ob. Doch gerade die *Wahrheit über Karl May* (1902) zerstört die Glaubwürdigkeit der Fiktion. Wenn wir einem Verkleidungskünstler die Verkleidung nicht mehr abnehmen, können wir ihm gar nicht mehr glauben. Es scheint eine Laune der Geschichte der Populären Kultur zu sein, dass Max Fuchs ihm just 1902 ein letztes Gewehr überreichte: Der Henrystutzen, eine echte Winchester Rifle, die Fuchs aus der Schweiz bezog, vervollständigte die Trias der berühmten Waffen des Old Shatterhand. Mit dem Gewehr spielen wollte Karl May zu dieser Zeit nicht mehr.

Anmerkungen

1. Zeilinger, Johannes: *„Nicht Einzelwesen, sondern Drama ist der Mensch". Karl Mays Leben – ein Traum von Grösse.* Berlin 2007, S. 14.
2. Ebd., S. 13.
3. Schulze, Hagen: *Staat und Nation in der europäischen Geschichte.* München 2004, S. 260.
4. Zeilinger, Johannes: a. a. O., S. 16.
5. Lange, Konrad von: *Die künstlerische Erziehung der deutschen Jugend.* Darmstadt 1893, S. 28.
6. Ebd.
7. Ebd., S. 24.
8. Ebd., S. 26.
9. Marquard, Odo: *Der Schritt in die Kunst. Über Heidegger und Schiller.* Marbach am Neckar 2005, S. 204.

10. Ebd., S. 193.
11. Lange, Konrad von: a. a. O., S. 31.
12. Hoffmann, Heike: *Erziehung zur Moderne. Ein Branchenportrait der deutschen Spielwarenindustrie in der entstehenden Massenkonsumgesellschaft.* Tübingen 1998, S. 2.
13. Ritter, Gert/Weiss, Günther: *Der Einfluß von Grenzen auf industrieräumliche Entwicklungen. Das Fallbeispiel Spielwarenindustrie im Raum Sonnenberg-Neustadt.* Köln 1995, S. 127.
14. Firmengeschichte Bing: http://www.zinnfiguren-bleifiguren.com/Firmengeschichten/Bing/Bing_Katalog_1908_Zinnfigurenseiten.Pdf (30.03.2021).
15. Retter, Hein: *Spielzeug. Handbuch zur Geschichte und Pädagogik der Spielmittel.* Weinheim/Basel 1979, S. 128.
16. Zit. n. Baecker, Carlernst/Haas, Dieter/Jeanmaire, Claude: *Märklin. Das internationale Programm bis 1915.* Frankfurt a. M. 1980, S. 305.
17. Hoffmann, Heike: a. a. O., S. 154.
18. Patent der Firma Cromwell für „Toy Pistol": https://docs.google.com/viewerurl=patentimages.storage.googleapis.com/pdfs/US533028.pdf (30.03.2021).
19. Werbeanzeige Adrian & Rode: http://www.urlaub-und-hobby.de/mekanik/ar/ar1.jpg (30.03.2021).
20. Krauss, Rolf H.: *Karl May und die Fotografie. Vier Annäherungen.* Marburg 2011, S. 7.
21. Ebd., S. 9.
22. May, Karl: *Old Surehand I.* Freiburg i. Breisgau 1909, S. 205.
23. Barthes, Roland: *Die helle Kammer.* Frankfurt a. M. 1989, S. 95.
24. Ebd., S. 86.
25. Ebd., S. 90.
26. Beneke, Sabine/Zeilinger, Johannes: *Karl May. Imaginäre Reisen.* Berlin 2007, S. 214.

27. Krauss, Rolf H.: a. a. O., S. 60.
28. Zit. n. Hoffmann, Klaus/Rascher, Jochen/Richter, Peter: *Silberbüchse, Bärentöter und Henrystutzen. Die berühmtesten Gewehre des Wilden Westens*. Radebeul 1990, S. 15.
29. Hügel, Hans-Otto: Das Illustrierte ernst genommen. Karl Mays Waldröschen gelesen in der Perspektive der Bildbeigaben. In: Krankenhagen, Stefan/Hügel, Hans-Otto (Hg.): *Figuren des Dazwischen. Naivität in Kunst, Pop- und Populärkultur*. München/Kopenhagen 2010, S. 212.
30. Zit. n. Hoffmann, Klaus/Rascher, Jochen/Richter, Peter: a. a. O., S. 17.
31. May, Karl: Freuden und Leiden eines Vielgelesenen. In: *Deutscher Hausschatz* 1 (1896/97), S. 2.
32. Ebd., S. 3.
33. Barthes, Roland: a. a. O., S. 91.
34. Ebd.
35. Zit. n. Klussmeier, Gerhard/Plaul, Hainer: *Karl May und seine Zeit. Bilder, Dokumente, Texte*. Bamberg 2007, S. 271.
36. Karl May Werke: *Leseralbum*. Bargfeld 1997–1998, S. 36.
37. Ebd., S. 380.
38. Ebd., S. 956.
39. Diederichsen, Diedrich: Olympier und Fans, Rezipienten und Götter. Menschen als Medien in verschiedenen Stadien der Kulturindustrie. In: Widmer, Ruedi (Hg.): *Laienherrschaft. 18 Exkurse zum Verhältnis von Künstlern und Medien*. Berlin 2014, S. 250.
40. Zit. n. Hoffmann, Klaus/Rascher, Jochen/Richter, Peter: a. a. O., S. 24.
41. Ebd., S. 35.
42. Ebd., S. 36.

1910. Scrapbooks
Beziehungsstatus ungeklärt

Unbeschriebenes Scrapbook, o. J.

Das Estádio da Luz in Lissabon mit seinen 80 000 Plätzen war am Abend des UEFA-Champions-League-Finales im August 2020 wie leergefegt. Auch alpine Skiveranstaltungen und die Biathlonweltmeisterschaft im darauffolgenden Winter fanden ohne Zuschauer statt. Pappfiguren auf leeren Sitzen simulierten Fans – nicht anders als Lach- und Applauskonserven in Fernsehsendungen ohne Studiopublikum. Ein Jahr nach dem Beginn jener globalen Pandemie, die das öffentliche Leben zeitweise und an vielen Stellen vollkommen lahmlegte, ist es fast normal geworden, dass die Popkultur ohne die physische Präsenz von Fans stattfindet. Was bleibt, sind mediale Abbilder der Menschen, die auf Videobildschirmen zugeschaltet sind und, wie etwa bei der Vierschanzentournee der Skispringer, mit Nationalflaggen und Schals behängt, ihren Idolen zujubeln.

Warum reichen die Fernsehbilder eines Fußballspiels ohne Zuschauer nicht? Fehlen die Emotionen, wie es in den Berichterstattungen heißt oder was sehen wir genau, wenn wir Sportveranstaltungen und Popkonzerte alleine im Livestream beobachten? Welche Aufgabe übernehmen die Fans in der Popkultur – eine Rolle, die nun als Leerstelle besonders sichtbar wird?

Der Duden definiert den Fan als „begeisterte[n] Anhänger, begeisterte Anhängerin von jemandem, etwas"[1] und leitet den Begriff aus dem Lateinischen ab. Der „fanaticus" verweise auf eine Person, die „von einer Gottheit in Entzückung, in Raserei versetzt" wurde, die „fanatisch, begeistert, schwärmerisch" sei.[2] Die enge Verknüpfung zwischen der Figur des Fans und seinen nicht kontrollierbaren Emotionen, positiver oder negativer Art, hält sich bis in die Gegenwart. Fans „peitschen ihre Mannschaft nach vorne", „belagern" die von ihnen verehrten Personen oder benehmen sich auf andere Art distanzlos. Ihre Funktion scheint genau jene gesteigerte

Aufdringlichkeit zu sein, die Leonardo di Caprios Figur in Woody Allens Film *Celebrity – Schön. Reich. Berühmt* von 1998 aushalten muss. Entsprechend sind Fans in der öffentlichen Darstellung lange Zeit als Problem charakterisiert worden: „Die Verhaltensweisen der Fans, als besessene Einzelgänger oder als hysterische Massen"[3] scheinen Teil ihrer „natürlichen" Eigenschaften zu sein, auf die entsprechend regulativ reagiert werden muss. Großbritanniens Premierministerin Margaret Thatcher berief etwa ein „Kriegskabinett Fußball" ein – in Reaktion auf die Gewalt durch Britische Fußballfans in den 1980er Jahren (siehe „Smileys/Emojis"). Die gesellschaftliche Sicht und die Selbstdarstellung von Fans haben sich heute verändert, aber die Spuren aggressiver, vor allem männlicher, „Provokationskulturen" sind weiterhin sichtbar.[4] Fans werden von ihren Extremen her gedacht – das ist durchaus nachvollziehbar und macht den Reiz dieser Populären Figur aus.

Ein Sammelsurium

Einen ganz anderen Eindruck vermittelt ein Blick auf Scrapbooks, frühe Bastel- oder Sammelalben, die ab Ende des 19. Jahrhunderts als Massenprodukt eingeführt und schrittweise zu einem Populären Ding wurden – und in dem sich die Beziehung zwischen Fans und Stars materialisierte. Die Schnipsel (engl. „scraps"), die sich in jenen Alben finden, zeugen von der Vielfalt von Devotionalien der Zeit: Fotografien und Zeitungsausschnitte, signierte Autogrammkarten, Programmzettel und handschriftliche Kommentare. „Es geht um eine Sammlung ziemlich disparater Dokumente, die hier freilich narrativ anekdotischer Natur sind, und es steht das Alltägliche im Zentrum"[5], wie die Anglistin und

Amerikanistin Monika Seidl in ihrem kurzen Abriss zum Scrapbook feststellt.

Entstanden sind diese sehr speziellen Sammelalben, in denen sich auch Haarsträhnen, Schlüsselanhänger oder gepresste Blätter befinden können, im angloamerikanischen Raum. Die Designerin Jessica Helfand hat ihre materialreiche Aufbereitung von Scrapbooks *An American History* (2008) genannt,[6] wohingegen die Arbeit der Literaturwissenschaftlerin Leigh Ina Hunt es als *Victorian Passion to Modern Phenomenon* (2006) eingrenzt.[7] Monika Seidl führt weiter aus, dass Scrapbooks

> „an die Tradition der *Commonplace Books* an[schließen], die seit der Renaissance als Bezeichnung von Büchern in Verwendung ist, die durch Glossen, Zitate und Notizen sowie durch persönliche Anekdoten und Einlagen verschiedenster Art ergänzt wurden"[8].

Man kann sich aber auch an Votivgaben oder Poesiealben erinnert fühlen: Sowohl die volksfrömmigen Votive als auch die Sinnsprüche unter Freunden verbinden sich im Scrapbook in der sichtbaren Geste der guten Wünsche – der Form nach meist in einer Kombination aus Text- und Bildelementen.

Scrapbooks schließen somit auf ihre Weise an etablierte Praktiken feudaler Zirkel, religiöser Traditionen oder bürgerlicher Salons an. Als Teil der Geschichte der Popkultur werden sie aber erst interessant, als sie ästhetisch standardisiert zu einem Massenprodukt werden. Seit diesem Moment, der eng mit dem Namen Mark Twain verbunden ist,[9] sind sie nicht nur als Ware zugänglich, sondern bieten auch eine produktive Spannung zwischen individuellen Gestaltungsmöglichkeiten und einem normierten Rahmen, die sich bis heute gehalten hat: „Im 21. Jahrhundert bedeutet *Scrapbooking*, eine Hülle aus vorgefertigtem Material zu erzeugen"[10]. Auf Verkaufsplattformen wie Amazon werden Sticker, Blätter, Dekorationspapier, Schablonen oder Motivstanzer verkauft und YouTube oder TikTok bieten dazu die entsprechenden Tutorials „How to scrapbook" an.

Die Journalistin Edna Wright legte bereits 1910 ein solches Album von der US-amerikanischen Schauspielerin Mary Pickford an, die keine fünf Jahre später zum bestbezahltesten Filmstar der Welt wurde und mit deren Ruhm sich damals nur noch Charlie Chaplin messen konnte. 1910 wechselte Pickford gerade von der Filmproduktionsgesellschaft Biograph Company des Regisseurs und Produzenten D. W. Griffith zum Studio IMP (Independent Moving Picture Company). Edna Wrights Scrapbook dokumentierte die Periode von Pickfords wachsendem Erfolg. Dabei fällt die Formen- und Formatvielfalt in den Blick, mit der die knapp 70 Seiten gestaltet sind. Handschriftlich kommentierte Fotografien sind ebenso zu finden wie Zeitungsausschnitte, Autogrammkarten, private Fotos und Zeichnungen, die teilweise direkt von Mary Pickford an Wright weitergegeben wurden. „In einer längst vergangenen Zeit. Mary" schrieb Pickford auf eine Fotografie von ihr als Mädchen.[11] An manchen Stellen hat die Autorin des Scrapbooks Negativstreifen eingeklebt und auch die Besetzungsliste des Broadway-Dramas „The Warrens of Virginia", in dem die 15-jährige Gladys Smith zum ersten Mal unter ihrem Künstlerinnennamen Mary Pickford auf die Bühne trat, ist eingeklebt.[12]

Damit wird das Scrapbook als Ergebnis einer ästhetischen Entscheidung erkennbar. Auswahl, Sortierung, Gestaltung und Kommentierung sind genuine Bestandteile dieser Praxis. „Bücher wie diese waren zum Schreiben oder zumindest zum schrittweisen Ausfüllen und Auffüllen gedacht"[13], wie die Anglistin Lisa Gitelman in ihrer Studie über *Paper Knowledge* zum späten 19. und frühen 20. Jahrhundert schreibt. Diese Beobachtung trifft auch auf ein weiteres Zeugnis Mary Pickfords zu, das in den Jahren 1916 bis 1919 entstand.

Auf den ersten Blick bietet sich dem Betrachter hier allerdings eine ernüchternd monotone Gestaltung: Ausschließlich Zeitungsfotos der Schauspielerin wurden von einem unbekannten Fan auf knapp hundert Seiten zusammengestellt. Pickford, die 1916 als erste Frau Anteile an einer eigenen Produktionsfirma besaß und 1919 gemeinsam mit Charlie Chaplin, Douglas Fairbanks und D. W. Griffith United Artists gründete, ist in verschiedenen Posen und Situationen ihrer außergewöhnlichen Karriere abgebildet. Die Fotos aus Zeitschriften, Zeitungen und Illustrierten sind dabei wie Glanzbilder ausgeschnitten, jene dekorativen Bilder aus geprägtem Papier, die um die letzte Jahrhundertwende in Europa populär wurde. Wie in einem Poesiealbum sind die Ausschnitte individuell gestaltet und in Beziehung zueinander gesetzt, obwohl sie einem industriell gefertigten Format nachempfunden sind, das mit der Einführung des Flachdruckverfahrens zu einer kostengünstigen Massenware wurde. Die Kulturwissenschaftlerin und Wissenschaftshistorikerin Anke te Heesen hat diese Praxis treffend als „ein klebendes Schreiben" bezeichnet:

> „Betrachtet man die *scrapbooks* von dieser Warte aus, so produzierten die Alben von ephemeren Druckerzeugnissen […] eine neue, moderne Form der (Quasi-)Autorschaft: Der Klebende wurde zum Autor."[14]

Oftmals war es allerdings die Klebende, die zur Autorin wurde, denn Scrapbooks wurden vor allem von Frauen – wie auch von Jugendlichen – angelegt. Bei dem genannten

Beispiel fällt auf, dass die Autorin es konsequent vermied, irgendeine Art von Texten abzubilden. Es finden sich keine Überschriften der Zeitungsartikel oder Bildunterschriften, und wenn einmal ein Artikel in das Bild hineinragte, so ist dieser säuberlich herausgeschnitten worden.[15] Die Reduktion des Materials zeigt den bewussten und nachvollziehbaren Gestaltungswillen des Fans: Hier sollte eine Bildergeschichte des Stars erzählt werden, die motivisch strukturiert ist: Mary mit Kindern, Mary am Klavier, Mary und die Soldaten. Der Fan zeigt sich in den Worten Hans-Otto Hügels als

„eine Rezeptionsfigur, aber eine besondere. Er richtet seine Aufmerksamkeit auf ein Phänomen, das Fans wie Nicht-Fans interessiert, zelebriert jedoch seine Rezeption in auffallender Weise und sticht dadurch aus der Menge des Publikums hervor"[16].

Auch in der Entstehung der Fanfigur – als Gegenüber der Starfigur – spielen quantitative Dimensionen eine entscheidende Rolle: So wie aus der Massengesellschaft einzelne Personen herausragen, die exemplarisch zeigen, wie sich ein Leben zwischen Realität und Fiktionalität vollziehen kann (siehe „Ein Skalp"), fallen auch diejenigen im weiten Rund des Publikums auf, die mit außergewöhnlichem Einsatz eine Nähebeziehung unter massenmedialen Abstandsregeln herzustellen vermögen. Jeder Fan des FC Liverpool, zum Beispiel, muss sich also nicht nur vom Fan des Stadtrivalen FC Everton abheben, sondern ebenso von all jenen, die als Zuschauer im Stadion an der Anfield Road sitzen und von denen nie klar sein kann, in welcher Beziehung sie eigentlich zum Verein stehen: Es ist kompliziert.

Cut-up, Mash-up

Fans können erst in einer Gesellschaft sichtbar werden, die durch Überfluss geprägt ist. Die Autorinnen von Scrapbooks waren angewiesen auf eine Vielfalt von Druckerzeugnissen, die so preisgünstig waren, dass sie zerschnitten werden konnten. Das Fantum entsteht somit als eine qualitative Antwort auf jenen Überfluss. Der Fan selbst entscheidet, wie – auf welche ästhetische Weise – die Papiermassen zerschnitten, geordnet und präsentiert werden. Scrapbooking steht damit im historischen Kontext einer Zweit- und Mehrfachverwertung industrieller Massenwaren, wie sie auch in den sogenannten Zeitungsausschnittbüros realisiert wurden. Nicht nur der täglich neue Informationsfluss wurde hier als Kerngeschäft des modernen Zeitungswesens verkauft, sondern vor allem die sortierende Arbeit an diesem Text- und Bildüberfluss – etwas, das heute Algorithmen übernehmen. Die Masse der medialen Fremd- und Eigeninhalte ist im 21. Jahrhundert nicht mehr individuell zu bändigen, sondern vor allem durch automatisierte Operationen zu begrenzen. Sie zeigen uns „Rückblicke" oder das, was „Zuletzt angesehen" oder zum „Teilen" vorschlagen wurde.

Um die Wende zum 20. Jahrhundert entstanden nach dem Vorbild des 1879 in Paris gegründeten Büros Argus de la Presse in vielen europäischen Großstädten Zeitungsausschnittbüros, die die sortierende Arbeit des medialen Überflusses übernahmen. Es entwickelte sich eine spezifisch moderne, international vernetzte Dienstleistung für die umfängliche Nutzung von Druckerzeugnissen und Nachrichten. Die Arbeit bestand sowohl im sorgfältig organisierten Ausschneiden und Aufkleben als auch in der inhaltlichen Arbeit von Lektorinnen. Anke te Heesen beschreibt dies anhand einer Quelle von 1900:

> „Zweimal am Tag ertönte eine Klingel, eine Vorarbeiterin erscheint und verliest neue Kunden und Themen. Die Mädchen schneiden nicht, sie streichen nur mit Bleistift an. Das Schneiden besorgt eine Gruppe von Jungen. Dann kommt wieder eine Mädchengruppe, die ordnet die Ausschnitte in Fächer."[17]

Die hier beschriebene arbeitsteilige Praxis ist im Zeitungsausschnittbüro nicht anders als bei der sprichwörtlich gewordenen Fließbandarbeit des Automobilherstellers Ford organisiert und auf serielle Produktion angelegt. Entscheidend ist dabei, dass das Problem der Auswahl – aus der Masse an Druckerzeugnissen, Nachrichten, Stichworten – immer auf einen Auftraggeber und seinen jeweiligen Bedarf zurückzuführen war: Künstler, die die Nennung ihrer Ausstellungen in der Zeitung verfolgen wollten, Politiker und Abgeordnete, die sich einen schnellen Überblick über die Themen der Zeit verschaffen mussten, Wissenschaftler, die neues Quellenmaterial sichteten. Ohne zahlende Kunden hätte es keine Ausschnittbüros gegeben.

Es ist weniger der ökonomische Rahmen, als der fehlende Anlass, der jene Dienstleistung in den Hauptstädten Europas von den Fans unterschied, die zur selben Zeit schneidend und klebend eine Geschichte ihrer Stars erzählten. Hier wie dort wurden massenmedial produzierte und global distribuierte Druckerzeugnisse zweitverwertet und methodisch ähnlich mit denselben Materialien gearbeitet. Für die Produktion von Scrapbooks gab es jedoch, zugespitzt formuliert, gar keinen Grund – worauf im Späteren noch eingegangen werden soll.

Der kontinuierliche Medienwandel bewirkt, dass sich diese Praktiken gleichzeitig ändern und in ihren Grundzügen unverändert bleiben: Wer heute für eine Online-Plattform ein Mash-Up aus vorproduziertem Videomaterial erstellt, arbeitet zwar nicht mehr mit Schere und Kleber, sondern mit digitalen Schnittprogrammen, durchläuft aber dieselben Produktionsschritte wie vor etwa hundert Jahren. Das vorhandene Material muss gesichtet und gesammelt werden und erst im Modus des Vergleichs kann eine Auswahl getroffen werden. Diese ist wiederum von einer eigenen narrativen Idee geleitet, welche schließlich öffentlich sichtbar gemacht werden kann und somit für Kommentare von anderen Zuschauern freigegeben wird. Jene Zuschauerinnen sind oftmals selbst Fans, wodurch sich organisierte Gemeinschaften von Fans entwickelt haben, die sich in Fanzines und Fanfiction, in Foren und auf Conventions öffentlich zeigen, sich gemeinsam erleben und medial reproduzieren.

Der US-Medienwissenschaftler Henry Jenkins hat die Praktiken, die sich Anfang des 20. Jahrhunderts entwickelten und schrittweise popularisierten, in einer kanonisierten Definition als „wildern" bezeichnet. Er hat damit auf den produktiven Aneignungscharakter verwiesen, den er am Beispiel von sogenannten Trekkies, Fans der US-amerikanischen Fernsehserie *Star Trek,* als genuin subversive Praxis beschreibt:

> „,Fantum' ist ein Vehikel für marginalisierte Gruppen und Subkulturen (Frauen, Jugendliche, Schwule usw.), um ihren kulturellen Anliegen innerhalb der dominanten Repräsentationen Raum zu verschaffen. Es ist ein Weg, sich Medientexte anzueignen und sie auf eine Art und Weise neu zu lesen, die anderen Interessen dient, ein Weg, Massenkultur in eine populäre Kultur zu verwandeln."[18]

Ähnlich wie die „heroischen Gemeinschaften"[19], die sich ihren Status durch Gewalt und Aggression sichern, ist die Idee, dass Fans subversives und damit gegenkulturelles Potential entwickeln, bis heute ein weit verbreiteter Forschungsansatz. Doch der Blick auf die historischen Quellen bestätigt weder die eine, noch die andere Deutung vorbehaltlos. Wenn es stimmt, dass in den Scrapbooks des frühen 20. Jahrhunderts eine Geschichte von Fans als Rezeptions- und Transformationsfiguren der Überflussgesellschaft angelegt ist, dann spielt dort weder hegemoniale noch gegenhegemoniale Gewalt eine auffällige Rolle. Vielmehr zeigen sich die Fans hier als diejenigen, die mit Einsatz und Intensität hochgradig unsichere Beziehungen aufbauen und diese für sich selbst und andere inszenieren. Es gibt keinen substantiellen Grund, warum ich Verehrer genau dieser Schauspielerin geworden bin und es ist unklar, ob und wie der bewunderte Star auf meine einseitige Beziehungsaufnahme reagiert. Ebenso wenig kann ich heute sagen, ob mich jene Popband in zehn Jahren noch auf dieselbe intensive Weise berühren wird.

Dominant aggressive oder subversive Praktiken würden sich nach dieser Lesart eher als Folge, denn als Ursache des Beziehungsmanagements von Fans zum bewunderten Objekt darstellen. Fan sein heißt, unter prinzipiell unendlichen Möglichkeiten zu wählen und diese Wahl auf möglichst einzigartige Weise performativ zu begründen. Ein Scrapbook ist ein leeres Buch mit nichts mehr als weißen Seiten in einem vorgefertigten Format mit gummierten Ecken.[20] Zu zeigen, warum es mit wem und auf welche Weise gefüllt werden könnte, ist die eigentliche Aufgabe von Fans – egal, in welchem Medium oder welcher Zeit.

Prekäre Beziehungen

Geht man von dieser prinzipiellen „Unbegründbarkeit"[21] der Beziehung zwischen Fans und den von ihnen verehrten Stars oder Phänomenen aus, so ergibt sich eine anders gelagerte Geschichte dieser zentralen Figur der Popkultur, die man historisch etwa in vier Abschnitte unterteilen kann.

Das Verhältnis zu Mary Pickford, wie es sich in den frühen Scrapbooks am Anfang des 20. Jahrhunderts darstellt, ist geprägt von einer kindlichen Geste, die die Person ungebrochen adressiert. Der Star wird, in dieser ersten Phase der Beziehungsaufnahme, als eine reale Person angesprochen, der man mit ganzem Herzen zugeneigt ist, auch wenn man, wie der Journalist Delight Evans 1918, einen öffentlichen Artikel über sie schreibt:

> „Sie ist die einfachste und überraschendste Persönlichkeit der Filmbranche. Und wir glauben für immer an Mary Pickford. Sie hat uns nie enttäuscht; ich denke, das wird sie auch nie tun."[22]

Nicht zufällig entsprach dieses unschuldige Bild auch der Persona Pickfords, die in ihrer Bühnen- und Filmkarriere fast durchgehend die Kindfrau gespielt hat und dem Publikum als „Little Mary" vertraut war. „So sind die körperliche Abwesenheit einer Schauspielerin, ihre mechanische Reproduktion und ihr Handeln selbst keine Barriere zwischen Darstellendem und dem Publikum"[23], wie es die Filmwissenschaftlerin Christine Gledhill anhand einer umfangreichen Auswertung früher Filmkritiken und Fanpost festgestellt hat. Eine der jugendlichen Verehrerinnen legte 1921 ein Scrapbook an, in dem sie die gesammelten und aufgeklebten Zeitungsartikel mit äußerster Sorgfalt kolorierte und einen neunseitigen, handgeschriebenen Erfahrungsbericht über den Tag beilegte, in dem sie – vielleicht nur in ihren Träumen – Mary Pickford in London sah: „Für mich ist gestern einer der größten Wünsche meines Lebens in Erfüllung gegangen."[24] Die Verehrerin begründet ihren Status als Fan hier, indem sie sich als sichtbare, aber unaufdringliche Bewunderin einer realen Person zeigt.

In dem Maße, in dem sich die Massenkultur als Erfahrungshorizont für die Einzelnen normalisierte, das Künstliche zum neuen Echt wurde (siehe „Nylonstrümpfe") und die medialen Welten nicht mehr im Kino aufgesucht, sondern im Wohnzimmer aktiv empfangen wurden (siehe „Fernbedienungen"), veränderten sich ab Mitte des 20. Jahrhundert auch die Ausdrucksformen von Fans. Aus einer kindlichen Verehrung wurde in den 1960er Jahren eine gleichsam pubertäre Emotionalität. Fans traten nun, etwa in den Konzerten von Elvis Presley oder den Beatles, als schreiende und kreischende Wesen auf. Sie nutzten, vor und nach den Auftritten der Rolling Stones oder The Who, ihre schiere Menge, um den öffentlichen Raum zu besetzen oder sich mit der Polizei zu prügeln. Der „Wunsch nach physischer Gemeinschaft"[25], wie ihn der Literaturwissenschaftler und Sportfan Hans Ulrich Gumbrecht als Grundlage aller Fanaktivitäten beschreibt, tritt zu dieser Zeit in aller Deutlichkeit zutage.

In dem Film *Rolling Stones – Crossfire Hurricane*[26] aus dem Jahr 2012 kann man rückblickend verfolgen, wie sich die Gewalt der Fankörper in den 1960er und frühen 70er Jahren sowohl auf der Bühne, als auch auf den Straßen manifestierte. Bei den ersten Tourneen stürmten Fans regelmäßig die Show: Vor allem weibliche Fans umarmten die Musiker und rissen sie zu Boden, küssten sie und ließen sich nur durch Sicherheitskräfte von weiteren Übergriffen abhalten. Die Archivaufnahmen zeigen Personen, die gewissermaßen von sich selbst überwältigt werden und sich jenseits aller zivilisatorischen (Selbst-)Kontrolle befinden.

Ähnliches geschah in den Straßen, nur ungleich gewalttätiger: „Bei den Jungs kommt es zum Ausbruch. Viel aggressiver. Und sie liefern sich damit einen heftigen Kampf mit der Polizei"[27], so stellte Mick Jagger in einem Fernsehinterview aus dieser Zeit fest. Unabhängig davon, dass auch hier tradierte Rollenbilder fortgeschrieben wurden (kreischende Mädchen und aggressive Jungs), beziehungsweise ihre Aktivitäten Teil des Generationenkonflikts der 1960er Jahre waren, zeigen sich Fans in dieser zweiten Phase öffentlich als unkontrollierte und unkontrollierbare Körper. Damit vollzog sich eine entscheidende Entwicklung, denn die realen Körper der Fans, die das Empfinden der Existenz im Ausdruck überwältigter Emotionen wie Lust, Wut oder Schmerz performativ noch steigern, komplettieren die mediale Fiktionalität des Starkörpers. Der Fan wird, wie es Diedrich Diederichsen ausdrückt, zum Teil einer sich wechselseitig stabilisierenden und dynamisierenden Beziehung:

> „Ich bin dieses Medium in einer schillernden Weise auch deswegen, weil ich, wenn ich mit Badges übersät zum Konzert oder in die Kneipe oder den Club laufe, mich im selben Universum der Probehandlung bewege wie die Performer, auf die ich mich beziehe. Es kommt zu einem ontologischen Tauschhandel: Was ich ihnen als Publikum an Realität nachreiche, indem ich ihre Diagnose bestätigend durch die Realität laufe und Teil von ihr werde, geben sie mir als Fiktionalität, Künstlichkeit und Überhöhung zurück."[28]

Ab den 1960er Jahren wurden Fans selbst nach und nach zu medialen Figuren. Dabei war es gerade ihr Auftreten als unkontrollierte Körper, die als sichtbares Argument für ihre besondere (und besonders nahe) Beziehung zu einem Star oder Phänomen dienten. Aber man sollte sich von der Expressivität der Körper nicht täuschen lassen: Wie schon die Autorin eines Scrapbooks um 1910, erzählte ein Stones-Fan von 1964 die Geschichte einer Auswahl von Auserwählten, die damit auch performativ begründet wird. Das war auch deshalb durch jenen besonders physisch-emotionalen Ausdruck notwendig, weil es infolge eines gesteigerten Angebots der Unterhaltungskultur nach dem Zweiten Weltkrieg mehr Publikum für mehr Stars gab.

Unter den Bedingungen medialen Überflusses durch das Privatfernsehen der 1980er Jahre steigerte sich die Komplexität der Fanfigur und damit auch die Vielfalt ihrer Inszenierung in einer dritten Phase. Der Fan tritt nun sichtbar in Konkurrenz zu anderen Anhängern und zwar nicht nur auf der inhaltlichen Ebene (Beatles oder Stones), sondern vor allem auf der performativen Ebene. Emotionen mussten nicht mehr nur vorhanden sein, sie mussten vor allem reflexiv inszeniert werden.

Eine dieser Selbstbeschreibungen findet sich in einem Fanbericht zu dem Auftritt Michael Jacksons in der deutschen Unterhaltungssendung *Wetten Dass* vom 04.11.1995. Der weibliche Fan beginnt ihre Erzählung kaum anders als zu Mary Pickfords Zeiten: „Bericht über das schönste Erlebnis meines Lebens!"[29], lautet der selbstgewählte Titel. Doch im Verlauf ihrer Schilderung steht nicht nur der verehrte Star im Vordergrund, auch die reflexive Markierung der Fans selbst nimmt einen großen Raum ein:

> „Es war wie eine Explosion!!! Alle Fans sprangen auf, als die ersten Töne des ‚Dangerous'-Mixes erklungen. Alle schrien wie verrückt! Wir Fans dort in den ersten Reihen

waren ein einziger brodelnder Hexenkessel ... Power und absolutes Glück waren angesagt."[30]

Auch wenn der Bericht im Modus der ungebrochenen Verehrung verfasst ist, so weiß die Autorin sehr genau um die Kriterien des eigenen Fan-Seins wie auch die stereotypisierte mediale Darstellung, die sie hier übernimmt. Während die Fans der 1960er Jahre ein ordnungspolitisches Problem darstellten, werden sie nun immer häufiger als gleichberechtigte Akteure angesprochen: Thomas Gottschalk begrüßte als Moderator der Sendung nicht nur den Star des Abends, sondern ebenso dessen Fans: „Guten Abend, wir schalten kurz vor die Rhein-Ruhr-Halle, ja guck mal, da sind die ganz harten Jackson-Fans, guten Abend!"[31]

Die Fanfigur sieht sich in den 1980er Jahren schrittweise ins Zentrum der medialen Darstellung der Popkultur gerückt – und sie reagiert durch zunehmende Reflexivität: Fans wissen nun um ihren Status und entwickeln Vergnügen daran, sich selbst im Modus einer spielerischen „Selbstkonfrontation"[32] zu inszenieren. Dabei können sie zwischen schüchterner Verehrung, demonstrativer Emotionalität und reflexiver Selbstadressierung auf einen Fundus an Darstellungsweisen zurückgreifen, die sie aus der bloßen Menge des Publikums herausheben und ihre ganz spezielle Beziehung zum Star legitimieren.

Durch die Popularisierung digitaler Medien ab den 2000er Jahren veränderten sich die Relationen zwischen Fans und Stars ein weiteres Mal. Doch es ist nicht nur die mediale Nähe, die durch responsive Medien wie das Smartphone möglich wurde, sondern vor allem eine neue Form der Zeiterfahrung, die die Beziehung zwischen Fans und Stars in den letzten 20 Jahren prägt. Anhand einer Social-Media-Serie wie *Druck* lässt sich ein transmediales

Erzählen beschreiben, bei dem Versatzstücke einer Geschichte zeitversetzt oder synchron auf Facebook, Twitter, WhatsApp und vor allem auf YouTube und Instagram gezeigt werden – eine ästhetische Form, die den Fans der Serie eine teilhabende Beziehung in Echtzeit ermöglicht.[33]

Dramaturgisch raffiniert und hochgradig komplex, werden die semi-fiktiven Lebensläufe der jugendlichen Hauptdarstellerinnen parallel auf mehreren Kanälen erzählt, zu unterschiedlichen Zeitpunkten gestreamt, mit Countdowns verbunden und durch Live-Chats mit den Zuschauerinnen in eine simultane Beziehung verwandelt. Der Medienwissenschaftler Sven Stollfuß stellt fest:

„Social TV [stellt] eben nicht mehr nur eine Zusatzfunktion des Fernsehens dar, sondern bezeichnet vielmehr ein Konvergenzphänomen, das die Medienlogik des Fernsehens mit der Logik sozialer Medien synchronisiert."[34]

Die Tatsache, dass popkulturelle Inhalte zunehmend auf digitalen Plattformen angeboten werden, die sowohl flexible Nutzungs- und Teilhabeoptionen anbieten als auch individuelle Daten ökonomisieren und regulative Techniken kulturalisieren, hat Auswirkungen auf den Status von Fans. Die ununterbrochene Verfügbarkeit von medialen Starfiguren macht es nicht leichter, sondern komplizierter, aus der Menge der Zuschauer herauszustechen, denn der Beziehungsstatus bleibt ungeklärt. Um sich überhaupt als Fan zu zeigen, reicht es nicht mehr, eine Auswahl zu treffen und diese – in Form von Scrapbooks, Fanschals oder ausgefallenen Körperpraktiken – sichtbar zu machen. Die Zeit und die Arbeit, die der Fan schon immer in seine Beziehung zum Star investiert hat, sollen nun direkt in die Produktion popkultureller Artefakte und ihrer Starfiguren einfließen. „Participatory Culture"[35] hat Henry

Jenkins dieses Phänomen genannt, bei dem die Grenzen zwischen Rezipientinnen und Produzentinnen von Kultur zunehmend verschwimmen. So als hätten Edna Wright und Mary Pickford 1910 im selben Raum, zur selben Zeit an einem Scrapbook gearbeitet, das dann als Requisit in den Filmen von Pickford eine Rolle gespielt hätte.

Performative Unterhaltung

Im Multiversum der Popkultur (siehe „All these things") geschieht alles gleichzeitig. Fans können heute durch ihre eigene Arbeit die popkulturellen Artefakte ihres Begehrens aktiv mitgestalten: durch Fanfiction, die die jeweiligen Geschichten weitererzählen und im Fall von *Druck* von Produzentenseite aufgegriffen wurden, durch ihre Expertise oder auch durch Protest. Sie können wie die Groundhopper von einem Fußballstadion Europas zum nächsten ziehen, auf der selbstgewählten Erkundung fankultureller Unterschiede zwischen Bratwurststand und Stadiongröße. Oder sie jetten für ein Wochenende zum „European Song Contest", um die dortigen Schlagerstars zu feiern und nicht zuletzt sich selbst für den Einsatz, den sie dafür geleistet haben. Das alles und noch viel mehr ist Fantum.

Denn die Fans führen ihre Beziehung zum Star oder Phänomen buchstäblich auf: Ob im digitalen oder analogen Raum, entscheidend ist immer die performative Dimension, die als Antwort auf eine nicht gestellte Frage verstanden werden kann. Warum genau so, warum genau jetzt, warum überhaupt? Ein Fan zeigt damit ein bisschen (oder viel) mehr von sich selbst, als nötig wäre. Damit das Buch mit den leeren Seiten gefüllt wird und die ebenso überflüssigen wie notwendigen Geschichten weitererzählt werden.

Anmerkungen

1. Bibliographisches Institut: Duden, Lemma ‚Fan', 2021: https://www.duden.de/rechtschreibung/Fan (30.03.2021).
2. Pons Wörterbuch Latein – Deutsch, Lemma ‚fanaticus', 2021: https://de.pons.com/%C3%BCbersetzung/latein-deutsch/fanaticus (30.03.2021).
3. Göttlich, Udo/Krischke-Ramaswamy, Mohini: Fan. In: Hügel, Hans-Otto (Hg.): *Handbuch Populäre Kultur. Begriffe, Theorien und Diskussionen.* Stuttgart 2003, S. 168.
4. Siehe Sülzle, Almut: *Fußball, Frauen, Männlichkeiten. Eine ethnographische Studie im Fanblock.* Frankfurt a. M. 2011.
5. Seidl, Monika: Das Scrapbook. In: Kramer, Anke/Pelz, Annegret (Hg.): *Album. Organisationsformen narrativer Kohärenz.* Göttingen 2013, S. 205.
6. Helfand, Jessica: *Scrapbooks. An American History.* New Haven/London 2008.
7. Hunt, Leigh Ina: *Victorian Passion to Modern Phenomenon: A Literary and Rhetorical Analysis of Two Hundred Years of Scrapbooks and Scrapbook Making.* Austin 2006.
8. Seidl, Monika: a. a. O., S. 205.
9. „Im Jahr 1872 meldete Mark Twain das Patent für ein selbstklebendes Scrap Book an, ein Buch ohne Worte, das ihm im Vergleich mehr Einkommen verschafft als alle seine anderen Arbeiten." In: Ebd., S. 216.
10. Ebd., S. 210.
11. Mary Pickford Foundation (Hg.): „Edna Wright Scrapbook 1910 to 1914 – p. 13 (detail)": https://marypickford.org/mpf-scrapbooks/edna-wrights-mary-pickford-scrapbook/ (30.03.2021).

12. Mary Pickford Foundation (Hg.): „Edna Wright Scrapbook 1910 to 1914 – p. 34": https://marypickford.org/mpf-scrapbooks/edna-wrights-mary-pickford-scrapbook/ (30.03.2021).
13. Gitelman, Lisa: *Paper Knowledge. Toward a Media History of Documents*. Durham/London 2014, S. 21.
14. Heesen, Anke te: *Der Zeitungsausschnitt. Ein Papierobjekt der Moderne*. Frankfurt a. M. 2006, S. 44.
15. Mary Pickford Foundation (Hg.): „Mary Pickford Fan Scrapbook 1917–1919 p.88": https://marypickford.org/mpf-scrapbooks/mary-pickford-fan-scrapbook-1916-1919 (30.03.2021).
16. Hügel, Hans-Otto: Was heißt schon Fan? Thesenartige Diskussion des Begriffs zu anderen kulturellen Figuren. In: Frizzoni, Brigitte/Trummer, Manuel (Hg.): *Erschaffen, Erleben, Erinnern. Beiträge der Europäischen Ethnologie zur Fankulturforschung*. Würzburg 2016, S. 19.
17. Heesen, Anke te: a. a. O., S. 83 f.
18. Jenkins, Henry III: Star Trek Rerun, Reread, Rewritten. Fan Writing as Textual Poaching. In: *Critical Studies in Mass Communication* 5/2 (1988), S. 87.
19. Siehe Thalheim, Vinzenz: *Heroische Gemeinschaften. Ich-bin-Räume von Ultras im Fußball*. Weinheim/Basel 2019.
20. Siehe Werbung für Mark Twains ‚Scrap Book', New York 1872: https://twain.lib.virginia.edu/marketin/scrpbook.html (30.03.2021).
21. Hügel, Hans-Otto: a. a. O., S. 25.
22. Delight Evans: Mary Pickford, the Girl. In: *Photoplay Magazine* July (1918), siehe https://marypickford.org/pdf/Photoplay_July_1918.pdf (30.03.2021).

23. Gledhill, Christine: Mary Pickford: Icon of Stardom. In: Bean, Jennifer M. (Hg.): *Flickers of Desire. Movie Stars of the 1910s.* New Brunswick/New Jersey/London 2011, S. 62.
24. Mary Pickford Foundation (Hg.): „Hand-colored Mary Pickford Scrapbook from 1921": https://marypickford.org/mpf-scrapbooks/hand-colored-mary-pickford-scrapbook-from-1921/ (30.03.2021).
25. Gumbrecht, Hans Ulrich: *Lob des Sports.* Frankfurt a. M. 2005, S. 142.
26. Morgen, Brett: *The Rolling Stones – Crossfire Hurrican.* Milkwood Films, GB 2012.
27. Ebd., 33'11.
28. Diederichsen, Diedrich: Olympier und Fans, Rezipienten und Götter. Menschen als Medien in verschiedenen Stadien der Kulturindustrie. In: Widmer, Ruedi (Hg.): *Laienherrschaft. 18 Exkurse zum Verhältnis von Künstlern und Medien.* Berlin 2014, S. 249 f.
29. Uta-Robia Arnold: *Bericht über das schönste Erlebnis meines Lebens!* Sondershausen 1995, Sammlung Michael Jackson, Bibliothek der Universität Hildesheim.
30. Ebd., S. 4 f.
31. Wetten dass, E097, ZDF live aus der Rhein-Ruhr-Halle in Duisburg, 04.11.1995, Auftritt Michael Jackson: https://www.youtube.com/watch?v=gOLiuYUAiUM (30.03.2021).
32. Beck, Ulrich: *Die Erfindung des Politischen. Zu einer Theorie reflexiver Modernisierung.* Frankfurt a. M. 1993, S. 36.
33. *Druck* ist die deutsche Adaption der erfolgreichen norwegischen Jugendserie *Skam*, die von dem ARD/ZDF-Social-Media-Content-Netzwerk „funk" produziert und seit 2018 ausgestrahlt wird. Von *Skam* gibt es bisher in sieben Ländern Remakes; sie gilt als

Beispiel für besonders innovative Erzählformen und besonders erfolgreiche Marketingstrategien.
34. Stollfuß, Sven: We are @DruckAddicts. Social TV und Fan-Engagement am Beispiel der Social Media-Serie DRUCK. In: Ochsner, Beate/Otto, Isabell/Stiegler, Bernd/Zons, Alexander (Hg.): *Smarte Serienfans. Resistente Praktiken der Teilhabe in Fan-Gemeinschaften*. Marburg 2020, S. 87.
35. Jenkins, Henry [u. a.]: *Confronting the Challenges of Participatory Culture. Media Education for the 21st Century*. Chicago 2009.

1917. Diskokugeln
Zuviel Licht

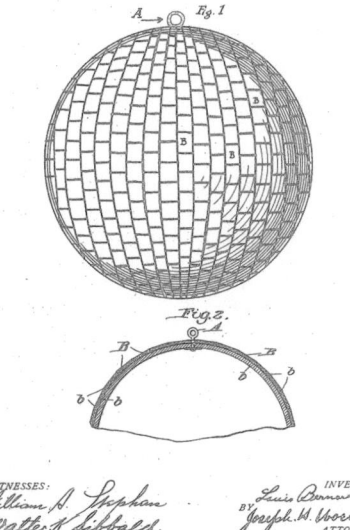

L. B. Woeste: Patentanzeige des Myriad Reflector, 1917.

Wenn der Mond eine Diskokugel wäre, würden wir ihn nicht sehen. Zu weit entfernt liegt er im Weltraum, um als fragmentierte Oberfläche das Licht der Sonne bis zur Erde zurückzuwerfen. Denn eine Diskokugel besteht nicht allein aus Spiegeln, die das Licht reflektieren, sondern aus Spiegeln, die unterbrochen werden von nicht reflektierenden Rahmen. So hat es auch der Erfinder des 1917 sogenannten Myriad Reflector, Louis Bernard Woeste, in seinem Patentantrag festgehalten:

„Wesentliches Merkmal meiner Erfindung ist die Anordnung von Spiegeln oder reflektierenden Flächen zu einem Polyeder, wobei die genannten Flächen wiederum durch nicht reflektierendes Material voneinander getrennt sind."[1]

Die polyedrische Form der Diskokugel ist Einheit und Vielzahl zugleich. Sie wird permanent unterbrochen und fortgesetzt, so wie die Bilderreihen der analogen Filmproduktion, wie eine blinkende Lichtreklame oder eine serielle Erzählung.

Leuchtende Kugeln

Die Erfindung der Diskokugel reagierte auf die weitreichende Etablierung der Massenkünste zur Jahrhundertwende. Sie leuchtete an den Orten des Vergnügens, die buchstäblich durch die Elektrifizierung der Großstädte im späten 19. Jahrhundert ermöglicht wurde und die Nacht zum Tage machten. Dennoch kam die große Zeit der Diskokugel erst in den 1920ern und dann vor allem den 1970er Jahren. Patentiert in Cincinnati, Ohio, kurz vor dem Eintritt der USA in den Ersten Weltkrieg, war blitzendes Licht 1917 nicht unbedingt das, was den Menschen Vergnügen bereitete. Otto Dix, wie so viele deutsche Künstler Freiwilliger bei der Feldartillerie, malte in diesem Jahr sein Bild *Leuchtkugeln* mit sich krümmenden, makaber tanzenden Skeletten unter blitzenden Kugeln. Für den Literaten Ernst Jünger wiederum stellten dieselben Leuchtkugeln ein ästhetisches Ereignis dar, wie er in seinem Kriegstagebuch *In Stahlgewittern* im Juni 1916 notierte:

„Ein Feuerwerk von Leuchtkugeln strahlte Mittagshelle auf das mit dichten Rauchschwaden behängte Vorgelände. Diese Augenblicke, in denen die volle Besatzung in höchster Spannung hinter der Brüstung stand, hatten etwas Zauberhaftes; sie erinnerten an jene atemlose Sekunde vor einer entscheidenden Vorführung, während die Musik abbricht und die große Beleuchtung eingeschaltet wird."[2]

Die ‚große Beleuchtung' wurde in den Städten Europas während des Krieges allerdings ausgeknipst: Es herrschte Verdunkelung. Auch die Energieknappheit nach Kriegsende verführte nicht unbedingt zu einem übermäßigen Einsatz von Leuchtmitteln – unabhängig davon, ob dafür noch Gas oder schon elektrischer Strom genutzt wurde. Es ist somit wenig verwunderlich, dass die ersten erhaltenen Werbeanzeigen der Firma Myriad Reflector Company von Louis Woeste und seinem Geschäftspartner William Stephens aus den 1920er Jahren stammen. 1928 etwa bewarb die Firma in einem eigenen Prospekt „Weltweit neuartige Lichteffekte für Ballsäle, Nachtclubs, Tanzpavillons, Eislaufbahnen"[3]. In der Anzeige sind einige der Lokalitäten verzeichnet, die sich diese „besondere Attraktion" bereits angeschafft hatten, darunter so klingende Namen wie „The Light House" und „Cinderella Ball Room".

Der Krieg mit seinen Leuchtkugeln und Leuchtpistolen, mit Flakscheinwerfern und Signallampen war zu dieser Zeit seit zehn Jahren vorbei. Statt in den Gräben des Ersten Weltkriegs tauchte das Blitzlicht nun in einer zivilisierten Form und an ebensolchen Orten auf. Im Residenz-Casino an der Hasenheide in Berlin zum Beispiel: Auf Postkarten ist der Innenraum des „Resi" zu sehen, Damen und Herren unterhalten sich angeregt, während auf der Bühne Wasserspiele aufgeführt werden und eine Diskokugel über allem strahlt.[4]

Es scheint also offensichtlich, warum die Diskokugel zum Populären und zur Popkultur gehört. Sie steht für Glamour und Spektakel, für die Verlockungen der Nacht. Unter ihr versammeln sich die Schönen und Reichen, die Vergnügten und Vergnügungssüchtigen. John Travolta tanzte unter einer Diskokugel und Madonna ritt auf ihr. Doch die Verzögerung zwischen der ersten Popularisierung und der eigentlichen popkulturellen Entdeckung in den 70ern ist erklärungsbedürftig: Die Diskokugel steht für zwei sehr unterschiedliche Perspektiven auf das Populäre. Ging es der industriellen Moderne der 1920er Jahre um die Etablierung eines gemeinsamen Raumes der Unterhaltung, so stand die Popkultur in den 1970er Jahren unter dem Druck zunehmender Individualisierung des Vergnügens. Zwei Filme, in denen die Diskokugel eine unterschiedlich große Rolle spielt, sollen das verdeutlichen.

Fragmentierte Wahrnehmung

In *Berlin. Die Sinfonie der Großstadt,* gedreht zehn Jahre nach der Patentierung des Myriad Reflector, sieht das Publikum nicht nur zum ersten Mal Diskokugeln im Film, es bekommt vor allem einen Einblick in die elementaren Bedingung des Mediums Film: Es sieht gebrochenes Licht, das zu bewegten Bildern wird.

„Der Ursprung der Freude am Film", so hält es der Kunsthistoriker Erwin Panofsky im Blick auf die 1910er Jahre fest, war „ganz einfach die Freude an etwas, das sich zu bewegen schien, ganz gleich, was es sein musste"[5]. Weil auch Panofsky die grundlegende Eigenheit des Films bewusst war, dass eine schnelle Abfolge unbewegter Bilder die Illusion von Bewegung produziert, spricht er hier im Konjunktiv. Die sogenannte stroboskopische Bewegung, die in der Wahrnehmungspsychologie auch „Scheinbewegung" heißt, ist eine Leistung des menschlichen Gehirns, die sich der Film genauso wie die Diskokugel oder die Neonreklame zur selben Zeit zu Eigen machen konnte. Mit dieser Bedingung des neuen technischen Massenmediums sah das Publikum auch dessen Effekt: Die visuell rezipierte Wirklichkeit erschien als Illusion, als eine von Apparaten inszenierte, künstlich gesteuerte Wahrnehmung. Verantwortlich dafür sind, nicht zuletzt die Dunkelpausen zwischen zwei aufeinanderfolgenden, sich geringfügig unterscheidenden Bildern. Als „Subjekt ästhetischer Erfahrung", so Panofsky, ist der Zuschauer deshalb

> „in ständiger Bewegung, indem sein Auge sich mit der Linse der Kamera identifiziert, die ihre Blickweite und -richtung ständig ändert. Ebenso beweglich wie der Zuschauer ist aus demselben Grund der vor ihm erscheinende Raum. Es bewegen sich nicht nur Körper im Raum, der Raum selbst bewegt sich, nähert sich, weicht zurück, dreht sich, zerfließt und nimmt wieder Gestalt an"[6].

Für das statische Vergnügen der Filmrezeption eine ungewöhnliche, aber völlig nachvollziehbare Beschreibung: Im Kinosaal bewegen und entgrenzen sich die Körper.

Die Sinfonie der Großstadt zeigt somit die technischen und wahrnehmungsästhetischen Bedingungen des neuen Massenmediums selbst. In weniger als zehn Sekunden wechselt der Blick etwa von einer Modenschau zu den elektrischen Leitungen einer Straßenbahn, zu einem Löwen im Zoo, zu den Gitterstäben, an denen er entlangläuft, zu kämpfenden Hunden, einem springenden Affen, zu einem Verkehrsschild. Für den Intellektuellen und Kritiker Siegfried Kracauer (1927), der den Film verriss, „reihen sich hier Fetzen aneinander"[7]. Eine Einschätzung, die die Filmprüfstelle Berlin wohl teilte: Sie verweigerte dem Werk den Status als Spielfilm. Damit hatte die Behörde nicht einmal Unrecht. Denn hier wird keine Geschichte erzählt, sondern eine filmische Reflexion auf die Bedingungen großstädtischer Wahrnehmung vorgelegt.

Die Diskokugel, beziehungsweise die zwei Diskokugeln, tauchen am Ende des Films von Walther Ruttmann auf. Da *Die Sinfonie einer Großstadt* nach dem Tagesablauf komponiert ist, befinden wir uns thematisch im „Tanzrhythmus", wie es der Komponist des Films, Edmund Meisel, im Erscheinungsjahr formulierte.[8] Eben noch waren Instrumente in schneller Abfolge zu sehen, tanzende Paare in einem Club, ein Orchester und ausschlagende, wippende Beine, dann für eine Sekunde zwei sich drehende, das Licht reflektierende Diskokugeln. Damit ist der Tanz der großstädtischen Vergnügungen beendet und der Film baut seine letzte dramatische Steigerung auf: Knappe drei Minuten später endet er mit einem Feuerwerk und dem Bild des neuen Berliner Funkturms, der seine Strahlen über die dunkle Stadt wirft.

Der Film steht auf zweifache Weise für die „dynamische Gleichförmigkeit"[9] der industriellen Moderne. Auf der inhaltlichen Ebene der Gegenstände und Phänomene zeigt er Dynamik und Vielfalt, er evoziert einen Beschleunigungsrausch, den das berühmte *Manifest des*

Futurismus 1909 von Filippo T. Marinetti wortgewaltig einforderte: „Wir erklären, dass sich die Herrlichkeit der Welt um eine neue Schönheit bereichert hat: die Schönheit der Geschwindigkeit."[10] Auf der formalen Ebene von Schnitt und Montage zeigt der Film dagegen, wie gerade das Unverbundene zu einer auffälligen Gleichförmigkeit des großstädtischen Lebens führt. Immer neu, immer gleich werfen Film und Diskokugeln ihr gebrochenes Licht in den Raum.

Zu viel Licht

Doch die Diskokugel ist kein Film, obschon sie bewegte Bilder produziert. Sie ist noch nicht einmal ein Leuchtmittel. Vielleicht ist das der Grund dafür, dass sie in der breit erforschten Kulturgeschichte des Lichts keine Rolle spielt. Ausführliche Materialsammlungen liegen zur Elektrifizierung der großen europäischen Städte vor, Analysen zur Lichtmetaphorik in der klassischen Avantgarde oder praktische Reflexionen zur Geschichte des Filmlichts. In all diesen Werken wird die Entstehung und Bedeutung des künstlichen Lichts im ersten Drittel des 20. Jahrhunderts in den Blick genommen – von der Diskokugel keine Spur. Möglicherweise sollte man sie also gar nicht als Teil dieser Geschichte sehen, sondern sie als das Ding betrachten, das sie ist: Sie hängt an der Decke, ist rund, dreht sich und wird angestrahlt.

Die Diskokugel ist ein passives Lichtmedium. Durch sie wird Licht im Raum verteilt, mit jenem stroboskopischen Effekt, der auch bei der optischen Wahrnehmung von Filmen zutage tritt. Die Diskokugel benötigt dafür eine primäre Quelle (ob Schweinwerfer oder andere Lampen), die sie anstrahlt. 1928 wurden diese von Stephens & Woeste noch mitgeliefert:

„Die komplette Ausrüstung besteht aus einer Spiegelkugel mit einem Durchmesser von gut 68 cm, einem kleinen, von einem Universalmotor angetriebenen Mechanismus, der diese Kugel in Rotation versetzt, einer Fernsteuerung (vom Boden aus zugänglich) mit über 200 Geschwindigkeiten und vier Scheinwerfern (komplett mit 500 Watt E.G.-Lampen), die an der Wand befestigt werden können, sowie einem ganzen Satz Farbdias, welche Sie an Ihren Versorgungsleitungen anbringen können."[11]

Den Geschäftsleuten war durchaus bewusst, dass eine Diskokugel in einem dunklen Raum nutzlos wäre. Wo sie ist, darf kein Mangel an Licht herrschen – im Gegenteil. Tatsächlich wurde um die Jahrhundertwende zum ersten Mal zu viel Licht in Europa produziert. Das *Buch der Erfindungen,* eine frühe populärwissenschaftliche Enzyklopädie der Technik- und Industriegeschichte, gab seinen Leserinnen im Jahr 1901 einen Überblick, der in Produktionszahlen schwelgte:

„In einem Jahr, zwischen 1897 und 1898, vermehrte sich [die Zahl der Elektrizitätswerke] von 265 auf 375, die Zahl der angeschlossenen Lampen, in Normallampen von 16 Kerzen umgerechnet, von 1 280 000 auf 1 750 000. Gegenwärtig haben 28 deutsche Großstädte mit mehr als 100 000 Einwohnern […] sämtlich ein oder mehrere Elektrizitätswerke."[12]

Elektrizitätswerke und (Glüh-)Lampen waren direkt aufeinander bezogen. Konnten sich Institutionen wie das Theater, die Oper oder das öffentliche Verkehrswesen eigene Generatoren zur Stromerzeugung leisten, so ermöglichten erst die zentralen Elektrizitätswerke die Versorgung privater Haushalte. Allerdings kosteten Glühlampen im Jahr 1880 im Durchschnitt noch 20 Mark. Erst durch den Erwerb der Patente von Thomas Alva Edison durch Emil

Rathenau wurde auch in Deutschland eine entsprechende Massenproduktion möglich: „Der Jahresausstoß an Glühlampen überstieg 1891 erstmals eine Millionen."[13] Um 1905 herum produzierte alleine die AEG, die Allgemeine Elektricitäts-Gesellschaft von 1888, in ihren zwei neuen Werkanlagen in Berlin bereits 45 000 Glühlampen am Tag. Nun für den Ladenpreis von 16 Pfennig je Stück.

Zu Beginn des 20. Jahrhunderts war künstliches Licht schließlich so günstig geworden, dass man alles damit machen konnte, sogar Kugeln anstrahlen, die von der Decke hinabhingen. Vor allem aber wurde das Zuviel an Licht genutzt, um einen anderen Überfluss noch schöner strahlen zu lassen, denn Late-Night-Shopping braucht Late-Night-Beleuchtung. „Die Dunkelheit lähmt die Kaufkraft des Publikums"[14], konstatierte AEG-Gründer Emil Rathenau in der hauseigenen AEG-Zeitung. So wurde einfach alles beleuchtet: Schaufenster und Warenhäuser, Kinos und Tankstellen, Verkehrskreuzungen und Boulevards, Hotels und Nachtclubs. In der Ufa-Produktion *Asphalt* (1929) von Joe May sah man etwa einer Frau dabei zu, wie sie sich in einem hell erleuchteten Schaufenster sitzend, langsam einen Strumpf anzieht – und nahm damit zugleich den Rummel um Nylonstrümpfe zu Beginn der 1940 Jahre vorweg. Im Film drängelten sich die Passanten vor diesem Lichtkäfig der Wareninszenierung.

Verblendung

Das Licht wurde zur neuen Baumeisterin der Städte und löste den traditionellen Raumbegriff auf, wie der Stadtplaner Hugo Häring entsetzt (und in der für das Bauhaus üblichen Kleinschreibung) feststellte:

„es existiert im nachtbild nichts körperhaftes mehr, es existieren keine flächen, keine wände mehr. die lichtquellen selbst erscheinen frei im raum, schwebend. [...] also gehört auch die lichtreklame zu den vielen mächten, die die großstädte und ihre architektur auflösen."[15]

Licht entwickelte sich in den 1920er Jahren zur kommerziellen Beleuchtung, zu einem „technischen Komplizen des Kapitals"[16]. Dadurch wuchs auch das Unbehagen angesichts dieser neuen Formen der Lichtarchitektur, wie Beate Binder die zeitgenössische Kulturkritik zusammenfasste:

„Der Stromkunde war aus dieser Perspektive der Prototyp des oberflächlichen, seelenlosen und vereinzelt lebenden modernen Menschen, der Griff zum Lichtschalter Zeichen der Nervosität und Ruhelosigkeit des neuen Zeitalters."[17]

Von hier war es nur ein Schritt zum allumfassenden „Verblendungszusammenhang", den Max Horkheimer und Theodor W. Adorno 1944 in ihrer *Dialektik der Aufklärung* konstatierten.[18] Schon in den 1920er Jahren zeichnet sich ab, dass die Lichtmetaphorik der Aufklärung damit in ihr Gegenteil verkehrt werden würde: Nicht nur der Film, auch die Lichtreklame und elektrischer Strom generell standen unter dem Verdacht, die Menschen zu täuschen und in mediale Scheinwelten zu entführen.

Lässt sich die Diskokugel in diesen Kulturkampf einordnen, der der Populären Kultur und dem Konsum traditionell Oberflächlichkeit sowie die Förderung von Vereinzelung und Verblendung unterstellt? Glitzernd im Licht der Nacht, stumpf am Tag – an dem auch nicht das Vergnügen, sondern die Arbeit herrscht – lässt sich an der Materialität der Diskokugel erkennen, dass dieses

Ding eher dazu gemacht ist, Gegensätze auszutarieren. Jedes Spiegelplättchen funktioniert nur in seiner Vielzahl, mehrere tausend davon werden bei großen Kugeln in Bändern um einen Korpus gelegt. Es ist also erst die Quantität der Plättchen, die zu einer neuen, hochgradig ästhetischen Qualität führt. Die Diskokugel zeigt sich offensiv als Oberfläche, die kontinuierlich neue und ungewohnte visuelle Erfahrungen möglich macht: Raumgrenzen verschwinden, Hell und Dunkel gleiten ineinander über oder setzen sich scharf voneinander ab, Unbewegtes wird beweglich. Eine solche Materialität produziert keine scheinhafte Verblendung, sie bringt die paradoxen Verhältnisse vielmehr zum Funkeln.

Nicht zuletzt ist die Diskokugel ein Teil des Vergnügens, bewegt zu werden. Dies gilt vor allem für die Menschenmassen zu dieser Zeit, im Film und der Lichtreklame, die auf ähnliche Weise die fragmentierte Wahrnehmung der Großstädter zu einem ästhetischen Ereignis machen. Dass sich der stoffliche Raum auflöst und die Körper sich frei bewegen, das ist eine stroboskopische Erfahrung, die nicht nur die Betrachterin im Kino machte – die ersten Filme wurden aufgrund ihrer zu geringen Bildfolge pro Sekunde noch „The Flicks" genannt – sondern sich auch in den flackernden Lichtreflexen der Diskokugel wiederfinden ließ. Doch anders als im Kinosessel, bewegt sich das Paar, das unter der Diskokugel zu einem Foxtrott tanzt, auch körperlich. Die Scheinbewegung der Filmbilder wird im Ballsaal real. Sich zu bewegen und bewegt zu werden, ist eine Grunderfahrung der industriellen Moderne gewesen, die heute Mobilität genannt wird (oder bildhaft präzise: pendeln). Sie ließ sich kongenial in der Materialität der Diskokugel wiederfinden.

Unter diesem Stern sollst Du tanzen

Während der „Myriad Reflector", der „Crystal Ball" oder der „Mirror Ball" an ganz verschiedenen Orten des Vergnügens leuchteten, entstand in den 1970er Jahren die Symbiose von Disko und Diskokugel. Disco (hier mit weichem, amerikanischem „c") bedeutet dabei mehreres: Es ging um den Ort eines hedonistischen, individualisierten Zusammenseins von Tanzenden sowie um den spezifischen Sound einer auf Motown-Traditionen und Funk aufbauenden Musik, die raumgreifender Klangteppich und vorwärtstreibender Beat in einem ist. Für den Musikwissenschaftler Peter Wicke ist Disko eine „Funktionsmusik", die mit ihren Mitteln dem „Endlos-Kontinuum einer motorisch animierenden, […] phantasievollen Entfaltung körperlicher Bewegungen"[19] dient.

Disco umfasst deshalb auch die technologisch-ökonomischen Innovationen, wie etwa die Maxisingle ab 1975, die in großen Räumen nicht nur für eine neue Klangqualität bei hoher Lautstärke sorgte, sondern es auch ermöglichte, die Platte von nun an als Instrument und Werkzeug zu nutzen. „Außerhalb der Clubs spielten die Maxi-Versionen nur selten eine Rolle", schreibt Wicke.[20] Im „Studio 54", in der „Paradise Garage" und anderen Orten der vornehmlich Schwarzen, homosexuellen Subkultur dagegen setzte die vom DJ bearbeitete Maxisingle „motorische Effekte frei, die so noch nie isoliert worden waren"[21]. Disco, das ist die temporäre Verschmelzung von Sound und menschlichen Körpern, Materie, Raum und technischen Apparaturen.

Der Film *Saturday Night Fever* von 1977 ist genau dafür zum popkulturellen Zeichen geworden. Er entstand in dem Jahrzehnt, in dem es in den USA bis zu 15 000 Discos gab und die 1948 gegründete Firma Omega National Products knapp 150 000 Diskokugeln jährlich herstellte. Sieht man den Film daraufhin an, so fällt auf, dass es nicht die eine, zentral über der Tanzfläche angebrachte Diskokugel ist, die den visuellen Eindruck im Club Odyssee 2001 dominiert, in dem Tony und seine Gang ihre Auftritte jenseits der Ordnungsvorstellungen von Elternhaus und Kirche haben – es ist das ästhetische Prinzip Diskokugel: Licht zu brechen und zu vervielfältigen. Die Disco findet ihre zeichenhafte Verdichtung in einer Atmosphäre, in der alles funkelt und sich alles bewegt. Es herrscht eine visuelle Reizüberflutung, eine permanente synästhetische Überforderung: Man ist *geflasht*.

Genau in diesem Sinne ist die Disko ein paradigmatischer Ort der Popkultur: In ihr produziert sich ein kultureller Raum des Zuviel, ein Ort der Verfügbarkeit von potentiell allem für alle. Während aber das Prinzip Disko in der Clubszene zum Symbol für die Entgrenzung wird, verhandelt *Saturday Night Fever* die traditionellen Dominanzverhältnisse von Herkunft, Klasse und Geschlechtsidentität (*race, class and gender*). Hier sind es die postpubertären männlichen Figuren, die ihr Begehren hemmungslos ausleben. In selten expliziter Wortwahl werden *blowjobs* von Frauen, *more money* von den Chefs und *respect* von rivalisierenden Gangs verlangt.

Dieser schrankenlosen Begierde müssen in der Erzählung des Films gesellschaftliche Normen und neue Grenzen entgegengesetzt werden. Konfliktlösend wirkt in diesem Zusammenhang das traditionelle bürgerliche Leistungsprinzip, allerdings in neuem Gewand: Tony arbeitet am Selbst. Er ist nicht deshalb die Hauptfigur, weil er am besten tanzt, sondern weil er die Arbeit an sich selbst auf neue Weise interpretiert. Im Sinne traditioneller Werte nötigt er den Rest seiner Gang dazu, das Tanzen endlich auch systematisch zu üben – so wie er es tut. Zwischen Übung, Leistung und Erfolg besteht für Tony ein klarer Zusammenhang, den er ebenso klar kommuniziert. „Wenn Du ein bisschen üben würdest, wärst Du genauso gut", antwortet er nach seinem Auftritt im Club auf das Lob eines Freundes hin. Im Sinne des Soziologen Andreas Reckwitz agiert Tony hier im Praxismodus der industriellen oder klassischen Moderne.

> „Innerhalb der beruflichen (oder schulischen) Tätigkeiten werden Subjekte in der klassischen Moderne wiederum nach dem bewertet, was man ihre Leistung nennt [...], die sich anhand einer qualitativen Skala [...] und damit anhand eines allgemeinen, sachlichen Maßstabes abtragen lassen."[22]

Gleichzeitig entwickelt die Figur Tony ein neues Selbst, das zwar auch mit Leistung, aber weniger mit den allgemeinen Maßstäben der klassischen Moderne zu tun hat. Stattdessen bietet die Disco eine Bühne für den singularisierten Selbstentwurf.

> „Im Modus der Singularität begibt sich das Soziale in die Situation, etwas oder sich selber vor einem Publikum aufzuführen oder etwas gemeinsam mit anderen füreinander aufzuführen, das dadurch für die Teilnehmer einen kulturellen Wert erhält."[23]

Singularität meint hier weder Vereinzelung noch Exponiert-Sein. Singularisiert ist das Selbst in dem historischen Moment, in dem etwa ab den 1970er Jahren performative Aufführungssituationen nicht mehr das Merkmal einzelner kreativer Subjekte sind, sondern Teil einer allgemeinen kulturellen Logik werden. Anders formuliert: Erst wenn der kulturelle Anspruch und die ökonomische Notwendigkeit kreativ aufzufallen, auch für den Angestellten in einem Haushaltswarengeschäft in Brooklyn gelten, erfüllt sich die Logik des singularisierten Selbst. Mit Tony beginnt eine Entwicklung, in der Vergnügen nicht nur zu Arbeit wird – das war es schon am Anfang der Geschichte der Populären Kultur –, sondern in der die Aufmerksamkeitsökonomie der Popkultur selbst ein allgemeiner kultureller Wert wird. Ohne diese Verschiebungen wäre die Diskokugel für immer ein „Myriad Reflector" geblieben.

Durch ihre materiellen Eigenschaften schuf die Diskokugel in den 1970er Jahren eine Bühne für die Aufführung des singularisierten Selbst: In den Clubs und Diskos dieser Zeit wurde eingeübt, was heute zur kulturellen Norm geworden ist, dass ich nämlich nur in meiner Besonderheit zur Allgemeinheit gehöre. Instagram ist der momentane Kulminationspunkt dieser Entwicklung: Schaut her, das ist mein Leben. Licht fällt auf mich – ganz normal besonders.

Anmerkungen
1. Woeste, Louis Bernard: *Patent Myriad Reflector*. Newport, USA, 06.02.1917, https://patentimages.storage.googleapis.com/9e/4c/73/00bfc626d3f664/US1214863.pdf (30.03.2021).
2. Jünger, Ernst: In Stahlgewittern. In: Ders.: *Sämtliche Werke. Tagebücher 1: Der Erste Weltkrieg*. Stuttgart 1978, S. 84.
3. Siehe Werbeanzeige der Myriad Reflector Company, 1928, Cincinnati, Ohio: https://web.archive.org/web/20160608194904/http://kaycorney.com/blog/ (30.03.2021).

4. Siehe Postkarte Residenz-Casino, o. J. (Ende der 1920er Jahre), Berlin: https://www.akpool.co.uk/postcards/27416000-kuenstler-postcard-berlin-kreuzberg-ballhaus-resi-hasenheide-32-38 (30.03.2021).
5. Panofsky, Erwin: *Stil und Medium im Film & Die ideologischen Vorläufer des Rolls-Roce-Kühlers*. Frankfurt a. M. 1999, S. 21.
6. Ebd., S. 25.
7. Kracauer, Siegfried: Wir schaffens. In: *Frankfurter Zeitung* 856 (17.11.1927), S. 856.
8. Filmportal.de: Edmund Meisel über seine „Berlin"-Musik, 1927, siehe https://www.filmportal.de/node/51535/material/764618 (30.03.2021).
9. Reckwitz, Andreas: *Die Gesellschaft der Singularitäten. Zum Strukturwandel der Moderne*. Berlin 2017, S. 38.
10. Marinetti, Filippo Tommaso: Manifest des Futurismus [1909], in: Harrison, Charles/Wood, Paul (Hg.): *Kunst / Theorie im 20. Jahrhundert*. Band I: 1895–1941. Ostfildern 2003, S. 185.
11. Siehe Werbeanzeige der Myriad Reflector Company, 1928, Cincinnati, Ohio: https://web.archive.org/web/20160608194904/http://kaycorney.com/blog/ (30.03.2021).
12. Berdrow, Wilhelm: *Buch der Erfindungen. Ausgabe in einem Bande*. Düsseldorf 1985, S. 442.
13. Veigel, Hans-Joachim: Licht wird produziert. In: Stiftung Stadtmuseum Berlin (Hg.): *Berlin im Licht*. Berlin 2008, S. 29.
14. E. Rathenau zit. n. Binder, Beate: Stadt im Licht: Künstliche Beleuchtung in der Diskussion. In: Stiftung Stadtmuseum Berlin (Hg.): *Berlin im Licht*. Berlin 2008, S. 41.
15. Häring, Hugo: probleme um die lichtreklame. In: *bauhaus. Zeitschrift für Gestaltung* 2/4 (1928), S. 7.

16. Hoormann, Anne: *Lichtspiele. Zur Medienreflexion der Avantgarde in der Weimarer Republik.* München 2003, S. 256.
17. Binder, Beate: a. a. O., S. 42.
18. Siehe Horkheimer, Max/ Adorno, Theodor W.: Dialektik der Aufklärung. In: Horkheimer, Max: *Gesammelte Schriften. Band 5: Dialektik der Aufklärung und Schriften 1940–1950.* Hg. von Gunzelin Schmid Noerr. Frankfurt a. M. 1987, S. 65.
19. Wicke, Peter/Ziegenrücker, Wieland/Ziegenrücker, Kai-Erik (Hg.): *Handbuch der populären Musik. Geschichte. Stile. Praxis. Industrie.* Mainz 2007, S. 196.
20. Wicke, Peter: *Von Mozart bis Madonna. Eine Kulturgeschichte der Popmusik.* Leipzig 1998, S. 265.
21. Ebd.
22. Reckwitz, Andreas: a. a. O., S. 39.
23. Ebd., S. 72.

1923. Bananen
Moderner Konsum

Valeriy Kachaev: *Businessman slip banana*, Stockfoto, o. J.

Charles Dickens hat sie gesehen – die Unmenge an Orangenschalen, die die Straßen von London verschmutzten und das ständige Risiko bargen, auf ihnen auszurutschen:

> „Nennen Sie Dickens den Namen einer beliebigen Londoner Straße, schrieb ein Zeitgenosse, und er würde Ihnen ‚alles sagen, was es dort gibt, wie jeder Laden heißt oder aber der Lebensmittelhändler, und wie viele Orangenschalen auf dem Bürgersteig liegen'".[1]

Dementsprechend waren die viktorianischen Polizisten verpflichtet, wie es im *Police Instruction Book* von 1908 festgehalten wurde, Orangenschalen von den Straßen aufzulesen.[2] Sie taten damit nicht zuletzt den Versicherungsgesellschaften einen Gefallen: Norwich Union zum Beispiel musste einem Bankangestellten, der auf einer Orangeschale ausgerutscht war, den Betrag von 156 Pfund zahlen.

Auf der anderen Seite des Atlantiks sah es nicht anders aus. Das Magazin *Funny Cuts* zeigte Ende des 19. Jahrhunderts einen „Funny Man", der – mit Gamaschen und Zylinder offenbar aus den besseren Kreisen stammend – auf einer Orangenschale ausrutscht. Der Witz, dass der Sündenfall („the first fall of man") durch eine Orangenschale verursacht wurde, tauchte in verschiedenen Varianten auf den Seiten der Tageszeitungen und Magazine auf, wo man auch ein Spottgedicht mit dem Titel „A little Orange Peel" las: „I am little, I know, but I think I can throw/A man that will weigh a ton."[3] Es gab um die Jahrhundertwende eine Fülle an erzählten, geschriebenen, gezeichneten und gesungenen Witzen zur Orangenschale.

Dennoch war es nicht die Orange, die zu Beginn des 20. Jahrhunderts zu einem Populären Ding wurde, sondern die Banane. Die historischen Quellen werfen somit auch ein Schlaglicht auf all das, was mit der Orange und der Orangenschale in der Folgezeit nicht passierte: Die Orangenschale ist nicht das ikonische Requisit der amerikanischen Slapstick-Unterhaltung geworden – Charlie Chaplin, Harold Lloyd und Buster Keaton rutschten in ihren Filmen nicht auf Orangenschalen aus. In den USA wurde 1923 kein Foxtrott mit dem Titel „Yes! We have no Oranges" geschrieben und in Deutschland gab es im selben Jahr auch keinen Schlager zu „Ausgerechnet Orangen". Weder illustrierte Andy Warhol das LP-Cover der Band Velvet Underground & Nico mit einer Orange, noch drehte Woody Allen einen Film mit dem Titel *Oranges*.

Obwohl die Voraussetzungen dafür gleichermaßen gegeben waren, wurde also nicht die Orange zum Populären Ding, das die Jahrhundertwende überdauert hat. Stattdessen *ausgerechnet* die Banane. Warum diese Verschiebung, warum die eine statt der anderen Südfrucht? Mit was für Dingen und Prozessen haben wir es jeweils zu tun?

Luxuriöse Masse

Wie auch die Orange war die Banane auf dem nordamerikanischen und europäischen Markt am Übergang vom 19. zum 20. Jahrhundert ein Luxusgut. So wie sich das bürgerliche Publikum Ende des 19. Jahrhunderts mit der Silberbüchse des Winnetou ablichten ließ, finden sich auch eine Anzahl undatierter Ferrotypie-Aufnahmen, auf denen gesetzte Damen und Herren zu sehen sind, gerne im Sonntagsschmuck mit Hut und mit einer Banane in der Hand.[4] „Exotische Speisen", so der Mediävist Massimo Montanari in seiner *Kulturgeschichte der Ernährung in Europa,* sind „nicht das Merkmal einer neuen Kultur. Es gibt lediglich viel mehr Menschen, die sich heutzutage das leisten können, was einstmals das Vorrecht einiger weniger war"[5].

Unweigerlich geht die Popularität der Banane mit der Geschichte des Konsums in Europa und Nordamerika einher. Aus den Sälen des Klerus und des Adels wandert die Frucht auf den bürgerlichen Esstisch, um schließlich über den Straßenhandel die Menschen in den Großstädten zu erreichen. Die Banane verliert um die Jahrhundertwende an kulturellem Wert und genau das machte sie für die Populäre Kultur interessant.

Der Aufstieg der Banane zur Massenware fand in der kurzen Phase statt, in der in Europa ein Aufatmen zwischen Kriegslast und heraufziehender Weltwirtschaftskrise möglich war. Insbesondere in Deutschland wurden die aus dem Versailler Vertrag resultierenden Reparationszahlungen zu einer konstanten Belastung in der Weimarer Zeit. Während des Ersten Weltkriegs wurden sämtliche Ein- und Ausfuhren an deutschen Häfen überwacht, das galt nicht zuletzt für Konsumwaren. Diese Politik änderte sich auch nach Ende des Krieges nicht, wie Karin Wilke in ihrer Arbeit *Die Deutsche Banane* herausstellt: „Somit war auch die Einfuhr von Südfrüchten generell untersagt, da man der Meinung war, es handele sich nicht um notwendige Waren, sondern um unnötigen Luxus."[6] Nur für kleinere Mengen von den Kanarischen Inseln wurden Ausnahmen gestattet, sodass die Banane Mitte der 1920er Jahre zu einem Stückpreis von 1 Reichsmark verkauft wurde. Das entsprach etwa den Kosten für 1 kg Äpfel. Betrug die jährliche Einfuhr von Bananen aus Spanien vor dem Krieg über 22 000 Tonnen, so lag sie 1922 bei 4000 Tonnen. In den Jahren 1923 und 1924 führten dann eine Zolleinigung mit Spanien sowie die Aufhebung des Einfuhrverbots für Südfrüchte zu einer gewissen Entspannung auf dem deutschen Markt. Aber erst Ende des Jahrzehnts wurden die Einfuhrmengen sowie das Preisniveau der Vorkriegszeit – Bananen zum Stückpreis für 10 bis 15 Pfennige – wieder erreicht.

An den Zahlen ist abzulesen, dass die Banane in den 1920er Jahren in Deutschland in manchen Perioden eine leicht zugängliche und günstige exotische Frucht war, in anderen war sie ein Luxusgut und für die Mehrheit der Bevölkerung buchstäblich nicht greifbar. Sie wurde von Kriegsversehrten auf einem Handkarren durch die Straßen gezogen, vergammelte als überreife Frucht in den Rinnsteinen und fand sich in den Auslagen der neuen Ladenlokale für Gemüse und Früchte in besseren Vierteln der Städte. Was für das Europa der 1920er galt, fand in den USA bereits ein Jahrzehnt zuvor statt. Das populärwissenschaftliche Magazin *Scientific American* dachte schon 1905 über den kulturellen Wandel der Banane nach:

„Noch vor wenigen Jahren war die Banane für viele Familien im Norden ein Luxus. Obwohl sie häufig auf den Wochenmärkten der Städte zu finden war, blieb die Frucht letztlich zu teuer, um von den meisten Menschen regelmäßig verzehrt zu werden. Doch nun ist davon so reichlich vorhanden und Bananen sind so günstig, dass diese in nahezu jedem Lebensmittelgeschäft an der Ecke zu finden sind. In den Städten gilt die Banane gewissermaßen als Frucht des armen Mannes."[7]

Diese hier formulierte Ambivalenz prägt auch den kulturhistorischen Auftritt der Banane: Sie ist ein exotisches Ding, das selbstverständlich immer da ist. Die Voraussetzungen dafür, dass Bananen überhaupt in relevanten Mengen in den Handel kamen, wurden durch die technischen Innovationen der zweiten Phase der Industrialisierung geschaffen, vor allem durch die

Entwicklung der Kühltechnik für den Transport. Das Banana Museum in Auburn, Washington zeigt auf seiner Website eine kolorierte Postkarte von 1917.[8] Hier ist eine Szene aus dem Hafen von New Orleans dargestellt, einer der wichtigsten Einfuhrhäfen für Früchte aus Mittelamerika zu jener Zeit. Männer in weißen Hemden sind zu sehen, einer von ihnen steht am Kopfende eines nicht enden wollenden Bergs von Bananenbüscheln, die hellgelb eingefärbt sind. So gelb, wie der Waggon, auf dem in großen Buchstaben „Refrigerator Car" zu lesen ist. Ohne Transportkühlung und beschleunigte Transportwege wären Bananen nicht *en masse* zu genießen gewesen. Die traditionellen Methoden der Konservierung von Nahrung wichen chemischen Stoffen und verbesserten technischen Instrumenten. Das bedeutete nicht weniger als eine ganz neue Verfügbarkeit über Nahrungsmittel. „Zur Welthandelsware", so Wilke, „wurde die Banane erst durch die Entwicklung und Anwendung der industriellen Kühltechnik, die ab Mitte des 19. Jahrhunderts einsetzte"[9].

Es ist auf der besagten Postkarte nicht zu erkennen, ob der Kühltransport für die US-amerikanische United Fruit Company fuhr. Der dort abgebildete Angestellte am Kopfende des Bananenberges scheint Zahlen in eine Liste einzutragen, die etwas mit dem Unternehmen zu tun haben: 1917 wurden in den USA geschätzte sieben Billionen Bananen verzehrt, und ein Großteil davon lief über die genannte Firma. Seit ihrer Gründung 1899 gelang es ihnen, die monopolistische Stellung in der global operierenden Bananen-Industrie immer weiter auszubauen. Ihr Besitz bestand nicht nur aus riesigen Anbauflächen in Ländern Mittelamerikas und der Karibik. Die United Fruit Company besaß Anfang des Jahrhunderts Eisenbahnlinien und Straßen in Costa Rica wie auch Bananendampfer, Kühlwägen sowie Kommunikations- und Elektrizitätsnetzwerke. Dass sie die sprichwörtlich gewordenen „Bananen-Staaten" darüber hinaus durch Zölle, Steuern und Produktionsvorgaben kontrollierte, ist ein Beispiel für die Asymmetrien der Weltwirtschaft, die sich dem US-Wirtschaftssoziologen Immanuel Wallerstein zufolge bereits ab dem 16. Jahrhundert formierten. Zusammenfassend stellt er fest: „Langfristig erklären sich mehr wirtschaftliche Vorstöße der Menschen aus dem Massenhandel als aus dem Handel mit Luxusgütern."[10]

Die Popularisierung der Banane ist deshalb nicht ohne massive politische und soziale Abhängigkeiten der Länder Mittelamerikas und der Karibik zu denken, wodurch Südfrüchte konstant preiswert gehalten werden konnten. Neben den erwähnten technischen und logistischen Innovationen, einer globalen Infrastruktur und steigenden Kaufkraft der Bevölkerung schafften sozioökonomische Transformationsprozesse die Bedingungen für den Überfluss an Bananen auf dem Markt – und den Bürgersteigen in London, Paris und Berlin.

Erstaunlich aber ist, dass auch die alternativen Lebensreformbewegungen der Vor- und Zwischenkriegszeit den Aufstieg der Banane zur Massenware beförderten. Anders als für das Gros der Südfrüchte war eine kulturelle Aufwertung der Banane zu beobachten, die sich aus einem Gesundheits- und Erneuerungsdiskurs speiste. Im deutschsprachigen Raum war es der Schriftsteller Paul Sellin, der die Banane als „Volksnahrungsmittel" anpries. „Wir sind der Überzeugung", so bemerkte er 1911 im Vorwort seiner lebensreformerischen Studie zum Thema, „dass eine Masseneinfuhr dieser wertvollen Frucht nach Deutschland nicht nur möglich, sondern dringend nötig ist im Interesse der Volkswohlfahrt und Volksgesundheit"[11].

Sellin verknüpft in seinem Plädoyer ernährungswissenschaftliche und ökonomische Argumente mit dem Anspruch auf soziale wie auch geistige Reformen. En détail zeigt er auf, wie viel weniger Land für den Anbau der Banane im Unterschied zum Weideland nötig sei, wobei letzteres für den wenig geschätzten Fleischkonsum steht. Sellin verweist auf die Folgen von Industrialisierung, Urbanisierung und Bevölkerungswachstum, die durch den Import von Bananen kompensiert und in ihren Auswüchsen abgeschwächt werden sollen. Die Banane wird als Katalysator des kulturellen Wandels gepriesen:

> „Die Banane ist, wie keine andere Frucht oder Nahrungsmittel, geeignet, den Fleisch- und Alkoholgenuss zurückzudrängen, denn sie ist Frucht und Nahrungsmittel zugleich. Ihr Wohlgeschmack veranlasst zum häufigen, bei entsprechender Billigkeit zum täglichen Genuss, und ihr Nährstoffgehalt verdrängt das Fleisch von der Tafel."[12]

Es ist ein grundlegendes Paradox moderner Gesellschaften, dass sie zugleich als ihr eigener Kritiker wie auch Motor fungieren. Die Lebensreformbewegung des frühen 20. Jahrhunderts wollte durch die Masseneinfuhr von Früchten aus Nicaragua, Jamaika oder von den Kanarischen Inseln die negativen Folgen eines globalen Warenaustauschs bekämpften, durch den die Bedingungen für den Import von preiswerten Bananen nach Europa erst hergestellt wurden. So kam es dazu, dass sich um 1920 herum die Reformbewegung mit der Importindustrie gewissermaßen zusammentat – nicht wortwörtlich, aber ideell –, um die Banane als Grundnahrungsmittel und nicht mehr als Luxusgut anzupreisen. Ihre Forderung nach Zoll- und Steuervergünstigungen wurden von der Politik nur partiell umgesetzt. Dennoch hat die Lebensreformbewegung, ergänzt durch die Ernährungswissenschaften, die nach den Entdeckungen von Robert Koch und Louis Pasteur die Vor- und Nachteile von Bakterien, Kalorien und Vitaminen entdeckte und sich vor allem in den

USA zu einem *scientific housekeeping* auswuchs, zu einer kulturellen Aufwertung der Banane beigetragen.

Dass eine Gesellschaft vor die Wahl gestellt wurde, statt Fleisch lieber Bananen zu essen, verweist auf eine nie zuvor dagewesene Situation: Die Banane steht für die Überwindung des Hungers in Europa. Nur Gesellschaften, die den Hunger weitgehend überwunden haben, können Alternativen zur traditionellen Versorgung durch Weizen, Fett und Fleisch (in anderen Regionen der Welt durch Reis, Kartoffeln oder Mais) entwickeln. „Erst im Kontrast zur Armutsgesellschaft wird deutlich, was es heißt, in der Wohlstandsgesellschaft zu leben",[13] wie Gerhard Schulze prägnant festhält. Während die Menschen in einer Armutsgesellschaft auf ihre Umwelt einwirken müssen, um die Lebensumstände erträglich zu machen, können und müssen die Mitglieder eine Wohlstandsgesellschaft permanent auswählen: Esse ich Fleisch oder doch lieber Bananen? Schneide ich exotische Früchte in meine Cerealien oder ist Graubrot gesünder? Satt werde ich allemal. In einer auf Kontingenz abgestellten Massenkultur ist *Auswahl* der vorherrschende Modus des Weltbezugs. Obwohl oder gerade weil durch den Ersten Weltkrieg und die Weltwirtschaftskrise der Hunger in Europa wieder real wurde, stand die Banane nicht zuletzt dafür, eine Wahl haben zu können.

Die Revolution, die um die Jahrhundertwende die Produktion, Distribution und Konsumption von Nahrungsmitteln ergriff, hatte mit Globalisierung, Standardisierung und der Anpassung an die Bedürfnisse einer stetig wachsenden Stadtbevölkerung zu tun: Nahrung wurde zur Massenware. Die Widersprüche „eines Systems, dem es zum ersten Mal in der Geschichte gelungen ist, den Hunger zu besiegen"[14] – für Teile der Weltbevölkerung –, sind nicht aufzulösen, nur zu beschreiben. Die Banane steht am Anfang einer Entwicklung, die bei Lebensmitteln am sinnfälligsten wird: Als Konsumenten wissen wir nicht wirklich, woher die Frucht kommt, aber sie sieht jeden Tag im Jahr gleich aus, sie schmeckt immer gleich und ist in den urbanen Zentren der Welt zu einer kulturellen Norm geworden. Die Banane hilft, den Hunger zu überwinden und ist gleichwohl Symbol des Überflusses. Es ist unglaublich, dass wir zu jeder Zeit Bananen essen können – und es ist völlig normal.

Die Banane war dabei immer schon mehr als ein Nahrungsmittel; sie ist vielmehr Teil des Sinnangebots moderner Gesellschaften. In dem Maße, in dem rituelle, religiöse und traditionelle Sinnzuschreibungen an Wert und Notwendigkeit verlieren (statt freitags Fisch gibt es im Winter Erdbeeren), können Nahrungsmittel eine neue kulturelle Bedeutung gewinnen. Diese Umdeutung begann in den 1920er Jahren: „Die Banane ist gegenwärtig überall in der Leute Mund", schreibt die Tageszeitung *Hamburgischer Correspondent* im Februar 1924:

> „Wo eine Jazz-Band spielt, wo man moderne Tänze tanzt, da erklingt das Lied von den Bananen. Wie man einstens in Dorf und Stadt ganze Saisons über jubelte: ‚Mutter, der Mann mit dem Koks ist da', so erklingt jetzt überall, wo man die Segnungen der modernen Kultur kennt, in prickelndem, messerscharfem Rhythmus des Negertanzes: ‚Wir haben keine Bananen mehr'."[15]

Die Banane ist modern zu dieser Zeit, sie ist Ausdruck einer „als Durchgangspunkt empfundenen Gegenwart",[16] wie Hans-Ulrich Gumbrecht den Kern der Moderne treffend beschreibt. Sie intensivierte das Gefühl, ganz und gar in der Gegenwart zu leben.

Ein Verkaufsschlager der Moderne

Die Goldenen Zwanziger, Babylon Berlin und die schönen Beine der Elisabeth: Es ist die Kultur der Weimarer Republik, in der die Banane in Deutschland ankam und zum Erfolg wurde. Eine zentrale Rolle spielte hierbei der Schlager, ein zu jener Zeit neues, kommerziell produziertes Gesangstück, mit Einflüssen aus Operette, Kabarett oder Chanson, oftmals komplex arrangiert und doch so eingängig, dass die Zuhörer ihn mitsingen, mitpfeifen und nicht zuletzt mittanzen konnten. Denn zu Beginn des 20. Jahrhunderts wurde, wie Peter Wicke gezeigt hat, das populäre Lied zum Tanzlied: „Was sich nicht vertanzen ließ, das wurde nicht gesungen."[17] Grund hierfür war die Gewerbeordnung im Deutschen Reich, die eine „Singspielkonzession" nur unter hohen Auflagen vergab und vor allem den Theatern vorbehalten war. Auch Singspiele sollten, so der entsprechende Paragraf 33a, dem höheren Interesse von Kunst und Wissenschaft dienen. Deshalb wurden die weniger restriktiv vergebenen „Tanzkonzessionen" dazu genutzt, das populäre Lied als Tanzlied aufzuführen. Der Schlager war geboren.

Der Schlager entsteht somit als ein tanzbares Lied, das auf ein Massenpublikum abzielt. Neben den Gasthäusern, waren es die Kabaretts, Revue- und Varietétheater in den Großstädten, die ihn bekannt gemacht haben. Während die populären Lieder der Operette noch einem übergeordneten Erzählzusammenhang folgten, war der Schlager von diesem dramaturgischen Sinn entkoppelt. Bis heute steht er für sich und muss keine Geschichte jenseits seiner eigenen entwickeln oder sich musikalisch einem Genre unterordnen. Er geht genauso Allianzen mit dem Volkslied, wie mit dem Popsong ein. Entscheidend ist, dass er der medialen Technik seiner jeweiligen Zeit folgt.

Ohne die Phonoindustrie zum Beispiel hätte der Schlager nicht massenwirksam werden können – 1928 wurden in Deutschland 30 Mio. Schellackplatten verkauft:

> „Die meisten Platten kauften Gastwirte und tanzbegeisterte Musikliebhaber. 1929 entfiel der überwiegende Teil der verkauften Platten, 75 Prozent oder 22,5 Millionen Stück auf den Schlager."[18]

Zusätzlich zum ökonomischen Erfolg hat der Schlager bis heute eine unübersehbar soziale Dimension. „Ich kenne Schlagersongs zu nahezu jedem Thema von Scheidung über Krieg bis Abtreibung und Fehlgeburt"[19], behauptet der mehrfach ausgezeichnete Schlagertexter Tobias Reitz. Weil der Schlager, wie die Populäre Kultur allgemein, in einer dauernden Rückkopplungsschleife mit seinem Publikum steht, verhandelt er auch die jeweils relevanten Ereignisse der Zeit. Für die 1920er Jahre hat Kaspar Maase herausgearbeitet, wie offensiv der deutsche Schlager den „Wert-Konflikt zwischen den Generationen und Geschlechtern"[20] katalysierte. In den Varietés nahmen sich Autoren wie Kurt Tucholsky und Bühnenkünstlerinnen wie Claire Waldoff des Schlagers an und etablierten durch ihre Kunst eine produktive und provokante Form der Grenzverletzungen – auf die entsprechend heftig reagiert wurde.

Die Schmutz-und-Schundkampagnen, die die Geschichte der Populären Kultur von Beginn an begleiteten, fanden hier ausreichend Material und konzentrierten sich auf eine zentrale Unterstellung: „Die Massenkünste propagierten verderbliche sexualethische Leitbilder und widernatürliche Geschlechterrollen."[21] Gerade die Inszenierung sexueller Normverletzungen war für einen großen Teil der Bevölkerung, der den vielfältigen Traditionsverlust nach 1918 nicht zu kompensieren wusste, schwer zu ertragen. Dabei waren es nicht nur anti-liberale Kräfte, die der politischen und kulturellen Krise nach dem Ersten Weltkrieg mit einem erstarkenden Glauben an die Werte der traditionellen Familie, des christlichen Anstands und der ehrlichen Arbeit begegneten:

> „Heute bezweifelt die Forschung mit guten Argumenten, dass populäre Kunst einen eindeutigen Einfluss auf die moralische Entwicklung Heranwachsender ausübt. Damals jedoch hatten Millionen Eltern starke Gründe, in ihrer angespannten Lebenssituation ängstlich darauf zu achten, ob etwa die Entwicklung der Kinder oder das Verhalten des Partners in die falsche Richtung gelenkt würden."[22]

Zusätzlich befördert wurden berechtigte Existenzängste vieler Menschen von einem Chor religiöser, politischer und polizeilicher Pamphlete und Verbote. Die Spannung zwischen tradierten Vorstellungen von Moral und Sittlichkeit sowie dem Anspruch, das Deutsche Reich nach 1871 moderner und liberaler zu machen, wirkte bis weit in das 20. Jahrhundert hinein. Gerade weil diese Situation lebensweltlich real und ideologisch instrumentalisiert wurde, befand sich der Schlager im Zentrum einer Wertedebatte.

In der Zwischenkriegszeit entwickelte sich so eine Kultur der Grenzverletzung, die nicht auf die Avantgardekunst beschränkt war, sondern vielmehr im Feld der Populären Kultur ausgetragen wurde. Neben dem offenen Umgang mit Sexualität, war es vor allem die Feier des Sinnlosen, die einen Großteil der Bevölkerung vergnügte, einen anderen abstieß. Ein absurdes Spiel mit der Sprache beherrschten nicht nur die Dada-Künstler Hugo Ball oder Hans Arp, sondern auch der Nonsens-Schlager in der populären Massenkultur. Die Banane ließ sich nur zu leicht in ein solch sinnfreies Vergnügen einbauen. An ihr trat der Hunger jener Zeit in Erscheinung: ein Hunger nach sexuellen Ausschweifungen, nach dem Sinnlosen und nicht Zweckgebundenen, aber eben auch: ein nackter Hunger.

„Yes! We have no bananas." Kongenial drücken sich Mangel und Überfluss in diesem Titel aus: „Ja! Wir haben keine Bananen." Wir haben zwar genug zu essen, aber Bananen vermissen wir schmerzlich. In Deutschland ist das Lied unter dem Titel „Ausgerechnet Bananen" populär geworden, geschrieben von Fritz Löhner-Beda, auf den unzählige erfolgreiche Liedtexte von Operetten, Schlagern und Satiren zurückgehen und der 1942 im Konzentrationslager Auschwitz ermordet wurde. Nicht weniger als vier Einspielungen wurden in den USA 1923 von diesem Song gemacht, drei davon führten im selben Jahr die Charts an. Es gab Versionen von Benny Goodman, Louis Armstrong oder den Muppets; der Song wurde in Hollywoodfilmen gesungen, zitiert und parodiert. Sprichwörtlich aber wurde der deutsche Liedtext, mit einem Kehrreim, der sich als Ohrwurm eignete:

> „Ausgerechnet Bananen/Bananen verlangt sie von mir!/ Nicht Erbsen, nicht Bohnen,/auch keine Melonen,/das ist ein' Schikan' von ihr!/Ich hab Salat, Pflaumen und Spargel,/ auch Olmützer Quargel,/doch ausgerechnet Bananen,/Bananen verlangt sie von mir!"[23]

Was im US-amerikanischen Originaltext die Reaktion auf einen Versorgungsmangel war, ausgelöst durch Bananenfäule und Produktionsengpässe im Jahr 1922, ist in der deutschen Fassung zu einem Spiel der Geschlechter und Bedeutungsnuancen geworden: Er will sie, sie will Bananen. Im Liedtext ist es ein Obst- und Gemüsehändler, sein „Herz brennt lichterloh für die Frau von

Süß". In der Hoffnung auf eine gemeinsame Nacht steigert sich dieser Don Juan in einen Überbietungsgestus hinein, indem er der Frau sein halbes Geschäft zu Füßen legt – von Ananas und Keks, Levkoien und Oleander, Rosen und Erbsen bis zu Melonen und Pflaumen:

> „Was braucht man beim Küssen/von Obst schon zu wissen/da ist doch nicht Zeit dafür!/ich will die Welt liebend vergessen/sie möcht' dabei essen/ Grad' ausgerechnet Bananen/Bananen verlangt sie von mir!"[24]

Das Bild des sexuell hungrigen Mannes wird hier gleichzeitig erfüllt und enttäuscht. Es findet sich in zahllosen Schlagern der Zeit, von „Veronika" bis zum „Onkel Bumba". Immer ist es der Mann, der die eigene Frau zu Hause lässt und fremden Damen Avancen macht. Ausbalanciert wird das unmoralische Verhalten durch eine absurde Komik, die Unpassendes passend macht (Bohnen und Melonen, Bumba und Rumba) und im leichten Foxtrott oder wilden Shimmy über die Normverletzungen hinwegtanzt.

Nimmt die Banane in diesem Zusammenhang eine Sonderstellung ein? Ist sie nicht austauschbar mit dem grünen Spinat, der auf den ermordeten Gatten gespritzt wird („Ich reiß mir eine Wimper aus") oder dem Papagei, der nur Kaviar mag („Mein Papagei frißt keine harten Eier"), welche ebenso absurd, anzüglich und exotisch sind? Aber weder Spinat noch harte Eier können mit dem symbolischen Fiktions- und Unterhaltungswert der Banane konkurrieren – zumindest nicht zu dieser Zeit. Ausgerechnet die Banane bot die Möglichkeit, über Wohlstand und seine Folgen zu reden, war Anlass für sexuelle Fantasien, die unmoralisch, aber nicht unmöglich waren und erschien als geeignetes Material, über das gelacht werden konnte. Modern ist in den 1920ern all das:

Etwas zu wollen, was man nicht haben kann (aber haben könnte); Wohlstand, sexuelle Freiheit, Leichtigkeit. Es ist die Möglichkeitsoffenheit der Massenkultur, die sich an der Banane festmachen lässt.

Davon erzählt der Schlagertext eben auch – von einer Sehnsucht, die nicht erfüllt wird. Er erzählt von Scheitern, Pech und Versagen. Denn im 20. Jahrhundert wächst auf ambivalente Weise sowohl die Freiheit des Möglichen als auch die Unfreiheit des nur Möglichen. Das ist die gleichsam ‚unmögliche Seite' der auf Kontingenz abgestellten Massenkultur: Sie entwickelt einen phantasmagorischen Horizont, in dem nie alles möglich ist. Die Massenkultur produziert massenhafte Enttäuschung.

Diese Enttäuschung ist so modern wie der Überfluss und ein genuin konsumistisches Gefühl. Billy Wilder hat in *Eins, zwei, drei* eine Szene daraus gemacht. Im Ostberliner Grand Hotel Potemkin spielt das Orchester zu einem Foxtrott auf. Zwei russische Offizierinnen tanzen mit stumpfem Blick, Wange an Wange, zu „Ausgerechnet Bananen". Im Saal ist nicht viel los, an einem Tisch wird Schach gespielt, an einem anderen schon geschlafen. Unter dem strengen Blick eines Ölgemäldes von Nikita Chruschtschow sitzen drei russische Funktionäre und spielen Domino. Es folgt der Auftritt des blonden Fräuleins Ingeborg im gepunkteten Kleid, im Schlepptau des amerikanischen Geschäftsmannes McNamara. Ein Tauschhandel folgt, in dem McNamara so ziemlich alles angeboten wird, damit Ingeborg in Zukunft als russische Sekretärin arbeitet: Wodka, 100 Pfund Kaviar, ein Funktionärsauto, chinesische Zigaretten, bulgarischer Joghurt. Unwichtig, wie die Geschichte ausgeht, denn es geht darum, wie zielsicher der Film den Schlagertext einsetzt um die Möglichkeit der Unerfüllbarkeit aufscheinen zu lassen. Er tut dies im präzisen Wissen um seinen Bedeutungshorizont. Modern ist, etwas zu begehren, was man nicht haben kann, aber haben könnte: Bananen, Frau von Süß oder Fräulein Ingeborg.

Singen, tanzen, sich schütteln

Josephine Baker ist in diesem Sinne eine weitere populäre Figur der Moderne – nicht nur, dass sie eine Frisur wie eine Schellack-Platte trug[25], bei ihrem notorischen Bananenrock haben sich die Momente der Erotik und der Komik auch am deutlichsten verbunden. Offensichtlich hat das Spiel eine rassistische Note, wenn eine US-amerikanische Unterhaltungskünstlerin in Europa als „authentische Wilde" annonciert wird. „Der europäische Kolonialismus in Afrika hatte einen Fundus an populären Mythen geschaffen, die den schwarzen Körper mit Afrika und weiter mit dem Konzept des Primitiven verbanden."[26] Nicht nur die Schmähungen, auch die (viel häufigere) Bewunderung für „La Baker" ist durchzogen von exotisierenden Stereotypen, wie sie der Populären Kultur seit ihrem Beginn (siehe „Ein Skalp") zu Eigen sind: „Sie ist keine Frau, keine Tänzerin. Vielmehr etwas so Exotisches und Flüchtiges wie Musik, eine Verkörperung aller Klänge, die wir kennen."[27]

Dass Josephine Baker in dieser Rezension als ein *something* bezeichnet wird, als fremdes Etwas, das nicht zu definieren ist, hat mit dem kolonialen Blick auf den Schwarzen Körper zu tun, und damit verbunden mit ihrem berühmtesten *signature look,* dem Bananenrock. Auch in diesem *some-thing* verdichtet sich das Begehren nach exotischer Sexualität, nach wilder, zivilisationsfremder Lust, nach einem Spiel jenseits moralischer Regeln. Die kulturtheoretischen Aufsätze dazu sind Legion. Warum aber wurde ausgerechnet der Bananenrock populär, den sie 1926 in den Nummern der Revue

„La Folie du Jour" trug? Warum wurde nicht der Hüftrock aus Palmenblättern zum Populären Ding, warum nicht der Rock aus Federn, wie Baker ihn am Anfang ihrer Karriere und auch später immer wieder getragen hat?

Zum einen verstärken sich hier die populären Phänomene der Zeit gegenseitig. Gerade weil die Banane ihren massenmedialen Auftritt als komisches Requisit in Witzen und Filmen hatte, gerade weil die Frucht mit der Musik der Zeit verbunden war, funktionierte sie im Rahmen der Performance einer Tänzerin. Selbst wenn Palmenblätter und Federn vergleichbar exotisierend wirken können wie Bananen, so hatten sie keine Verbindung zum damaligen Zeitgeist. Zum anderen bringt Josephine Baker die erotische Latenz der Banane offensiver als je zuvor in die Öffentlichkeit. Entsprechend vergisst niemand, auf das phallische Symbol zu verweisen, das sich in Bakers Rock in gleichsam serieller Form offenbarte:

> „Wenn die Freudsche Psychologie Frauen als ‚Mangelwesen' definierte (in erster Linie aufgrund des Fehlens des phallischen Organs), – dann konnte Baker sich symbolisch ‚vervollständigen', indem sie sich mit Bananen schmückte, die als Sinnbild des Penis galten."[28]

Das mag nach psychoanalytischen Erklärungsmustern zutreffen, aber richtig ist auch: Wir sehen keine Penisse, wir sehen Bananen. Und wir sehen diese Bananen (seien wir als Zuschauende Männer oder Frauen) um das Gesäß einer Frau drapiert. Ähnlich wie der weiße Handschuh von Michael Jackson mit dem Erbe der Minstrel Shows spielt und dabei die Aufmerksamkeit vom Gesicht auf die Hand verschiebt (siehe „Ein Handschuh"), spielt auch der Bananenrock offensiv und teilweise (selbst-)ironisch mit exotisierenden und rassistischen Zuschreibungen.

Man muss es so deutlich sagen: Wenn überhaupt ein Obst, dann ist die Banane geeignet, um das Hinterteil eines Menschen gleichzeitig zu verbergen und zu betonen. Keine Palmblätter und keine Federn (und natürlich keine Orangen) könnten da mithalten. Sie hätten nicht denselben Grad an Festigkeit oder eine Form, die sich an die Rundungen des Körpers anschmiegt bzw. aufreizend davon absteht. Gleichzeitig vergrößern Bananen die Bewegungen des Hüftschwungs:

„Sie waren aus Gummi und schwangen und vibrierten im Rhythmus ihrer ekstatischen Tanzbewegungen. Sie schob den Bauch vor, schwang die Hüften, verdrehte Arme und Beine und drückte ihr Hinterteil hoch. Dann ballte sie die Fäuste und bewegte die Arme wie ein Läufer, die Füße blieben still, während sie die Früchte hin und her schüttelte, bis diese sich im Winkel von 180 Grad bewegten."[29]

Darum geht es vor allem – ein kreisendes, sich schüttelndes Gesäß zu zeigen, jenseits konventioneller Bewegungsmuster der Zeit. Darauf lenken die Bananen den Blick und verweisen auf eine mögliche Freiheit vom zivilisierenden Druck der Körpernormen und Scham: „Das Hinterteil gibt es nunmal", wie Josephine Baker nüchtern feststellte:

„Und ich sehe keinen Grund, mich dafür zu schämen. Aber es stimmt natürlich, manche davon sind geradezu albern, prätentiös oder so unbedeutend, dass sie nur zum Draufsitzen geeignet sind."[30]

Das Gesäß der berühmten Tänzerin war alles andere als albern, zumindest inszenierte sie es in einer

Doppeldeutigkeit, die nicht zuletzt ein Charakteristikum Populärer Kultur ist – als gleichermaßen befreiter wie normierter, „primitiver" und moderner, erotischer und sogar komischer Körper. Auch das kann nicht anders gesagt werden: Modern war es zu dieser Zeit, wie die Affen herum zu hüpfen und sein Hinterteil zu schütteln. Natürlich spielte es dabei eine hochgradig ambivalente Rolle, dass das populärste Hinterteil der 1920er Jahre einer Schwarzen US-amerikanischen Künstlerin gehörte. Doch das Körpergefühl der Freiheit, das hier situativ erfahren werden konnte, war im Moment des Erlebens unabhängig von Hautfarbe oder Geschlecht möglich geworden.

Der Körper und sein öffentliches Auftreten sind vorherrschende Motive des 20. Jahrhunderts. Sigfried Kracauer war einer der ersten Kulturtheoretiker, der dem Körper in seiner massenhaften Verfasstheit Tribut zollte. Der bürgerlich geprägten Idee des autonomen Individuums widersprechend, stellte Kracauer 1927 fest: „Es ist die Masse, die eingesetzt wird. Als Massenglieder allein, nicht als Individuen, die von innen her geformt zu sein glauben, sind die Menschen Bruchteile einer Figur."[31] Dabei hatte er nicht zuletzt die erfolgreichen *Tiller Girls* vor Augen: Tänzerinnen, die sich im synchronisierenden Rhythmus wie ein einziger Frauenkörper bewegten und die zu einem Franchise-Unternehmen wurden, das „in ganz Europa mehr als zwanzig Girl-Truppen unter diesem Namen unterhielt"[32]. Kracauer beschrieb das für alle Sichtbare: Hier erscheint die Rationalität der Moderne als ästhetische Form. Serialisierung, Synchronisierung und Normierung sind die Bestandteile einer Kunst, die aus der Masse der Körper besteht und für die Masse der Körper gedacht ist.

Josephine Baker und der Bananenrock bilden dazu Ergänzung und Gegenpart. Während die Körper *en masse* sich bei all der gezeigten Haut auch selbst ent-erotisieren, rufen Bakers Bewegungen sämtliche Vorstellungen des Geschlechtsaktes hervor, die sich das Publikum wünschte oder nicht wünschte. Weil ihr Tanz – wie alle US-amerikanisch geprägten Tänze der Zeit, die in Europa als Foxtrott, Shimmy oder Charleston populär wurden – von der Körpermitte ausgeht, verlangen und verursachen sie ein völlig neues Körpergefühl:

„Statt Überwindung des Körpers in einen Zustand des Schwebens vielmehr Intensivierung des Körpergefühls im Ausleben der Spannung zwischen den sich eigenständig bewegenden Körperpartien. Kreisende Beckenschwünge durch die wechselseitig nach vorne geschobenen Hüften bei gegenläufiger Bewegung der Schultern, Schütteln des Oberkörpers durch Rotation der Schulterblätter (*shakes*), Vor- und Rückwärtsrutschen aus den Knien heraus (*shuffles*), Armbewegungen der unterschiedlichsten Art, Hock- und Knickstechnicken – ein nahezu unerschöpfliches Reservoire von Bewegungselementen konnte zu einer bis an die Grenze des Ekstatischen gehenden Körpererfahrung führen."[33]

Beispiele hierfür finden sich auf einer Sammlerseite für frühes Filmmaterial.[34] In einer der vielen Vaudeville-Shows im Folies Bergère aus den 1920er Jahren tritt nicht nur Josephine Baker auf. Vielmehr werden, wie es für die Music Halls üblich war, Sketche, Tänze, Akrobatik und Gesang zu einer Nummernfolge vereint. Ähnlich wie beim Schlager muss hier jede Nummer für sich funktionieren.[35] „Das Theater war durch den Text limitiert, der Text war es wiederum durch die klassische Entwicklungsstruktur innerhalb von drei Akten – die Musiktheater hingegen lebten von Augenblick zu Augenblick, von einem Auftritt zum nächsten."[36]

Gerade weil die Dramaturgie der Music Halls keinen sinnstiftenden Erzählzusammenhang anbot, wurde noch deutlicher, was im Zentrum der jeweiligen Nummern stand – die Leistungen der Körper. Der Bananenrock machte die völlig neuartigen Bewegungen von Josephine Baker überhaupt erst sichtbar. Während ihrer Auftritte ist sie jeden Augenblick kurz vor dem Verlust des Gleichgewichts: Sie hampelt und hüpft, klatscht und springt, streckt das Gesäß nach hinten oder schüttelt es in einer unglaublichen Geschwindigkeit, von der Körpermitte ausgehend. Sie arbeitet auf der Bühne und es sind die Bananen, die die Leistungen ihres Körpers sichtbar machen und wie eine Nahaufnahme vergrößern. Dafür steht der Bananenrock auch: Für die körperliche Arbeit im Showgeschäft, für die Arbeit am eigenen Körper.

So ging es weiter – auf Baker folgten Elvis, Michael Jackson oder Miley Cyrus. Die Körpermitte wird das Zentrum des Populären und der Popkultur. Nicht die fließenden Bewegungen des Walzers, der die Schwerkraft des Körpers aufheben soll, formieren den Pop-Körper, sondern die unkontrollierten Zuckungen, das Schütteln und Springen und alle weiteren Bewegungen, die in eine ästhetische Form gebracht werden und damit eine Gleichzeitigkeit von Spannung und Spannungsverlust vorführen. Der Körper ist außer Kontrolle und kontrolliert zugleich.

„Twerken", einer der vielen YouTube-Hypes der letzten zehn Jahre, setzt diese Arbeit am Körper konsequent fort. Wenn auch Miley Cyrus' expliziter Auftritt bei den MTV-Video-Awards von 2013 die Erotik Josephine Bakers in Pornographie verwandelt – womit sie dem Zeitgeist der Entgrenzung folgte –, so ähneln sich doch die Bewegungen in dem Moment, in dem Cyrus „twerkt". Ihr Oberkörper ist weiter nach vorne gebeugt, als es die Schwerkraft zulässt, das Gesäß ist buchstäblich ausgestellt und schüttelt sich wie auch den ganzen Körper. „Work it, shake it, twerk" heißen die gängigen Anweisungen aus den unzähligen Online-Tutorials. Die Banane hat ihre Funktion in diesen *Work-Outs* verloren, denn sie muss das Gesäß und die Körpermitte-Bewegungen nicht mehr sichtbar machen. Diese Arbeit hat Josephine Baker bereits geleistet.

Vom Schälen der Banane oder „sich schlapplachen"

Es macht einen Unterschied ob man eine Orange oder eine Banane schält – und auch, ob man die eine oder die andere Frucht isst oder was man mit ihren Resten macht. Die Orangenschale ist ein eher kleinteiliger Rest einer runden Frucht. So wie die Orange gegessen wird, so wird auch die Orangenschale in Scheiben und nicht im Ganzen abgezogen. Die Schalenteile sind fest und bleiben leicht gebogen. Sie können als ein Fußballersatz dienen, als ein Stück Abfall, das man wegkickt. Die Orange, einmal geschält, lässt sich nicht leicht essen, denn sie ist saftig und tropft. Anders als in einen Apfel, kann man in die Orange nicht einfach hineinbeißen.

Die Bananenschale dagegen kann in einem Stück abgezogen werden, weil die Streifen an einem Ende der Frucht zusammengehalten werden. Entsprechend vergrößert sich die Fläche der Banane, wenn die Schalen – flach, nicht gekrümmt – auf dem Boden liegen. Während die Außenseite der Schale fest aber nicht hart ist, ist die Innenseite weich und schmierig. Geschält ist die Banane frisch, aber nicht saftig. Ihre halb harte, halb weiche Konsistenz macht es möglich, sie unkompliziert als eine Zwischenmahlzeit zu sich zu nehmen. Man braucht kein

Messer, um eine Banane zu schälen, keinen Löffel, um sie zu essen.

Materialität und Design der Dinge führen dazu, dass wir bestimmte Praktiken mit ihnen ausführen können, andere nicht. Eine Teekanne verleitet uns dazu, mit den Fingern den Henkel zu greifen und Tee durch die Tülle auszuschenken, mit einer Orange können wir Fußball spielen – mit der Banane nicht. Die gebogene Frucht, meist zwischen 12 und 20 cm lang, fordert stattdessen dazu auf, sich zu amüsieren. Der *pratfall,* der Trottel-Fall, ist aufgrund der Banane in all ihrer schmierigen Materialität möglich, so wie die Frucht *in natura* Ähnlichkeit mit dem männlichen Glied hat. „Wem würde das entgehen?", schreibt die Journalistin Roz Chast im Magazin *The New Yorker:* „Es ist so offensichtlich, dass selbst ein Siebenjähriger eine Person, die eine Banane isst, ansehen und denken kann: Ha-ha-ha, ich hoffe, du ‚genießt' diese ‚Banane'."[37]

Andy Warhol gestaltete etwa 50 Schallplattencover, aber kanonisch geworden sind zwei davon: die abziehbare Banane auf dem Cover von Velvet Underground & Nico und die ausgebeulte Männerjeans auf dem Album *Sticky Fingers* der Rolling Stones. Doch bei dem Eintritt in das populäre Medium des Films – nachdem sie in allen Glossen und Witzseiten der Zeitungen, Postkarten und Liedern belacht wurde – waren es nicht die obszönen Anspielungen, die das Bild der Banane dominierten. Stattdessen wurde im Film auf der Banane ausgerutscht, ausgerutscht und noch einmal ausgerutscht – und sieht man sich heute Ausschnitte davon an, zeigt sich, dass der Moment, in dem die Protagonisten die Banane schälen, dabei immer mit im Bild ist. Charlie Chaplin, in *An der See* von 1915, steht an der notorischen Straßenecke und schält sich die Banane, auf der er gleich selbst ausrutschen wird. Harold Lloyd, in *The Flirt* von 1917, bekommt in einem Restaurant eine Banane serviert, die er genussvoll schält, bevor er ihre Schale auf den Boden wirft, wo sie dem Kellner zum Verhängnis wird. Selbst der Mann, der in Harold Lloyds Film *Um Himmelswillen* von 1926 kopfüber aus einem Bus hängt und von einem vorbeifahrenden Obstwagen eine Banane klaut, hat noch Zeit, diese zu schälen. Es ist die Erwartungshaltung, die den Witz ausmacht. Wir wissen, was kommt, es wird gelacht werden. Der solchen einfachen Witzeleien wie *banana peel gags* wohl kaum zugeneigte Immanuel Kant hielt diese Erkenntnis bereits in seiner *Kritik der Urteilskraft* fest: „Das Lachen ist ein Affekt aus der plötzlichen Verwandlung einer gespannten Erwartung in nichts."[38] Damit weist uns der Philosoph die Richtung für die abschließenden Überlegungen zur Banane: Sie ist das Ding, über das man lacht.

Was aber heißt es, über „nichts" zu lachen? Darüber zu lachen, dass immer wieder dieselben Clowns auf Bananenschalen ausrutschen, sich Kuchen ins Gesicht schmeißen und durch eine Glasscheibe laufen? Über Josephine Bakers schielende Augen zu lachen, über ihr weit ausgestelltes Hinterteil bei gekreuzten Beinen? Warum ist etwas besonders Albernes, etwas offensichtlich Dummes so lustig? Offenbar können wir über die Formen des Slapsticks, wie sie sich aus den Stücken des griechischen Komödiendichters Aristophanes über die Commedia dell'Arte bis in die erste Phase des erzählenden Stummfilms entwickelten, immer und immer wieder lachen. Nicht nur die Produktion von Blödsinn, auch dessen Rezeption als ein haltloses, hysterisches, von allen Regeln befreites Lachen geht in Serie. Mitte des 20. Jahrhunderts entstanden daraus dann die technisch eingespielten Lachkonserven in den amerikanischen Sitcoms: Das Lachen wird zu einem standardisierten und serialisierten Artefakt in der Produktion und Rezeption von Popkultur.

Als Lachende wiederholen wir dabei die immer gleiche (Ur-)Szene – etwas missglückt, geht schief, läuft aus dem Ruder. Der menschliche Körper und seine vielfachen Beschränkungen stehen dabei, wie Alan Dale in seiner Geschichte des amerikanischen Slapstick schreibt, im Zentrum der Aufmerksamkeit: „[S]olange das Gesetz der Schwerkraft nicht aufgehoben ist, wird der Fall aufs Hinterteil nie ersetzt werden."[39] Charlie Chaplin, Buster Keaton, Laurel & Hardy zeigen uns nur das, was jeder weiß, aber gerne vermeiden würde: Dass wir Körper sind, die der Erdanziehungskraft unterliegen.

Die Schauspieler Stan Laurel und Oliver Hardy haben aus den vielfältigen Beschränkungen des menschlichen Körpers (und Geistes) popkulturelles Kapital geschlagen. In über hundert gemeinsamen Filmen lassen sie sich auf die unglaublichsten Arten von Dächern und Leitern fallen, verlieren ihre Hosen und rutschen auf Bananenschalen aus. In *Die Schlacht des Jahrhunderts* von 1927 verbinden sie die zwei gängigsten und blödsinnigsten Slapstick-Einlagen auf virtuose Weise: Weil ein Konditor vor seinem Geschäft genau in dem Moment auf einer Bananenschale ausrutscht, in dem Hardy mit einer geschälten Banane vorbeikommt, wird diesem ein Kuchen ins Gesicht geklatscht. Weil wiederum ein Lieferwagen der Konditorei unendlichen Nachschub an Kuchen verspricht, wächst sich das Ganze zu einer verschwenderischen Orgie aus. „Es ist die erste, wenn nicht die beste, ihrer apokalyptisch anmutenden Szenen eines massenhaften Gewaltausbruchs",[40] wie der Filmkritiker Charles Barr schreibt.

Die Bananenschale ist hier erneut Material und Anlass eines Kontrollverlusts. Dem körperlichen Ausrutschen folgt der soziale Ausrutscher. Eine fremde Frau bekommt einen Kuchen an das Hinterteil und ins Gesicht geworfen. Weit davon entfernt, passives Opfer zu sein, mischt sie sich in die Kuchenschlacht ein, und in kürzester Zeit schlagen sich Männer und Frauen, Kanalarbeiter und Angestellte, Junge und Alte auf das Schönste – das heißt, auf das Blödeste. Denn Blödeln, so hat Dieter Wellershoff in seiner kurzen *Theorie des Blödelns* geschrieben, „ist ein freiwilliger Form- und Niveauverlust".[41] Der- und diejenige, die blödeln, verweigern sich dabei dem Anspruch der Moderne, sich in der Öffentlichkeit unter allen Umständen kontrollieren zu können. Die Lust und Komik, die dabei evoziert wird, hat etwas Widerständiges, etwas so Befreiendes, wie das Gefühl, das eigene Gesäß zu schütteln. Das Lachen, das darauf folgt, ist deshalb selbst nicht blöd – im Gegenteil: Es kommt, so Wellershoff, „aus der verblüfften und entzückten Wahrnehmung einer bodenlosen Freiheit, in der es keine verletzten Standards und keine Sanktionen zu geben scheint, weil das Realitätsprinzip außer Kraft gesetzt ist".[42]

Stan und Oli – wie jeder Clown vor ihnen und jeder *Jackass*-Stunt auf MTV und YouTube nach ihnen – reagieren auf die Ansprüche der vernunftorientierten Moderne nicht durch verschärfte Selbst-Disziplinierung, sondern durch einen demonstrativen Überbietungsgestus, durch permanente Potenzierung. Es werden immer mehr Kuchen und Bananenschalen herbeigeschafft, immer mehr Menschen und Dinge, es wird immer blöder. Gleichzeitig erlaubt gerade die Suspendierung des Realitätsprinzips einen reflexiven Blick auf die Spannung von Kontrolle und Kontrollverlust, die im Blödeln wie auch im Schlapplachen zum Vorschein kommt. Das rationale Subjekt, also die Vorstellung eines kontrollierten und Kontrolle ausübenden Selbst, weiß um die Albernheit des Blödelns und wird zum „involvierten" Betrachter seiner selbst. Der Blick, den Oliver Hardy so häufig in die Kamera hinein und direkt auf die Zuschauenden wirft, scheint mir dafür emblematisch: Er bietet einen reflexiven Raum für das Verlangen des rationalen Subjekts, alle Dinge unter Kontrolle zu bringen und für die Einsicht, letztlich nur sehr wenig unter Kontrolle zu haben. Die Vielzahl der Dinge und der Möglichkeiten – auf Bananen auszurutschen zum Beispiel – lassen sich nicht beherrschen, so scheint uns dieser Blick zu sagen. Am besten wir lachen darüber und über uns selbst.

Anmerkungen
1. Charles Dickens zit. n. Bakewell, Sarah: The Victorian City: Everyday Life in Dicken's London by Judith Fanders. In: *The Independent*, 04.10.2012: https://www.independent.co.uk/arts-entertainment/books/reviews/the-victorian-city-everyday-life-in-dickenss-london-by-judith-flanders-8197955.html (31.03.2021).
2. Police Instruction Book zit. n. Wallop, Harry: Litigious Victorians providing pavement trips are nothing new. In: *The Telegraph*, 14.07.2011: https://www.telegraph.co.uk/finance/personalfinance/insurance/8635105/Litigious-Victorians-proving-pavement-trips-are-nothing-new.html (31.03.2021).
3. A little Orange Peel. In: *Funny Cuts* 1 (1890), Nr. 1, S. 7.
4. Tintype of two women with bananas, wine glasses and a 'Lonesome' sign: http://www.bananamuseum.com/ (31.03.2021).
5. Montanari, Massimo: *Der Hunger und der Überfluss. Kulturgeschichte der Ernährung in Europa*. München 1999, S. 193.
6. Wilke, Kerstin: *Die deutsche Banane. Wirtschafts- und Kulturgeschichte der Banane im Deutschen Reich 1900–1939*. Hannover 2004, S. 86.
7. Zit. n. Jenkins, Virginia Scott: *Bananas. An American History*. Washington/London 2000, S. 15.

8. „New Orleans imported more bananas than any other port in the United States at one time": http://www.bananamuseum.com/ (31.03.2021).
9. Wilke, Kerstin: a. a. O., S. 3.
10. Wallerstein, Immanuel: *Das moderne Weltsystem: kapitalistische Landwirtschaft und die Entstehung der europäischen Weltwirtschaft im 16. Jahrhundert.* Frankfurt a. M. 1986, S. 50.
11. Sellin, Paul: *Die Banane – ein neues Volksnahrungsmittel. Eine botanisch-volkswirtschaftlich-ernährungsphysiologische Studie.* Langenfelde-Altona 1911, S. 2.
12. Ebd., S. 6 f.
13. Schulze, Gerhard: *Die Erlebnisgesellschaft: Kultursoziologie der Gegenwart.* Frankfurt a. M. 1993, S. 55.
14. Montanari, Massimo: a. a. O., S. 190.
15. Felix, E.: Die Banane. In: *Hamburgischer Correspondent und neue hamburgische Börsenhalle* 46/48 (25.02.1924), S. 6.
16. Gumbrecht, Hans Ulrich: Modern, Modernität, Methode. In: Ders.: *Dimensionen und Grenzen der Begriffsgeschichte.* München 2006, S. 56.
17. Wicke, Peter: *Von Mozart bis Madonna. Eine Kulturgeschichte der Popmusik.* Leipzig 1998, S. 87.
18. Ebd., S. 98.
19. Biazza, Jakob: ‚Schlager ist Sehnsucht'. Tobias Reitz ist ‚Textdichter' unter anderem für Helene Fischer. Ein Gespräch über Kopf, Bauch, Herz und Sprachpsychologie. In: *Süddeutsche Zeitung* (31.03.2021), Nr. 75, S. 10.
20. Maase, Kaspar: Schlager und die Angst der Massen vor den Massenkünsten. In: Ders.: *Was macht Populärkultur politisch?* Wiesbaden 2010, S. 37.
21. Ebd., S. 37.
22. Ebd., S. 36.

23. Rose, Willi: Ausgerechnet Bananen: https://lyricstranslate.com/de/willi-rose-ausgerechnet-bananen-lyrics.html (31.03.2021).
24. Ebd.
25. „Über ihren Auftritt in Paris in den 1920er Jahren schrieb die Vogue: ‚Ihr Haar, das in dichten Locken wächst, war eng an ihren Kopf geklebt und sah aus, als wäre es mit schwarzem Schellack auf den Kopf gemalt worden'." In: Hammond, Bryan (Hg.): *Josephine Baker*. London 1988, S. 74.
26. Nenno, Nancy: Feminity, the Primitive, and Modern Urban Space: Josephine Baker in Berlin. In: von Ankum, Katharina (Hg.): *Women in the Metropolis. Gender and Modernity in Weimar Culture*. Berkeley/Los Angeles/London 1997, S. 147.
27. Zit. n. Sowinska, Alicja: *Dialectics of the Banana Skirt: The Ambiguities of Josephine Baker's Self-Representation*. Ann Arbor Fall 2005-Spring 2006, o. S.: http://hdl.handle.net/2027/spo.ark5583.0019.003 (31.03.2021).
28. Sowinska, Alicja: a. a. O.
29. Hammond, Bryan: a. a. O., S. 41.
30. Zit. n. Rose, Phyllis: *Jazz Cleopatra. Josephine Baker in her time*. New York/London/Toronto 1989, S. 24.
31. Kracauer, Siegfried: Das Ornament der Masse. In: Ders.: *Das Ornament der Masse. Essays*. Frankfurt a. M. 1963, S. 51.
32. Wicke, Peter: a. a. O., S. 90.
33. Ebd., S. 139.
34. Filmausschnitt Nr. „1.096.528": huntleyarchives.com (31.03.2021).
35. Filmausschnitt Nr. „1.033.507": huntleyarchives.com (31.03.2021).
36. Rose, Phyllis: a. a. O., S. 94.

37. Chast, Roz: Bananas. In: *The New Yorker*, 08.11.2010: https://www.newyorker.com/magazine/2010/11/08/bananas (31.03.2021).
38. Kant, Immanuel: *Kritik der Urteilskraft* (1790). Hamburg 1990, § 54, S. 225.
39. Dale, Alan: *Comedy is a man in trouble. Slapstick in American Movies.* Minneapolis/London 2000, S. 219.
40. Barr, Charles: *Laurel & Hardy.* Berkeley 1968, S. 20.
41. Wellershoff, Dieter: Infantilismus als Revolte oder das ausgeschlagene Erbe – Zur Theorie des Blödelns. In: Preisendanz, Wolfgang/Warning, Rainer (Hg.): *Das Komische.* München 1976, S. 338.
42. Ebd., S. 340.

1939/40. Nylonstrümpfe
Ästhetik der Emanzipation

Anzeige des DuPont Company Laboratory, ca. 1940.

Populäre Fiktionen, so lautet eine Grundthese dieses Buches, entwickeln sich auf der Basis von Materialitäten. An kaum einem Beispiel lässt sich dies deutlicher nachvollziehen als anhand des Nylonstrumpfs. In einer Zeit, in der der Zweite Weltkrieg immer näher rückte, war Nylon tatsächlich der Stoff, aus dem die Träume waren. Trägerinnen dieser neuen materiellen Fiktionen waren Frauen aus allen sozialen Schichten.

Aber was genau war das – Nylon? In dem Patentantrag, den sein US-amerikanischer Erfinder Wallace H. Carothers im Auftrag der Chemiefirma DuPont 1938 stellte, ist die Formel „–NH–G'–NH–CO–G–CO–" für die Zusammensetzung des Stoffes angegeben, die erste vollständig synthetisch hergestellte Faser.[1] Entscheidend war, dass es Carothers und DuPont gelungen war, die chemische Verbindung in eine Form zu bringen, die sich „zum Herstellen von starken, zusammenhängenden, biegsamen und verformbaren Fasern"[2] eignete, wie es in der Patentschrift heißt. Aus einer Verbindung von Säuren und Aminen wurde durch das Verfahren der Polymerisation eine fast unendlich lange Kette sich wiederholender Moleküle geschaffen. Präsentiert wurde Nylon auf der Weltausstellung in New York 1939, bei der sich die chemische Industrie als Wissenschaft der Zukunft präsentierte. Nylon wurde hierfür als Beweis angeführt, und DuPont setzte eine beispiellose Werbekampagne in Gang, um es zum Symbol des Aufbruchs in neue Welten zu machen. Und das gelang ihnen: Am 15. Mai 1940 konnte der Verkauf der ersten Nylonstrümpfe in US-amerikanischen Geschäften am so genannten N-Day nur mithilfe eines mittelgroßen Polizeiaufgebots bewältigt werden. „What you call love was invented by guys like me to sell nylons",[3] ließen es 77 Jahre später die Macher der TV-Serie *Mad Men* ihren Helden Don Draper formulieren.

Etwa 800 000 Nylonstrümpfe gingen am ersten Tag in den USA über den Ladentisch und über das Jahr wurden schätzungsweise 60 Mio. Stück verkauft. Schon 1941, noch vor dem Kriegseintritt der USA, machten Nylonprodukte über 30 % des Strumpfwarenmarktes aus. Die Firma DuPont hatte dafür seit 1935 über 200 Chemikerinnen und Ingenieure mit der Entwicklung der Kunstfaser beschäftigt sowie über 27 Mio. US-Dollar und zusätzliche Kosten für den Bau einer Fabrikanlage investiert. Für die Verbraucherinnen hieß das: Sie konnten ihre Nylons zu einem Stückpreis von durchschnittlich etwas über einem US-Dollar erwerben. Das war zu dieser Zeit kaum günstiger als Seidenstrümpfe, doch DuPont wollte Nylon nicht als billigen Ersatzstoff vermarkten, sondern als weltweit ersten künstlichen Rohstoff – als ein neues „Grundnahrungsmittel" der Textil- und Bekleidungsindustrie.

Wenn es aber nicht der Preis war, der Nylonstrümpfe für ihre Trägerinnen anziehend machte, was war es dann? Sicher, sie waren dehnbar und extrem haltbar, man konnte sie waschen und mit großer Vorsicht sogar bügeln. Es gab also praktische Vorteile gegenüber dem Original aus Seide und erst recht gegenüber Materialien wie Zellulose und Viskose, mit denen man erste Versuche zur Produktion künstlicher Seide unternommen hatte. Das entscheidende Merkmal teilt Nylon jedoch mit dem begehrten Original: Wie bei einem Seidenstrumpf ist kaum zu entscheiden, ob die Trägerin den Strumpf überhaupt trägt. So wunderte sich 1948 ein Journalist in *Die Zeit:* „Doch das Erstaunlichste ist, daß man den Nylonstrumpf fast gar nicht sieht. Man rät immer: Ist dies nun Strumpf oder ist es Haut!"[4]

Das jahrhundertealte Spiel zwischen Ent- und Verhüllung des Körpers setzte sich fort. Nicht mehr mit Seide, sondern mit einem Material, das auf zweifache Weise die Kultur des frühen 20. Jahrhunderts widerspiegelte. Zum einen konnten Nylonstrümpfe *en masse* produziert werden. Weil die Herstellung und Distribution unabhängig von Handelskriegen war, wie sie die USA damals mit Japan führten, waren Nylons für den Massenmarkt verfügbar. Zum anderen wurden Nylonstrümpfe – und somit jede Frau, die sie trug – Teil eines modernen Lebensgefühls, gerade weil diese aus künstlichem Material gefertigt wurden. Sie fügten der ästhetischen Zweideutigkeit Populärer Kultur eine weitere Kategorie hinzu. Das Spiel von Sichtbarkeit und Unsichtbarkeit und damit von Zugänglichkeit und Unzugänglichkeit des weiblichen Körpers wurde überboten durch einen Glanz, der, wie das Material selbst, immer ganz echt und künstlich zugleich ist. Diese Qualität war für jede Frau fühlbar, die Nylonstrümpfe trug: Sie erlangte damit selbst etwas von diesem Glanz. Nylons wurden zum Material der Hoffnung auf den sozialen Aufstieg, was für das deutsche Publikum niemand so präzise auf den Punkt brachte wie Doris, das „kunstseidene Mädchen" aus Irmgard Keuns gleichnamigem Roman von 1932: „Ich will so ein Glanz werden, der oben ist."[5]

Dieser Glanz, der nach der Weltwirtschaftskrise nicht zu trennen war von teilweise über sechs Millionen Arbeitslosen im Deutschen Reich, fand sich auch auf den Leinwänden des neuen Massenmediums Film wieder. In einer Stadt wie München gingen im Jahr 1940 knapp 15 Mio. Menschen in die Lichtspielhäuser; in den USA sahen zur selben Zeit etwa 85 Mio. Menschen wöchentlich einen Kinofilm – eine Zahl, die in der über hundertjährigen Chronik des Kinos kaum übertroffen wurde. Das Publikum bestand erstmals in der Geschichte des öffentlichen Vergnügens vor allem aus Frauen:

> „Frauen aller sozialer Schichten erhielten durch das Kino zum ersten Mal die Möglichkeit, an der Unterhaltungs-

kultur teilzunehmen, ohne in männlicher Begleitung durch ihre Väter, Brüder oder Ehemänner zu sein, wie es die Etikette vorsah und es im Rahmen der traditionellen Kultur der Theater- und Musikbühnen üblich war. Ins Kino gingen Frauen meistens aus eigenem Antrieb und alleine oder gemeinsam mit Freundinnen."[6]

Die Mühen des Alltags hinter sich zu lassen und irgendwann oben zu sein – das war ein Versprechen, das in diesem Jahrzehnt vor allem Frauen gemacht wurde, vermittelt durch Mode und Film, die beide als Medien dieser Verheißung fungierten. Die Sozialhistorikerin Carol Dyhouse beschreibt es so: „Hollywoods Glamour in den 1930er Jahren zeigte neue Wege auf, wie man als Frau aussehen, sein und leben konnte."[7] Marlene Dietrich, Mae West, Greta Garbo, Jean Harlow oder Joan Crawford zeigten in all ihrer Unterschiedlichkeit dem weiblichen wie männlichem Publikum, dass Attraktivität mit Macht einhergehen konnte. Federn, Diamanten, Gold und Seide waren die Materialien, die dies am weiblichen Körper zur Anschauung brachten. Der überall zugängliche Nylonstrumpf ökonomisierte und demokratisierte den Zugang zur Macht über den eigenen Körper.

Grundlegende demokratische Rechte wie das Wahlrecht und das Recht auf Bildung hatten sich Frauen zu Beginn des Jahrhunderts prinzipiell erkämpft, wenn auch die Widerstände gegen die fortschreitende Emanzipation damit nicht geringer wurden. Mode und Film boten die Möglichkeit, den weiteren sozialen Aufstieg zu imaginieren und stellvertretend für die vielen Ohnmächtigen zu leben. Vorbilder wie Coco Chanel, Nina Ricci und Elsa Schiaparelli schufen erfolgreiche Modemarken und -unternehmen, Pionierinnen wie Helena Rubinstein oder Elizabeth Arden behaupteten sich als Geschäftsfrauen in der Kosmetikindustrie. In den

1930er Jahren waren Strümpfe nicht mehr an Männerbeinen zu finden, wie es in feudalen Gesellschaften noch ausschließlich der Fall gewesen war,[8] sie wurden für Frauen zum Sinnbild für den sozialen Aufstieg.

Mode als Medium

Dabei ist die Erfolgsgeschichte der Mode für Frauen und weiblicher Modelle eine janusköpfige Angelegenheit – insbesondere in einer Zeit, in der idealisierte Frauenkörper in endlosen Wiederholungen über Bildschirme flimmern, in Casting-Shows gefeiert oder digital manipuliert werden und das Phänomen des *body shaming,* der Scham angesichts des eigenen unvollkommenen Körpers, hervorgebracht haben. Der massenmediale Körper der Frau scheint weiterhin durch den *male gaze,* den dominanten männlichen Blick, bestimmt zu werden.[9]

Dass Mode dennoch auch für Frauen ein Vergnügen bleiben kann, hat die Germanistin Hannelore Schlaffer betont, die über Schönheit, Jugend, Alter und immer wieder über die Mode als eine „Schule der Frauen" geschrieben hat, um „ihrem Wesen eine ästhetische Außenseite zu verschaffen".[10] Schlaffer zufolge ist Mode seit jeher ein Mittel zur Selbstbestimmung gewesen, ein Schritt auf dem Weg der Frau zur gleichberechtigten, öffentlichen Person. Für den Übergang vom 19. in das 20. Jahrhundert stellt sie fest, dass Frauen so lange die Sprache der Mode als Probe für unterschiedliche soziale Rollen nutzten, bis ihnen „die Gesellschaft andere Sprachen, wörtliche, zu sprechen erlaubte, kurz: bis sie einen Beruf ausüben durften"[11].

Ende des 19. Jahrhunderts gingen knapp 30 % aller erwerbsfähigen Frauen einer Lohnarbeit nach und bis Mitte der 1930er Jahre stieg diese Zahl kontinuierlich an.[12] Dabei ist von dem Sozialhistoriker Gerhard Schildt auf das „Unzureichende" dieser Zahlen hingewiesen worden, denn neben ungenauen Zählungen „fehlen alle selbstständig tätigen Frauen und alle diejenigen, die in landwirtschaftlichen und heimindustriellen Betrieben"[13] arbeiteten. In dieser Zeit war die Mode von zentraler Bedeutung für die Sichtbarkeit und individuelle Selbstverwirklichung von Frauen. Die sinnliche Kraft der Mode in all ihrer Materialität – in fließender Seide, weichen Pelzen oder rauem Leder – ist dabei gar nicht zu überschätzen. Christian Huck hat am Beispiel englischer Romane des 18. Jahrhunderts herausgestellt wie schon zu jener Zeit die detailreiche Beschreibung von Stoffen, Knöpfen und Fäden, von Unterröcken, Schuhen und Strümpfen zu einer besonderen Nähe zwischen Publikum und literarischen Protagonistinnen führte:

„Die Leserin will wissen, wie es sich anfühlt ‚to be in Pamela's shoes', *und* sie will *sich selbst dabei zusehen*. Das *Fühlen* bezieht sich dabei sowohl auf die Figur der fiktionalen Welt als auch auf die Dinge der fiktionalen Welt: Einfühlung ist dann eine körperabhängige Tätigkeit, weil hier der Bezug zu den Dingen der fiktionalen Welt in ständigem Abgleich zur eigenen, sinnlich erfahrbaren Lebenswelt steht."[14]

Fiktionale Einfühlung ist somit immer mehr als nur das Nachempfinden einer Geschichte. Es geht um das Einfühlen in Materialitäten. Mode zu verstehen, wird damit zuallererst zur Erkenntnis des Körpers, zu einem Wissen, das sich fühlen lässt. Eben diese Zweideutigkeit macht das Vergnügen aus: Als Teil der Populären Kultur geht es in der Mode um die Sinnlichkeit der Dinge und die Möglichkeiten, die sie versprechen, zwischen eigener Lebensrealität und Verheißungen einer glamourösen Welt.

Mode ist aus dieser Perspektive die vermittelnde Instanz zwischen Geschlechtszugehörigkeit und Gesellschaftsordnung. Nur wer die Ästhetik des Mediums studiert und öffentlich zu nutzen weiß – wer zum Beispiel weiß, wie es sich anfühlt und was es bedeutet, Nylonstrümpfe zu welchem Kleid in welcher Situation zu tragen – wird auch daran teilhaben. (Weil Mel Gibson das nicht weiß, rasiert er sich in dem Film *Was Frauen wollen* die Beine und zieht Nylonstrümpfe an.) Hierfür braucht es, unweigerlich, Beratung in Form von Sachbüchern und Zeitschriften, die Frauen als Expertinnen für die Dinge der Mode ansprachen. Zu Beginn des 20. Jahrhundert gab es in Deutschland, so zählt Erna Lehmann in ihrer grundlegenden Studie, „etwa 95 Modezeitungen, die in zusammen 24 Verlagsorten erschienen".[15] In Paris und London, wo bereits ab 1800 die „ästhetische Außenseite" der Frauen adressiert wurde, waren es ungleich mehr und auch der US-amerikanische Markt bot hierzu Vieles und Unterschiedliches: Comicfiguren wie Betty Boop und Pulp-Magazine wie *Silk Stocking Stories* brachten eine laszive, opulente Inszenierung des weiblichen Körpers zur Anschauung; in Werbeanzeigen und Ratgebern aus den 1930er Jahren wurde die sportliche und gesundheitsbewusste Frau in ihren neuen Nylons angesprochen: „Now – Healthy Legs For All!"[16] Waren- und Materialkunde wird in dieser Zeit vor allem in Magazinen an die Frau gebracht. Hier wird der parfümierte Strumpf genauso diskutiert wie das Strumpfflicken, die technischen Details der Herstellung in den Fabriken oder die per Hand aufgetragene Strumpfnaht. Unabhängig von dem jeweiligen Frauenbild, ob konservativ bewahrend oder emanzipiert, wird deutlich, dass Frauen in den 1920er und 30er Jahren zum ersten Mal von einer medialen Öffentlichkeit als Expertinnen für die Ästhetik des Körpers angesprochen und ernst genommen wurden.

Mode ist ein reflexives Medium: Im Wissen um ihre Geschichte, die spezifische Materialität und Symbolkraft wird ihr Bedeutungsreichtum nur noch deutlicher. Sie ist auch ein emanzipatives Medium: Gerade weil sie immer mehr verspricht, als sie hält, wird Mode zu einem fortschrittlichen Möglichkeitsraum, der aktiv besetzt wurde und wird. Mode ist schließlich ein Populäres Medium: Das Vergnügen an der modischen Praxis besteht im Wechselspiel von imaginären und real vorhandenen Welten, in einem Wissen, das sich fühlen lässt. Mode ist „ein Glanz". Sie zeigt, was nicht ist, aber sein könnte.

Echte und künstliche Welten

Interessanterweise gilt dies auch für die chemische Industrie der 1930er Jahre – für den Film sowieso. Unzählig sind die Werbekampagnen, in denen die Firma DuPont Fotomodelle vollständig in künstliche Fasern kleidete. So ziert das Titelbild des hauseigenen Magazins im Juni 1940 „The Chemical Girl of 1940"[17]. In einem Reagenzglas posierend, betrachtet eine Frau ihr Outfit: Kleid und Gürtel, Hut und Handtasche, Perlen und Schuhe. Nichts davon wurde aus jenen natürlichen Rohstoffen hergestellt, die Jahrtausende lang als Material für menschliche Bekleidung dienten. Mit Nylon schaffte die chemische Industrie nicht nur den technologischen Durchbruch zur Herstellung synthetischer Fasern, sondern einen kulturellen Durchbruch: Das Künstliche wurde das neue Echt.

Nylon steht exemplarisch für das Aufkommen einer ästhetischen Ökonomie, die der Philosoph Gernot Böhme am „Auseinandertreten von innerem Design und Oberflächendesign" festgemacht hat.[18] Das eigentliche Material, aus dem Nylon besteht, wird – wie etwa bei einer Spanplatte – unsichtbar und als Material auch nicht mehr erkennbar; entscheidend sind die vielfältigen Möglichkeiten des Designs, sowie die Ästhetik der Oberfläche.

Das eigentlich ästhetisch relevante Materialdesign ist das Oberflächendesign. Es folgt einer Ökonomie, die eine andere ist als die Ökonomie der Produktion. Geht es in der letzteren um niedrige Materialpreise, um die Möglichkeit standardisierter Fertigungstechniken, um die Möglichkeit voraussagbarer und insofern garantierbarer Materialqualitäten, so geht es bei der ersteren um Verkaufbarkeit, Kundenwünsche und die ästhetische Produktion von Lebensformen.[19]

DuPont – und damit das Unternehmen, das im späten 19. Jahrhundert mit der Massenproduktion von Schießpulver für die gewaltsame Besiedelung des US-amerikanischen Westens erfolgreich war – knüpfte erstmals in der Geschichte der Bekleidungsindustrie petrochemische Innovation an modische Erneuerung und schrieb sich so in die ästhetische Ökonomie der zweiten Hälfte des 20. Jahrhunderts ein. Das Unternehmen bewirkte durch seine Werbekampagnen eine nicht für möglich gehaltene Akzeptanz von Nylon bei seinen Kundinnen und letztlich bei der gesamten (Welt-)Bevölkerung. Dies führte zu einem enormen Anwachsen der Produktpalette. In den gut 20 Jahren der Zwischenkriegszeit entwickelten amerikanische Laboratorien einer Schätzung DuPonts zufolge etwa 200 000 neue Produkte. Weil Nylon – anders als Seide aus Japan, die noch Mitte der 1930er Jahre über 90 % des US-amerikanischen Marktes beherrschte –, sowohl in der Versorgung, im Preis als auch in der Qualität konstant verfügbar war, diversifizierte sich die Produktion und Distribution von Nylonstrümpfen rasch. Susannah Handley schreibt dazu in einer groß angelegten Studie:

„Es entstand ein Klima, das die Entwicklung von Designideen beförderte: Mit Materialien zu stabilen Preisen konnten mehr neue Produkte hergestellt und Vertriebswege etabliert werden. Hatte es zuvor nur wenige Geschäfte gegeben, die sich auf Strumpfwaren spezialisierten, entstanden nun innerhalb weniger Monate Kioske oder ‚Nylonbars' entlang der Autobahnen."[20]

All these things – es werden immer mehr. Dabei gingen die ästhetische Variation und die Standardisierung der Dinge – die sich verlässlich an den Körper anpassenden und ähnlich teuren Nylons – Hand in Hand. Wie es schon bei Bananen der Fall war, schien es auch für die Popularisierung von Nylon von entscheidender Bedeutung, dass es ein Material ohne Vergangenheit, Herkunft und Jahreszeiten war – ein Material ohne natürliche Beschränkungen. Heute ist unstrittig, dass die Herstellung synthetischer Bekleidung den Raubbau an natürlichen Rohstoffen weiter vorangetrieben hat. Der Historiker Wolfgang König weist in seiner *Geschichte der Wegwerfgesellschaft* darauf hin, dass die Entwicklung des Nylonstrumpfs für eine allgemeine Tendenz steht: „Die Zahl der Kleidungsstücke hat sich vermehrt und verschlissene Kleidung wird weggeworfen."[21] In den 1930er Jahren allerdings wurde das Künstliche nicht zuletzt deshalb zu einem globalen Verkaufsschlager, weil sich darin Sehnsüchte, Begehrlichkeiten und Hoffnungen noch unwidersprochen und jenseits einer globalen Klimakrise spiegeln ließen.

Die Träume vom eigenen Glanz wurden aber nur deshalb real, weil sie von der Materialität der Dinge bestätigt wurden. Die Populäre Kultur entfaltet ihre Kraft durch ein komplexes Spiel der Empfindungen, was sich mit Nylonstrümpfen hautnah erleben ließ: „Nicht das Auge, das einen Stoff zuerst einschätzt, sondern die Hand entscheidet sich für ihn", schreibt Hannelore Schlaffer. „Nicht das, was aus der Distanz am Körper zu sehen sein würde, nicht Muster und Farbe erfreute sie, sondern was sie griffen und vielleicht bald auf dem Leib fühlen sollten."[22]

Für diesen Moment der doppelten Einfühlung – in das Material der Dinge und in ihre Versprechungen – brauchten die Frauen Vorbilder. Diese fanden sie vor allem in den großen Hollywood-Schauspielerinnen der 1930er Jahre, von Marlene Dietrich über Claudette Colbert bis zu Ginger Rogers. Fast alle von ihnen, ob als „gefallene" oder moderne Frauen, zeigten ihre bestrumpften Beine. Entscheidend ist dabei vielleicht weniger, welches Frauenbild dargestellt wurde, sondern dass Frauen in und seit dieser Zeit in der medialen Öffentlichkeit in ganz unterschiedlichen Rollen vertreten waren: „Die Darstellung so vieler verschiedener Stile des Weiblichen war ein wesentlicher Teil der Moderne"[23], fasst Carol Dyhouse zusammen. Den eigenen Identitätsentwurf wählen zu können, das war modern.

In den Nylonstrümpfen materialisierten sich unterschiedliche Möglichkeiten, die Frauen jener Zeit zum ersten Mal breitenwirksam hatten – als Konsumentinnen, aber auch gesellschaftlich. Dass auf eine Umfrage nach dem Zweiten Weltkrieg in den USA – „What do you want?" – angeblich 65 % der Frauen Nylons wollten und nur 35 % Männer, ist völlig einleuchtend. Sie wählten den Glanz, der noch Wünsche offenließ.

Krieg der Populären Kultur

In Deutschland wurden Kunstfasern durch den Chemiker Paul Schlack für die I. G. Farben entwickelt und erlebten zeitgleich Ende der 1930er Jahre ihren Durchbruch. Doch anders als in den USA erreichte man vor Ausbruch des Krieges keine lohnenswerten Produktionsmengen mehr. Durch die Zerschlagung der I. G. Farben nach 1945, die alliierte Kontrolle und die deutsche Teilung entstand erst Anfang bis Mitte der 1950er Jahre eine ernstzunehmende Kunstfaserproduktion für den Massenmarkt: Perlon in der BRD, Dederon in der DDR. In den USA wurde Nylon Anfang 1942 zum kriegswichtigen Material erklärt und die Produktion komplett umgestellt. Statt Strümpfen und Unterwäsche produzierte die chemische Industrie nun Fallschirme, Zelte und Uniformen aus dem Material. Symbolträchtige Gesten durften dabei nicht fehlen. Über dem Weißen Haus hisste man 1942 die erste amerikanische Flagge aus Nylon. Natürlich wurde sie von DuPont hergestellt, für die der Krieg zu einer Einnahmequelle ohne Gleichen wurde, wie der amerikanische Journalist Gerald Colby herausgearbeitet hat:

„Die Kriegswirtschaft verbrauchte 50 929 Meilen 35-mm-Film von Du Pont, 38 Millionen Meilen Nylon-Fallschirmgarn, 92,9 Millionen Pfund Zellophan und 11 Millionen Pfund DDT, das Insektizid-Wunder von Du Pont, das inzwischen mit Krebserkrankungen in Verbindung gebracht wird."[24]

Die US-Schauspielerin Betty Grable, angeblich das bekannteste Pin-up-Girl der 1940er Jahre, versteigerte ihre Nylonstrümpfe für die Kriegskasse. Die eigenen Nylons abzugeben, wurde während des Krieges als patriotische Geste gefeiert.

Der Krieg, der in diesen sechs Jahren geführt wurde, richtete sich natürlich nicht gegen die Populäre Kultur. Aber die Tatsache, dass aus glanzvollen Nylonstrümpfen für alle ab 1940 kriegswichtige Materialien gegen alle wurden, ist mehr als ein schlechter Zufall. Denn die

Populäre Kultur ist grundlegend an ein Zuviel gebunden, zunächst an ein Zuviel an Ressourcen: primäre Ressourcen wie etwas mehr Zeit und Geld, als für den Überlebenskampf notwendig sind. Zudem braucht es ein Zuviel an Möglichkeiten: die massenmediale Aufbereitung realer Fiktionen, die etwas versprechen. Und nicht zuletzt ist ein Zuviel an Freiheit nötig: politische Freiheit, um mit den Möglichkeiten, die sich bieten, selbstbestimmt umzugehen. All diese Möglichkeiten waren durch den Krieg nicht mehr gegeben.

Anmerkungen
1. Siehe United States Patent Office 2,130,948: https://patentimages.storage.googleapis.com/64/e8/a6/1715129d9a1c00/US2130948.pdf, S. 2 (07.04.2021).
2. Ebd., S. 1.
3. Siehe *Mad Man*, Staffel 1, Episode 1 „Smoke Gets in your eyes": https://www.youtube.com/watch?v=DgDcFTdSpuA (07.04.2021).
4. Nicolaus, Karl N.: Die Nylonesin. In: *Die Zeit*, 04.11.1948: https://www.zeit.de/1948/45/die-nylonesin (07.04.2021).
5. Keun, Irmgard: *Das kunstseidene Mädchen*. München 1998, S. 32.
6. Müller, Corinna: Revolution der Unterhaltungskultur: das Kino. In: Prügel, Roland (Hg.): *Geburt der Massenkultur*. Nürnberg 2014, S. 172.
7. Dyhouse, Carol: *Glamour. Woman, History, Feminism*. London/New York 2011, S. 59.
8. „Im Europa der Renaissance waren Seidenstrümpfe Männersache. Der spanische Hof beschenkte Heinrich VIII. mit dem Prachtstück einer seidenen Strumpfhose. Technische Revolutionen, vergleichbar der Erfindung der nahtlosen Nylonstrumpfhose, kamen damals nicht den Frauenbeinen, sondern den

Männerbeinen zugute." Vinken, Barbara: *Angezogen. Das Geheimnis der Mode*. Stuttgart 2014, S. 14 f.
9. Welche neuen und alten Widersprüche es dabei zu beobachten gibt, untersuchen zwei aktuelle Veröffentlichungen. Siehe Kohout, Annekathrin: *Netzfeminismus. Strategien weiblicher Bildpolitik*. Berlin 2019; Weis, Diana: *Modebilder. Abschied vom Real Life*. Berlin 2020.
10. Schlaffer, Hannelore: *Mode, Schule der Frauen*. Frankfurt a. M. 2007, S. 10.
11. Ebd., S. 14.
12. Siehe Statistisches Bundesamt (Hg.): *Bevölkerung und Wirtschaft 1872–1972*. Stuttgart/Mainz 1972, S. 144.
13. Schildt, Gerhard: *Frauenarbeit im 19. Jahrhundert*. Pfaffenweiler 1993.
14. Huck, Christian: Fashion Now! Populäre englische Romane des 18. Jahrhunderts. In: Ders./Zorn, Carsten (Hg.): *Das Populäre der Gesellschaft: Systemtheorie und Populärkultur*. Wiesbaden 2007, S. 159.
15. Erna Lehmann zit. n. Zika, Anna: *Ist alles eitel? Zur Kulturgeschichte deutschsprachiger Modejournale zwischen Aufklärung und Zerstreuung, 1750–1950*. Weimar 2006, S. 175.
16. Werbung Gesundheitsanzeigen in: *The Advertising Archives*: https://www.advertisingarchives.co.uk/?service=search&action=do_quick_search&language=en&mode=&q=Nylon&qw=&md_1=&md_2=1930s&grid_layout=4 (07.04.2021).
17. Siehe *The Test Tube Girl*: https://digital.sciencehistory.org/works/ej5g6p0 (07.04.2021).
18. Böhme, Gernot: *Atmosphäre. Essays zur neuen Ästhetik*. Frankfurt a. M. 1995, S. 57.
19. Ebd., S. 58 f.
20. Handley, Susannah: *Nylon: The Story of a Fashion Revolution*. Baltimore 1999, S. 46.

21. König, Wolfgang: *Geschichte der Wegwerfgesellschaft. Die Kehrseite des Konsums.* Stuttgart 2019, S. 80.
22. Schlaffer, Hannelore: *Alle meine Kleider. Arbeit am Auftritt.* Lüneburg 2015, S. 132.
23. Dyhouse, Carol: a. a. O., S. 88.
24. Colby, Gerard: *DuPont: Behind the Nylon Curtain.* New York 1984, S. 292.

1955. Fernbedienungen
Durch Raum und Zeit

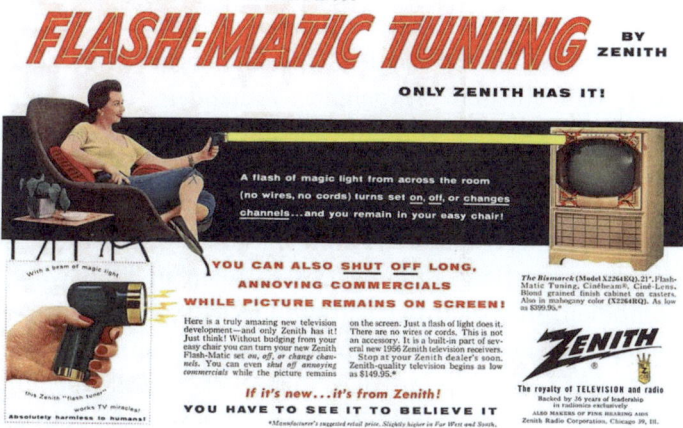

Anzeige für die Zenith Flash-Matic, 1955.

Nach einer gern zitierten Aussage ihres Erfinders, ist die Fernbedienung fast so wichtig wie Sex. In einem Interview, das er zehn Jahre vor seinem Tod gab, schätzte Eugene Polley die kulturhistorische Bedeutung der Flash-Matic folgendermaßen ein: „Die Toilette mit Wasserspülung mag die zivilisierteste Erfindung aller Zeiten gewesen sein, aber die Fernbedienung ist die zweitwichtigste. Sie ist fast so wichtig wie Sex."[1]

Toilettenspülung – Sex – Fernbedienung: ein Triumvirat moderner Lebenswelt. Was an Polleys Aussage mehr als nur zitierfähig sein könnte, ist die Tatsache, dass *all these things* mit dem Körper zu tun haben. Sie haben den Körper zum Ziel ihrer Praxis. Sex ist dabei sicherlich der markanteste Bereich der Populären Kultur, in dem „die Auseinandersetzung zwischen dem Körperlichen und dem Gesellschaftlichen geführt wird"[2]. Mit ‚Sex', hier verstanden als die öffentliche Form der privaten, nicht darstellbaren Sexualität, verhandelt die Gesellschaft ihre Haltung zum Körper und zum Körperlichen. Die Toilettenspülung wiederum dient – vor allem in der amerikanischen Unterhaltungskultur – als Stellvertreterin für das Verbotene und Tabuisierte des Körpers. Die obsessive Beschäftigung mit Fäkalien in Hollywood-Komödien provoziert das haltlose Gelächter, das den Ekel vor dem eigenen und dem fremden Körper bannt.

Es wäre abstrus zu behaupten, die Fernbedienung würde im selben Maße Bilder des Körpers und der Körperlichkeit aktivieren. Und doch evoziert das Wort Fernbedienung auch die Vorstellung von fülligen Körpern in großen Sesselgarnituren. Körper, die durch Technik ruhiggestellt werden. „Fernbedienungen ermutigen uns, mehr Zeit im Sitzen zu verbringen"[3], schreibt die amerikanische Literatur- und Kulturwissenschaftlerin Caetlin Benson-Allott. Je schneller die Bilder flimmern, desto ruhiger wird der Körper im Sessel – die Fernbedienung deaktiviert den Körper gewissermaßen. Aus einer kulturkritischen Perspektive betrachtet, verstärkt dieses Ding die schleichende Deformierung des Menschen: Nun wird nicht nur der Geist durch geistlose Unterhaltung stillgelegt, sondern auch der Körper wird durch Technik zu Untätigkeit verleitet. „But with television came problems"[4], wie es in dem Cartoon „TV of Tomorrow" von Tex Avery aus dem Jahr 1953 prosaisch heißt. Wohl wahr.

Geheimnisvolle Kontrolle

Bei der Einführung der Flash-Matic im Jahr 1955 wurde jedoch ein ganz anderer Aspekt des Körpers in den Mittelpunkt gerückt – dessen Unversehrtheit. „Absolutely harmless to humans!"[5], verkündete die Firma Zenith, die die erste schnurlose Fernbedienung auf den Markt brachte. Das Vorgängermodell, die Lazy-Bone von 1950, ließ die Menschen im Wohnzimmer noch zu oft über das Kabel stolpern, das Fernseher und Fernbedienung verband. Man könnte also annehmen, dass die Unversehrtheitsgarantie für die verkabelte Fernbedienung galt. Doch die Versicherung, dass der Mensch durch Bedienung der Flash-Matic keinen Schaden nehmen würde, war genau dadurch notwendig geworden, dass die Flash-Matic eine unsichtbare Verbindung zwischen Mensch und Ding herstellte. Was nicht zu sehen ist, macht potentiell Angst. So hatte man schon die erste schnurlose Fernbedienung für das Radio auf den sprechenden Namen Mystery Control getauft. Der amerikanische Hersteller Philco brachte sie 1938 auf den Markt: ein Holzkasten mit einer Telefonwählscheibe. Philco behielt alle technischen Details der Fernbedienung für sich, obwohl die Mystery Control nicht anders funktionierte, als das Radio selbst – über

Frequenzsignale. Aber nicht das war es, was sie geheimnisvoll machte, sondern die Gleichzeitigkeit von funktionaler Verbindung und materieller Verbindungslosigkeit zwischen Mensch und Ding. Wie auch das Telefon, an deren Form und Gebrauch Fernbedienungen der frühen 1950er Jahre erinnern (wie die DuMont etwa), operiert die Fernbedienung als Medium im technischen wie im spirituellen Sinn. Mit ihr rufen wir die Technik selbst an; sie ist es, die uns erscheinen soll, fern und nah zugleich.

Der US-amerikanische Medienwissenschaftler Jeffrey Sconce hat in seinem so erhellenden wie unterhaltsamen Buch *Haunted Media* die Geschichte der Verlebendigung der Medienapparaturen untersucht.[6] Er beginnt seine Kulturgeschichte der elektronischen Dinge mit drei Fällen aus den frühen 1950er Jahren, die es damals auf die ersten Seiten der amerikanischen Boulevardpresse schafften: In Long Island schießt ein Mann nachts auf den noch laufenden Fernseher, weil er ihn für einen Einbrecher hält. Ein möglicherweise schizophrener Mensch sticht in den CBS Studios in New York auf einen Kameramann ein, weil er sich vom Fernsehen verfolgt fühlt. Bei einer weiteren Familie in Long Island erschien das Gesicht einer Frau auf dem Bildschirm, sobald dieser ausgeschaltet wurde. Gleich einem Wallfahrtsort pilgerten in den darauffolgenden Tagen Journalisten, Ingenieure und Schaulustige zum Wohnzimmer der Familie, um das Antlitz auf dem toten Bildschirm zu sehen. Das technische Medium erscheint als lebendiges Wesen – dieser paradoxen Wendung folgt Sconce als Geschichte einer Verunsicherung und fragt: „Welchen Stellenwert haben die durch Radio, Fernsehen und Computer geschaffenen Welten eigentlich?"[7] Wir wissen es nicht immer.

Technische Dinge sind mysteriös und nicht selten furchteinflößend: Es ist mir ein Rätsel, wie das elektrische

Licht funktioniert; ich verstehe nicht, warum der Kühlschrank kalt ist und ich fürchte mich vor dem Computer und seinen permanenten Aktualisierungsbestrebungen. Aber es bleibt uns nichts anderes übrig – und das ist die klassische Bestimmung moderner, ausdifferenzierter Wissenschaftlichkeit durch den Soziologen Max Weber –, als an die Ungefährlichkeit der Dinge und an ihr Funktionieren „zu glauben"[8]. So auch in den 1950er Jahren: Etwas war zwischen Menschen und Fernsehgeräte getreten, an das man glauben musste, denn es hatte weitreichende Konsequenzen. Es machte Mensch und Ding zu den zwei Enden einer Verbindung. Der Mensch koppelte sich auf mystische, unsichtbare Weise an das technische Ding; körperlichen Schaden, so wurde versprochen, sollten wir durch die Technik aber nicht nehmen.

Entsprechend prominent wurde diese neue Beziehung visuell in Szene gesetzt, denn mit der Fernbedienung wurde auch das Medium und Konsumobjekt Fernseher inszeniert. Für die Integration des Gerätes in die amerikanischen Haushalte, so bringt es die Kulturhistorikerin Lynn Spigel auf den Punkt, musste buchstäblich Platz gemacht werden: „Make Room for TV".[9] Entsprechend zeigten die Werbeanzeigen der 1950er Jahre fast ausschließlich häusliche Interieurs, besonders Wohnzimmerszenen. Für das neue Produkt der Firma Zenith, heute im Besitz der LG Group, sitzt am linken Bildrand eine Frau, bequem in einem braun melierten Cocktailsessel, vor ihr ein Beistelltischchen mit Topfpflanze und Aschenbecher. In einer Hand, fast verschwindend klein, hält sie die Flash-Matic, die auf den Fernseher am rechten Bildrand gerichtet ist. Die Frau im Sessel und den Fernseher im TV-Schrank verbindet kein flackernder Blitz oder subtile Andeutung der Lichtwellen, sondern ein gelber Strich. Ein Strich, wie ihn nur eine Werbeagentur erfinden kann: mächtig und unverrückbar. Zwischen die Menschen und ihre Fernseher passt ab jetzt kein Blatt Papier mehr, keine Störung soll ihre Verbindung trennen.

Für die Flash-Matic galt das jedoch nicht uneingeschränkt: Eine störungsfreie Verbindung war vom Hersteller nicht zu garantieren. Da sie über Fotozellen funktionierte, war sie anfällig für einfallendes Tageslicht. Bei 5,7 Mio. verkauften Fernsehgeräten, gönnten sich im Jahr 1955 nur 30 000 Konsumentinnen ein Zenith-Gerät mit Flash-Matic. Mit knapp 400 US-Dollar kostete es deutlich mehr als ein übliches Fernsehgerät, das für etwa 150 US-Dollar zu haben war. Für einen Preis, der einer heutigen Kaufkraft von über 3000 US-Dollar entspricht, hielten die Käufer letztlich kaum mehr als eine leistungsstarke Taschenlampe in der Hand, mit der sie abwechselnd in die vier Ecken des Zenith-Fernsehers leuchteten. So ließ sich das TV anstellen (unten links), der Ton ausstellen (unten rechts) und die Sender wechseln (oben links und rechts). Um eventuelle Störungen zu vermeiden, wurde von Firmenseite vorgeschlagen, den Raum zu verdunkeln: „In einigen Fällen kann helle Beleuchtung oder in den Raum einfallendes Sonnenlicht einen fehlerhaften Betrieb verursachen."[10] Ein manuell zu bedienender Knopf gab die Sicherheit, dass das neue technische Ding auch vollständig abzuschalten und die Senderwahl, wie gewohnt, direkt am Gerät zu bedienen war. „Damit können Sie das Gerät und die Flash-Matic mit absoluter Sicherheit ausschalten, ohne dass sich der Empfänger von selbst wieder einschalten kann."[11]

Als gelte es, den Zauber der Technik gleichzeitig zu feiern und zu bannen, wird hier deutlich, dass die Fernbedienung kein notwendiges, sondern ein kontingentes Bedürfnis erfüllt. Zur Einführung musste diese Möglichkeitsbedingung noch herausgestellt werden: Du brauchst die Fernbedienung nicht, lieber Fernsehzuschauer, alles funktioniert wie gewohnt und auch ohne sie. Während heute ein Leben ohne Fernbedienung nicht mehr vorstellbar ist, musste dies in den 1950er Jahren erst noch in den Köpfen verankert werden. Die Popularisierung der Fernbedienung seit dieser Zeit zeigt sich als ein Prozess der Normalisierung bis zur Unausweichlichkeit: Es gibt kein echtes Fernsehen ohne Fernbedienung mehr.

Komplizen der Technik

Vom Sinn dieser Neuerungen überzeugt wurden die US-Konsumenten, die immer auch Bürger waren, durch die fortschreitende Elektrifizierung der privaten Haushalte: „Bis 1930 hatte man fast 70 % der Haushalte an die Stromversorgung angeschlossen."[12] Aber auch populäre Unterhaltungsmagazine webten an dem Netz der Technisierung, durch das immer mehr Dinge in die alltägliche Lebenswelt integriert wurden. So portraitierte die Zeitschrift *Popular Mechanics* Anfang der 1950er einen Ehemann und Vater in Jackson, Michigan, der sein Haus zu einer einzigen Ansammlung von Knöpfen und Schaltern gemacht hatte, mit der das Leben der Familie auf unsichtbare Weise verschaltet wurde. Gardinen und Türen wurden automatisch zugezogen oder verriegelt, Lampen leuchteten von selbst am Schminktisch der Ehefrau genauso wie in der Garage oder der Veranda, Feuer- und die Alarmanlage wurde vom Schlafzimmer aus kontrolliert. „Außerdem arbeite ich an einer Fernbedienung, die es mir ermöglicht, das Radio von jedem Ort im Haus auf einen beliebigen Sender einzustellen"[13], wie der Besitzer mehrerer Radios erzählte. In dieser Zeit trifft die Do-It-Yourself-Kultur auf die modern-pragmatische und unterhaltende Technisierung der Lebenswelt, die sich nunmehr in den Wohnzimmern der Familien abspielte.

In diesen zeitgeschichtlichen Kontext fällt die sukzessive Popularisierung der Fernbedienung. 1955 war sie ein spektakulär neues und gleichermaßen verstörendes Ding. Das ist schon an der Bedienungsanleitung der Flash-Matic ablesbar – jener Textsorte des modernen Lebens, die zwischen nüchterner Erläuterung und Aufklärungsanspruch changiert. Wie jede Bedienungsanleitung bis heute ist auch die der Flash-Matic bis zur Verständnislosigkeit ausführlich. Denn sie soll dem Kunden versichern, dass das für ihn Neue, Ungewohnte und Überraschende erstens durchdacht und zweitens bald vertraut sein wird. An der vorliegenden Anleitung überrascht darüber hinaus, dass sie mit großer Emphase die neuen Benutzer dieses Geräts zu Komplizen der Technik macht. Durch Schaltpläne, Abbildungen und Materialangaben, vor allem aber durch einen durchweg inkludierenden Tonfall, sollten die Wohnzimmer „der Menschen überall in unserem großen Land"[14] technisiert werden.

Man muss unweigerlich an ein anderes berühmtes Wohnzimmer denken, das Richard Hamilton etwa zur gleichen Zeit gemalt hat. In seiner Pop-Art-Collage „Just what is it that makes today's homes so different, so appealing?" von 1956 sehen wir ein technisiertes Wohnzimmer, in dem sich ein Fernseher, ein Tonbandgerät, ein Staubsauger und eine Friseurhaube tummeln. Was bei Hamilton und in der Pop-Art durchgängig in einer ironischen Schwebe zwischen Eigentlichkeit und Uneigentlichkeit bleibt (siehe „Suppendosen"), das wird in der Sachprosa der Bedienungsanleitung zum Auftrag: „Sie müssen sich nur in Ihrem Lieblingssessel zurücklehnen und eine schwerelose, unsichtbare Verlängerung Ihres Arms die Auswahlfunktion blitzschnell ausführen lassen."[15] Die Technisierung der Lebenswelt gelingt, nach und nach, indem der oder die Einzelne vor dem Fernseher selbst in die Position gebracht wird, sich als verlängerter Arm und damit Teilhaberin der Technisierung zu begreifen. Was im Falle des Hausbesitzers aus Michigan nur ein hochspezialisierter Amateur zu leisten imstande war, wird nun auf eine Vielzahl der Bürgerinnen ausgedehnt. Die Fernbedienung ist in dem Maße ein Populäres Ding, in dem sie die Kontrolle über die Technik demokratisiert. Alle Menschen sollen nun technische Dinge besitzen, mit denen sie andere technische Dinge kontrollieren.

Schließlich sieht die Flash-Matic auch genauso aus: Eine kleine, grüne Pistole aus Thermoplast, abgesetzt mit kupferfarbenen Ringen und veredelt durch einen roten Abzug. Aufgrund ihres Gewichts und des leicht stromlinienförmigen Designs muss sie gut in der Hand gelegen haben. „Für den Zuschauer ist es die Einfachste überhaupt"[16], heißt es in einem Technikjournal, das verschiedene Fernbedienungen der 1950er Jahre miteinander vergleicht. Leicht zu bedienen und ein vertrautes Design – beides trifft auf die erste Fernbedienung der Geschichte zu. Es lässt sie zu einem Ding werden, das gleichsam intuitiv und ohne großes Nachdenken gebraucht werden kann, und das man braucht.

Überflüssige Zeit

Wozu aber brauchte man die Fernbedienung im Jahr 1955? Das Bedürfnis, das sie erfüllte oder erfüllen sollte, war es, die Werbung zu vermeiden:

„Die Flash-Matic-Fernbedienung, die wie eine Taschenlampe funktionierte, hatte die Form eines stupsnasigen Revolvers. Es war eine wohlüberlegte Entscheidung von Mr. Polley gewesen, wie er im Jahr 2000 erklärte, um die Zuschauer im Zeitalter der TV-Western die Werbespots einfach ‚abschießen' zu lassen."[17]

Die Überbrückung der überflüssigen Werbezeit war gewissermaßen die erste kulturelle Aufgabe, welche die Fernbedienung zu übernehmen hatte. Insofern ist der Entwicklungsschritt von der Lazy Bone zur Flash-Matic mehr als nur die Vermeidung von Kabeln im Wohnzimmer gewesen. Denn die Funktionen der Lazy Bone beschränkten sich darauf, zwischen den noch wenigen Programmen zu wechseln. In diesem Sinne war die Fernbedienung von 1950 tatsächlich etwas für müde Knochen, die nicht aufstehen wollten oder konnten. Mit der Flash-Matic entwickelten die Techniker von Zenith die bis heute so genannte Mute-Taste. „Mute the Sound"[18], heißt die prosaische Beschreibung in der Bedienungsanleitung dazu, die aber deutlich zeigt, dass die Fernbedienung etwas anderes ist und kann als der Fernseher. Sie wiederholt nicht dessen technische Operationen, sondern fügt diesen eine weitere hinzu, die sich an kaum einem Fernsehgerät findet: Das Bild sichtbar zu halten und den Ton auszuschalten.

So konnte man damit werben, dass die Zuschauer bald weniger Werbung zu ertragen hätten: „Nur die Zenith Flash-Matic schneidet die Werbespots heraus."[19] Während 1941 die Firma Bulova noch neun US-Dollar dafür bezahlte, dass ihre Uhr während eines Baseball Matches auf dem Bildschirm von etwa 4500 Fernsehzuschauern gesehen wurde, gaben amerikanische Unternehmen 1951 knapp 130 Mio. US-Dollar für TV *commercials* aus, 1955 dann über eine Billionen US-Dollar. Entsprechend differenzierten sich Werbeformate aus, es gab Werbeikonen wie den Marlboro-Mann (1954) und Slogans, die bis heute mit einer Marke verbunden sind: „schmelzen im Mund, nicht in der Hand"[20]. Die Fernsehwerbung der 1950er Jahre macht sichtbar, dass es erstens zu viele Dinge gibt, aus denen eine Auswahl getroffen werden muss, und dass es zweitens zu viel Zeit gibt, die es ermöglicht, werbenden Formaten Aufmerksamkeit zu schenken.

In diesem Sinn steht die Werbung exemplarisch für die Massenkünste des 19. und 20. Jahrhunderts, die Kaspar Maase „durch das Bemühen" bestimmt sieht, „im modernen Alltag die Aufmerksamkeit vieler zu gewinnen"[21]. Populäre Kultur ist erst möglich, wenn breite Teile der Bevölkerung über einen Zeitüberschuss verfügen, der irgendwie genutzt werden kann und muss (siehe „Kaugummis"). Die Werbung hat somit den impliziten Effekt (oder sogar die Funktion), den Fernsehzuschauern vorzuführen, dass sie zu viel Zeit zur Verfügung haben. Sie ist die Pause von der Unterhaltung, die nur besteht, weil Unterhaltung freie Zeit – also Pausen von der Arbeit, der Familie, von sich selbst – benötigt. Eine Zeit, die nicht mehr (ausschließlich) für das Überleben durch Arbeit eingesetzt werden muss: „Es sind nicht Probleme des Davonkommens, sondern Probleme des Davongekommenseins"[22], wie der Philosoph Odo Marquard die Frage nach dem Sinn einer modernen Existenz beschreibt. Denn seit Mitte des 20. Jahrhunderts steht in den entwickelten Industrienationen nicht mehr die Frage im Zentrum, wie zu überleben sei, sondern wofür.

Die Fernbedienung verhält sich zu diesem neu erworbenen Zeitüberschusskontingent höchst widersprüchlich. Sie ermöglicht es, die eigene Zeit anders als mit Werbung zu verbringen oder aber die frei gewordene Zeit mit anderen Fernsehprogrammen und anderer Werbung zu verbringen. Ein Coca-Cola-Slogan von 1955 lautete in Deutschland: „Mach mal Pause auch zu Hause." Treffender ist die Funktion der Fernbedienung nicht zu beschreiben: Sie ermöglichte es, eine Pause von der Pause zu machen.

Neue Gemeinschaften und alte Stereotype

Zurück zu den materiellen Eigenschaften des Dings, mit dem der US-amerikanische Fernsehzuschauer seit 1955 die eigene Werbung ausschießen konnte. Natürlich legt die Form der Flash-Matic es nahe, dass sich vor allem Männer, die bewaffnet mit einer Fernbedienung im Sessel vor dem neuen Zenith-Gerät saßen, als Buffalo Bill oder John Wayne imaginierten. Wenn der Westernheld zum Inbegriff des *homo americanus* geworden ist, dann ist die Pistole in der Hand von Fernsehzuschauern gleichzeitig die Ablösung des Leitmediums Kino – durch das der Westerner erst wurde, was er ist – und Fortführung dieser hochgradig wirksamen Figur der US-amerikanischen Kultur. Ob auf der Leinwand mit einer Pistole oder vor dem Fernseher mit einer Flash-Matic ist er „die Zentralfigur einer im Entstehen begriffenen Gesellschaft, in der noch nicht alle Positionen besetzt sind und die deshalb Raum läßt für Männer; die sich ausprobieren und selbst erfinden können"[23], wie der Kulturwissenschaftler Christian Kortmann schreibt.

Denn die Gesellschaft, die nach dem Zweiten Weltkrieg entsteht, war nicht mehr dieselbe wie noch zur Zeit Buffalo Bills, sie trug aber noch deren Spuren – so wie William F. Cody mit seinen gescheiterten Kinoprojekten die sich formierende Mediengesellschaft ins Visier genommen hatte (siehe „Ein Skalp"). Die US-amerikanische Öffentlichkeit wurde durch die immer dominanter auftretende Schicht der Angestellten *(white collar workers)* und ein dadurch bedingtes Wachstum der Mittelklassekultur in den Vororten großer Städte geprägt. „Mit dem Kauf eines freistehenden Hauses in der Vorstadt", so beschreibt es Spigel, „nahmen die jungen

Mittelschichtspaare teil an der Bildung einer neuen Wertegemeinschaft [...] Ältere Menschen, Schwule und Lesben, Obdachlose und Farbige wurden aus diesen kommunalen Räumen schlicht hinaus geschrieben und -geplant"[24].

In den 1950er Jahren präsentiert sich also eine Gesellschaft *in the making:* Im Übergang von einer Produktions- zu einer Konsumgesellschaft formte sich eine Lebenswelt, in der die Dinge für ausgewählte gesellschaftliche Schichten immer mehr wurden. Deren strukturell bedingte Vielzahl wird pompös inszeniert in den sogenannten Populuxe-Filmen[25] großer US-amerikanischer Firmen wie General Motors oder nüchtern beschrieben in dem bekannten *Crestwood-Heights-Report,* der einen durchschnittlichen Haushalt in einem US-amerikanischen Vorort aus dem Jahr 1956 schildert.

Dort finden sich „natürlich die üblichen Betten, Tische und Stühle; aber auch (unter anderem) Kühlschränke und Heizöfen, Mixgeräte, Medikamente, Nachttischlampen, Teppiche, Leuchter, Thermostate, Briefkästen, Radios, Türklingeln, Fernsehapparate, Telefone, Autos, Lebensmittel jeder Art, Bleistifte, Adressbücher, Terminplaner, Töpfe und Pfannen, Mausefallen, Familienschätze, Bilder, Verhütungsmittel, Sparbücher, Füllfederhalter und die neuesten journalistischen Druckerzeugnisse"[26].

Einen übergeordneten Sinnentwurf für dieses Leben in neuen sozialen, ökonomischen und materiellen Räumen gibt es nicht. Das Fernsehen dient in den 1950er und 60er Jahren als Vergesellschaftungsmedium und Orientierungshilfe für das jeweils Gültige, Erlaubte oder Erwünschte, so wie der Fernseher zum Möbelstück in den Wohnzimmern wird. Als solches prägt er nicht nur die Gestaltung der neuen Mittelklassewohnzimmer durch den obligatorischen Fernsehsessel, sondern ergänzt dies durch rollende Mini-Kühlschränke, Fernsehtoaster und Fernsehtische, welche wiederum für das Essen vor dem Fernseher genutzt werden konnten. 1953 entwickelt, schafft es *TV-Dinner* in kürzester Zeit, die kulturelle Vereinbarung darüber, wie und wo was gegessen wird, grundlegend zu ändern; „wenn es in Ordnung war, vor dem Bildschirm zu essen, dann war es auch gesellschaftsfähig, Truthahngerichte zu essen, die jemand anderes zubereitet hatte."[27] Die nicht selbst erlebte Realität im Fernsehen und das nicht selbst gemachte Essen auf dem Fernsehtisch legitimierten sich gegenseitig – als neue und angemessene Realität der Weißen Mittelklasse.

Und die Fernbedienung? Sie ist die Möglichkeit, die Möglichkeiten schafft; sie bietet den Raum, um sich in dieser Grenzsituation von einer im Entstehen begriffenen Gesellschaftsordnung zurechtzufinden und neu zu erfinden. Was Niklas Luhmann über die Realität der Massenmedien schreibt, gilt exemplarisch für die Fernbedienung:

„Der Gegensatz von Freiheit und Zwang ist aufgehoben. Man kann sich selbst wählen und wird nicht einmal darauf verpflichtet, bei dem zu bleiben, was man von sich selbst hält, wenn es ernst wird."[28]

Aber, und das unterscheidet die 50er Jahre fundamental von der Pionierzeit im Wilden Westen: Ihr Möglichkeitssinn gilt nun nicht mehr vorrangig den Männern.

Die Flash-Matic ähnelt in ihrer Materialität nicht nur einer kleinen Pistole, einem Damen-Revolver gewissermaßen, mit der die Nachkommen Buffalo Bills die überflüssige Werbung niederschießen konnten. Sie erinnert auch an einen Duschkopf oder einen Föhn – Dinge, die vorwiegend der Körperpflege von Frauen dienten. Während Mitte des 19. Jahrhunderts in einem ländlichen geprägten Staat wie Colorado auf 100 Einwohner 95 Männer und 5 Frauen kamen,[29] stellt sich die

Geschlechterverteilung 100 Jahre später – auf das ganze Land bezogen – vollkommen ausgeglichen dar: eine Hälfte Männer, eine Hälfte Frauen. Weil die Populäre Kultur eine ökonomisch formierte Kultur ist, deren Rezipienten immer auch Konsumentinnen sind, wird eine solch große Käuferschicht nicht vernachlässigt. Bedingt durch den Zweiten Weltkrieg fanden sich in den kaufkräftigen Bevölkerungsschichten sogar mehr Frauen, wodurch die 1950er Jahre zum Jahrzehnt wurden, in dem die Populären Dinge erneut vorwiegend Frauen ansprechen sollten.

Für den Nachfolger der Flash-Matic, den Space Command von 1956, wurde daher unter anderem eine Werbekampagne entwickelt, die sich an den traditionellen Geschlechterrollen orientierte. Einmal ist es der Mann, der seiner Frau, die als Fernsehbild präsent ist, verkündet: „Schau mal, Gracie! Mit der Zenith Space Command kann ich die Programme von der anderen Seite des Raumes ändern …" Darauf antwortet das weibliche Fernsehgesicht: „George, … das würdest Du doch nicht wagen!"[30] Was hier als klassische Rollenverteilung zwischen dem innovationsbegeisterten Mann und der kokett-konventionellen Frau erscheint, wird dann in einer weiteren Anzeige umgedreht. Nun ist es Gracie, die die Vorzüge der Technik preist und der Mann im TV, der dem Ganzen nicht traut. Dabei sind es nicht irgendwelche Gesichter, die hier für die Space Command werben, sondern die durch ihre Sitcom bekannten, frühen Vaudeville- und Radio-Stars George Burns und Gracie Allen. Ihnen ging es weniger darum, Konventionen in der visuellen Darstellung von Männlichkeit und Weiblichkeit zu dekonstruieren, sondern die Space Command in den fiktionalen Kosmos der *Burns and Allen Show* zu integrieren. Das wiederum war nicht besonders schwer, schließlich fanden die Geschichten um das ungleiche Ehepaar vor allem in einem Wohnzimmer statt; und so war es verlockend, den häuslichen Kampf um die Fernbedienung auf fiktionaler Ebene vorgeführt zu bekommen.

Dadurch werden die Geschlechterverhältnisse, die zu dominant sind, um durch eine Werbeanzeige transformiert zu werden, natürlich nicht obsolet. Doch ging es bei der schrittweisen Einführung der Medienapparaturen des 20. Jahrhunderts nicht ausschließlich um ein zu gewinnendes weibliches Publikum. Auch der Mann musste erst symbolisch ins Wohnzimmer geholt werden, um Radio, Fernsehen und Fernbedienung zu einem Gemeinschaftserlebnis zu machen. Dabei galt es, der Angst vor einer Entmännlichung durch die Massenmedien entgegenzuwirken, wie Lynn Spigel schreibt: „Dem Volksmund zufolge drohte das Fernsehen die Männlichkeit zu gefährden und Männer mit der ‚Seuche' der Weiblichkeit zu infizieren."[31] Männer, die seit Mitte des 19. Jahrhunderts immer mehr Zeit zu Hause verbrachten, mussten erst lernen, sich eine Sphäre der Männlichkeit im eigenen Haus – im Eigenheim in den Suburbs – zu schaffen. Der Historiker Steven Gelber fand in seiner Untersuchung von Hobbies im ersten Drittel des 20. Jahrhunderts für diesen Prozess den Begriff der *domestic masculinity*.[32] Vor allem für die männliche Käuferschicht galt es, die technische Dimension von Radio, Fernsehen oder Fernbedienung hervorzuheben.

Wenn es also nicht vorrangig darum gehen muss, die offensichtliche Fortschreibung stereotyper Geschlechterrollen zu entzaubern, dann ist die Beobachtung zu stärken, dass Populäre Dinge potentiell inklusiv, nicht exklusiv sind. Dafür müssen sie bereits auf der materiellen Ebene normalisierend wirken. So knüpft die erste Fernbedienung der Geschichte sowohl an weiblich als auch an männlich konnotierte Dingwelten an. Wichtiger als ihre Symbolkraft scheint dabei die materielle Beschaffenheit zu sein.

Eine Taschenlampe, eine Pistole, ein Föhn, ein Duschkopf waren in der amerikanischen Gesellschaft Mitte der 50er Jahre auf je unterschiedliche Weise massenhaft vorhanden und Teil des kulturellen Erfahrungsraumes der Vielen. Es sind Dinge, die symbolisch, vor allem aber haptisch in Gebrauch waren und sich buchstäblich vertraut anfühlten.

Allerdings galt das nur, und hier bricht sich die potentielle Inklusionsleistung Populärer Dinge an vorhandenen gesellschaftlichen Strukturen, für die Weiße Mittelschicht des Landes. Kein Werbeplakat zur Einführung der Fernbedienung zeigt eine Schwarze Familie oder asiatische US-Amerikaner im häuslichen Wohnzimmer. Noch ein Jahrzehnt vor dem Civil Rights Act 1968 (bzw. 1964) unter Präsident Lyndon B. Johnson war es den großen US-Firmen verboten, Schwarze Bürger als Beschäftigte einzustellen. Auch als Konsumenten von damals noch hochpreisigen Produkten wurden sie nicht in Betracht gezogen. Hier fällt die fehlende Inklusionsleistung im zeitlichen Zusammenhang ins Gewicht, nicht die Materialität der Fernbedienung. Blickt man auf die dingliche Qualität der Flash-Matic, so brach diese zwar mit dem Design bisheriger Fernbedienungen – jene bestanden seit Erfindung des Radios aus Apparaturen in Holzkästen –, schloss aber gleichzeitig an den normalen Gebrauch der Dinge an.

Die Momente der Vergemeinschaftung, die durch Populäre Dinge und ihren Gebrauch entstehen, sind dabei höchst ambivalent. Ein Blick in die Geschichte und Gegenwart zeigt unmissverständlich, dass die Versammlung von Menschen vor dem Radio, dem Fernseher oder dem Smartphone für politisch-ideologische Zwecke genutzt wurde und wird.[33] Dieser Zusammenschluss ist aber auch ein Resultat der ökonomischen Bedingtheit früher Medienformate des 20. Jahrhunderts. Weil sowohl Radio als auch Fernsehen in den USA von Beginn an privatwirtschaftlich organisiert waren, gab es jene neuen Gemeinschaften, die sich um die Dinge scharten nur deshalb, weil sie als Konsumentinnen die Existenz der Medien finanzierten. „Wie Radiosender verdienten auch TV-Sender Geld, indem sie ein Publikum für die Werbeindustrie zusammenführten."[34] Nicht nur können Dinge Menschen um sich versammeln, diese Menschen führen auch die Existenz der Dinge herbei. In diesem Wechselspiel entstehen massenkulturell formierte Subjekt-Objekt-Beziehungen, die auf einer Möglichkeit, nicht auf Notwendigkeit gegründet sind.

Wir sind Space Invaders

Die Fernbedienung erweitert und begrenzt allerdings nicht nur die Zeit in den privaten Haushalten, sie überbrückt gewissermaßen auch den Raum: Konkret waren und sind das im Normalfall nicht mehr als drei Meter, der Weg vom Sessel zum Fernseher. Imaginativ aber klingen ganz andere Räume und andere Entfernungen an, wenn es in der Werbung zur Space Command heißt: „Nothing between you and the set but space ..."[35] Das Versprechen, die Begrenzungen des Raumes zu überwinden, kontrollierbar und erfahrbar zu machen, ist Teil des Fortschrittsoptimismus, durch den seit der industriellen Revolution der Entfernungssinn kulturell neu geordnet und interpretiert wurde. Nach Dampfschiff, Eisenbahn und Telegrafie war es nun die Weite des Weltraums, die erkundet werden sollte. Die Kontrolle dieses Raums war ein vorrangiges politisches Ziel der 1950er Jahre, und Telos des Wettrüstens zwischen den USA und der UdSSR.

Die Space Command kam 1956 auf den Markt, ein Jahr vor der offiziellen Verkündigung von US-Präsident Dwight D. Eisenhower, einen erdumkreisenden Satelliten in das Weltall zu schicken – ein ebenso naheliegender, wie überbewerteter Umstand. Denn Populäre Dinge sind immer Dinge des Zeitgeists, ihre Gegenwartsfixierung lässt sie an vielen Stellen zu einem Brennglas für die jeweilige Zeitgeschichte werden. Dass die erste Fernbedienung in Deutschland Zauberschalter genannt wurde, spricht für sich: Sie entstand 1956 zeitgleich mit dem Zauberstab für die Hausfrau, dem bis heute aktiven Stabmixer des Wirtschaftswunders. Dass mit dem deutschen Pendant der Flash-Matic keine Sender gewechselt werden konnten, war allerdings anderen Umständen geschuldet: Zwischen welchen Sendern hätte man in Deutschland bis 1963 auch wählen können? Gleichzeitig erklärt die Zeitgeist-Diagnose letztlich nur, dass das Ding ein Produkt seiner Zeit war. Ergiebiger ist es zu fragen, was an der Fernbedienung eigentlich unterhält, warum sie nicht nur ein technisches Ding und eine Ware ist, sondern exemplarisch für die Unterhaltungsfunktion der Populären Kultur steht?

Auch hier ist es der Weltraum, der eine Antwort gibt: jedoch nicht der reale, noch zu erforschende Weltraum zwischen Sputnik und Apollo, sondern der fiktionalisierte und von Außerirdischen längst bevölkerte Weltraum der Science-Fiction-Comics der 1930er Jahre. Bereits H. G. Wells hatte in seinem 1898 veröffentlichtem Science-Fiction-Roman *Krieg der Welten* die einfallenden Marsianer mit Strahlenpistolen ausgestattet, die wie ein Vorgängermodell der Flash-Matic aussehen. Doch erst der Erfolg der Science-Fiction-Figur Buck Rogers in den gleichnamigen Radiosendungen ab 1932 und in den von den Universal Studios produzierten Filmen ab 1939 machte die *Raygun* zu einem realen Ding fiktionaler Welten. Die Figur gab es bereits seit 1928, als Philip Nowlan seine Erzählung „Armageddon 2419 A.D." im Pulp Magazin *Amazing Stories* rund um den damals noch Anthony Rogers genannten Helden aufbaute. Auf den Comic-Seiten der Tageszeitungen konnten US-amerikanische Bürger jeden Morgen die Strahlenpistole XZ-38 Disintegrator bewundern, die beim Abfeuern „ZAP" machte. Leslie Singer hat diese Strahlenpistolen der 1930er bis 80er Jahre, die heute zu wertvollen Sammlerstücken geworden sind, in seinem illustrativen Sachbuch *ZAP!* versammelt.[36] Die Strahlenpistole aus dem Science-Fiction-Universum wird später mit der Fernbedienung visuell und auditiv verknüpft und verbindet die beiden Welten – und ihre unterschiedlichen Akteure.

Der Begriff *zapping* entsteht in der Gleichzeitigkeit der fiktionalen Geschichte um Buck Rogers (und viele weitere mehr) und der realen Realität der Fernsehzuschauer mit einer Fernbedienung in der Hand. Aus diesem Grund beschreibt das englischsprachige Wörterbuch Merriam Webster heute *zapping* als die Tätigkeit, etwas „loszuwerden, zu zerstören oder töten, besonders mit oder wie mit plötzlicher Kraft". Auf wunderbare Weise ist also die Fiktionalisierung durch den Comic auch in die Wortgeschichte eingegangen: Mit dem zappen tue ich so, „als ob ich unerwartete Kraft gebrauche"[37]. Gleichzeitig kennt das Wörterbuch natürlich auch die Fernsehgeschichte und definiert *zapping* weiter wie folgt: „das Anschauen (von etwas, z. B. einer Fernsehwerbung) zu vermeiden, indem man den Kanal insbesondere mit einer Fernbedienung wechselt oder eine Videokassette vorspult".

Der offensichtliche Nonsens, dass durch den Schuss aus einer Strahlenpistole jemand – am besten ein Außerirdischer – einfach verschwindet, findet seine lebensweltliche Realisierung in einem Ding, durch dessen Gebrauch eben das geschieht: Eine fiktionale Realität löst sich in Luft auf.

Es ist also gar nicht vorrangig die Pistole des Westernhelden, die sich in ein Populäres Ding der 1950er Jahre verwandelt hat. Deutlicher als die Single Action Army

Pistol, die in allen kanonischen Western von *Die Geburt einer Nation* (1915) bis *Rio Grande* von 1950 die Hauptrolle spielte, sind es die Strahlen- und Laserpistolen, die den Unterhaltungswert der Fernbedienung bestimmen. Sie tun dies, indem sie durch ihre Materialität und ihren Gebrauchswert die Fernsehzuschauer an den fiktiven und phantasmagorischen Möglichkeiten, die das Genre aufruft, körperlich teilhaben lassen. Gerade Science Fiction basiert auf einem Wechsel von Fiktion und Realität, einem Gleichgewicht von Ernst und Unernst. Es steht seit über hundert Jahren im Zentrum „eines technisch argumentierenden, auf abenteuerlich-spannende Unterhaltung ausgerichteten Genres"[38] und bildet die kulturelle Matrix für die Inthronisierung der Fernbedienung als Populäres Ding.

So führt die erste Fernbedienung von 1955 nicht nur zurück zu den Pulp-Magazinen und einer Comicfigur aus den 1930er Jahren sondern auch zu Science-Fiction-Geschichten – und schließlich zu einem Ding, das „ZAP" macht: sei es der XZ-38 Disintegrator von Buck Rodgers, der DL-44 Blaster aus *Star Wars* oder jede Fernbedienung seit der Flash-Matic. Ein Teil der Arbeit an der fiktiven Realität geht dabei auf die Zuschauer über, wodurch sich ihr Potential als Populäres Ding erst im großen Stil entfaltet. Als ein phantasmagorisches Etwas weist sie in die Weiten des Weltraums hinaus, während wir sie gleichzeitig materiell in der Hand halten. Dass sie als Gegengift der Fernsehwerbung entwickelt wurde, dreht diese Spirale noch einmal weiter: Denn Werbung verheißt die Möglichkeit, über die vielen Dinge zu verfügen, die es *out there* gibt. Die Praxis des Zappens, die durch die Fernbedienung als eine eigene Medienkultur möglich wird, potenziert dies noch, indem wir zu bestimmten Dingen hin schalten und von anderen weg.

Damit ist die Geschichte der Fernbedienung als einem Populären Ding beendet und beginnt doch erst. Sie ist zu Ende, weil bereits an der Flash-Matic von 1955 ihre Unterhaltungsfunktion sichtbar wird. Die mit der Fernbedienung verbundene Körpernaherfahrung macht die Gleichzeitigkeit von Kontrolle und Kontrollverlust für den Einzelnen spürbar; eine Erfahrung, die in Bezug auf die neue Realität der Massenmedien in dieser Zeit unvermeidbar war und sich nicht durch Medien- oder Kulturkritik wegmoralisieren ließ. Anhand der Geschichte der Fernbedienung zeigt sich auch ein konstitutiver Unterschied zwischen einer US-amerikanischen und der deutschen Unterhaltungskultur in den 1950er Jahren (und nicht nur zu dieser Zeit). Weil sich in den USA die Populäre Kultur von Beginn an als integrativer Teil der Konsumkultur entwickelte, muss man mit dem Historiker Jörg Requate hier vom „Ineinanderfallen des Konsumenten mit dem Bürger"[39] reden.

Gleichwohl wird die Geschichte der Fernbedienung kontinuierlich fortgeschrieben. Es kommt ihr heute eine zentrale Rolle im sogenannten Internet der Dinge zu. Kein Kühlschrank oder Rollo, kein Auto und keine Heizung, die nicht aus der Ferne bedient werden können oder müssen. Wie schon in den 1950er Jahren steht der Raum – der öffentliche, halböffentliche und private Raum – im Zentrum medialer Transformationen wie Florian Sprenger und Christoph Engemann schreiben:

> „Offenkundig geht mit dem Auftauchen massenhaft produzierter Dinge, die mit Sensoren ausgestattet und über das Internet adressierbar sind, mehr einher als das bloße Auftauchen einer neuen Produktkategorie. Es handelt sich vielmehr um eine Entwicklung, die insbesondere für die Formen, die Erfahrungen und Kategorien des Raums fundamentale Folgen zeitigt. Wie bereits angedeutet, scheint hier eine Ontologie des Internets der Dinge auf, in der nur existiert, was eine Adresse hat."[40]

Waren es in den Suburbs der 1950er Jahre die Eigenheime und Reihenhäuser in Fertigteil-Ästhetik, die eine neue Verhandlung des gesellschaftlichen Raums verlangten, an der auch Fernseher und Fernbedienung teilhatten, so sind es im 21. Jahrhundert die in technischen Netzwerken lokalisierbaren und adressierbaren Dinge, mit denen dieser Prozess fortgeführt wird.

Surfin' USA

Aber die Geschichte der Fernbedienung endet auch deshalb nicht in den 1950er Jahren, weil sie zu ihrer Einführung zwar ein *hot new thing* war – tatsächlich aber war sie zu jener Zeit kein Ding, das von vielen US-Amerikanerinnen tatsächlich benutzt wurde. Sie half zwar bei der Stabilisierung des Fernsehens als neues Leitmedium der Unterhaltungskultur mit, aber es fehlte der entsprechende Absatzmarkt: „nur wenige Verbraucher haben sie tatsächlich gekauft"[41]. Fernbedienungen waren zu teuer, und sie konnten den Kampf gegen die Werbung nicht gewinnen, wie es sich Eugene McDonald so sehnlich gewünscht hatte. Entsprechend brauchte es einen weiteren technischen Entwicklungsschritt und eine grundlegende Veränderung in der Fernsehlandschaft: Dieser Umbruch vollzog sich in den 1970er und frühen 80er Jahren als im Laufe weniger Jahre die Infrarot-Fernbedienung entwickelt wurde, die ersten Videorekorder und Videokameras auf den Markt kamen und das per Satellit oder Kabel eingespeiste Fernsehen die Anzahl der Sender in die Höhe trieb. Es ist kein Zufall, dass in dieser Zeit auch Buck Rogers noch einmal einen weltumspannenden Auftritt hatte, sowohl in einer äußerst populären NBC-Fernsehserie Ende der 70er als auch in Steven Spielbergs Klassiker *E.T.* von 1982. Dort lernt das außerirdische

Wesen anhand eines Buck-Rogers-Comics ein Funkgerät zu bauen, das ihn schließlich in Kontakt und „nach Hause" bringt. Eine Fernbedienung für das Weltall gewissermaßen, gebaut von einem Außerirdischen.

Mit der Infrarottechnologie wurde die Fernbedienung preiswerter, effizienter und eignete sich für den Massenmarkt – ab 1975 wurden auch in Deutschland TV-Geräte serienmäßig mit Fernbedienungen ausgeliefert. Mit dem Videorekorder potenzierte sich die Macht der Zuschauer über die zeitliche Verfügbarkeit der Medien: Nun konnte man auch aufgenommene Filme stoppen oder in ihre eigene Zukunft und Vergangenheit spulen. Mit der Videokamera und der stetig wachsenden Zahl der TV-Sender – in den 1940ern gab es in den USA über 20 privatwirtschaftliche Sender, 1985 mehr als 1000 – erfüllte sich schließlich die Bedingung, welche die Fernbedienung zu einem Populären Ding werden ließ. Mit ihr ließ sich Quantität in eine eigene ästhetische Qualität überführen: es wurde nicht nur gezappt, es wurden die Chanels gesurft.

Erst die Vielzahl und Zu-Vielzahl der Sender führte die Fernbedienung zu einer ganz eigenen Qualität des Gebrauchs durch die Medienrezipientinnen: Sie kontrollieren, welchen *flow* aus Werbeschnipseln, explodierenden Autos und nackten Körpern sie kreieren. Die Praxis des Fernsehens wird dadurch beschleunigt. Immer mehr medialisierte Wirklichkeiten in immer kürzer werdenden Abständen bieten sich dem Auge dar, das durch die Fernbedienung die elementare Operation des medialen Bewegtbilds nachstellt – durch Schnitte Verbindungen zu schaffen.

Was der Medientheoretiker Georg Stanitzek als die hilflose Metapher der Talkshow bezeichnet hat – „Bitte nicht schneiden, bitte nicht mich, bitte bei meinem Thema bleiben!"[42] –, das hat die Fernbedienung längst entschieden und in andere Hände gelegt. *How to cut* ist hier keine auktoriale Frage an einen Regisseur oder Sendeleiter, sondern eine je nach Lust und individueller Disposition gestaltete Praxis des Fernsehens. In diesem Sinne hat die Fernbedienung aber nicht nur medienpolitische Konsequenzen, sondern wird als eine auf sie bezogene ästhetische Praxis kenntlich, die einen spezifischen Erfahrungsraum ermöglicht. Vielleicht kann man diese ästhetische Dimension, die durch das Zappen und Surfen durch die Kanäle entsteht, als eine Sinnlichkeit der medialen Künstlichkeit beschreiben. Standardisierte und warenförmig ausgerichtete Sendeformate werden durch den Finger an der Fernbedienung zu einem neuen und immer anderen Bewegtbild zusammengefügt. Der Moment der Überraschung, den die Fernbedienung nicht zuletzt hervorruft, bezieht sich somit auf zweierlei: auf die Überraschung, welches der vorproduzierten Formate auf dem nächsten Sendeplatz zu sehen sein wird, und darauf, welches gänzlich neue Bild einer medialen Wirklichkeit sich durch die selbst gewählte Abfolge der Sendungen ergibt.

Das alles kann aber nur dann unterhalten, wenn es gleichzeitig nicht selbst zu einer Realität wird; etwa zu dem Anspruch, per Fernbedienung Kunst zu produzieren. Der US-amerikanische Künstler und Komponist Nam June Paik, um nur einen der bekanntesten Namen zu nennen, ist nicht zufällig in den 1980er Jahren zu Weltruhm gelangt, als er die zu dieser Zeit explodierende Menge der medialen Dinge und Wirklichkeiten in skulpturale Kunst übersetzte. Zu überdimensionalen Wänden aus technischen Geräten türmten sich in dieser Zeit seine Installationen auf. Die einzelne Fernsehzuschauerinnen wird durch die eigenverantwortliche Nutzung der Fernbedienung jedoch nicht zur Künstlerin. Sie mag sich selbst neue ästhetische Erfahrungen erschließen und diese Erfahrung mit vielen weiteren

Medienrezipienten als eine massenkulturelle ästhetische Praxis teilen – sie erschafft durch das Zappen der Kanäle jedoch kein Kunstwerk. Sie unterhält sich an der Folgenlosigkeit des eigenen Tuns, an der Passivität und selbstgewählten Unfreiheit gegenüber dem Medium. Denn die Fernbedienung ermöglicht es, die medienspezifische Gleichzeitigkeit von Kontrolle und Kontrollverlust, von Verfügbarkeit und Nicht-Verfügbarkeit über die hochgradig divergenten und artifiziellen Wirklichkeiten auf dem Bildschirm zu einer ganz normalen Körpererfahrung für das Subjekt zu machen. Hier sitze ich, ich kann auch anders.

Anmerkungen
1. Fox, Margalit: Eugene Polley, Conjuror of a Device That Changed TV Habits, Dies at 96. In: *The New York Times*, 22.05.2012: http://www.nytimes.com/2012/05/23/business/eugene-t-polley-inventor-of-the-wireless-tv-remote-dies-at-96.html (31.03.2021).
2. Seeßlen, Georg: Sex. In: Hügel, Hans-Otto (Hg.): *Handbuch Populäre Kultur. Begriffe, Theorien und Diskussionen.* Stuttgart 2003, S. 406.
3. Benson-Allott, Caetlin: *Remote control.* New York/London 2015, S. 127.
4. Siehe „TV of Tomorrow", 1953: https://www.youtube.com/watch?v=oE3lT2zFepE (31.03.2021).
5. Martin, James: Remembering Eugene Polley and his Flash-Matic remote (photos). In: c/net, 23.05.2012: https://www.cnet.com/pictures/remembering-eugene-polley-and-his-flash-matic-remote-photos/12/ (31.03.2021).
6. Siehe Sconce, Jeffrey: *Haunted Media. Electronic Presence from Telegraphy to Television.* Durham/London 2000.

7. Ebd., S. 4.
8. „Die zunehmende Intellektualisierung und Rationalisierung bedeutet also nicht eine zunehmende allgemeine Kenntnis der Lebensbedingungen, unter denen man steht. Sondern sie bedeutet etwas anderes: das Wissen davon oder den Glauben daran: daß man, wenn man nur wollte, es jederzeit erfahren könnte." Weber, Max: *Geistige Arbeit als Beruf. Vier Vorträge vor dem Freistudentischen Bund. Erster Vortrag.* München 1919, S. 16.
9. Siehe Spigel, Lynn: *Make Room for TV. Television and the Family Ideal in Postwar America.* Chicago 1992.
10. Zenith Radio Corporation: *Operating Guide: Flash-Matic Remote Control.* Chicago 1955: https://www.earlytelevision.org/pdf/zenith_flashmatic_owners_manual.pdf (31.03.2021).
11. Ebd.
12. Faue, Elizabeth (Hg.): *The Emergence of Modern America 1900 to 1928.* New York 2003, S. 83.
13. Railton, Arthur R.: Push-Button Manor. In: *Popular Mechanics* (1950), Nr. 84–87 S. 252.
14. Zenith Radio Corporation: a. a. O.
15. Martin, James: a. a. O.
16. Buchsbaum, Walther H.: Remote Control for TV. In: *Radio & Television News*, November 54/5 (1955), S. 46.
17. Fox, Margalit: a. a. O.
18. Zenith Radio Corporation: a. a. O.
19. Martin, James: a. a. O.
20. Siehe zu diesen Zahlen und kanonischen Werbeslogans: N. N.: 1950 s TV turns on America. In: *Ad Age,* 28.03.2005: http://adage.com/article/75-years-of-ideas/1950s-tv-turns-america/102703/ (31.03.2021).

21. Maase, Kaspar: *Grenzenloses Vergnügen. Der Aufstieg der Massenkultur 1850–1970*. Frankfurt a. M. 2001, S. 21.
22. Marquard, Odo: *Der Einzelne. Vorlesungen zur Existenzphilosophie*. Stuttgart 2013, S. 42.
23. Kortmann, Christian: Westerner. In: Hügel, Hans-Otto (Hg.): *Handbuch Populäre Kultur. Begriffe, Theorien und Diskussionen*. Stuttgart 2003, S. 513.
24. Spigel, Lynn: Der suburbane Hausfreund: Fernsehen und das Ideal von Nachbarschaft im Nachkriegsamerika. In: Ortlepp, Anke/Ribbat, Christoph (Hg.): *Mit den Dingen leben. Zur Geschichte der Alltagsgegenstände*. Stuttgart 2010, S. 188, 190.
25. Mit dem Begriff werden futuristische Wareninszenierung in der amerikanischen Konsumkultur Mitte des 20. Jahrhunderts bezeichnet, die sich durch eine Mischung aus *pop*ularity und *lux*ury auszeichnen sollten.
26. *Crestwood-Heights-Report* zit. n. Clarke, Alison J.: Tupperware: Vorstadt, Gesellschaft und Massenkonsum. In: Ortlepp, Anke/ Ribbat, Christoph (Hg.): *Mit den Dingen leben. Zur Geschichte der Alltagsgegenstände*. Stuttgart 2010, S. 169.
27. Benson-Allott, Caetlin: a. a. O., S. 68.
28. Luhmann, Niklas: *Die Realität der Massenmedien*. Opladen 1996, S. 112.
29. Blumenberg, Hans C.: *Wanted. Steckbriefe aus dem Wilden Westen*. München 1973, S. 59.
30. Martin, James: a. a. O.
31. Spigel, Lynn: a. a. O., S. 212.
32. Gelber, Steven M.: *Hobbies: Leisure and the Culture of Work in America*. New York 1999.
33. Im Deutschland der 1930er und 40er Jahre allerdings verbot Joseph Goebbels die weitere Entwicklung des Fernsehens: Es vereinzele den Zuschauer anstatt

ihn, wie das Radio, zu einer ‚Volksgemeinschaft' zu formen.
34. Benson-Allott, Caetlin: a. a. O., S. 34.
35. Martin, James: a. a. O.
36. Singer, Leslie: *ZAP! Ray Gun Classics*. San Francisco 1991.
37. Siehe Eintrag „zapping", Merriam Webster: https://www.merriam-webster.com/dictionary/zapping (30.03.2021).
38. Nagl, Manfred: Zukunft. In: Hügel, Hans-Otto (Hg.): *Handbuch Populäre Kultur. Begriffe, Theorien und Diskussionen*. Stuttgart 2003, S. 535.
39. Requate, Jörg: Amerikanisierung als Grundzug der europäischen Medienentwicklung des 20. Jahrhunderts. In: Daniel, Ute/Schildt, Axel (Hg.): *Massenmedien im Europa des 20. Jahrhunderts*. Köln 2010, S. 37.
40. Sprenger, Florian/Engemann, Christoph (Hg.): *Internet der Dinge. Über smarte Objekte, intelligente Umgebungen und die technische Durchdringung der Welt*. Bielefeld 2015, S. 54 f.
41. Benson-Allott, Caetlin: a. a. O., S. 59.
42. Stanitzek, Georg: Talkshow-Essay-Feuilleton-Philologie. In: *Weimarer Beiträge* 38/4 (1992), S. 521.

1962. Suppendosen
Populäre Kultur, Pop und Kunst

Anzeige der Firma Campbell's, ca. 2000.

Die Suppendosen um die es hier geht, sind keine Populären Dinge. Sie sind entweder als Campbell's Soup seit Ende des 19. Jahrhunderts ein Konsumgut der US-amerikanischen Nahrungsmittelindustrie oder aber als „Campbell's Soup Cans", ein Kunstwerk Andy Warhols aus dem Jahr 1962.

Wenn die Suppendosen, sowohl als Produkt wie auch als Kunstwerk, im Folgenden dennoch eine Rolle spielen, dann aufgrund einer spezifischen Transferleistung: Sie stellen exemplarisch eine Verbindung zwischen den Feldern der Populären Kultur und der Kunst her und schaffen damit die Voraussetzung für die Erfolgsgeschichte der Popkultur in der zweiten Hälfte des 20. Jahrhunderts. Das Vergnügen, das substantieller Teil der Populären Kultur ist, entwickelt sich – am Beispiel der Suppendosen vorgeführt – als ein Vergnügen zweiter Ordnung. Erst das Wissen, dass hier ein Ding des Massenkonsums zu einem Kunstwerk erhoben wird, bereitet ein reflexives Vergnügen. Die ab den 1960er Jahren insbesondere in Teilen Europas und den USA vorherrschende Kunstrichtung der Pop-Art war demnach alles andere als massenorientiert. Sie erfreute sich zwar nach anfänglich heftiger Ablehnung zunehmender Beliebtheit, sie ist dabei aber bis heute nicht voraussetzungslos. Werke der Pop-Art wie Warhols Suppendosen sind trotz populärer Sujets nicht leicht zugänglich, sondern voraussetzungsreich und entsprechend für die Wenigen gedacht, nicht für die Vielen. Aus dieser Verbindung, die das Selbstverständliche (einer Dose mit Suppe) mit dem Nicht-Selbstverständlichen (ein Kunstwerk aus Suppendosen) paart und das Dazwischen den Betrachtern und Betrachterinnen überlässt, entwickelte sich die Popkultur in und ab den 1960er Jahren.

Konservenkultur

Damit etwas Neues entstehen kann, braucht es vertraute Dinge, die real wie medial leicht verfügbar sind und anhand derer sich ein gemeinsames Körperwissen manifestieren lässt. Eine Flasche Coca-Cola, eine US-Dollar-Note oder eine Suppendose von Campbell's – alltägliche Dinge bilden die materielle Basis für das Pop-Spiel, das in einer Kontextverschiebung besteht. Oder, wie es Pete Townshend von der Rockgruppe The Who in einem Gespräch mit der Zeitschrift *Melody Maker* 1965 auf den Punkt brachte: „[Pop] ist die Neuauflage von etwas, das dem Publikum vertraut ist, nur in einer anderen Form."[1]

Auch die Firma Campbell in Camden, New Jersey schuf etwas Neues aus bereits vorhandenem Material. Als Joseph A. Campbell und Abraham Anderson ihr Unternehmen 1869 gründeten, konnten sie auf eine lange Tradition der Konservenherstellung in Europa und Amerika aufbauen. Bereits 1810 legte der Erfinder Nicolas Appert in Frankreich ein Buch über die Kunst des Konservierens vor (im Original mit dem überschaubaren Titel *Le livre de tous les ménages, ou l'art de conserver pendant plusieurs années toutes les substances animales et végétales*), in dem er zwar Tomaten aber noch keine Tomatensuppe behandelte. Die Historikerin Jane Busch datiert die weitere Entwicklung auf die 1820er Jahre: „Die kommerzielle Konservenproduktion in Amerika begann 1819 [...] aber die erste aufgezeichnete Verwendung von Blechdosen fand im Jahr 1839 statt."[2] Sardinen, Lachs oder Ananas landeten in den nächsten Jahrzehnten in handgefertigten Dosen, von denen etwa sechs Stück pro Stunde gefertigt werden konnten.

Aber erst unter den Voraussetzungen des Krieges und durch medizinisch-technische Innovationen wurden Konservendosen zu einem Massenartikel. Während des Amerikanischen Bürgerkriegs (1861–1865) wurden Konserven als haltbare und leicht transportierbare Verpflegung für Soldaten populär. Etwa zur selben Zeit machte Louis Pasteur flüssige Lebensmittel haltbar; und an verschiedenen Orten wurde an der halbautomatischen Fabrikation von Metalldosen gearbeitet, durch die die Produktion ab 1883 auf 2500 Stück pro Stunde gesteigert werden konnte. Essen in Dosen war erfunden. Von 5 Mio. verkauften *tin cans* vor dem Bürgerkrieg in den USA stieg die Nachfrage nach dessen Ende auf 30 Mio. Stück.

Als Campbell's in das Geschäft einstieg, wurden die Produkte noch bekannter als zuvor, wobei sich drei Faktoren als entscheidend erwiesen. Erstens, die Entwicklung der *condensed soup:* Campbell's war nicht nur die erste Firma, die Suppe in Dosen verkaufte, sie war auch die erste, die ihre Tomatensuppe kondensierte. John T. Dorrance, Nachfolger des Firmengründers, beschrieb dies nachträglich als „die einzige Geschäftsidee, die man bei Campbell Soup Co. jemals hatte"[3]. Das Verfahren machte die Suppendosen um ein Vielfaches leichter und damit günstiger in Lagerung und Transport. Gleichzeitig wurde den Käufern, die beim Kochen das entzogene Wasser wieder hinzufügen mussten, ein aktiver Teil im Konsumptionsprozess zugewiesen, der aktuell unter dem Schlagwort des „Prosumer" verhandelt wird. Heute sind die Möglichkeiten, als Konsumentin in den Produktionsprozess von Waren einzugreifen, zwischen Open Source Software und MyMuesli.com vielfältig – doch schon Ende des 19. Jahrhunderts wurde durch einfache Mittel ein Bindeglied zwischen der als aktiv gedachten Produktionssphäre und der passiv orientierten Konsumption geschaffen.

John T. Dorrance war es auch, der die zweite entscheidende Idee hatte: Preisstabilität. „Jahrzehntelang lag der Preis für eine Dose Campbell's Suppe bei zehn Cent."[4] Daniel Sidorick hat in seinem Buch *Condensed Capitalism* nachgezeichnet, was eine Preisstabilität um jeden Preis für die Tomatenproduzenten und Saisonkräfte im Süden Jerseys sowie die Zulieferer und Arbeiterinnen in den Fabriken in Camden an Entbehrungen bedeuteten, und wie sich erst durch die Formierung von Gewerkschaften während des Zweiten Weltkriegs ihre Lage minimal verbesserte. Im Fall von Campbell's Soup hingegen ergänzten sich Preisstabilität und Markenidentität auf eine bisher kaum gesehene Weise: Die immer gleichen rot-weißen Dosen kosteten bis in die 1970er Jahre die immer gleichen 10 Cent.

Drittens, setzte John T. Dorrace, nicht anders als William Wrigley zu selben Zeit (siehe „Kaugummis"), auf den massiven Einsatz von Werbung, um sein Produkt schrittweise zu einer Ikone der US-amerikanischen Konsumkultur zu machen. Straßenbahnwerbung und Zeitschriftenanzeigen um 1900, Jingles in populären Radiosendungen in den 1930ern und ein frühes *product placement* in der All-American-Serie *Lassie* in den 1950ern führten dazu, dass sich Campell's durch den „innovativen Einsatz von Werbung für ein Produkt, von dem die Verbraucher vorher nicht wussten, dass sie es brauchten, in eine relativ sichere Nische der amerikanischen Industrie manövrierte"[5]. In dem Jahrzehnt, in dem Fernseher und Fernbedienung dazu beitrugen, dass mediale Welten Einzug in den amerikanischen Haushalt hielten und einem Großteil der Bevölkerung auf nie gekannte Weise nahekamen, nutze Campell's ein Drittel des Werbeetats von 11,5 Mio. US-Dollar für TV-Werbung und stieg mit dem Kauf von C. A. Swanson & Sons in das TV-Dinner und Tiefkühlwarengeschäft ein. Campell's Soup gab es ab 1955 auch *frozen*.

In einem YouTube-Video von 2020 ist das Sammlerehepaar Kline aus Michigan zu sehen, die Memorabilia ihrer Campell's Sammlung vorzeigen: Hierzu gehören Puppen, Spielzeugautos, Leuchtreklame, Werbeposter, Tassen, Dosenöffner und natürlich alle Geschmacksrichtungen und Dosenvarianten über die Jahrzehnte hinweg.[6] Selten sind Standardisierung und Diversifizierung so kompakt an einem Ort zu bewundern gewesen. Darüber hinaus erzählt die Sammlung wie zufällig etwas Grundlegendes über die Konsumkultur: Es wird deutlich, dass dasselbe Ding immer gleich und immer anders auftritt. Auf Grundlage der Dinge des täglichen Gebrauchs, davon zeugen die Produkte der frühen Konsumkultur wie Coca-Cola, Kellogg's und Campbell's, entwickelte sich das Formprinzip der Serie als technisches Produktionsverfahren, als ästhetisches Format und als verbindende Erzählung für alle weiter.

It's the end of the Artworld as we know it

Die 32 Ausführungen der Campbell's Soup Cans, ein Bild pro Geschmacksrichtung der beliebten Konservensuppen, wurden 1962 in der Ferus Gallery in Los Angeles als erste Einzelausstellung Andy Warhols präsentiert. Über 200 weitere sollten bis zu seinem Lebensende folgen. Die Fotos der Ausstellung zeigen die Verteilung der Bilder auf die Galerieräume, aufgereiht wie im Regal eines Supermarktes auf vorspringenden Holzleisten.[7] Ohne Rahmen, ohne schützendes Glas und auch noch nicht im Siebdruckverfahren hergestellt. Die Serie ist handgemalt und bildet den Übergang zwischen Warhols zeichnerischer Phase als erfolgreicher Grafikdesigner ab Mitte der 1950er

Jahre, seinen erfolglosen Versuchen als Maler mit neo-expressionistischen Anklängen – wobei er die Drip-Painting-Technik auf populäre Sujets wie Comicfiguren anwandte –, und seinen seriellen Produktionen im Siebdruckverfahren, die ihn zu einem Star der globalen Kunstszene machten. Die in der Ferus Galerie ausgestellten Originale ließen diesen Erfolg noch nicht erahnen und waren mit 200 US-Dollar pro Bild entsprechend günstig zu erwerben; fünf Stück wurden verkauft.

Zwei Jahre nach diesem wenig lukrativen Auftritt der Suppendosen, der aber Warhols Erfolg vorbereitete, schrieb der New Yorker Philosoph und Kritiker Arthur C. Danto einen seiner folgenreichsten Artikel. In *The Artworld* erklärte er am Beispiel der Werke Warhols nichts weniger als den Unterschied von Kunst- und Lebensrealität, wie er sich in den 1960ern an den Brillo-Boxen des Künstlers, den in Sperrholz nachgearbeiteten Verpackungskartons der Firma Brillo, manifestierte.

> „Was am Ende den Unterschied zwischen einer Brillo-Box und einem Kunstwerk, das aus einer Brillo-Box besteht, ausmacht, ist eine bestimmte Kunsttheorie. Es ist die Theorie, die es in die Welt der Kunst emporhebt und davor bewahrt, in jenes reale Objekt zu kollabieren, das es ist."[8]

Um Verpackungskartons (oder Suppendosen) als Teil des Kunstfeldes zu verstehen, solle man deshalb, so Danto „eine gehörige Menge Kunsttheorie" studiert und verstanden haben, „sowie einen beträchtlichen Teil der Geschichte der neueren New Yorker Malerei"[9]. Die Theorie macht den Unterschied. Auf anschauliche Weise erläuterte Danto damit den Meisterstreich der Pop-Art: Je einfacher das Sujet, desto komplizierter wird es.

Danto sah die komplizierten Fragen, die sich anhand der einfachen Sujets von Warhol entzündeten, zwar nicht als das Ende der Kunst an, aber doch als Abgesang einer spezifischen Vorstellung derselben: „An ihr Ende gelangt ist vielmehr eine bestimmte Erzählform, in deren Begriffen das Kunstmachen als eine Fortschreibung der Geschichte der Entdeckungen und der Durchbrüche galt."[10] Kunst lässt sich seit den 1960er Jahren kaum noch Schulen zuordnen und durch Lehrmeinungen einordnen, die sich gegenseitig ablösten oder wie in den *Querelle des Anciens et des Modernes,* dem Streit zwischen antiker und moderner Kunstauffassung am Ende des 17. Jahrhunderts, noch bitter bekämpften. Kunst reproduzierte sich nicht mehr in Epochen, sondern zeigte sich in einer nicht mehr zu fassenden Vielfalt: Willem de Kooning, Vertreter des abstrakten Expressionismus der Nachkriegszeit und noch mit dem Anspruch eines genialischen Schöpfers gesegnet, der die Wirklichkeit nicht abbildet, sondern transzendiert, soll Warhol als „Mörder der Kunst"[11] bezeichnet haben. Ob es sich dabei um ein Gerücht oder um die Wahrheit handelt, ist nebensächlich. Warhols Erfolg hat die traditionelle Kunstgeschichtsschreibung verändert, wenn nicht zu einem Ende geführt. Was bleibt, ist die grundlegende Frage: Ist das Kunst oder kann das weg?

„POP" macht die Kunst

Danto konnte sich bei seiner Analyse von 1964 bereits auf eine Vielzahl an Kunstwerken berufen, die als Pop-Art galten oder dazu beigetragen hatten, dass sich der Begriff als Stilrichtung in der Kunstwelt etablierte. Claes Oldenburg bevölkerte 1961 in „The Store" sein Atelier in New York mit farbig bemalten Gipsabdrücken aller möglichen Alltagsgegenstände. Nahrungsmittel und Kleider, ein Tortenstück, ein Paar Schuhe oder ein Briefumschlag konnten hier gekauft werden. Der Künstler zeigte sich

1962. Suppendosen

als Produzent und Distributor seiner eigenen Werke; ein Verfahren, das in der Folgezeit immer populärer wurde: Keith Haring, Sarah Lucas und Tracey Emin oder Takashi Murakami eröffneten alle ihren eigenen „Shop" als integralen Teil ihrer Kunstproduktion. Auch Roy Lichtenstein hatte bereits angefangen, Comicstrips abzumalen (angeblich aus dem Kaugummieinwickelpapier seiner Kinder) und die darin verwendete Drucktechnik der Benday Dots als ein künstlerisches Verfahren zwischen Punktierung und flächiger Malerei zu etablieren.

Oldenburg, Lichtenstein, Warhol – und weitere US-amerikanische Künstler wie James Rosenquist, Tom Wesselmann oder Jim Dine – orientierten sich an Vorarbeiten der britischen Independent Group, die sich 1956 in der gemeinsam organisierten Ausstellung „This is Tomorrow" präsentierte. Richard Hamilton stellte in diesem Kontext eine Collage aus, die Kunst als mediale Oberfläche zeigte: „Just what is it that makes today's homes so different, so appealing?" Visuelle Zeichen und Zitate der Massenkultur, demokratisch auf derselben Bildebene verteilt, bevölkern sein berühmtestes Bild: Staubsauger und TV-Set, Model und Leuchtreklame, Sofagarnitur und Aufnahmegerät. Der überdimensionale Lollipop in der Hand eines Bodybuilders gibt die Richtung vor – darauf sind die drei Buchstaben „POP" zu lesen.

Während Siegfried Kracauer den „Oberflächenglanz der Stars, der Filme, der Revuen"[12] der 1920er Jahre als das „reine Außen" adelte, wurde der schöne Schein der Vergnügungs- und Konsumkultur in den 1960er Jahren in das eigene Wohnzimmer geholt – und wirkt dort merkwürdig schal und gar nicht „appealing". Hamilton hatte etwas geschafft, was Andy Warhol in den 1970er Jahren als Merkmal seiner Karriere beschrieben hatte, nämlich „das falsche Ding im richtigen Raum [zu sein]"[13].

Zurück nach New York: Auch dort gab es eine Ausstellung, die rückblickend wie eine Initiation wirkte. Die Schau der New Realists in der Sidney Janis Gallery präsentierte im November 1962 neue Positionen der Gegenwartskunst. Die Galerie versammelte Werke der heute einschlägigen amerikanischen Pop-Art-Künstler sowie ihrer europäischen Kollegen von Christo bis Jean Tinguely. Interessant ist nicht nur dass, sondern vor allem wie sich der Begriff Pop-Art im Kontext der New Realists zu etablieren begann. Es war der Künstler und Kritiker der *New York Times*, Brian O'Doherty, der seine Rezension zur Ausstellung mit dem Titel „Pop Goes the New Art" überschrieb, wörtlich übersetzt mit „Pop wird zur neuen Kunst", wobei eine Bedeutung mitschwingt, die das Explosive des Moments hervorhebt, also in etwa: „POP macht die neue Kunst". O'Doherty hatte keine Stilrichtung im Blick als er die Werke der ausgestellten Künstler übergreifend als Pop titulierte: Ihm ging es um die Rezeption, die wahrnimmt, dass hier etwas knallt und auf sich aufmerksam macht. Dieses Etwas wird ab 1962 Pop genannt, nachdem es mit „Bezeichnungen wie *New Realist, neo-Dada, commonism, sign painters, factual artist*"[14] durchaus auch andere Vorschläge gegeben hatte, wie Thomas Hecken hervorhebt.

Aber Pop, dieses markante lautmalerische Wort, das selber bereits eine Körperreaktion auslöst, ist der treffende Begriff, um eine Weltwahrnehmung zu beschreiben, die gleichzeitig vertraut und spektakulär ist. Es ist dieser Moment, der die Pop-Art mit der Populären Kultur verbindet: Hier knallt etwas. Das tat es, wie es schon in den Wild West Shows von William F. Cody oder im Platzen eines Bubble Gums der Fall war; und auch die erste Berührung von Nylonstrümpfen wird auf ihre Art so geknallt haben, wie die Ausstellung von 32 Suppendosen als Kunst.

Genau durch ihre Verbindung mit den Dingen der Populären Kultur wurden die Werke der Pop-Art gleichzeitig verständlich und unverständlich. Weil alles bekannt war, was sie zeigten, wurde unklar, was sie eigentlich wollten. Während die Moderne noch „ästhetische Gegenwelten" erschaffen wollte, wie es in Cornelia Klingers großer Studie zur Idee der bürgerlichen Kunst seit der Romantik anklingt,[15] implodierten diese Gegenwelten in der Pop-Art vollständig. Coca-Cola-Flaschen, Suppendosen und Verpackungskartons als alternative Entwürfe zur vorherrschenden Gesellschaftsordnung? Wie sollte das funktionieren? Was will eine Kunst, wenn sie dem überall Sichtbaren, dem überall Käuflichen und dem überall Beliebten gleicht, will sie dann überhaupt noch Kunst sein?

Paradoxien der Avantgarde

Diese Fragen führen zurück zu den Readymades der klassischen Avantgarde – zu Marcel Duchamp und einem Fahrrad, einem Flaschentrockner und einem Pissoir. Ähnlich wie die Geschichte der Pop Art ist auch diese bereits sehr umfangreich und klug erzählt worden. Mir geht es darum zu zeigen, wie sich durch die Inklusion von Dingen der realen Lebenswelt, die Möglichkeiten des Kunstschaffens exorbitant erweitert und gleichermaßen problematisiert haben. Die Ausstellung der Society of Independent Artists etwa, auf der ein umgedrehtes Pissoir von Marcel Duchamp 1917 als „Fountain" präsentiert werden sollte, war die bis dato größte Kunstausstellung in den USA. 2125 Werke von etwa 1200 Künstlern wurden damals gezeigt, „mehr als zwei Meilen Kunst"[16].

Bereits im späten 19. Jahrhundert wuchs die Zahl von Ausstellungen, Salons und Akademien in ganz Europa und den USA auf eine nie zuvor dagewesene Quantität an traditionellen Kunsträumen und -Akteuren an. Nach Aufzeichnungen des Historienmalers Anton von Werner, „verfünffachte sich zwischen 1875 und 1885 die Studentenzahl der Berliner Akademie beinahe"[17] und die *Statistik des Deutschen Reichs* verzeichnet einen Anstieg „ausübender" Maler und Bildhauer „von 8890 im Jahr 1895 auf 14 000 im Jahr 1907"[18]. Die Professionalisierung der Ausbildung hatte „in einer expandierenden Kunstwelt" nicht zuletzt einen Anstieg der Zahl der Museen zur Folge, wie der Kunsthistoriker James Sheehan festhält: „Einer Schätzung zufolge wurden zwischen 1900 und 1920 in Deutschland 210 Museen erbaut – fast ebenso viele wie im gesamten vorangegangenen Jahrhundert."[19] Gleichzeitig sank der Anteil verkaufter Werke, so der Historiker Robin Lenman in Bezug auf einen Ausstellungsort in München: „Zwischen 1890 und 1894 und zwischen 1900 und 1908 blieben im Durchschnitt 84 % der im Glaspalast ausgestellten Werke unverkauft – und dies waren schon sehr viele weniger, als eingereicht wurden."[20] Es wurde zu viel Kunst für einen noch zu kleinen Markt produziert.

Die Avantgarde gab diesem Prozess weitere Impulse, indem sie nun auch profane Dinge zu Kunst erklärte. Duchamp kaufte die Objekte für seine Readymades – Schneeschaufel, Kamm, Schreibmaschinenhülle – in gewöhnlichen Warenhäusern, und Man Ray schuf 1920 ein Mobile aus Kleiderbügeln. Durch diese Erweiterung stand die Kunst zumindest potentiell vor einer Implosion: Sie betrat das Zeitalter der Massenkultur.

Doch Kunst durfte nicht für die Masse sein; sie hatte seit ihrer Inthronisierung als bürgerliche Institution im Übergang vom 18. zum 19. Jahrhundert die Aufgabe übernommen, die Autonomie des einzelnen Subjekts gleichzeitig zu entwickeln und gegen alle äußeren

Widerstände zu garantieren. Unabhängig muss die Kunst sein und zwar auf dreifache Weise, wie Cornelia Klinger festhält:

„Autonomie meint erstens die Unabhängigkeit des Künstlers (auf der Ebene der Produktion), zweitens die Zweckfreiheit des Werkes und drittens die Insichgeschlossenheit der ästhetischen Erfahrung (auf der Ebene der Rezeption)."[21]

In dem historischen Moment, in dem die Kunst massenhaft vorhanden ist, kommt es zu der paradoxen Situation, dass sie gleichzeitig als quantitativer Teil der Massenkultur sichtbar wird und dabei qualitativ dennoch soweit bestehen können muss, dass sie ihren Anspruch auf ein autonomes Künstlersubjekt, ein autonomes Kunstobjekt und einen autonomen Betrachter auch weiterhin erfüllt. Die Lösung kommt in dem Moment, in dem die Geste der Auswahl selbst zu Kunst wird. „He CHOSE it", heißt es in einer (Selbst-)Verteidigung der Arbeit von Duchamp, die bekanntermaßen nicht zur Ausstellung 1917 zugelassen wurde:

„Er nahm einen gewöhnlichen Gebrauchsgegenstand, platzierte ihn so, dass seine nützliche Bedeutung unter dem neuen Titel und Gesichtspunkt verschwand – und schuf einen neuen Gedanken für den Gegenstand."[22]

Quantität und Qualität der Kunst gehen in diesem Moment Hand in Hand. Aus dem überbordenden Arsenal der alltäglichen Dinge des Lebens wird, wie es heißt, eine neue Idee des Objekts geboren, respektive eine neue Idee der Kunst, die es erlaubt, wenige Dinge zu Kunstobjekten zu machen, die aber dennoch Teil der Massenkultur sind. Schließlich ist nicht alles Kunst, das meiste kann weg.

Denn Duchamp – und das ist der zweite entscheidende Moment – verknappte seine Readymades auf strategische Weise und führte sie nur sukzessive dem Kunstmarkt zu.

„Mehr als die Hälfte seiner künstlerischen Schaffensperiode verwandte er für eine sorgfältige Einschreibung des Archivs, indem er die Distribution seines relativ kleinen Oeuvres kontrollierte und seine Werke gezielt auf zentrale Sammlungen und Museen verteilte."[23]

Er schuf Miniaturnachbildungen seiner Readymades, etwa von „Fountain", ließ diese per Hand nacharbeiten und schrieb somit die autonome Kunstproduktion nachträglich in sein Werk ein. Ziel seiner Produktion war noch nicht der Massenmarkt wie bei Warhol, sondern der Kunstmarkt; und zwar just zu der Zeit, in der das erste Museum für moderne Kunst, das auch diesen Namen trug, in New York gegründet wurde. Eine Kunst, die allem widersprach, was die Kunstgeschichte bis dahin gelehrt hatte, fand ihren Ort in einem Museum, das für die Musealisierung des permanenten Tabubruchs der Avantgarde erfunden wurde.

Duchamp wollte und konnte sich also noch auf das kulturelle Archiv des Museums verlassen, das sukzessive für die symbolische und ökonomische Wertsteigerung seiner Werke sorgte. Warhol dagegen überließ diese Aufgabe primär dem Publikum – auch dann, wenn es aus Sammlern und Auftraggebern bestand, die 25 000 US-Dollar oder mehr dafür bezahlten, um von ihm portraitiert zu werden. Als Ort der Kunst, so spitzt es der Medientheoretiker Boris Groys zu, fungiert seit der Pop-Art deshalb „nicht mehr das Museum, sondern die Statistik"[24]. Es ist die Orientierung an Zahlen, die entscheidet, was zu Kunst wird, nicht das Wissen um ihre Geschichte: „Als eigentlicher Zuschauer bleibt der Kunst deswegen nur das zeitgenössische Publikum, das hier und jetzt sein Gefallen oder Nicht-Gefallen manifestiert."[25]

Dabei bietet der Vorzug der Zahl vor dem Wort – der Statistik vor der Kunstgeschichte, des Marktes vor dem Museum – weiterhin die Gelegenheit, sich innerhalb und außerhalb der Massenkultur zu positionieren und damit das zu perfektionieren, was die Popkultur in ihren wirkungsmächtigen Momenten bis heute ausmacht: Auf konforme Weise dagegen zu sein. Wer 1962 Suppendosen als Kunst goutiert (und nicht als Nahrung), der setzte sich gleichzeitig von der Hochkultur und der Massenkultur ab. Das verbindende Element aber ist das Wissen um die Statistik, also dass gleichzeitig sehr viele Menschen Campbell's Suppen mögen und sehr wenige Menschen Suppendosen als Kunst verstehen. Das funktioniert so lange, wie dieser avantgardistische *coup d'état* von den immer zahlreicher werdenden Galeristen, Kunstkritikerinnen und Sammlern, dem immer größer werdenden Kunstpublikum auf Sonder-, Wander- und Blockbuster-Ausstellungen noch nicht entdeckt wurde – dann muss etwas Neues her, zum Beispiel eine Abendauktion, wie sie die Kunsthistorikerin Andrea von Hülsen-Esch beschreibt:

„In den 1970er Jahren begannen die Auktionshäuser, zeitgenössische Kunst zu versteigern; mit Einführung der Abendauktionen 20 Jahre später zeigte sich, dass die Versteigerung von Kunst auch zum gesellschaftlichen Ereignis geworden war."[26]

Sehr viel schneller wurde ab jetzt sehr viel Neues produziert, das sich vom gerade noch Neuen nicht nur absetzte, sondern auch neue Räume der Distribution suchte und damit zeitgenössische Verkaufsräume erschloss. Andy Warhol war nicht nur Künstler, er war auch Produzent, Filmemacher und Herausgeber, er besaß einen Nachtclub, war Musikmanager und -produzent und trat in der Fernsehserie *Love Boat* auf (was zu der hinterhältigen Vermutung führt, dass Harald Schmidt in seiner Rolle in *Das Traumschiff* der rechtmäßige Erbe Warhols ist). Es waren Orte wie die Factory, so schreibt es der Kunstkritiker Jörg Heiser, „in denen direkte Übergänge zwischen ganzen Produktions- und Rezeptionsabläufen von Kunst und Popmusik erstmals überhaupt denkbar wurden – auch als neuer Markt"[27]. So diffundierte die Pop-Art schrittweise in alle Felder der Gesellschaft und verwandelte sich in Popkultur. Nicht nur Warhol wurde zu seinem eigenen Kunstwerk, auch „ein Publikum, das sich selbst genau nach diesem Muster kühl-perverser, ironischer Dekadenz präsentierte"[28] half dabei, dass das Prinzip Pop ab Mitte der 1960er Jahre viral ging.

Kunst ± Populäre Kultur = Pop

Die Pop-Art bringt somit mindestens drei Voraussetzungen mit in die Ehe mit der Popkultur ein. Erstens die Selbstreflexivität: Sie fragt sich vor aller Augen, was sie eigentlich sei und vertraut darauf, dass es ihr schon jemand erklären wird. Zweitens geht es um ein ironisches Spiel der Zeichen zwischen Subversion und Affirmation: Sie ist immer dafür und dagegen und gewinnt genau dadurch ihr Distinktionspotential, sowohl innerhalb des Kunstfeldes, als auch in Abgrenzung zur Massenkultur. Drittens, einen permanenten Innovationsanspruch, der sich als avantgardistischer Bruch mit den Konventionen ausgibt: Sie bedient den Markt, den sie ablehnt, mit neuer Ware.

So schafften auch die Beatles mit ihrem Album *Sgt. Peppers Lonely Hearts Club Band* von 1967 einen der vielen Übertragungseffekte zwischen Pop-Art und Popkultur. Überwältigt von ihrem kommerziellen Erfolg und scheinbar gefangen in den Rollenzuschreibungen ihres Publikums, befreiten sie sich durch eine avantgardistische Geste, indem sie ihren Identitätstransfer (von einer originellen Beatband zu anspruchsvollen Musikern, von angehimmelten Schwiegersöhnen zu ernsthaften Künstlern) reflexiv-ironisch zur Schau stellten. Sie präsentierten sich in ihrer Rolle als Popstars und brachen gleichzeitig mit dieser Tradition. Danach waren sie so frei wie auch erneut gefangen: Frei waren sie von dem Anspruch, für immer die Beatles der Beatlemania zu sein. Gefangen waren sie in der reflexhaften Abkehr von ihrem jeweiligen Image, in einer permanenten „Ironie der Fehlplatzierung"[29], wie sie von der Pop-Art erfolgreich vorgemacht wurde.

Popkultur ist damit vieles, was die Kunst des 20. Jahrhundert auch ist: Die Popkultur hat mit der Pop-Art die ästhetischen Grundmuster der Populären Kultur übernommen, die seriellen Verfahren, standardisierten Elemente und medialisierten Welten. Doch sie hat ein hochgradig ambivalentes Verhältnis zur Massenkultur, der sie ihre Entstehung verdankt. Popkultur möchte die Massenkultur immer gleichzeitig bedienen und kritisieren, sie möchte *high* und *low* zugleich sein. Das hat nicht nur ideologische Gründe, sondern auch ästhetische. Denn Popkultur macht explizit auf ihre eigenen Produktions- und Genrebedingungen aufmerksam, sie ist fast zwanghaft selbstreflexiv; oder, wie es in einer Besprechung zu der Serie *Wandavision* aus dem Marvel-Universum heißt: „Die Serie ist nicht nur als Metaerzählung angelegt, sondern Meta-Meta".[30]

Wie etwas zu Pop wird, ist deshalb Teil des jeweiligen Werkes. Bei Warhol waren es die Produktionsbedingungen der industriellen Moderne, die zum Bild wurden. Die seriellen Werke wurden von Mitarbeiterinnen in einer Firma hergestellt, um dann in verschieden hoher Stückzahl an ein internationales Publikum verkauft zu werden. Arbeitsteilige, kommerzialisierte und standardisierte Prozesse der modernen Massengesellschaft waren also nicht nur die Bedingung, sondern auch Form und Inhalt von Warhols Kunstproduktion und galten für die Pop-Art im Allgemeinen.

Die Arbeit am Cover des beschriebenen Beatles-Albums, dessen Gestaltung in den Händen des Künstlers Peter Blake, der Bildhauerin Jann Haworth und des Fotografen Michael Cooper lag, folgte im kleinen Maßstab einer ähnlich fordistischen Grundstruktur. Entscheidend ist dabei der demonstrative Hinweis auf Image und Imagewandel als Bedingung der Produktion populärer Starfiguren. So gelang es der Band, gleichzeitig die marktkonforme Zusammenstellung von Popbands zu bestätigen (die heute im sogenannten K-Pop, also koreanischer Popmusik, ihren bisherigen Höhepunkt findet) und in Opposition zu jener kulturindustriellen Entfremdungsstrategie aufzutreten. Der Kunstsoziologe Walter Grasskamp schreibt dazu:

> „Damit gaben die Beatles dem kommerziellen Erfolg einen neuen Sinn. Man konnte den Erfolg eines kommerziellen Produkts als Anlaß für einen Ausstieg aus der blanken Verkaufskalkulation und als Grundlage für eine gewisse künstlerische Souveränität nehmen."[31]

Selbstreflexivität und Kritik finden so in der Popkultur zu einer eigenen und ineinander verschränkten ästhetischen Form.

In der Populären Kultur müssen die Produktionsbedingungen dagegen notwendig im Hintergrund bleiben. William F. Cody inszenierte keinen offensiven Imagewechsel auf der Bühne seiner „Wild West Show", denn er war immer Cody und Buffalo Bill zugleich. Der Doppelkörper der Starfigur (siehe „Ein Skalp") wird in der Populären Kultur noch nicht demonstrativ thematisiert, die Produktionsbedingungen müssen stimmen, nicht ironisch gebrochen werden. Und so möchten auch die Wenigsten einen selbstreflexiven Kriminalroman lesen, der darüber schreibt, dass und wie er Spannung erzeugt. Das wäre zwar Pop aber selten gute Unterhaltung. Denn Unterhaltung lebt von einer Verabredung, die sich darauf verlassen muss, dass die Grenzen zwischen fiktionaler und realer Realität grundsätzlich stabil sind, um dann temporär ineinander überzugehen. Für die Zeit der Krimilektüre bestätigt der Leser diese Verabredung, indem er daran glaubt, dass der Mord geschehen ist (und es gibt dabei genügend körperliche Erfahrungen, die ihn das glauben machen). Sind Zeit und Raum der fiktionalen Realität beendet, widmet man sich wieder der Realität (zur Arbeit fahren, Essen kochen, niemanden umbringen). Die Populäre Kultur muss deshalb auch nicht immer neu sein – so wie Agatha Christie damals erzählt George R. R. Martin heute immer dieselben Geschichten –, sondern immer aufs Neue unterhalten. Dafür sind klug gesetzte Variationen viel entscheidender als ein avantgardistischer Bruch der Konventionen.

Gleichzeitig verdeutlicht ein Beispiel wie die Netflix-Serie *Game of Thrones,* dass sich pop- und populär-kulturelle Verfahren schon lange nicht mehr trennscharf unterscheiden lassen. *Game of Thrones* ist als serielles, massenmediales und unterhaltendes Produkt so sehr Teil der Populären Kultur wie auch Teil der Popkultur. Denn der archetypische Kampf von Gut gegen Böse, der auch in der „Wild West Show" und in den Science-Fiction Comics um Buck Rogers Unterhaltung garantierte, wird hier auf offensive Weise ausgehebelt. Damit einher geht eine Auflösung von Haupt- und Nebenfiguren: Wenn wieder einmal eine fiktionale Identifikationsfigur wie beiläufig ermordet wird, bleibt den Zuschauerinnen deshalb gar nichts anderes übrig, als sowohl die dramaturgischen Bedingungen der Serie als auch die eigenen Erwartungen an das Populäre zu hinterfragen. *Game of Thrones* bricht und bedient die Konventionen gleichermaßen und sticht somit, nach dem Aufkommen der Streaming-Dienste, aus der Vielzahl der Serien deutlich heraus. Nicht zuletzt auf der Ebene von Angebot und Nachfrage muss Quantität immer wieder in Qualität verwandelt werden.

Popkultur ist also Kunst plus und minus Populäre Kultur. Während es die Populäre Kultur seit etwa 150 Jahren ermöglicht, dass wir uns innerhalb der Massenkultur bewegen, die unsere fraglos vorhandene Lebenswelt ist, bietet die Popkultur eine ambivalente Position des Drinnen und Draußen an. Während die Populäre Kultur ein Bewusstsein der Warenförmigkeit von Welt, Subjekten und ihren Beziehungen ermöglicht, bezieht die Popkultur aus diesem Selbstverständnis ihr kulturkritisches Kapital. Während die Populäre Kultur den Überfluss an Dingen und Zeichen, Identitäten und Praktiken quantitativ bewältigt, reduziert die Popkultur die strukturelle Vielzahl auf subversive Momente, die sich im Bruch mit den Konventionen feiern lassen.

„Campbell's Soup Cans" sind in diesem Sinne eine doppelte Antwort auf *all these things,* auf das Zuviel der Dinge im 20. Jahrhundert – zum einen, indem sie endgültig das gesamte profane Archiv der Massen- und Konsumkultur für die Kunst freigegeben haben. Die ganze Welt besteht seitdem aus Suppendosen, die zu Kunst werden können und „wie Brot und Wein der Lebenswirklichkeit darauf warten, verklärt zu werden"[32]. Zum anderen sind sie ein letzter verzweifelter Versuch, die Geschichte der autonomen Kunst im Kontext von hochgradig pluralisierten, möglichkeitsoffenen Gesellschaften fortzuschreiben. Als eine Geschichte, die ihre Fortsetzung genau jenen Massen- und Konsumkulturen überlässt, die sie bändigen will.

Anmerkungen
1. Pete Townshend zit n. Kureishi, Hanif/Savage, Jon (Hg.): *The Faber Book of Pop*. London/Boston 1995, S. 239.
2. Busch, Jane: An Introduction to the Tin Can. In: *Historical Archaeology* 15/1 (1981), S. 96.
3. John T. Dorrance zit. n. Sidorick, Daniel: *Condensed Capitalism: Campbell Soup and the Pursuit of Cheap Production in the Twentieth Century*. Ithaka, N.Y. 2009, S. 16.
4. Ebd., S. 14.
5. Ebd.
6. Eating History: TASTING 55-YEAR-OLD CAMPBELL'S SOUP, 2020, siehe: https://www.youtube.com/watch?v=RXm7uSNhqqg (01.05.2021).
7. Hillary Reder: Serial & Singular: Andy Warhol's Campbell's Soup Cans, 2015, siehe: https://www.moma.org/explore/inside_out/2015/04/29/serial-singular-andy-warhols-campbells-soup-cans/ (01.05.2021).
8. Danto, Arthur C.: The Artworld. In: *The Journal of Philosophy* 61/19 (1964), S. 581.
9. Ebd.
10. Danto, Arthur C.: *Kunst nach dem Ende der Kunst*. München 1996, S. 23.
11. Ebd., S. 186.
12. Kracauer, Siegfried: Kult der Zerstreuung. Über die Berliner Lichtspielhäuser. In: Ders.: *Das Ornament der Masse. Essays*. Frankfurt a. M. 1963, S. 315.

13. Warhol, Andy: *Die Philosophie des Andy Warhol von A bis B und zurück*. Frankfurt a. M. 2013, S. 148.
14. Hecken, Thomas: *Pop. Geschichte eines Konzepts 1955–2009*. Bielefeld 2009, S. 80.
15. Siehe Klinger, Cornelia: *Flucht, Trost, Revolte. Die Moderne und ihre ästhetischen Gegenwelten*. München/Wien 1995.
16. Funcke, Bettina: *Pop oder Populus. Kunst zwischen High und Low*. Köln 2007, S. 48.
17. Anton von Werner zit. n. Lenman, Robin: *Die Kunst, die Macht und das Geld. Zur Kulturgeschichte des kaiserlichen Deutschland 1871–1918*. Frankfurt a. M./New York 1994, S. 133 f.
18. Ebd., S. 81.
19. Sheehan, James J.: *Geschichte der deutschen Kunstmuseen: von der fürstlichen Kunstkammer zur modernen Sammlung*. München 2002, S. 226.
20. Lenman, Robin: *Die Kunst, die Macht und das Geld. Zur Kulturgeschichte des kaiserlichen Deutschland 1871–1918*. Frankfurt a. M./New York 1994, S. 134.
21. Klinger, Cornelia: Modern/Moderne/Modernismus. In: Barck, Karlheinz [u. a.] (Hg.): *Ästhetische Grundbegriffe. Historisches Wörterbuch in sieben Bänden*. Stuttgart/Weimar 2002, S. 151.
22. Marcel Duchamp zit. n. Funcke, Bettina: *Pop oder Populus. Kunst zwischen High und Low*. Köln 2007, S. 49.
23. Ebd., S. 47.
24. Groys, Boris: Der Pop-Geschmack. In: Grasskamp, Walter/Krützen, Michaela/Schmitt, Stephan (Hg.): *Was ist Pop? Zehn Versuche*. Frankfurt a. M. 2004, S. 105.
25. Ebd., S. 103.
26. Von Hülsen-Esch, Andrea: Geschichte und Ökonomie des Kunstmarkts – ein Überblick. In: Haus-

mann, Andrea (Hg.): *Handbuch Kunstmarkt. Akteure, Management und Vermittlung.* Bielefeld 2014, S. 50.
27. Heiser, Jörg: *Doppelleben. Kunst und Popmusik.* Hamburg 2015, S. 123.
28. Hecken, Thomas: a. a. O., S. 101.
29. Grasskamp, Walter: *Das Cover von Sgt. Pepper. Eine Momentaufnahme der Popkultur.* Berlin 2004, S. 21.
30. Pfeiffer, David: Superhelden auf Zeitreise. Die Serie „Wandavision" und die Frage, wie sehr man die Geschichten aus dem Marvel-Kosmos variieren und persiflieren kann. In: *Süddeutsche Zeitung* (16./17.01.2021), Nr. 12, S. 12.
31. Grasskamp. Walter: a. a. O., S. 20.
32. Danto, Arthur C.: The Artworld. In: *The Journal of Philosophy* 61/19 (1964), S. 580.

1973. Brillen
Differenz ist mein Normal

Elton John auf einer Wohltätigkeitsveranstaltung in London, 1984.

Im Dezember 1974 spielte Elton John im Hammersmith Odeon in London ein umjubeltes Weihnachtskonzert. Während die Kamera der BBC über das Publikum fuhr, fing sie einen vielleicht 30-jährigen Mann ein und verharrt einige Sekunden in Großaufnahme. Er trug ein gelbes T-Shirt und hatte einen Schnauzbart, auf der Nase saß eine unauffällige Kassenbrille. Als er die Kamera bemerkte, lachte er, hob die Augenbrauen über die Brillenränder und reckte seine Arme sympathisch-ungelenk ein paar Mal in die Höhe. Wie alle im Publikum hoffte er auf eine Zugabe, klatschte und rief nach Elton John. Dann verschwand er aus dem Blick der Kamera.

Kurz darauf betrat Elton John die Bühne. Er trug eine glänzend weiße Schlaghose, eine weiße, mit Federn geschmückte Jacke, die weite Teile seiner Brust freiließ und eine eckige, weiß gerahmte Plastikbrille mit hellrot getönten Gläsern. Er nahm einen Schluck irgendetwas (aus einer Kaffeetasse) und setzt sich ans Klavier. Die ersten Töne von „Crocodile Rock" erklangen, es war der Höhepunkt des Abends. Während der letzten drei Nummern der Christmas-Show hatten zwei Playboy Bunnys mit einer Torte ihren Auftritt, der Sänger Rod Steward erschien mit einer Nelke im Knopfloch seines Anzugs und Musiker Gary Glitter gesellte sich im Pelzmantel und mit einer Flasche Champagner in der Hand dazu. Unzählige Luftballons und künstlicher Schnee rieselte aufs Publikum.

Was verbindet den freundlichen Mann mit Schnauzbart und Kassenbrille und den Musiker mit weißen Federn und getöner Glam-Rock-Brille? Nichts. Manchmal ist der Popmoment gerade der Abstand zwischen dem Star und seinem Publikum und kaum ein Ding macht dies so deutlich, wie die Brillen Elton Johns. Am selben Abend trug er zu Beginn des Konzerts eine große dunkelgetönte Nickelbrille mit ausladenden Jugendstil-Applikationen.

Die dann folgende Plastikbrille mit rosafarbenen Gläsern war dagegen fast gewöhnlich. Der bis in den Schritt ausgeschnittene, schwarz-silbern glitzernde Ganzkörperanzug, den er dazu trug, war es sicherlich nicht. Am Ende schmückte sein Gesicht eine sechseckige Riesenbrille. Elton John ist nicht der Sänger mit der Brille, er ist der Sänger mit den Brillen.

Rocket Man

Auf dem Cover seiner ersten sieben LP's zwischen 1969 und 1973 war der Musiker noch mit einfachen, braungetönten Brillen zu sehen. Erst auf dem Albumcover von *Goodbye Yellow Brick Road* ist die Brille etwas größer und poppiger. Seinen Durchbruch verdankt Elton John aber nicht den schrillen Aufzügen und den exorbitant verspielten Brillen, sondern drei Auftritten im Club Troubadour in Los Angeles im August 1970. Zu dieser Zeit war dort noch die Musik der späten 1960er tonangebend: Singer- und Songwriter, Folkrock- und Woodstock-Helden wie Joni Mitchell, James Taylor, The Eagles und andere bespielten den Club in Kalifornien regelmäßig. Der in den USA völlig unbekannte Elton John wurde von Neil Diamond auf die Bühne gebeten, die Orchestrierung seiner Band war der Tradition des Ortes angemessen reduziert. Die drei Musiker am Klavier (Elton John), Baß (Dee Murray) und Schlagzeug (Nigel Olsson) boten dem Publikum, das vom amerikanischen Management nicht nur mit Journalisten, sondern auch mit Musikern wie David Crosby oder Leon Russel bestückt wurde, eine rockistische Jam-Session, die Elton John als den Musiker etablierte, der die Gegenwart der 1970er Jahre definierte.

Diese Zeit forderte keine verzerrten, lauten E-Gitarren der Rolling Stones, der Yardbirds oder von Led Zeppelin mehr – aber auch keine akustischen Gitarren der Folk-Ära –, sondern ein melodisches Instrument wie das Klavier, das von Elton John bisweilen wie ein Rockinstrument behandelt wurde. Elton John präsentierte in Los Angeles eine Show, die eine gute Prise Soul, Blues und das wilde Klaviergehämmer von Jerry Lee Lewis miteinander verband. „Ich dachte, meine Karriere sei vorbei. Denn er war so viel dynamischer und viel auffälliger"[1], erklärte der US-Sänger Leon Russell im Rückblick auf den Abend in Los Angeles. Die Auftrittskunst blieb an diesen drei Abenden aber vollständig auf die musikalische Performance der Elton John Band beschränkt. Der Sänger saß ausnahmslos am Klavier, trug eine helle, unauffällige Hose, ein schwarzes Shirt und im Gesicht Vollbart und eine dunkel getönte Brille. Die Filmbiographie *Rocket Man* von 2019 lässt Elton John auch im Club Troubadour schon mit weißer Latzhose und weißer Plastikbrille auftreten und eine wilde Version von „Crocodile Rock" performen. Die Darstellung der Szene ist historisch falsch und hat doch einen richtigen Kern: Hier fing alles an. Aber noch nicht die Sache mit den Brillen.

Wenn es nicht seine Plattencover und nicht sein erster Auftritt auf der großen Pop-Bühne waren, die das Bild des exzentrischen Brillenträgers etablierten, waren es dann vielleicht seine weiteren Konzerte, die Pressebilder und Fernsehauftritte, die ihn mit dem außergewöhnlichen Accessoire zeigten? Auch hier ist für die Jahre 1970 bis 1972 nichts zu finden. Elton John zeigt sich dem Massenpublikum als ein etwas schüchterner, seriöser Künstler, der er auch war. Mit 11 Jahren bekam er ein Stipendium für Hochbegabte, um an der Londoner Royal Academy of Music fünf Jahre Klavier und Komposition zu studieren. Auf seiner ersten USA-Tour im Winter 1970 trug er zwar schon einen knallgelben Smoking, aber Brille und Auftreten blieben dezent. Das Gleiche gilt für alle Coverbilder, die in diesen Jahren von ihm gemacht wurden: Auf der Titelseite des *Rolling Stone* aus dem Juni 1971 etwa sehen wir ihn mit Cowboystiefeln, vollem Haar und einer Brille, die sein Gesicht und seine Augen klar erkennen lassen. Warum hätte er sich auch neu erfinden sollen, der Sänger hatte bereits einen Identitätswechsel hinter sich: Seit 1968, als er seine erste Band Bluesology verließ, nannte sich Reginald Kenneth Dwight nur noch bei seinem Künstlernamen Elton John.

Erst ab Ende des Jahres 1972 begann Elton John, mit ausgefallenen Brillen und Kostümen aufzutreten. Zu diesem Zeitpunkt war er bereits ein Star in Großbritannien und mehr noch in den USA. Sein zweites Album *Elton John* erreichte Platz Vier in den amerikanischen Billboard-Charts, die Singleauskopplung „Your Song" schaffte es in die Top Ten der USA und Großbritanniens. Noch erfolgreicher waren die Alben *Tumbleweed Connection* und *Madman across the Water*, beide aus dem Jahr 1971. Die Brillen machten also nicht den Star, sie waren nicht das Signum des Sängers aus dem Norden Londons. Elton John wurde gemeinsam mit Bernie Taupin durch die Musik berühmt, er wurde als Erneuerer der Rockmusik gefeiert. Die *Los Angeles Times* schrieb am 27.08.1970:

> „Die Rockmusik, die in letzter Zeit eine eher ereignislose Phase durchlebte, hat einen neuen Star. Es ist Elton John, ein 23-jähriger Engländer, dessen USA-Debüt am Dienstagabend im Troubadour in fast jeder Hinsicht großartig war."[2]

Auch wenn sich kein genaues Datum zuordnen lässt, an dem sich Elton John vom seriösen und zurückhaltend auftretenden Musiker zum exzentrischen Popstar wandelte, so sind es doch die Jahre 1973 bis 1975 gewesen, in denen seine Karriere auf eine neue Weise explodierte. Die Alben *Don't shoot me, I'm only the Piano player* und *Goodbye Yellow Brick Road* erreichten beide Platz Eins in den US- und UK-Charts. Zwei weitere Alben, denen dieses gelang, folgten. Die Bühnenshows wurden zu einer Mischung aus Vaudeville und exaltiertem Medienspektakel; am berühmtesten wurde der Auftritt im Hollywood Bowl im September 1973. Fünf farbige Pianos, eine Las-Vegas-Show-Treppe und Palmen schmückten die Bühne genauso wie unzählige Lookalikes, die Queen Elizabeth, Elvis Presley, Batman oder Marilyn Monroe darstellen. Moderiert wurde die Show, in der auch hunderte weiße Tauben und ein echtes Krokodil ihren Platz fanden, von Linda Lovelace, die als Darstellerin in *Deep Throat* in jenem Film mitspielte, der bis heute als Beginn der expandierenden Pornoindustrie gilt.

Mit der Mischung aus anspruchsvoll komponierten Popsongs und hochtourigen Inszenierungen war Elton John zu diesem Zeitpunkt dabei, den Platz der Beatles einzunehmen: Das Album *Captain Fantastic and the Brown Dirt Cowboy* von 1975 fungierte dabei als Entsprechung zu *Sgt. Pepper's Lonely Hearts Club Band* und beschloss, zusammen mit Elton Johns Auftritt als Pinball Wizard in der Rockoper „Tommy" seine erste Superstar-Phase. Das Duo Elton John und Bernie Taupin wurde zu dieser Zeit in einem Atemzug mit Lennon und McCartney genannt. 1975 bespielten sie an zwei Tagen das Dodgers-Stadion in Los Angeles vor über 100 000 Zuschauern – knapp zehn Jahre und als erste Musiker nach den Beatles. Es veränderte sich etwas in dem Moment, in dem Elton John als der Popstar mit den Brillen reüssierte. Er wurde vom Star zum Superstar. An den Brillen wird es nicht gelegen haben – oder doch? Was macht die Brille ganz grundsätzlich aus den Menschen, und was macht sie aus jenen, die sich in Pop und Populärer Kultur bewegen?

Brillenmenschen

Auch wenn Charles Panati in seiner *Universalgeschichte der ganz gewöhnlichen Dinge* (1987) die Entstehung der Brille in das Italien des 13. Jahrhunderts verlegt,[3] so scheint es für den vorliegenden Kontext wichtiger, auf den Durchbruch in der industriellen Fertigung von Brillen im frühen 20. Jahrhundert hinzuweisen. Denn in dieser Zeit verbinden sich die veränderten Arbeitsanforderungen mit neuen Freizeitmöglichkeiten und der fortschreitenden technischen Entwicklung. Gemeinsam führen diese Veränderungen zu einem neuen Blick, sie tragen zu einem neuen Sehen bei. Das 19. Jahrhundert – das „Jahrhundert der Arbeit"[4], wie es Kaspar Maase nennt – trieb die Menschen vom Land in die Stadt und in völlig neue Lebens- und Arbeitsverhältnisse.

Die Ausrichtung des Körpers an den Bedingungen der industriellen Fertigung führte zu neuen Anforderungen an die Augen: Fehlsichtigkeit wurde zum Problem – nicht nur für den Einzelnen, sondern die Gesellschaft als Ganzes. Entsprechend bemerkte der Arbeitsmediziner Ludwig Hirt 1891 in seiner *Gesundheitslehre der arbeitenden Klassen,* dass Fabrikarbeit nicht nur körperliche Anstrengung sei, sondern ebenso die Sinnesorgane belaste. „Das Auge", so der Mediziner, „kommt hier in erster Linie in betracht"[5]. Fließbandarbeiter, Näherinnen und Sekretärinnen, Feinmechaniker in der Industrie: Sie alle konnten sich keine Schwäche ihrer Augen erlauben, sie alle bedurften im Zweifelsfall der Brille. Die Brille, die als Zwicker, Klemmer oder Monokel bereits Requisit der bürgerlichen Schichten und des Militärs im 19. Jahrhunderts gewesen war, wurde im frühen 20. Jahrhundert für die breite Masse der Bevölkerung verfügbar. Vor allem die Angestellten in den Büros trugen sie.

Nicht nur die industrialisierte Arbeit und der Sektor der angestellt Beschäftigten verlangten danach, auch die Entwicklung der Populären Kultur als urbanes Freizeitvergnügen forderte die Augen auf neuartige Weise. Wenn der Anthropologe Christoph Wulf davon schreibt, dass „der Gesichtssinn *Öffentlichkeit* [beansprucht]"[6], dann benötigte umgekehrt die sich formierende Öffentlichkeit des frühen 20. Jahrhunderts den Gesichtssinn, und damit die Augen des Menschen. Zeitungsstände und Litfaßsäulen, Leuchtreklame der Varietétheater und der Kinosäle, Plakate und Werbung, Verkehrsschilder und Ampeln – die Stadt erfuhr eine völlig neue Möblierung, die vor allem sehend wahrgenommen werden wollte (siehe „Diskokugeln"). Die visuelle Kommunikation überformte in dieser Zeit den traditionellen mündlichen Austausch. Georg Simmel schrieb am Anfang des 20. Jahrhunderts von dem „unermeßlichen Übergewicht des Sehens über das Hören" in der Großstadt:

> „Vor der Ausbildung der Omnibusse, Eisenbahnen und Straßenbahnen im 19. Jahrhundert waren Menschen überhaupt nicht in der Lage, sich minuten- bis stundenlang gegenseitig anblicken zu können oder zu müssen, ohne miteinander zu sprechen."[7]

Entsprechend des gestiegenen Bedarfs konnte es nicht mehr darum gehen, handgeschliffene Gläser „mit Gestellen aus Elfenbein, Schildpatt oder Knochen"[8] herzustellen, sondern eine Massenproduktion von Brillen war notwendig geworden. 1912 gelang bei Carl Zeiss in Jena, wo man 1908 eine Brillenabteilung unter wissenschaftlicher Leitung gegründet hatte, eine entscheidende Weiterentwicklung: Punktal-Gläser ermöglichten eine scharfe Sicht, unabhängig von der Blickrichtung des Auges. Genauso entscheidend wie die qualitative Optimierung aber war die Tatsache, dass sich Punktal-Brillengläser „in großen Stückzahlen mit gleichbleibender Genauigkeit" herstellen ließen, wie die Physikerin Anita Kuisle schreibt: „Der Weg war frei für die Herstellung von weitgehend fehlerfreien Brillengläsern in industriellem Maßstab."[9] Carl Zeiss in Jena, Rodenstock in München, Emil Busch in Rathenow konnten damit auf die gestiegene Nachfrage reagieren und massenhaft Brillengläser auf den Markt bringen.

Die sozialen Notwendigkeiten wie die technischen Voraussetzungen für Brillen waren damit Anfang des 20. Jahrhunderts erfüllt. Was aber machten diese nun überall verfügbaren Brillen aus den Menschen, wenn angenommen werden muss, dass sie mehr bewirken, als einen körperlichen Mangel zu kompensieren? Welche Kultur und welche kulturellen Zeichen produzierte die Brille?

Eine Brille verwandelt den Menschen in einen Stadtmenschen. Brillenträger lebten in dieser Zeit vor allem in urbanen Ballungszentren, wo sie die Arbeit fanden, die es nötig machte, eine Sehhilfe zu tragen. Häufig waren es Angestellte, deren Arbeit aus indirekter Kommunikation bestand: Lesen, Schreiben, Ordnen. Jene Büromenschen waren es, die es sich nach und nach leisten können, ihre freie Zeit als Freizeit zu verbringen (siehe „Kaugummis"), etwa in den Amüsierbetrieben der Stadt, in den Kinos, Cafés und Theatern, die es verlangten, dass das Auge den sich ständig verändernden visuellen Reizen folgen konnte.

Dabei ist auffällig, dass das Auge – und erst recht die Brille – den Menschen zu gleichen Teilen in Distanz und Nähe zur Welt brachte. Eine Varietéaufführung mochte einer Besucherin ‚nahegehen', doch sie befand sich in respektablem Abstand zu den Körpern und Kostümen, die sie betrachtete. Wer durch eine Brille seinen Gesichtssinn akzentuiert, stärkte also die „Fernnähe", d. h., die Fähigkeit „die Entfernung zwischen Menschen und Dingen zu überbrücken, zugleich aber Distanz in der Wahrnehmung zu erhalten"[10].

Weil das Gesicht die öffentliche Seite des Menschen darstellt und sich an die Gemeinschaft meist fremder Menschen wendet, müssen Augen und Gesicht in einer Massengesellschaft diszipliniert werden – und ihr Ausdruck ist es, der das Subjekt diszipliniert. So verstärken Brillen den Eindruck von Kontrolle und Selbstkontrolle des Menschen: Ingenieure, Akademiker und Ärzte sind (historisch ältere) soziale Figurationen des Brillenmenschen, die diesen Aspekt des Sehsinns verkörpern. Steif und ungelenk im körperlichen Ausdruck verschmelzen öffentliche Funktion und Ausdruck des Gesichts. Brillen erziehen den Menschen im Übergang vom 19. auf das 20. Jahrhundert zum Stillsitzen im Büro, zum Geradestehen vor Untergebenen, zum Verharren vor Büchern (aus dieser Not machte erst die Sonnenbrille eine Tugend, die das Gesicht absichtsvoll zur Pose erstarren lässt und den strengen Ausdruck in den 1960er Jahren zum *New Cool* erklärte).

Im Umkehrschluss heißt das: Brillenträger führen keine schwere körperliche Arbeit aus und werden grundsätzlich verdächtigt, den Körper zwar zu sehen, nicht aber zu spüren. Sie leben und arbeiten in der Fernnähe der Großstadt, und somit gleichzeitig mit allen und allein. Sie verkörpern pointiert das, was Jan Philipp Reemtsma, das balancierte Individuum genannt hat:

„Die Tugenden des balancierten Individuums – Fähigkeit zum Triebaufschub, Um- und Voraussicht, Fähigkeit zur Arbeitsteilung, Abstraktionsvermögen, Sparsamkeit, selbstauferlegte Disziplin – werden gefragt, und man hat Erfolg mit ihnen."[11]

Wie aber passt ein solch balanciertes Individuum zu Populärer Kultur? Wie passen Brillen zum Pop?

Pop-Brillen

Der Musiker Buddy Holly oder die Comicfigur Clark Kent, wer fällt einem zuerst ein, wenn man an frühe Pop-Brillen denkt? Für Buddy Holly spricht die auffällig erwachsene Brille – schwarz, breit und groß – in einem noch jungenhaften Gesicht. Sie lässt den Ausdruck des Gesichts in der Schwebe: noch jugendlicher *boy* oder schon erwachsener *man*? Buddy Holly trägt in den 1950ern für alle sichtbar eine Brille, die seine Sehschwäche ausgleichen sollte, keine Sonnenbrille, wie Roy Orbison wenige Jahre später. Für Clark Kent spricht der historisch frühere Auftritt. Knapp 20 Jahre vor Buddy Hollys Durchbruch ist Clark Kent 1938 zum ersten Mal in „Action Comic #1" zu sehen. Als Superman bewahrt er in diesem Abenteuer eine Unschuldige vor der Hinrichtung. Als Clark Kent – mit Brille im Gesicht – liest er die Nachricht von der geglückten Rettung am nächsten Tag in der Zeitung, für die er arbeitet. Während er im Kostüm von Superman unbezwingbar ist, lässt er sich am selben Abend bei dem ersten Date mit seiner Kollegin Lois Lane die Brille hilflos ins Gesicht drücken: „Wehr Dich ... Du schwächlicher Iltis", fordert ihn der schwergewichtige Unsympath auf, der mit Lois tanzen möchte. Aber Clark Kent wehrt sich nicht. So muss sich die Frau selbst verteidigen und eine der berühmtesten Dreiecksbeziehung der Populären Kultur nimmt ihren Lauf: In der Figur von Superman verliebt sich Lois Lane in Clark Kent, als

Brillenmenschen beschimpft sie ihn als einen „rückgratlosen, unerträglichen Feigling!"[12].

Clark Kent könnte auch deshalb die Figur sein, die die Brille in die Populäre Kultur eingeführt hat, weil er sich bereits auf ein Vorbild beziehen kann. Der Erste in der Populären Kultur ist nämlich selten der Erste gewesen, sondern derjenige, bei dem sich ein spezifischer Moment der Zeitgenossenschaft offenbart. Wie anhand der Flash-Matic gezeigt, gab es schon zuvor TV-Fernbedienungen in den USA. Doch die Körpererfahrung, durch die sich 1955 neue technische, soziale und fiktionale Räume öffneten, war erst durch dieses Ding möglich geworden. Und schon vor Michael Jackson gab es den Moonwalk, etwa bei Cab Calloway in einer Dixie-Nummer in den 1930ern oder bei dem Schauspieler Bob Fosse in der Verfilmung des *Kleinen Prinzen* in den 1970er Jahren. Aber erst die Verbindung von Break-Beat-Pop, weißem Handschuh und der Schwarzen Persona des Sängers machte den Tanz 1983 gegenwärtig.

Entsprechend gibt es auch eine Clark-Kent-Brille vor Clark Kent. Der Stummfilm-Komiker Harold Lloyd machte sie zu seinem Markenzeichen, nachdem er einige Jahre in Konkurrenz zu Charlie Chaplin die tragikomische Figur des Lonesome Luke spielte. Mit der Brille entstand dann um 1918 die Figur des Harold, ein Durchschnittsamerikaner, dem die sonderbarsten Dinge passieren:

„Harold war der erste Filmkomiker, der eine Figur darstellte, die so aussah und sich so verhielt wie jemand, der im Publikum saß – ein Durchschnittstyp, der Junge von nebenan, ein Jedermann. Lukes schlecht sitzendes Landstreicher-Outfit wurde gegen Harolds eigene Alltagskleidung und eine einfache Hornbrille ausgetauscht."[13]

Dieser durchschnittliche Charakter wurde zum bestbezahlten Filmstar der 1920er Jahre: Jeder kennt die Szene aus dem Film *Ausgerechnet Wolkenkratzer!*, in der Harold in Wolkenkratzer-Höhe an einem Uhrzeiger hängt. Die Gläser seiner schwarzen Hornbrille machen die vor Angst aufgerissenen Augen noch größer. Die Brille scheint hier ein wichtiges und auf jeden Fall das sichtbarste Requisit des *average guy* Harold zu sein – Brille und Durchschnittlichkeit ergänzen sich gewissermaßen. Was aber zeichnet einen Durchschnittsmenschen aus? Ist er langweilig, ist er wie alle anderen?

Auffällig ist, dass es sich hierbei sowohl um eine statistische wie auch eine kulturelle Größe handelt: Mit „durchschnittlich" verbinden wir einen etwas untalentierten, bequemen Charakter, der aufgrund dieser Eigenschaft gerade nicht sichtbar wird. Wenn auch begrifflich verwandt, ist durchschnittlich nicht dasselbe wie normal. Im Begriff der Normalität stecken die Norm und die Normierung und damit starke kulturelle Wertungsschemata. Dagegen ist der Durchschnitt etwas unverfänglicher, beruft er sich doch auf einen mathematisch festgelegten Mittelwert. Davon abgesehen, wie objektiv ein solches Maß tatsächlich ist, kann der Mittelwert nur dann errechnet werden, wenn es erstens eine genügend große Menge von etwas gibt (von Bürgern mit Brillen zum Beispiel) und zweitens diese Menge statistisch erfasst und differenziert werden kann (von Angestellten mit Brillen vielleicht).

Der Durchschnittsmensch taucht deshalb erst in einer Massengesellschaft auf. Er geht einher mit der Entstehung einer sogenannten Mittelschicht, die dem Soziologen Michael Makropoulos zufolge durch „das Dispositiv der sozialen Mobilität"[14] gekennzeichnet ist. Eine Mittelschichtgesellschaft – wie sie sich in den USA und Europa seit den 1920er Jahren weder linear noch im Gleichtakt, aber doch sukzessive ausgebildet hat – ist also sozial durchlässig. Das heißt, dass eines der wichtigsten Merkmale eines Durchschnittsmenschen in einer solchen Gesellschaft darin besteht, dass er um seine sozialen Auf- und Abstiegschancen weiß. Anders ausgedrückt, er weiß um eine „prinzipielle, schlechthin selbstverständliche Fiktionalisierung" seines eigenen wie des gesamtgesellschaftlichen „Möglichkeitshorizonts".[15] Gerade für den Durchschnittsmenschen ist theoretisch alles möglich. Einerseits geht er in der Menge verloren, weil er ihre primären Eigenschaften, Werte und Requisiten teilt, andererseits ragt er aus ihr heraus, weil für ihn soziale Auf- und Abstiege prinzipiell möglich sind, sofern er sie sich verdient. „Die Geschichte, mit der die Mitte hantiert", so der Politikwissenschaftler Herfried Münkler in seinem Buch *Mitte und Maß*, „ist die Erzählung von der eigenen Leistung"[16].

Das Vergnügen an Figuren wie Harold bestand und besteht deshalb darin zu beobachten, wie der Durchschnittsmensch immer wieder in Situationen gerät (unverschuldet oder zumindest nicht intendiert), die ihm einen gesellschaftlichen Auf- oder Abstieg aufzwingen. In *Ausgerechnet Wolkenkratzer!* ist es die Geschichte vom jungen Mann, der in die Stadt zieht, um dort Geld für die Hochzeit mit seiner Verlobten zu verdienen; als Angestellter in einem Kaufhaus, der seine Brille für diese Arbeit gut gebrauchen kann. Weil er nicht genug verdient, aber ihr teure Geschenke in die Heimat schickt, fangen die Verwicklungen an, die ihn am Ende des Films buchstäblich ganz nach oben, auf das Dach des Wolkenkratzers und in die Arme seines Mädchens, bringen. Der räumliche Aufstieg wird zur Metapher des sozialen Aufstiegs.

Bei Superman werden die beiden konstituierenden Momente des Durchschnittsmenschen, in der Menge der Großstadt unterzugehen und in (soziale) Höhen aufzusteigen, in zwei Charaktere aufgespalten: Im Rahmen des Superman-Universums verfolgen die Leserinnen die reale Realität des Clark Kent und die fiktionale Realität von Superman. Beide Aspekte gemeinsam aber machen den Durchschnittscharakter aus, wobei die Brille als Requisite des Mittelmaßes nur Clark Kent zufällt. Das ist entscheidend für alle Figuren der Populären Kultur, die durch eine zweite, oftmals heimliche Rolle charakterisiert werden: Auch das übermenschliche Potential von Batman, Spiderman oder Cat Woman ist immer menschlich gebunden. Das Heldenhafte solcher Figuren liegt in ihrer Durchschnittlichkeit, dem Mittelmaß, das sie befähigt, einerseits wie alle anderen und gleichzeitig herausragend zu sein. Für diese Doppeldeutigkeit steht in der Populären Kultur exemplarisch die Brille – für durchschnittliche Helden, für die Helden der Durchschnittlichkeit.

Das gilt für alle Brillenmenschen der Populären Kultur, auch für das weibliche Pendant zu Buddy Holly in den 1950ern: Marilyn Monroe in *Wie angelt man sich einen Millionär?* von 1953. Ihre überragende Schönheit und ihr Sexappeal brauchten die Durchschnittlichkeit eines menschlichen Fehlers: Kurzsichtigkeit gepaart mit Eitelkeit. John Lennon dagegen war tatsächlich so blind, wie Monroes Figur Pola im genannten Film. Lennons Widerwille, eine Brille zu tragen oder es mit Kontaktlinsen zu versuchen, gab Anlass für unzählige Anekdoten. Erst der Anti-Kriegsfilm *Wie ich den Krieg* gewann, in dem der Sänger mit Nickelbrille und kurzen Haaren eine Hauptrolle spielte, änderte das. Ein Filmstill aus Richard Lesters Film von 1967 zierte das Cover der ersten Ausgabe des *Rolling Stone Magazin*. Ab diesem Zeitpunkt gab es den Brillenmenschen Lennon, der auf eine neue Weise darauf hinwies, dass und wie er die Masse der Mittelschicht überragte: indem er sich vom Popstar zum intellektuellen Popstar und Friedensaktivisten wandelte. Es war die Zeit der Indien-Reisen der Beatles, in der sich die Protestbewegungen in den USA auf Mahatma Gandhi beriefen, dessen Nickelbrille die visuelle Referenz für Lennon war. Auch das letzte Bild von John Lennon war ein Bild seiner Brille, die ein Jahr nach seiner Ermordung, Yoko Onos Schallplatte *Season of Glass* zierte. Die Brille wird zur Reliquie, zum Museumsstück (heute im Liverpooler Beatles-Museum), so wie sich vor dem Buddy Holly-Museum in Lubbock, Texas ein überdimensioniertes schwarzes Brillengestell als Signum des Sängers befindet.

Die Reihe solcher Vorbilder reicht bis zu Harry Potter, einem kleinen, schmalen Jungen, der einen so durchschnittlichen englischen Nach- wie Vornamen besitzt, dazu wie alle Jungs in seinem Alter „knubbelige Knie" hat und „eine Brille mit runden Gläsern"[17] trägt, die durch Klebeband zusammengehalten werden. Dass er ein Held werden wird, ist den Leserinnen zwar schon angekündigt; die Brille aber macht ihn fehlbar, erst sie macht ihn menschlich.

Das erste Mal

Zurück zu Elton John: Er ist nicht der Sänger mit der Brille wie Buddy Holly oder John Lennon – er ist der Sänger mit den Brillen. Nicht das einzelne Ding steht im Mittelpunkt der Popkultur in diesem Moment, sondern deren Vielzahl. Es lohnt sich darüber nachzudenken, welche Funktion die Pluralität der Dinge hat und warum Brillen gerade in den frühen 1970er Jahren für einen weltbekannten Sänger zum entscheidenden Requisit wurden.

Das erste Mal, dass sich Elton John öffentlich mit einer auffälligen Brille zeigte, war im Dezember 1972 im Rahmen eines Auftritts bei *Top of the Pops* mit dem Song „Rocket Man".[18] Elton John trug eine überdimensionierte gelbe Brille, die das Wort „ZOOM!" bildete. Auffällig waren die Brille und ihr Träger damit unzweifelhaft, aber Elton John wirkte im gelben Hemd und braunen Sakko am Klavier eher wie eine Comic-Figur. Dennoch, die Brille und dieser Auftritt scheint der Auftakt für das folgende Jahr gewesen zu sein, in dem sich Elton John endgültig von einem seriösen Popsänger mit Singer-Songwriter-Wurzeln zu einem exzentrischen Popstar wandelte. Erst im Jahr 1976 outete er sich allerdings als bisexuell, in einem Interview mit Cliff Jahr in der Zeitschrift *Rolling Stone:* „Ich denke, wir alle sind bisexuell."[19] Diese Einschätzung teilte der Durchschnitt der Männer und Frauen wahrscheinlich nicht. Doch gerade in der Musik begann Anfang der 1970er Jahre ein offensives Spiel mit der sexuellen Identität: Das bevorzugte Genre hierfür war in den Jahren von 1971 bis 1976 der Glam Rock mit Protagonisten wie Marc Bolan, David Bowie, Gary Glitter, Roxy Music oder Queen auf der britischen sowie Alice Cooper, Lou Reed, Iggy Pop oder Kiss auf der US-amerikanischen Seite des Atlantiks. Es war Make-up-time.

Und nichts hätte der politischen Ernsthaftigkeit der späten 1960er Jahre mehr widersprechen können: Spontanität, Natürlichkeit und Gemeinschaftssinn waren die Pfeiler der Gegenkulturen jener Zeit, die alle offensiven Inszenierungen ablehnten – obwohl sie selbst so hochgradig theatralisch waren. „Ernsthaftigkeit und Fokussierung", nennt Philip Auslander die zentralen Performance-Strategien zwischen dem frühen Joe Cocker und Jefferson Airplane:

> „Mehrere psychedelische Rockgruppen spielten zu jener Zeit einen Teil ihres Sets in völliger Dunkelheit, als wollten sie ausdrücken, dass es diese visuelle Umgebung brauchte, um die meditative Konzentration auf den Sound zu unterstützen."[20]

Sound hören, nicht Pop sehen war die Devise. Ganz anders war es beim Glam Rock: „Glam-Rock betonte Zugänglichkeit und Spaß."[21] Dieses Musikgenre erinnerte die Popmusik an ihre doppelte Herkunft. Nicht nur *popular* sollte sie sein, sondern auch so süß und klebrig, so bunt und verlockend wie ein Lollipop oder eine aufpoppende Sodaflasche in den Pop-Art-Collagen von Richard Hamilton und Eduardo Paolozzi (siehe „Suppendosen").

Der klebrige Spaß des Glam Rock machte sich lustig über den Anspruch der 1960er, ernsthafte Kunst zu produzieren und das bürgerliche Authentizitätsdogma – fühlende und leidende Künstler, als die Joe Cocker oder Janis Joplin auf der Bühne in Woodstock standen – ungebrochen zu bedienen. Glam Rock machte sich aber auch über das Business lustig, das man selber bediente: Der Transvestit oder die Dragqueen waren dafür die richtigen Figuren, weil sie ihr reflexives Potential am eigenen Körper ausagierten.

Vom Make-up als burlesk-androgyner Verkleidung sang auch Lou Reed im gleichnamigen Song auf einer der wohl einflussreichsten LPs der frühen 1970er Jahre: *Transformer*, produziert von David Bowie, erschienen 1972: „Eyeliner, whitener, then color the eyes/yellow and green oooh what a surprise/you're a slick little girl."[22] Dass sich diese hier als weiblich beschriebene Verwandlungskunst auch auf männliche Sexualität bezieht, wird in dem Song ebenso klar benannt. Das Make-up ist ein Mittel der Transformation und der offensiven Darstellung einer sexuellen (Neu-) Orientierung: „Now, we're coming out/out of our closets/out on the streets/yeah, we're coming out."[23] Mit der Auffassung, dass geschlechtliche Identität gemacht und als individuelles Make-up gleichsam verfügbar sei, wird Glam Rock vor allem in Großbritannien zum dominierenden Genre in den Musikcharts. Während Elton John diese

Strategie nur vorübergehend wählte, eben wie eine Brille, die man auf- und absetzen kann, war die Rolle des „Transformers" für David Bowie zur Lebensaufgabe geworden, die er bis zum Tod nicht ablegen wollte oder konnte. Ähnlich wie später auch bei Madonna wurde die Verwandlung identitätsstiftend. Glam Rock *ist* Transformation.

Die bewussten Inszenierungen des Glam Rock und die Infragestellung der gängigen Rock-Ideologien überschnitten sich in jener Zeit mit den aktuellen Strategien der Kunst und Kunsttheorie – sie übersetzten gewissermaßen Teilbereiche der Kunst Andy Warhols in die Popmusik. Dominierend waren dabei jene Ansätze, die Transgressivität als das gleichsam Normale des Pop charakterisierten, wie der Kunstkritiker Jörg Heiser herausstellt:

> „David Bowie oder Roxy Music haben von Warhol und Velvet Underground vor allem *dies* gelernt: Popmusik als ein Medium der Konzeptualisierung anderer, experimenteller Sexualitäten und Lebensweisen zu verstehen."[24]

Damit ist Glam Rock das erste selbstreflexive Genre der Rockmusik. Das macht Glam so sympathisch, weil es, indem es auf sich selbst zeigt, auf die Funktionsweisen von Popkultur verweist. Schaut wie bombastisch, laut und *queer* wir sind, schaut auf unsere Inszenierungen und Verwandlungen, schaut auf unser transformatives Potential. Glam Rock wurde somit als Inszenierung populärer Inszenierungen eine reflexive Überbietung der Popkultur, wie auch ihre essentielle Erfüllung. Wenn eine der zentralen Fragen der Popmusik nach Diedrich Diederichsen lautet: „Was ist das da für ein Typ?"[25], dann gilt dies für die Protagonisten des Glam Rock in ihrer ganzen Direktheit. Was ist das da für ein Typ, der sich silberne Sternchen auf die Wangen malt? Und was ist das für ein Typ, der mit Federboa, Plateauschuhen und mit Strass besetzter Brille auftritt? Mit Glam Rock wurde für alle sichtbar, dass Popmusik – sei sie als Rockmusik, als Folk, Punk oder Disco ausdifferenziert – eine visuelle Kultur und mehr als das Hören von Musik ist. Elton John, gleichwohl nie als Glam Rocker bezeichnet, trug dabei auf seine Weise zur Aufwertung des Spektakels bei: Je mehr Brillen man trägt, desto deutlicher sieht man das Sichtbare.

Das Geschäftsmodell Subkultur

Brillen sind unübersehbarer Teil des Make-ups der Popmusik, des Artifiziellen, der Show und des Überflüssigen: Sie sind Ausdruck eines demonstrativen Verlangen nach mehr.

> „Die Glam-Sensibilität hatte mit offener Zurschaustellung von Sexualität, Ironie, einer selbstbewussten Betonung der Künstlichkeit des Show-Biz-‚Glamours' und des Exzess zu tun: mehr Haare, mehr Höhe, mehr Glitzer, mehr Gitarren, mehr Drogen."[26]

Was für die ästhetische Seite der Popkultur die Inszenierung von Opulenz und Travestie ist, ist für die ökonomische Seite die Möglichkeit, mehr zu verkaufen; nicht nur mehr Platten, Singles und Konzerte, sondern auch mehr Accessoires, mehr Fanartikel, mehr Lifestyle. Es waren nicht zuletzt die Beatles und ihr Management, die den Markt dafür ankurbelten, wie die Journalistin Tanya Voytko schreibt: „Die Band eroberte die Herzen der Fans, indem sie den Verkauf von Süßigkeiten, Uhren, Weckern, Lunchboxen und sogar von Perücken, die denen von Ringo Starr ähneln, startete."²⁷ Kurz, es verband den Zeitgeist mit der Möglichkeit, die subkulturellen und subversiven Differenzen zu ökonomisieren und zum Geschäftsmodell zu machen: Mods, Hippies, Punks – we're all in for the money?

Das ist natürlich in dieser Verallgemeinerung nicht ganz zutreffend. Geht es doch weniger darum, wie viel und wie gerne Geld mit (alternativer) Popmusik verdient wird, sondern um die Beobachtung, dass die Subkulturen ein Modell entwickelt haben, das die Abweichung als das Normale erscheinen lässt. Während die 1960er Jahre Abweichung weniger als Stil (der sich ändern kann), denn als Haltung (die das Subjekt erst identifiziert) verstanden, haben Glam Rock und die 1970er das Nicht-Normale normalisiert und auf symbolischer und ökonomischer Ebene vorgemacht, wie wertvoll Differenz sein kann. Während David Bowie, Gary Glitter oder Elton John jene Abweichung durch ihre Auftritte popularisierten, lieferten Wissenschaftler wie Leslie A. Fiedler (1969)²⁸, Pierre Bourdieu (1979)²⁹ und Dick Hebdige (1979)³⁰ hierzu den theoretischen Überbau. Ihre Positionen können hier nicht im Einzelnen behandelt werden, aber eine Gemeinsamkeit soll doch genannt werden: Sie alle ordnen die semantische Beziehung zwischen Zeichen (z. B. Make-up) und Bedeutung (Trägerin, Frau) im Hinblick auf ästhetische Fragen neu: Stil wird bedeutsam und Bedeutung selbst wird zur Stilfrage und zum Spiel (Frau? Mann? From space?).

Zwar sind habituelle Riten und Spiele in modernen Gesellschaften nichts Neues, doch innovativ werden sie zu dieser Zeit, weil Zeichen und Bedeutung nach ästhetischen Kriterien und Stilfragen neu sortiert wurden. Relativ fixierte Bedeutungen von Zeichen wurden in den 1970er Jahren zu kontingenten Bedeutungen. „Die traditionelle Semiotik", so Dick Hebdige in seinem kanonischen Buch *The Meaning of Style* von 1979,

> „hat ja ihren Ausgangspunkt in der Vorstellung einer in einem Zeichen mitgeteilten Botschaft. [...] Bei der Punk Subkultur scheinen wir mit einer so festen Zuordnung falsch zu liegen. Jeder Versuch, aus dem hier zu findenden, scheinbar unbegrenzten und oft anscheinend willkürlichen Spiel der Zeichen eine endgültige Gruppe von Bedeutungen herauszuziehen, ist offenbar zum Scheitern verurteilt"[31].

Das Entscheidende ist nun nicht, wie sich laut Hebdige, Fiedler oder Bourdieu aus der Vielfalt möglicher, nicht notwendiger Zeichen erneut ein stabiles Theoriegerüst konstruieren lässt, sondern, dass sie selber damit die Zeichenproduktion weiter ankurbeln. Weil sie alle, auf je unterschiedliche Weise, den „Prozeß der Bedeutungsschaffung"[32] aufwerten, potenzieren sich damit die Möglichkeiten, jene Bedeutungen individuell herzustellen und kulturell zu beglaubigen: durch Umwertung und Neubesetzung, durch Kombination und Montage der Zeichen als innovative Signifikationspraktiken. Bedeutungsproduktion und Bedeutungsrezeption werden, so Hebdige, unbegrenzt möglich. Aus feinen werden feinste Unterschiede.

Das Spiel mit Bedeutungen kann nun auf verschiedenen Ebenen und gesellschaftlichen Klassen gespielt werden. Entscheidend ist, dass sich subkulturelles, ökonomisches und symbolisches Kapital gegenseitig stärken. In dem historischen Moment, in dem Differenz popularisiert wird – also die Abweichung normal wird – werden sechseckige Brillen mit rot-getönten Gläsern zu Populären Dingen. Sie bieten Abgrenzungs- und Identifikationspotential in einem und sind Teil eines symbolischen und ökonomischen Wertschöpfungsprozesses.

Die 1970er Jahre sind deshalb nicht zuletzt das Jahrzehnt, in dem sich die westeuropäischen Nachkriegsökonomien in Überflussgesellschaften verwandelten. Nicht nur die Güter in den neu gegründeten Supermärkten der eigens geschaffenen Fußgängerzonen, sondern auch alternative Identitätskonzepte waren nun im Überfluss vorhanden. Wenn auch die auf den Krieg folgende Dekade in Deutschland als „Wirtschaftswunder" bezeichnet wurde, so ist das nicht minder große Wunder, die sich exponentiell erweiternden Möglichkeiten des einzelnen Individuums. Hierbei wirkten zwei Faktoren verstärkend: ein vermehrter ökonomischer Wohlstand (der nach Deutung des Ökonomen Simon Kuznets bereits langsam zurückging) und eine Zunahme des symbolischen Kapitals des Einzelnen (was zu dieser Zeit an Dynamik gewann, die sie bis heute trägt). Ab den 1980er und 1990er Jahren nahmen die Einkommensungleichheiten in Europa dann wieder zu, und so zelebrierte man in den 70ern ein letztes Mal ein Anwachsen der ökonomischen Möglichkeiten für alle – oder zumindest für so viele, wie nie zuvor.[33]

An den Brillen lässt sich dieser Trend ablesen: Vielfalt für viele war angesagt. Die Hersteller entdeckten, nach den robusten Hornmodellen der 1960er, die wahlweise nach dem Kanzler Ludwig Erhard oder dem Komiker Heinz Erhardt aussahen, Kunststoff als neues Material. Brillengläser wurden um ein vielfaches größer (47 mm in den 1940er Jahren, 70 mm am Ende der 70er Jahre) sowie skurriler und bunter. In Michael Andressens illustrierter Geschichte der Brille,[34] tauchen Kollektionen wie aus dem Weltall oder dem Science-Fiction-Film auf – Gestelle aus glänzendem Plastik und in grellen Farben, mit Strass oder in Herzform. Der Markt für Brillen diversifizierte sich: Neben Fachherstellern wie Silhouette drängten Modedesigner wie Pierre Cardin und Dior auf den Markt, und in Deutschland eröffnete 1972 die erste Fielmann-Filiale: „Damit endete die Ära der Einheitskassenbrille."[35] Alle Brillen sollten von nun an modisch und vielfältig sein. Der Elton-John-Fan im gelben T-Shirt konnte oder wollte von dieser Entwicklung noch nicht profitieren.

An ihren Brillen sollt ihr sie erkennen

Ein übliches Spiel in den sozialen Medien lautet: Zeig mir das Requisit eines Stars und ich sage dir, um wen es sich handelt. An der Nickelbrille erkennen wir Mahatma Ghandi, John Lennon oder Whoopi Goldberg, an dem randlosen Gestell Steve Jobs, an den Titanbügeln US-Politikerin Sarah Palin und so weiter.[36] Elton John taucht zwar regelmäßig in den Listen berühmter Brillenträger auf, aber immer mit einem anderen Modell: heute mit einer Art Skibrille im Biene-Maja-Kostüm, morgen mit orangen Gläsern und funkelndem Strassgestell. Brillen mit Scheibenwischern, in Klavierform oder aus den Buchstaben E-L-T-O-N geformt, die auf der Bühne blinken und alle irgendwann einmal in den Pop-, Jugend- und Modezeitschriften, im *Melody Maker* und dem *Rolling Stone,* im *Playboy,* der *Vogue* oder *Bravo* abgedruckt waren. Sie zeugen davon, dass die Popkultur in ihren besten Momenten ein überdrehter Quatsch ist.

Aber anhand dieser Brillen erkennen wir, wie Pop funktioniert: Etwas wird größer, bunter, lauter gemacht, als es ist – und alle wissen davon. Doch keiner kann oder mag sich dem Moment entziehen, in dem der durchschnittliche Brillenträger plötzlich zum Helden auf der Bühne wird. Auch er wird größer, als er ist: *larger than life.* Die Brillen spielen dabei eine bedeutende Rolle, denn es gehört „zur Eigenart des Auges, das es im Blick seine Grenzen überschreitet"[37]. Der kontrollierte Blick bricht sich im begehrenden Blick: „Immer wieder taucht in dieser Geschichte das Auge auf als Hinweis auf die Erregung des Körpers, als Reiz zur Hingabe und Überantwortung des Körpers an den Geliebten."[38] Die Karriere von Elton John lässt sich nur zu gut in diese Geschichte einschreiben. Seine Brillen sind wie weit aufgerissene Pupillen des Begehrens nach Mehr: mehr Sex, mehr Drogen, mehr Mehr.

Anmerkungen
1. Dunn, Andy: The Making of Elton John, BBC 2010, 23'15, in: https://www.youtube.com/watch?v=sQ4XP|sxeBhs (31.03.21).
2. Hilburn, Robert: Elton John New Rock Talent. In: *Los Angeles Times*, 27.8.1970.
3. Siehe Panati, Charles: *Universalgeschichte der ganz gewöhnlichen Dinge*. Frankfurt a. M. 1995, S. 58–63.
4. Maase, Kaspar: *Grenzenloses Vergnügen. Der Aufstieg der Massenkultur 1850–1970*. Frankfurt a. M. 2001, S. 40.
5. Ludwig Hirt zit. n. Buck, Susanne: *Der geschärfte Blick. Zur Geschichte der Brille und ihrer Verwendung In Deutschland seit 1850*. Marburg 2002, S. 130.
6. Wulf, Christoph (Hg.): *Vom Menschen. Handbuch Historische Anthropologie*. Weinheim/Basel 1997, S. 446.
7. Simmel, Georg: *Soziologie. Untersuchungen über die Formen der Vergesellschaftung*. Berlin 1908, S. 486.
8. Panati, Charles: a. a. O., S. 62.
9. Kuisle, Anita: *Brillen. Gläser, Fassungen, Herstellung. Beiträge zur Technikgeschichte für die Aus- und Weiterbildung*. München 1985, S. 35.
10. Wulf, Christoph (Hg.): a. a. O., S. 446.

11. Reemtsma, Jan Philipp: *Mehr als ein Champion. Über den Stil des Boxers Muhammad Ali*. Stuttgart 1995, S. 158.
12. Alle Zitate von CGC: *Action Comics*. In: https://www.cgccomics.com/1134755001/#features/ (31.03.2021).
13. Harold Lloyd Entertainment, Inc.: Biography Harold Clayton Lloyd. In: https://haroldlloyd.com/harold-clayton-lloyd/ (31.03.21).
14. Makropoulos, Michael: *Theorie der Massenkultur*. München 2008, S. 122.
15. Ebd., S. 123.
16. Münkler, Herfried: *Mitte und Maß. Der Kampf um die richtige Ordnung*. Reinbek bei Hamburg 2012, S. 35.
17. Rowling, Joanne K.: *Harry Potter und der Stein der Weisen*. Hamburg 1998, S. 26.
18. Dunn, Andy, a. a. O., 39′20.
19. Jahr, Cliff: Elton John, Lonely at the Top. In: *Rolling Stone Magazine*, 07.10.1976.
20. Auslander, Philip: *Performing Glam Rock. Gender and Theatricality in Popular Music*. Ann Arbor 2006, S. 18.
21. Ebd., S. 6.
22. Lou Reed: Make Up. Auf: *Transformer*, RCA Records 1972.
23. Ebd.
24. Heiser, Jörg: *Doppelleben. Kunst und Popmusik*. Hamburg 2015, S. 139.
25. Diedrich Diederichsen: *Über Pop-Musik*. Köln 2014, Klappentext.
26. Auslander, Philip: a. a. O., S. 50.
27. Voytko, Tanya: The Evolution of Merchandise. How T-Shirts with Prints Changed the Music Industry. http://en-merch-evolution.tight.media/ (31.03.21).
28. Siehe Fiedler, Leslie A.: Cross the Border – Close the Gap. In: *Playboy* 16/12 (1969), S. 151 ff.

29. Siehe Bourdieu, Pierre: *Die feinen Unterschiede. Kritik der gesellschaftlichen Urteilskraft* [1979]. Frankfurt a. M. 1987.
30. Siehe Hebdige, Dick: *Subculture. Die Bedeutung von Stil* [1979]. Reinbek bei Hamburg 1983.
31. Ebd., S. 108 f.
32. Ebd., S. 109.
33. Die sogenannte Kuznets-Kurve, die die wachsende oder sinkende Einkommensungleichheit im Übergang von ruralen zu industrialisierten und von industrialisierten zu Dienstleitungsgesellschaften symbolisiert, zeigt die 1970er Jahre als einen neuralgischen Punkt. Siehe Kaelble, Hartmut: *Sozialgeschichte Europas. 1945 bis zur Gegenwart.* Bonn 2007, bes. S. 211.
34. Andressen, B. Michael: Brillen. *Vom Gebrauchsartikel zum Kultobjekt.* Stuttgart 1998, S. 84–109.
35. Wikipedia-Eintrag „Fielmann" in: https://de.wikipedia.org/wiki/Fielmann (31.03.21).
36. Federico Mauro: Famous Eyeglasses (2013), in: www.federicomauro.eu/famous-eyeglasses (31.03.21).
37. Wulf, Christoph (Hg.): a. a. O., S. 452.
38. Ebd., S. 453.

1983. Ein Handschuh
Black and White

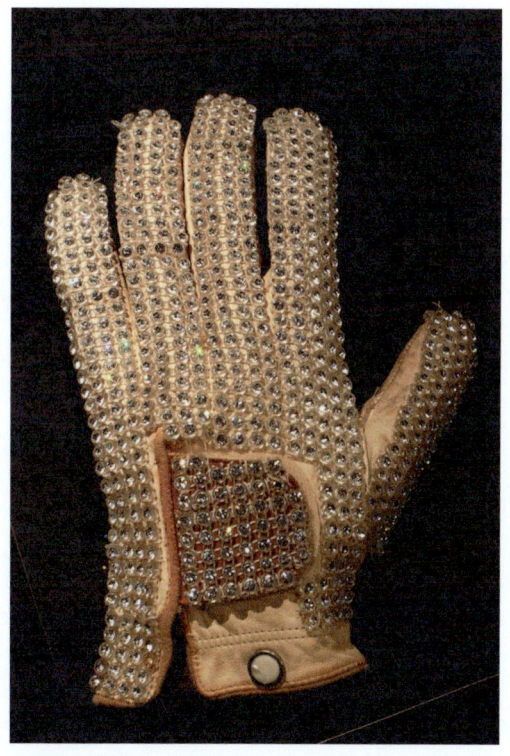

Michael Jacksons Handschuh der *Motown-25*-Show von 1983, präsentiert durch Julien's Auctions, 2009.

Das Auktionshaus Julien's verwandelte das Hard Rock Café in New York im November 2009 in einen Ort für die Versteigerung von Memorabilien von Elvis Presley, Kurt Cobain, den Beatles und anderen Untoten des Popbusiness. Knapp ein halbes Jahr nach dem Tod Michael Jacksons erlangten die Besitztümer des Sängers aus Gary, Indiana zwangsläufig die meiste Aufmerksamkeit. Unter den Konzertoutfits, goldenen Platten, Flipperautomaten und Selbstbildnissen Jacksons war es ein Handschuh, der als symbolischer und finanzieller Höhepunkt der Versteigerung inszeniert wurde. „Es ist das wohl ikonischste Objekt von Michael Jackson, das jemals verkauft werden kann. Ich nenne es den Heiligen Gral"[1], wie Darren Julien im Vorfeld der Auktion geschäftstüchtig verkündete. Der Handschuh erzielte einen Preis von 420 000 US-Dollar und damit einen der höchsten Erlöse, die bis dahin für Rock- oder Pop-Memorabilien gezahlt wurden. Nach dem Ende der Auktion erklärte der neue Besitzer stolz: „Wir wollen die Erinnerung an diesen Tag bewahren."[2] Danach verschwand der Handschuh in den Gemächern eines Hotels in Hongkong.

Auftritt I

Wie wird ein Ding zur Marke, zum *signature look*? Indem es vormacht, wie man die Blicke aller auf sich zieht. Das ist es, was im Jahr 1983 vor den Augen der Weltöffentlichkeit geschah: Alle Blicke sind auf einen weißen, mit silbernen Swarowsky-Steinen besetzten Handschuh gerichtet.

Dieser Handschuh befand sich an der linken Hand des Sängers Michael Jackson und führte sonderbare Bewegungen aus. Es war der 25. März 1983 im Civic Auditorium in Pasadena, California. 25 Jahre zuvor

1983. Ein Handschuh

gründete Berry Gordy Jr., Enkel einer Sklavin aus Georgia, das Plattenlabel Motown Records in Detroit. Hier wurden zum ersten Mal in der US-amerikanischen Geschichte Schwarze Menschen reihenweise zu Popstars gemacht: The Miracles, The Supremes mit Diana Ross, The Marvelettes, Marvin Gaye, Stevie Wonder, The Jackson 5, Martha & the Vandellas, The Four Tops und viele mehr. Mit und durch Motown Records entwickelte sich ab den 1960er Jahren im Jahrzehnt der Bürgerrechtsbewegungen und einer wachsenden Bedeutung des Mediums Fernsehen eine neue visuelle Politik des Schwarzen Körpers in der Popmusik.

1983 war das Label bereits nach Los Angeles gezogen und nur noch fünf Jahre von dem Verkauf an das US-Medienunternehmen MCA entfernt. Das 25-jährige Jubiläum sollte die einstige Größe der R'n'B, Soul und Disco-Zeit feiern, die Motown geprägt hatte und die nun vorbei war – auch deshalb, weil Stars wie Diana Ross oder The Jackson 5 das Label verlassen hatten.

Der Abend in Pasadena hätte ein rührseliger Akt werden können und der Handschuh zum Teil einer retrospektiven Inszenierung der Popkultur. Zu „I Want You Back" von den Jackson 5, die für diesen Abend Reunion feierten, trat der Handschuh kaum hervor – er hielt das Mikrofon und vollführte eine kurze Drehung. Bei „The Love You Save" verschwand er für wenige Sekunden in der Hosentasche des schwarzen Anzugs des Sängers, um sich im Anschluss vier Mal um die Körperachse zu drehen. Dann kam „I'll Never Can Say Goodbye" und die behandschuhte Hand ballte sich ein paar Mal zur Faust – in der emotionalen Anspannung desjenigen, der sich nicht verabschieden kann. Noch eine Ballade folgte, der vierte Number-One-Hit der Jackson 5 aus den frühen 1970ern: „I'll Be There". In einer Großaufnahme auf Jacksons Mund und Mikrofon wirkte der Handschuh nun unangemessen groß. Fast schien er gewachsen und verselbstständigte sich als er kurz darauf um die Schulter von Jermaine Jackson gelegt wurde. Kein Arm war zu sehen, nur der große weiße Handschuh auf der schwarzen Jacke des vierten Jackson Bruders, der wie Michael in den frühen 1970ern eine Solokarriere startete. Zum Schluss folgten mehrere Umarmungen der Brüder, die daraufhin die Bühne des Civic Auditorium verlassen.

Anhand der Bewegungen Jacksons und seiner Brüder lässt sich rückblickend die Körperpolitik Motowns beobachten, wie es Martin Lüthe am Beispiel der Miracles gezeigt hat. Seit den 1960er Jahren etablierte sich „ein neues popkulturelles Image afrikanisch amerikanischer Männlichkeit: Devot, feminisiert, angepasst an den vermeintlich weißen Wertekanon und quintessentiell romantisch"[3]. Die Jackson 5 und viele weitere spiegelten den Anspruch der Schwarzen Bevölkerung Amerikas auf „Gesellschaftsfähigkeit"[4] und kulturelle Integration. Eine (Körper-) Strategie, die selbstverständlich nur eine Dimension im Kampf um Gleichberechtigung war und ist. So konstatiert der US-amerikanische Historiker Brian Ward: „Populäre Musik und populäre Unterhaltung waren schon immer wichtige gesellschaftliche Bereiche, in denen schwarze und weiße rassische Identitäten, Werte und Interessen in Amerika definiert und getestet, angegriffen und verteidigt worden sind."[5] Als auffälligstes Accessoire, als Populäres Ding, hat der weiße Handschuh Anteil an der Inszenierung, Politik und Ökonomie des Schwarzen Körpers in der Popmusik.

Schon in seiner Zeit mit den Jackson 5 trug Michael Jackson bei einigen Auftritten einen einzelnen Handschuh, ohne dass dies größere Beachtung fand. In Todd Grays Fotoband *Michael Jackson before he was king* ist er 1979 auf einem Meet-and-Greet mit seinen Fans in Los Angeles zu sehen, einen weißen Handschuh an seiner rechten Hand.[6] Auch die „Triumph Tour" der Brüder 1981 war ein Fest silbern glitzernder Pailletten auf schwarzen Smokinghosen, mit Strass besetzten Socken und funkelnden Schuhen. Die Jackson 5 sahen aus wie Mensch gewordene Diskokugeln. Allen voran Michael, der auf dieser Tour einen futuristisch aussehenden schwarzen Strass-Handschuh an seiner linken Hand trug.[7] Der Musikjournalist John Kehe behauptet, Jackson hätte die Idee dazu bei einem Gang durch ein Filmstudio gehabt: Wie damals üblich, trugen Producer und Cutter einen weißen Stoffhandschuh an einer Hand.[8] Einen einzelnen Handschuh zu tragen, war jedenfalls schon in den erfolgreichen Zeiten mit den Jackson 5 Ausdruck und Markenzeichen des Sängers, aber es war noch keine Signatur seiner Besonderheit.

Zurück in Pasadena, im Civic Auditorium: Jackson ist jetzt alleine auf der Bühne. Sein Handschuh verschwindet in der linken Hosentasche, während er die alten Songs Revue passieren und sie gleichzeitig in der Altkleidersammlung der Popgeschichte verschwinden lässt: „Es waren gute Songs, ich mag diese Songs sehr. Aber besonders mag ich die neuen Songs."[9] Kreischen im Publikum. Es folgt der Soloauftritt eines ehemaligen Golfhandschuhs, der bei genauerem Hinsehen nicht weiß, sondern eher eierschalenfarben ist. Zu „Billie Jean", der aktuellen Nummer Eins der US-Billboard-Charts, liegt der Handschuh auf dem Magen des Sängers und kippt dessen Becken rhythmisch nach vorne und hinten. Darauf folgt eine schwer zu beschreibende Verrenkungs-Kaskade des Handschuhs, dessen gespreizte Finger kurz eine Art Raute um das eigene Geschlecht bilden, bevor sie Jackson mit großer Geste kämmend durchs Haar fahren. Immer wieder zupft der Handschuh den Hosenbund nach oben, verschwindet in der Hosentasche, um diese aktiv auszubeulen. Dann kommen ruhigere zwei Minuten für den

Handschuh, in denen er vor allem das Mikrofon hält, bevor es, eingeleitet durch einen Boxschlag in die Luft, wieder zur Sache geht: Drehung, Hosentasche, Hosenzupfen, neuer Move; Handschuh auf Kniehöhe ans Ohr halten, zur Faust ballen. Wieder am Mikrofon, die Beine machen die Arbeit.

Während der drei Sekunden des Moonwalk hält der Handschuh das Mikrofon und ist kaum zu sehen. Es folgt eine vierfache Drehung um die Körperachse, abgeschlossen mit einem Hosenzupfen während Jackson in die Knie geht. Noch ist der Auftritt des Handschuhs nicht vorbei, aber das Ende nähert sich. Er umfasst noch einmal die Mikrofonstange, es folgt eine Drehung und jetzt, während des Beifalls und Kreischens der etwa 3000 Menschen im Auditorium, verschwindet er hinter dem Körper, wird wieder zum Mund geführt für einen imaginären Kuss, um schließlich zum Abschiedsgruß seine Arbeit zu beenden.

Was hat der Auftritt des Handschuhs gezeigt? Er hat einen Körper sichtbar gemacht, genauer: Er hat einen anderen Körper als denjenigen sichtbar gemacht, der eben noch mit den Jackson 5 auf der Bühne stand. Waren die Bewegungen dort eher ruhig, fließend und synchron, so steht nun ein anderer Körper auf der Bühne, der entschlossene, expressive und harte Bewegungen vollführt. Dabei setzt sich Michael Jackson nicht ausschließlich von seinen Brüdern und der gemeinsamen musikalischen Vergangenheit im Soul und Rhythm and Blues ab. Er setzt sich auch von seiner bisherigen Solokarriere ab. *Off the Wall,* sein extrem erfolgreiches Album von 1979 mit vier Singleauskopplungen in den US-Top-Ten, ist noch weit entfernt von der rockigen, präzisen *straightforwardness* des Nachfolgers *Thriller,* mit dem Jackson alle Rekorde brechen wird. Was seinem Publikum seit Erscheinen des Albums 1982 bereits klar geworden ist – dass „im Mainstream-Pop die Grenzen zwischen schwarz und weiß fallen"[10] – wird auf der Bühne in Pasadena auf der Körperebene des Tanzes vorgeführt. Der weiße Handschuh vergrößert die Sichtbarkeit diesen neuen Körpers in *Black and White*.

Der Moonwalk ist deshalb zu der charakteristischen Bewegung des Sängers geworden, weil er beides vereint: eine automatenhafte Künstlichkeit, oft als Weiß konnotiert, und eine fließende Natürlichkeit, die dem Schwarzen Körper zu eigen sein soll. Aber als isolierter Tanzschritt wäre er wohl nicht weiter erwähnenswert gewesen. Er findet Vorläufer in der amerikanischen Populären Kultur und reicht bis zu den 1940er Jahren zurück. Erst in der zeitgenössischen Verbindung mit der Breakdance-Bewegung der 1980er Jahre und in der Kombination von Tanz, Song und Objekt wird der Auftritt in Pasadena zu einer *legendary performance,* zu etwas nie Dagewesenem. Das gegenwärtig Neue entsteht im Zwischenreich von Kultur und Banalität, da nur hier überraschende Kombinationen produziert werden können. Der Handschuh ist Teil davon, und Michael Jackson fand dafür mit „Motown 25" die ideale Bühne: In dem Moment, in dem etwa 50 Mio. Zuschauerinnen am Bildschirm in die Vergangenheit blicken (auf die kulturellen Werte eines musikalischen wie ökonomischen Empowerment der Schwarzen Bevölkerung in den USA), definiert er die Gegenwart im profanen Ding eines weißen Handschuhs.

Der Handschuh wird nach dem Konzert Walter ‚Clyde' Orange geschenkt, einem der Leadsänger der Commodores, die ebenfalls zu den frühen Motown-Bands gehörten. Schließlich wird er vom Auktionshaus Julien's inmitten einer ökonomischen Rezession in den USA nach dem Tod Michael Jacksons versteigert: Die Dinge der Popkultur sind zu einer ökonomischen Wertanlage geworden. Ihr *selling point* ist ihre Aura, das Versprechen, Teil von etwas Großem gewesen zu sein. Doch während

Walter Benjamin die Aura in den 1930er Jahren an das „Hier und Jetzt gebunden" sah und somit daran, dass es „kein Abbild von ihr [gibt]"[11], sind alle Rock- und Pop-Memorabilia millionenfach reproduziert. Es gibt nicht nur unzählige Abbilder von den Dingen der Populären Kultur, es gibt sie gar nicht wirklich jenseits ihrer medialen Abbildung und als einzelne Objekte. Entsprechend kann die Aura Populärer Dinge nicht von der Objekt-Seite verstanden werden, sondern muss aus dem Blick der Vielen auf den Gegenstand rekonstruiert werden. Georg Franck beschreibt es so:

> „An der Aura verehren wir die Anziehungskraft, die es auf die Aufmerksamkeit all der anderen Menschen ausübt – und zwar dadurch ausübt, daß wir alle zusammen um die tatsächlich von unzähligen Seiten dargebrachte Aufmerksamkeit wissen."[12]

Somit sind es gerade die vielen Blicke auf (potentiell) viele Abbilder, die die Aura der Populären Dinge ausmachen – das Wissen um die massenmediale Beobachtung: Der Auftritt bringt den Star hervor. Der weiße Handschuh hat es im Jahr 1983 geschafft, dass „wir alle zusammen" um die Aufmerksamkeit aller wissen, die ihm zuteil wird. Der Handschuh ist im symbolischen wie im körperlichen Sinn Teil der Starfigur: „Der Star ist das verkörperte Versprechen, daß aller Augen auf ihn gerichtet sind."[13] Die Massenkultur macht medialisierte Sichtbarkeit zu ihrer wichtigsten Währung.

Gerade weil der Handschuh auf eminente Weise den Körper Jacksons und seine spezifischen Leistungen sichtbar macht, hat er Anteil am Körper des Stars. Grundsätzlich hat sich seit den Zeiten William F. Codys nichts an der Konstituierung des Stars in der Populären Kultur geändert: Entscheidend bleibt die Bewegung „zwischen den Räumen des Selbst und den Räumen der Rolle"[14] und somit die Gleichzeitigkeit von Authentizitäts- und Fiktionalitätsbehauptungen. Auch der Handschuh vollzieht eine oszillierende Bewegung zwischen realen und fiktionalen Realitäten, auf die noch genauer eingegangen wird. Aber dies geschieht 1983 vor dem Hintergrund einer gesellschaftlichen Veränderung, die im Folgenden als ein eigenständiger Auftritt beschrieben werden soll: der Auftritt eines Schwarzen Massenpublikums.

Auftritt II

In dem Bildband zur Ausstellung *A Star Is Born* wird die Entwicklung der Rock- und Pop-Fotografie nach dem Zweiten Weltkrieg gezeigt. Am Anfang stehen Elvis Presley, Jerry Lee Lewis, Chuck Berry und Little Richard. Viele Fotos zeigen Elvis vor seinem Publikum – gutaussehende junge Frauen, die sich ihm entgegenstrecken, ihn fotografieren,[15] etwas ältere Frauen mit Perlenketten, die auf ein Autogramm warten,[16] eine unüberschaubare Menge junger Menschen, viele in weißen T-Shirts und Blusen.[17] Alle hier abgebildeten Menschen sind Weiße; auf den Fotos der späten 1950er Jahre findet sich kein Schwarzer Mensch. Ein Bild von Chuck Berry (1957) zeigt ihn in einem Klassenzimmer, umgeben von 20 Schulkindern und Lehrerinnen – alle Weiß, in weißen Hemden, Röcken, Blusen. Chuck Berry lächelt und signiert seine Platte *After School-Session*.[18]

Auch wenn in den 1950er Jahren erste juristische Erfolge der Civil Rights Bewegung in den USA sichtbar wurden – das Recht auf gleichberechtigte Erziehung in den Gerichtsfällen „Brown v. Board of Education" von 1952 bis 1954 etwa –, blieb die rassistisch motivierte Segregation gängige Praxis. Sie führte die ökonomische

Ausbeutung Schwarzer Menschen als Sklaven auf politischer, sozialer und kultureller Ebene fort, wie Manning Marable ausführt:

„Das rassistische Jim-Crow-Ausbeutungssystem war wie die Sklaverei sowohl eine Kasten- und Sozialordnung zur Reglementierung kultureller und politischer Beziehungen als auch eine Wirtschaftsstruktur, die eine extreme Ausbeutung der Arbeitskraft der Schwarzen ermöglichte."[19]

Entsprechend war die Aufteilung der Popmusik in ein Schwarzes und Weißes Publikums eine sehr physische, konkrete Grenze. Schwarze Musiker wurden zurückgewiesen, verprügelt und verhaftet, ihr Publikum wurde getrennt: Aufgespannte Seile im Zuschauersaal markierten die physischen und ethnischen Grenzen: „eine gemalte Linie verlief in der Mitte des Raumes oder ein Seil teilte das Publikum"[20].

Segregation zieht sich durch die Geschichte der US-Popmusik im 20. Jahrhundert – ob in Form der *race records,* ein Begriff den die Musikindustrie zwischen 1920 und 1949 für die Etablierung eines afroamerikanischen Marktsegments nutzte oder im fast vollständigen Ausschluss Schwarzer Musiker in der Frühphase des kommerziellen Radios bis in die 1950er Jahre. Auch MTV weigerte sich, mehr Schwarze Akteure in ihren Sendungen zu zeigen: „in MTV's aktuellem Programm mit rund 800 Acts sind 16 schwarz"[21], recherchierte das *People Magazin* 1983. Nicht nur die Künstlerinnen, auch das Schwarze Publikum trat in der Hochzeit des Rock'n Roll, des Blues und Soul nicht als selbstbestimmt in die mediale Öffentlichkeit, sondern wurde durch die Ordnungsmacht und die Musikindustrie diszipliniert. Popmusik besteht aber im Wesentlichen aus seinem Publikum, nicht nur aufgrund der Verbindung von Star und Zuschauenden, sondern auch deshalb, weil jeder Auftritt das Publikum, *res publica,* erst hervorbringt:

> „Die Form der Aufführung bestimmt demnach immer auch über die politische Frage, wer befugt ist, öffentlich aufzutreten, und wer lediglich zuschauen darf, wer eingeschlossen und wer ausgeschlossen wird."[22]

Das zeigt sich auch an dem ausbleibenden Auftritt eines Schwarzen Publikums in den USA in den ersten beiden Jahrzehnten nach dem Zweiten Weltkrieg. Es ist bezeichnend, dass es Momente gegeben haben soll, in denen Schwarzen Musikern verboten wurde, Augenkontakt mit ihrem Weißen Publikum aufzunehmen, wie es ein Mitglied der Doo-Wop-Gruppe The Flamingos rückblickend beschreibt: „Die Polizisten waren da oben und stellten sicher, dass wir keine weiße Person ansahen."[23] Bühne und Publikum durften sich nicht gegenseitig erkennen, um nicht zu einer Gemeinschaft zu werden.

Das änderte sich in den 1970er Jahren, nicht zuletzt mit dem Aufkommen von Disco, „als die Clubszene – schwul und heterosexuell, schwarz und weiß – entstand, war sie zunächst eine höchst demokratische und aufgeschlossene Form der Populärkultur"[24]. Auf den Fotos von Todd Gray sind Ende der 1970er plötzlich eine Menge kreischender Schwarzer Teenager zu sehen, die auf Michael Jackson und die Jackson 5 warten. Junge, gutaussehende Frauen, die sich ihm entgegenstrecken, ihn fotografieren, etwas ältere Frauen mit Goldketten und Rüschenblusen, eine unüberschaubare Menge junger Menschen, viele in weißen T-Shirts und Blusen, mit weißen Matrosenmützen.[25] Das Publikum macht den Unterschied. Es präsentiert sich nicht nur selbst (mit ausgefallenen Accessoires, als Einzelne oder in der Gruppe), es repräsentiert auch seinen Status als Teil einer massendemokratischen Öffentlichkeit, eines gemeinsamen Körpers. Michael Jackson und sein Schwarzes Publikum sind dieser neue öffentliche Körper.

Der öffentliche Körper

In seinem faszinierenden Buch *Im Schatten des Königs* untersucht der Politikwissenschaftler Philip Manow die Frage, ob die Demokratie einen Körper habe. Denn nach der überbordenden Bilderflut des Absolutismus entwickelte sich die parlamentarische Demokratie in Europa in erster Linie als eine bilderlose Programmatik, die Herrschaft nicht verkörpert, sondern republikanisch delegiert. Anders formuliert: Die Demokratie ist nicht an personaler, sondern an institutioneller Machtausübung interessiert. Manow setzt diesem gängigen Verständnis ein Raum- und Bildprogramm der Demokratie entgegen, das die Fortsetzung verkörperter Regentschaft unter den sich langsam entwickelnden demokratischen Bedingungen zeigt. Dabei untersucht er die Sitzordnungen europäischer Parlamente und bildliche Darstellungen der Übergangszeit zwischen Absolutismus und Parlamentarismus.

So kommt auch das berühmte Frontispiz des *Leviathan* des Staatstheoretikers Thomas Hobbes von 1651 in seinen Blick, geschaffen zwei Jahre nach der Hinrichtung des englischen Königs und der Einführung des ersten Parlaments auf europäischem Boden. Die Abbildung zeigt einen Körper, der über den Ständen thront, diese aber gleichzeitig in die Stadt integriert. Manow beschreibt dies als Darstellung einer Entwicklung hin zur bürgerlichen Gesellschaft:

> „Der Körper des Leviathan markiert den Übergang von der Idee einer aus Ständen zusammengesetzten Gemeinschaft hin zu einer Gesellschaft, die als ‚organische Körpereinheit' gedacht ist."[26]

Zielpunkt dieses Übergangs ist die demokratische Ordnung wie sie in der (halb-) kreisförmigen Sitzordnung moderner Parlamente zum Ausdruck kommt, die seit der Französischen Revolution existiert. Hier wird die Körperpolitik des Absolutismus gerade nicht aufgehoben, sondern unter demokratischen Bedingungen fortgeführt. Die von der Ständeordnung befreite (oder zu befreiende) Gesellschaft wurde als ein gemeinsamer Körper gedacht und entsprechend dargestellt. Der konkrete politische Raum jener Körpereinheit, das Parlament, durfte deshalb auch „keine offensichtliche Gliederung mehr aufweisen, sondern mußte Einheit symbolisieren"[27], so Manow. Entsprechend war der Halbkreis die adäquate räumliche Entsprechung der parlamentarischen Demokratie: „Erst die Einheitlichkeit der politischen Repräsentation macht aus der puren Ansammlung von Individuen einen wirklichen Kollektivkörper, aus der schlichten *collection* eine *collectivity*."[28]

Vom demokratischen Souverän als Kollektivkörper ist es noch ein Schritt – und etwas mehr als 200 Jahre – zu Populären Orten wie dem Zirkus, dem Stadion oder der Konzerthalle und somit zu einer „räumlichen Konfiguration, bei der das Volk sich selbst ins Angesicht schaute"[29]. Populäre Orte sind öffentliche Orte, an denen ein Publikum als solches einen spezifischen, körperbezogenen Auftritt hat. Hier wird der Kollektivkörper selbst zum signifizierenden Bild des Populären. Wenn nach Manow die Demokratie „ein politisches Theater [ist], in dem das Publikum erst durch die Anschauung seiner Repräsentanten überhaupt zu einem Bewußtsein seiner selbst kommt"[30], dann ist die Popkultur ein Feld, in dem das Publikum erst durch die Anschauung seiner selbst zum Bewusstsein seiner selbst kommt. Indem wir uns gegenseitig als Zuschauer erkennen, verstehen wir uns als Nachfolger jenes demokratischen Kollektivkörpers, der im 17. Jahrhundert seine ersten Auftritte hatte – und der gleichzeitig das Erbe absolutistischer Bildtraditionen fortsetzt. Teil eines popkulturellen Publikums zu sein, ist somit verbunden mit einer graduellen politischen Emanzipation, die aber durchaus noch „Erinnerungsspuren der Monarchie"[31] aufweist.

In diesem Sinne kann der Handschuh als Teil des popkulturellen Kollektivkörpers verstanden werden, der zur Medienfigur Michael Jackson wie auch zu seinem Publikum gehört. Indem das medialisierte Publikum in den frühen 1980ern zum ersten Mal als ein Schwarzes Publikum sichtbar wird – und sich selbst als solches zu Bewusstsein kommt – verändert sich auch der öffentliche Körper der Gesellschaft.

Doch es ist immer noch unklar, was die eigentliche Leistung des Handschuhs ist: Warum sind nicht die glitzernden Socken oder die funkelnden Anzüge Jacksons zu Populären Dingen geworden? Auch sie überraschen und könnten die Aufmerksamkeit der Vielen auf sich ziehen und die Blicke des Publikums vereinen. Der Handschuh verfügt jedoch über eine Qualität, die weder silberne Socken, noch futuristische Anzüge haben: Er symbolisiert Macht und Ohnmacht des Königs in popkulturellen Zeiten.

Die abwesende Hand

Als sich die parlamentarische Demokratie von der personalen Herrschaft des Absolutismus abgesetzt und sich als öffentlicher Körper wieder mit ihr verbunden hatte, waren Handschuhe noch Insignien feudaler Macht – so wie Mantel, Krone oder Zepter. Peter Stallybrass und Ann Rosalind Jones haben die bildliche Darstellung des Handschuhs in der englischen Renaissance untersucht und zeigen, wie der Handschuh zu einem materiellen Bestandteil der Konstituierung von feudaler Herrschaft wird. Dabei ist es gerade das Verbergen der Hand, das die Handlungen des Herrschers mächtig werden lässt. Hier zeige sich, so die Autoren, „die Macht der abwesenden Hand"[32]. Der Handschuh zog machtpolitische Aufmerksamkeit auf sich, weil er die Hand verbarg.

Gleichzeitig ist die Hand des Herrschers und der Herrscherin die deutlichste körperliche Verbindung mit ihren Untertanen. An der Hand – und dem Handschuh – wird die Beziehung zwischen Herrschenden und Beherrschten sichtbar. So wurden in Herrscherporträts Hand und Handschuhe zum Zeichen der Macht des Adels: „Die nackte Hand ist das Zeichen für Elisabeths Gunst, der Handschuh ein Zeichen für ihre Distanz und Unnahbarkeit."[33] Es macht einen Unterschied aufs Ganze, ob man die behandschuhte oder die nackte Hand der Regentin küssen durfte.

Lohnend ist dieser Vergleich mit dem aristokratischen England des 16. und 17. Jahrhunderts, weil auch damals der einzelne Handschuh eine herausgehobene Rolle spielte. Gerade die Vereinzelung der notwendig paarweise auftretenden *gloves* in der Renaissance macht die Funktion des weißen Handschuhs vollends deutlich. Die Tatsache, dass Michael Jackson statt zwei Handschuhen nur einen trug, hat mindestens so viel mit absolutistischer Symbolpolitik wie mit populärer Aufmerksamkeitsökonomie zu tun. Als praktisches Ding der Lebenswelt ist ein einzelner Handschuh wertlos oder zumindest in seiner Funktion stark eingeschränkt: Er schützt nur unvollständig vor Kälte, ist unbrauchbar als Arbeitskleidung und behindert eher, sollte man gerade Fernbedienungen oder einen Selfiestick nutzen wollen. Ein einzelner Handschuh zeigt sich überdeutlich als der übriggebliebene Teil eines ehemals vollständigen Paares. Somit materialisiert sich gerade im einzelnen Handschuh eine variantenreiche Beziehung wie Stallybrass und Jones zeigen: „Diese Trennung der Hände in Renaissance-Porträts wird immer wieder inszeniert, wobei der Dargestellte mit einem Handschuh und ohne einen Handschuh posiert."[34]

Als Einzelstück unbrauchbar, verweist die imaginäre Zusammenführung im 17. Jahrhundert auf eine Strategie der Koalition, etwa auf politische Allianzen oder die dynastische Zweckheirat. Somit kann der eine Handschuh auch für den weiblichen Körper stehen, in den die männliche Hand eindringt: „Als Paar erinnern die Handschuhe an Hände. Einzeln wird der Handschuh zu einer Vagina."[35] Während aus heutiger Sicht die Kritik an der Dominanz über den weiblichen Körper in den Fokus rücken würde, inszenierte man in der Renaissance auf diese Weise ein subtiles Spiel imaginierter Körper zwischen Macht und Sehnsucht, in dem sich Männer wünschten, (wie) ein Handschuh zu sein, der von der Geliebten getragen wird. Der weiße Handschuh ist, aus dieser Perspektive betrachtet, auch ein Requisit in Michael Jacksons Spiel zwischen Männlichkeit und Weiblichkeit.

Durch den einzelnen Handschuh wird also ein Teil des Körpers weggegeben, um sich mit einem anderen Körper zu verbinden. Der einzelne Handschuh zieht deshalb so viel Aufmerksamkeit auf sich, weil er auf eine verlorene Einheit verweist. Er macht den solitären Körper des Königs und der Königin sichtbar und verbindet sich symbolisch mit den Vielen, mit ihren Untertanen. Nicht anders (nur weniger realpolitisch) ist es bei Michael Jackson. Im Auftritt des einen Handschuhs materialisiert sich der „König des Pop". Gleichzeitig trennt der einzelne Handschuh ihn vom öffentlichen Körper, *pairing him* und *unpairing him* zugleich.

Es ist bereits deutlich geworden, wie das Schwarze Publikum in den frühen 1980er Jahren als neu formierter Teil des demokratischen Kollektivkörpers sichtbar wurde. Zwei weitere, oft diskutierte Gegensätze, die durch und gewissermaßen in Michael Jackson zur Anschauung kommen, sind die Paarungen Mann und Frau sowie Schwarz und Weiß. Auch mit letzterem spielte er das Spiel des *pairing/unpairing*.

Black and White

Anders als etwa in den 1950ern, als die Fernbedienung ein vornehmliches Weißes Publikum und Weiße Konsumentinnen adressierte, tritt mit Michael Jackson zum ersten Mal medial ein Schwarzes Publikum als gleichberechtigter Körper auf. Einer etwas vereinfachten Lesart nach könnte man behaupten, dass erst durch die Integration des Fremdkörpers des weißen Handschuhs der Schritt vom Kinderstar der Jackson 5 zum globalen Medienkörper möglich geworden ist. Tatsächlich ist die historische Ambivalenz der Populären Kultur wie sie rassistische Stereotype gleichzeitig dekonstruiert und fortschreibt auch Teil der Dinggeschichte des Handschuhs.

Denn in der Gleichzeitigkeit von Schwarzem Körper und weißem Handschuh setzt sich ein popkulturelles Spiel mit dem Erbe der sogenannten Minstrel Shows des 19. Jahrhunderts fort. Michael Jackson war sich dieser Tradition bewusst, daher lohnt es, einen kurzen Blick auf diese Frühform Populärer Unterhaltung zu richten. Die Minstrel Shows unterhielten ihr Publikum durch rassistische Stereotype, wie sie in Europa, historisch später, durch die Völkerschauen zu Unterhaltung wurden. Während Hagenbeck in Hamburg und andere Schausteller in Europa Ethnien aus anderen Kontinenten dem exotisierenden Blick des Weißen Publikums aussetzten, indem sie sie wie Tiere ausstellten, übernahmen in den Minstrel Shows Weiße Darsteller den Schwarzen Körper durch *blackfacing* – sie malten sich schwarz an. Michael Jackson wandelte diese Praxis 150 Jahre später um: Der Handschuh malte ihn weiß.

Minstrel entstand bereits vor dem Amerikanischen Bürgerkrieg im frühen 19. Jahrhundert, zu einer Zeit der beginnenden urbanen Massenkultur, in der Schwarze Menschen in Amerika nur als Sklaven vor- und darstellbar waren. „Es ging immer um Schwarze, und die Sklaverei war dafür die Grundlage. [...] Blackfacing war Ausdruck der ethnischen und sozialen Spannungen der frühen Jacksonschen Ära"[36], wie David Monod in seiner Geschichte der US-amerikanischen Unterhaltungsbühnen schreibt. Wie sich die Minstrel Shows im Laufe des 19. Jahrhunderts einen Platz in der Mitte der amerikanischen Gesellschaft eroberten, weil sie nicht länger ausschließlich mit Sklaven verbunden wurden, sondern eine „eher vage und universelle Qualität"[37] annahmen, kann hier nicht im Detail geschildert werden. Entscheidend für unseren Zusammenhang ist, dass ein Kanon des Schwarzen Körpers und seiner Bewegungen etablierte wurde, der später zwar variierte, aber als Stereotyp kontinuitätsstiftend wirkte.

Durch Minstrel wurde die rassistische Imagination des Schwarzen Körpers zwischen der ruralen Sklavenfigur Jim Crow und dem urbanen Dandy Jim durch spektakuläre und nicht-standardisierte Körperbewegungen sowohl verstärkt, als auch partiell aufgehoben. „Wie konnte er seine Beine derart verknoten", schreibt ein Rezensent 1848 begeistert über einen der wenigen Schwarzen Minstrel-Darsteller namens Juba, „und schleudert sie so ausgelassen umher, oder lässt seine Füße zappeln, bis man sie vor lauter Energie gänzlich aus den Augen verliert"[38]. Durch Minstrel wurde der Schwarze Körper nicht mehr nur abschätzig, sondern auch bewundernd betrachtet. Vergleichbares ist über die *skills* von Michael Jackson geschrieben worden. In seinem Tanzstil sieht Harriet Manning einen bewussten Umgang mit dem Erbe der Minstrels: „In der Figur Michael Jacksons und insbesondere in seinem ausgeprägten Tanzstil, seiner Ikonographie und seinen visuellen Darstellungen steckt das Erbe der klassischen Minstrel Show – die Tanzschritte, Gesten und Bildsprache."[39]

Gleichzeitig bleibt Minstrel durch die offensichtliche Fiktionalisierung des Schwarzen Körpers ein rassistisches Spiel von Weißen für Weiße. Denn das fiktionale *pairing* von Weißen und Schwarzen auf der Bühne gründete auf dem realen *unpairing* von Herrschern und Beherrschten. Der fremde Schwarze Körper blieb immer der von Weißen fremd gemachte Körper. „Indem der weiße Schauspieler das Schwarzsein darstellte, machte er die dunkle Haut zu etwas Tieferem als das Original, zumindest in der Vorstellung der weißen Zuschauer."[40] Vergleichbares hatte bereits der US-Historiker Frederick Jackson Turner mit seiner Frontierthese gegen Ende des 19. Jahrhunderts versucht, wonach der Zivilisierte (Weiße) ebenso die Praktiken des Wilden (Roten) erlernen müsse (siehe „Ein Skalp"). Auch im Minstrel geht es letztlich um eine Form der Mimikry, eine Überbietung qua Nachahmung: „Die weißen Darsteller imitierten Charaktere und Kultur der Schwarzen, ahmten den afroamerikanischen Dialekt nach und passten Tänze, Lieder und Folklore an ihre Bedürfnisse an."[41] Minstrel war letztlich auch eine Form der Teilhabe, der Beziehungsstiftung zwischen Weißen (Herrschern) und Schwarzen (Sklaven). Nicht in sozialpolitischer Hinsicht, denn hier blieben Weiße Akteure und Weißes Publikum unter sich – aber als eine Naherfahrung des fremden wie des eigenen Körpers.

Minstrel war vor allem Tanz: „Tanz wurde zum Spektakel."[42] Anders als die Tänze der US-amerikanischen Aufführungskultur wie Hornpipe oder Jig, bot der Tanz im Minstrel spontane und nicht standardisierte Bewegungen an. Vor allem die Solokünstler sangen deshalb oft gar nicht, sie tanzten die unglaublichsten Figuren und machten Minstrel damit zur „Popmusik und Tanz seiner Zeit"[43]. Auch hier gilt die Formel, dass Popularisierung eine Form der Normalisierung darstellt: Das Fremde wird nach und nach vertraut gemacht. Der fremde Körper, die fremden Bewegungen werden nachgeahmt und so in den eigenen Körper eingeschrieben. Diese somatische Integration ging so weit, dass bei den Aufführungen regelmäßig das Publikum die Bühne stürmte, um mitzutanzen und mitzusingen. Weiße Besucher und schwarz angemalte Performer versuchten sich gemeinsam an den ihnen fremden Körperbewegungen: „[Es ging] zwangsläufig um Zwei-Sein"[44], fasst Harriet Manning die kulturelle wie ästhetische Charakteristik des Minstrels zusammen.

Wie geht nun Michael Jackson mit dieser historisch formierten *twoness* um und wie verhält sich der weiße Handschuh zum Schwarzen Körper? Ist die Verbindung des Schwarzen mit dem Weißen Körper, die die Karriere von Jackson auf das Sichtbarste begleitet hat, eine Antwort auf die perversen Zumutungen der Kategorisierungen, wie sie in den Minstrel Shows als Unterhaltungsformat etabliert wurden? Der französische Philosoph Jean Baudrillard hat Michael Jackson als einen „Vorläufer einer perfekten, weil universellen Mischung"[45] bezeichnet. Für ihn wie für andere Autoren steht Jackson für einen „postmodernen Verwandlungskünstler"[46], der gleichsam über den Grenzen von Rasse (und Geschlecht) schwebte: „Aus meiner Sicht war er ‚trans-rassisch'."[47] Auch Manning behauptet, dass sich Jackson, von der „Blackface-Maske" der Geschichte befreit hätte: „Jackson nahm die Blackface-Maske und drehte sie von innen nach außen."[48] Aber von einer Maske kann man sich nicht befreien, sie ist bloß eine Maske. Das zweideutige Spiel zwischen Schwarzem und Weißem Körper als integraler Teil der US-amerikanischen Unterhaltungskultur kann man nicht überwinden und nicht beenden, nur klug oder weniger klug weiterspielen. Michael Jackson hat in diesem Zusammenhang popkulturelle Antworten gegeben: Viele davon waren klug – das Video zu „Black or White" etwa, das sowohl die Stereotype wie auch die Slapstick-Traditionen der Minstrel Shows in die Gegenwart der „Simpsons" überführte –, andere vielleicht weniger, etwa die kitschigen Verbrüderungsimaginationen zwischen „We are the World" und „Heal the World".

Am offensichtlichen aber hat er die Maske durch den Handschuh ersetzt. Michael Jackson hat die Aufmerksamkeit vom Gesicht auf die Hand verschoben, in einer Eindeutigkeit, die in der Literatur nie erwähnt wird. Der weiße Handschuh eines Schwarzen Popstars mag eine Anspielung auf das *blackfacing* und ein Spiel mit dem Erbe der Minstrels sein – aber er bleibt an die Hand gebunden. Der Handschuh ist Ausdruck königlicher Macht, keine rassistische Grimasse. Denn während das Gesicht identifiziert wird, ist die Hand die soziale Verbindung mit der Welt und den Dingen. Die Hand ist das anatomische Organ des Zeigens und so fragt sich, worauf der weiße Handschuh zeigt – natürlich auf das Publikum.

Post Mortem: Der Wert der Dinge

Es ist müßig zu spekulieren, aber sehr wahrscheinlich, dass ein Paar Handschuhe nicht denselben Preis erzielt hätten, wie der einzelne Handschuh. Sein Wert liegt – offensichtlich – in der medialisierten Aura, die ihn umgibt. Millionen Menschen haben diesen Handschuh als Teil einer Performance gesehen, die die Vergangenheit und die Gegenwart Schwarzer Popmusik miteinander verbunden hat: Schwarzer Arbeitersohn und Weißer König, Motown-Sound und Break-Beat-Pop. Millionen Menschen haben *the making of* eines Superstars gesehen. Michael Jackson, der nach *Thriller* zum König des Pop wurde und damit auf Elvis Presley folgte, dessen Tochter er später heiratete. Wie der Moonwalk und der Griff ans Geschlecht gehörte der Handschuh im Jahr 1983 zu seinen Kronregalien.

Der Wert des weißen Handschuhs liegt aber vor allem darin, dass er als vereinzeltes Ding Wertlosigkeit symbolisiert. Dass er so wertlos ist, macht ihn unbezahlbar. Denn nur als profanes Ding kann der Handschuh das Abwesende symbolisieren. Was für alle Museumsobjekte gilt – dass sie Geschichte erst dann repräsentieren, wenn sie nicht mehr in Gebrauch sind –, gilt auch für den weißen Handschuh. Er war von Anfang an das unnütze Ding, das seinen Wert nur daraus bezog, dass das Publikum – die Vielen und jede Einzelne für sich – den fehlenden Handschuh ergänzte. In diesem Sinne hat sich Michael Jackson in die Reihe mit einer adligen Elite gestellt: *one glove on, one off.* Aber die Macht des Königs teilte er von Anfang an mit dem massendemokratischen Kollektivkörper. Der einzelne Handschuhs ist ein Beleg für die Beziehung zwischen dem Doppelkörper des Stars und seinem Publikum, ist ein Beweis für die Einheit der Körper.

Was aber passiert mit der Einheit dieser Körper, wenn ihre materielle Entsprechung in einer neofeudalen Privatsammlung verschwindet? Der Popkultur macht das nichts aus, denn ihre Körper leben in den medialisierten Abbildern fort und ihre Requisiten gibt es immer als Solitär und als Masse zugleich. Wer mag, kauft sich den weißen Handschuh heute für 9,90 Euro online.

Anmerkungen
1. Julien, Darren: Julien's Auctions Music Icons 2009, 01′08. In: https://www.youtube.com/watch?v=ZBIXYE3stKw (30.03.2021)
2. Ebd., 06′32.
3. Lüthe, Martin: Running Wild: Motown – Soul und die Politik der Körper in der Popmusik. In: Schiller, Dietmar (Hg.): *A change is gonna come: Popmusik und Politik. Empirische Beiträge zu einer politikwissenschaftlichen Popmusikforschung*. Münster 2012, S. 154.
4. Ebd., S. 153.
5. Ward, Brian: *Just my soul responding. Rhythm and Blues, black consciousness and race relations*. London 1998, S. 9.
6. Gray, Todd: *Michael Jackson. Before he was King*. New York 2009, S. 119.
7. Ebd., S. 38, 100.
8. Kehe, John: Michael Jackson's famous glove: where it all started. In: http://www.csmonitor.com/2009/0626/p02s19-usgn.html (30.03.21).
9. Michael Jackson zit. n.: 5 Medley @ Motown 25, 9′11. In: https://www.youtube.com/watch?v=BUcUS2cIieA (30.03.21).
10. Helms, Dietrich: Thriller. Das erfolgreichste Album ‚aller Zeiten'. In: Paul, Gerhard/Schock, Ralph (Hg.): *Sound des Jahrhunderts. Geräusche, Töne, Stimmen 1889 bis heute*. Bonn 2013, S. 497.

11. Benjamin, Walter: Das Kunstwerk im Zeitalter seiner technischen Reproduzierbarkeit [Zweite Fassung]. In: Ders.: *Gesammelte Schriften I, 2.* Hg. von Rolf Tiedemann und Hermann Schweppenhäuser. Frankfurt a. M. 1974, S. 489.
12. Franck, Georg: *Ökonomie der Aufmerksamkeit. Ein Entwurf.* München 1998, S. 166.
13. Ebd., S. 167.
14. Greve, Werner/Krankenhagen, Stefan: Authentische Fiktionen. Selbst-Darstellung und Identitätskonstruktion bei William F. Cody und Karl May. In: *Kulturwissenschaftliche Zeitschrift* 2/1 (2017), S. 29.
15. Museum Folkwang Essen (Hg.): *A Star is born – Fotografie und Rock seit Elvis.* Göttingen 2010, S. 16 f.
16. Ebd., S. 20 f.
17. Ebd., Vorsatz.
18. Ebd., S. 44 f.
19. Marable, Manning: *Race, Reform and Rebellion: The Second Reconstraction in Black America, 1945–1982.* London 1984, S. 9.
20. Knopper, Steve: The Rope: The Forgotten History of Segregated Rock & Roll Concerts. In: *Rolling Stone Magazine*: https://www.rollingstone.com/music/music-features/the-rope-the-forgotten-history-of-segregated-rock-roll-concerts-126235/ (30.03.2021)
21. Bricker, Rebecca: Take One. In: *People Magazin*, 04.04.1983, zit. n. Garofalo, Reebee: The Popular Music Industrie. In: Burnim, Mellonee V./Maultsby, Portia K. (Hg.): *African American Music. An introduction.* New York/London 2006, S. 408.
22. Wihstutz, Benjamin: *Der andere Raum. Politiken sozialer Grenzverhandlung im Gegenwartstheater.* Berlin 2012, S. 279.
23. Knopper, Steve: a. a. O.
24. Ward, Brian: a. a. O., S. 425.

25. Siehe Gray, Todd: a. a. O., S. 60 f., 116 f., 2 f.
26. Manow, Philip: *Im Schatten des Königs. Die politische Anatomie demokratischer Repräsentation.* Frankfurt a. M. 2008, S. 44.
27. Ebd., S. 47.
28. Ebd., S. 70.
29. Eichberg, Henning: Stadion. In: Hügel, Hans-Otto (Hg.): *Handbuch Populäre Kultur. Begriffe, Theorien und Diskussionen.* Stuttgart 2003, S. 437 f.
30. Manow, Philip: a. a. O., S. 70.
31. Ebd., S. 56.
32. Stallybrass, Peter/Rosaling Jones, Ann: Fetishizing the Glove in Renaissance Europe. In: Brown, Bill (Hg.): *Things.* Chicago/London 2004, S. 178.
33. Ebd., S. 184.
34. Ebd., S. 179.
35. Ebd., S. 187.
36. Monod, David: *The Soul of Pleasure: Sentiment and Sensation in Nineteenth-Century American Mass Entertainment.* Ithaka, N.Y. 2016, S. 57.
37. Waterhouse, Richard: The Internationalisation of American Popular Culture in the Nineteenth Century: The Case of the Minstrel Show. In: *Australasian Journal of American Studies,* 4/1 (1985), S. 4.
38. Illustrated London News, 08.05.1848, zit. n. Winter, Marian Hannah: Juba and American Minstrelsy. In: Bean, Annemarie/Hatch, James V./McNamara, Brooks (Hg.): *Inside the Minstrel Mask: Readings in Nineteenth-Century Blackface Minstrelsy.* Hanover/London 1996, S. 230.
39. Manning, Harriet J.: *Michael Jackson and the Blackface Mask.* Farnham/Burlington 2013, S. 30.
40. Monod, David: a. a. O., S. 71.
41. Waterhouse, Richard: a. a. O., S. 2.
42. Manning, Harriet J.: a. a. O., S. 25.

43. Ebd., S. 19.
44. Ebd., S. 5.
45. Baudrillard, Jean: *Transparenz des Bösen: Ein Essay über extreme Phänomene*. Berlin 1992, S. 28.
46. Jefferson, Margo: *Über Michael Jackson*. Berlin 2009, S. 166.
47. Ebd., S. 167.
48. Manning, Harriet J.: a. a. O., S. 48.

1996. Smileys/Emojis
Die Droge Kommunikation

Emojis auf einem iPhone 6, Screenshot, 2015.

Es gibt Dinge, so schreibt die Ethnologin Verena Kuni, „die als Hybridformen sowohl der digitalen als auch der materialen Kultur angehören und/oder erstere in letztere (rück-) überführen"[1]. Smileys sind solche Dinge. Sie wurden 1964 von dem US-amerikanischen Grafiker Harvey R. Ball erfunden, dessen Anstecker genutzt wurden, um für eine bessere Arbeitsmoral in einer Versicherungsfirma zu sorgen. Der Erfolg des lächelnden Rundgesichts inspirierte 1971 den französischen Journalisten Franklin Loufrani, alle Artikel in der Zeitung *France Soir,* die eine positive Nachricht vermeldeten, mit einem Smiley auszuzeichnen. 1972 meldete Loufrani den Smiley als Markenzeichen an und druckte zehn Millionen Sticker, die er kostenlos verteilte. Es war die Zeit von „love, peace and happiness", als die Hippie-Bewegung in Europa ankam.

1972 war der Smiley bereits so allgegenwärtig, dass er auf dem Cover der Satirezeitschrift *MAD* verspottet wurde, 1986 reüssierte er als diabolisch grinsende Comicfigur Watchmen und ab 1988 wurde der Smiley zum Aushängeschild eines zweiten „Summer of Love". Für die britische Acid-House-Szene, aus der sich die großen Raves der 1990er Jahre entwickeln sollten, war das gelbe Gesicht Ausdruck einer positiven Lebenseinstellung, die aber wohl mindestens ebenso sehr auf bewusstseinserweiternde Drogen wie Ecstasy zurückzuführen war. Möglicherweise als Reaktion darauf druckte die Band Nirvana 1992 einen stark derangierten Smiley auf ein T-Shirt und kreierte damit ein eigenes Markenzeichen, die „Corporate Rock Whores". 1996 schließlich bündelten Franklin Loufrani und sein Sohn Nicolas die ökonomisch verwertbare Seite des Phänomens und gründeten The Smiley Company. Seitdem ist die Welt voll von ihnen: Auf Kugelschreibern und Tassen, auf Kissen, Socken und Gesichtsmasken und überall, wo man sie gar nicht sehen möchte, findet sich ein Smiley.

Ebenfalls Mitte der 1990er Jahre entwickelte der japanische Programmierer Shigetaka Kurita für die Firma Nippon Telegraph and Telephon (NTT) sogenannte Emoticons technisch weiter, mit denen in den frühen 1980er Jahren schriftsprachliche Äußerungen bildhaft kommentiert wurden. Kurita gestaltete insgesamt 176 Emojis für die mobile Kommunikation auf den Displays von Handys, Pagern und für Messengerdienste. Durch die Einbettung in Google-Anwendungen im Jahr 2006 zur Nutzung des iPhone OS 2.2 in Japan 2008 und schließlich durch die Implementierung in den digitalen Zeichensatz von Unicode wurden Emojis zur Massenware auf dem Markt der mobilen Kommunikation.

:-) oder :-(

Die Entwicklung von Smileys (als eine grafische Darstellung) und Emoticons (als eine Zeichenfolge) zu Emojis (als Oberbegriff für digitale Piktogramme) ist aus drei Gründen interessant für einen Blick auf das Populäre. Es ist eine Geschichte der technischen Standardisierung bei gleichzeitiger kultureller und ästhetischer Ausdifferenzierung, eine Popularisierung durch ökonomische Verfügbarkeit sowie ein spielerischer Umgang mit Differenz: Emojis reihen sich ein in die lange Tradition populärer Bild-Text-Formate, die von den Illustrationen der Groschenhefte im 19. Jahrhundert, über die Comics des frühen 20. Jahrhunderts bis zu den Memes der Gegenwart reicht. Das immer wieder neu auszubalancierende Verhältnis zwischen textlichen und bildlichen Informationen produziert Unterhaltung.

Ausgangspunkt für die neuere Entwicklung war eine technische Beschränkung: Emoticons sind Teil der Programmiersprache für Computer, einer sogenannten formalen Sprache, wie sie sukzessive ab den 1950er Jahren entwickelt wurde. Als solche sind Emoticons abhängig von Operationsbedingungen und Rechenleistungen einer Maschine und stammen aus einer Zeit, in der „die Einbettung von Grafikelementen, je nach Plattform, entweder ausgeschlossen oder nur sehr begrenzt möglich war"[2]. Gleichzeitig machte es die fortschreitende computergestützte Kommunikation für die Verfasserinnen durchaus notwendig, eigene Textnachrichten zu kommentieren, damit man sie nicht falsch verstand. Auf Wikipedia findet sich prominent platziert eine Quelle aus dem Jahr 1982,[3] in der der US-amerikanische Informatiker Scott E. Fahlman seinen Kollegen an der Carnegie Mellon University in Pittsburgh eine grafische Markierung für witzig gemeinte Kurznachrichten vorschlägt:

„Ich schlage die folgende Zeichenfolge für Witzmarkierungen vor: :-) Lest es seitwärts. Eigentlich ist es angesichts unserer aktuellen Gewohnheiten wahrscheinlich einfacher, Dinge zu markieren, die KEINE Witze sind. Verwendet dafür :-(."[4]

Emoticons basieren als Teil einer Maschinensprache auf dem ASCII-Code, dem „Amerikanischen Standard-Code für den Informationsaustausch" von 1963, der etwa den Zeichenvorrat einer Tastatur für das lateinische Alphabet umfasst: 95 druckbare Zeichen. Ausgehend von dieser Begrenzung, entwickelte Fahlman seine beiden Bildzeichen, deren typographische Gestaltung auf den populären Umgang mit den Smileys in der materiellen Welt zurückgreifen konnte. Er implementierte damit eine Basisfunktion, die den meisten Emojis bis heute zu eigen ist, wie die Sprachwissenschaftler Michael Beißwenger und Steffen Pappert hervorheben: die „Kennzeichnung von Sprechereinstellungen"[5]. Weil niemand mit Sicherheit sagen kann, wie eine kurze Information in einem Webchat, einem Online-Forum oder in einer WhatsApp-Nachricht eigentlich gemeint ist, muss sie markiert werden: *joke or no joke.*

Die Notwendigkeit, den dialogischen Austausch von Informationen durch grafisch-bildhafte Zeichen zu unterstützen, tritt also nur unter den spezifischen Bedingungen der Massenmedien auf, die Niklas Luhmann als „Unterbrechung des unmittelbaren Kontakts"[6] definiert. Emojis stellen soziale Nähe unter Kommunikationspartnern her, die sich gerade nicht sehen und die vorrangig ‚als Text' in Beziehung miteinander treten. Sie dienen, wie Beißwenger und Pappert pointiert feststellen, „hauptsächlich dem Beziehungsmanagement"[7].

Emojis sind somit Dinge für die beschleunigte, verkürzte und entfernte Beziehungsaufnahme. Sie treten in einem historischen Moment auf, in dem persönliche Kommunikation im großen Maßstab auf Schriftformen umgestellt wurde und somit die Basis für das Vertrauen unter den Kommunizierenden neu etabliert werden musste. Emojis sind an die jeweiligen Medien gebunden, die diese ‚Maschinensprache' ermöglichen und gleichzeitig begrenzen.

Unter japanischen Jugendlichen waren in den 1990er Jahren Pager populär, da sie preiswert waren und man sich direkt austauschen konnte, ohne von den Eltern kontrolliert zu werden. Shigetaka Kurita und sein Team bei NTT hatten entsprechend den japanischen Markt im Blick, als sie den Smiley als Code animierten: „Obwohl die Zeichen selbst nicht urheberrechtlich geschützt sind, wurde der ursprüngliche Emoji-Satz so konzipiert, dass er nur auf der proprietären Plattform [von NTT] angezeigt werden konnte, und zwar ausschließlich auf Telefonen, die den Abonnenten des Unternehmens in Japan gehören und von ihnen betrieben werden."[8] Emojis stellen, anders als Emoticons, nicht nur Emotionen dar, sondern visualisierten im Kleinformat von maximalen 144 Pixeln auch Tiere, Pflanzen, Kleidung, Gebäude und vieles mehr. An Kuritas Grunddesign, das heute im Bestand des Museums of Modern Art zu finden ist,[9] kann die Gleichzeitigkeit von technisch-visueller Standardisierung und kultureller Ausdifferenzierung abgelesen werden wie sie etwa auch Spielfiguren wie Avataren zu eigen ist. Emojis entstehen aus einer formalen Zeichensprache mit begrenzten Variationsmöglichkeiten – aber sie wirken als Teil einer visuellen Kommunikation und sind somit vielfältig interpretierbar. Normierung und Variabilität schließen sich in der Popkultur nicht aus, sondern bilden ein dynamisches Grundgerüst für die Neukombination von standardisierten Elementen. Ein *happy face* ist in einer WhatsApp-Nachricht je nach Zusammenhang dechiffrierbar. Aber was ist mit einer Brille, gefolgt von einer Aktentasche, Halbschuhen und einem Hemd mit Krawatte?[10]

Entsprechend viele und zu viele Emojis und Smileys muss es geben. Dafür hat Nicolas Loufrani gesorgt, der das Geschäft seines Vaters erweiterte und neu ausrichtete. Während letzterer seit 1972 mit dem Logo des Smiley weltweit Geld verdiente, indem er es für Firmen wie Levi's oder Agfa lizensierte, machte Nicolas Loufrani den Smiley zu einem unverzichtbar-überflüssigen Requisit der mobilen Kommunikation. Im Jahr 1999 gab er einen *Smiley Dictionary* als Buch heraus, dem 2001 eine Online-Version zur Einbindung von Smileys in E-Mails, MSN-Messenger, elektronischen Grußkarten, Wallpaper oder Mauscursor folgte, um den Bekanntheitsgrad der Marke noch weiter zu erhöhen. Smileys, die sein Vater auf Konsum- und Werbeartikel in über hundert Ländern weltweit hatte drucken lassen, gehörten um die Jahrtausendwende als digitaler Code – zuerst als Emoticon, dann als GIF-Datei, dann durch die Einbettung in Unicode – zur Grundausstattung mobiler Kommunikation. Zwei Voraussetzungen waren dafür entscheidend: Zum einen, dass die Verbreitung digitaler Textnachrichten über Mobiltelefone und die Einbettung von Smileys in hochentwickelte Programmiersprachen im selben Zeitrahmen erfolgten. Der Journalist Florian Rötzer berichtet in einem Artikel aus dem Jahr 2000 von monatlich neun Milliarden versendeten SMS-Nachrichten weltweit. Durch die zunehmende Handynutzung unter 12- bis 19-Jährigen sei damals „eine subtile Veränderung in der Welt der drahtlosen Kommunikation vom Verbalen zur visuellen Vielheit"[11] festzustellen gewesen.

Es ist heute nur noch schwer nachzuvollziehen, aber persönliche Kommunikation fand bis zum Ende des 20. Jahrhunderts, trotz Briefen und Postkarten, überwiegend mündlich statt – ob im direkten Kontakt oder technisch vermittelt. Das änderte sich im Jahr 1997, in dem „weltweit durch Internet-Kommunikation erstmals mehr Verkehr erzeugt [wurde] als durch Sprachkommunikation"[12]. Es war ein historischer Einschnitt, denn durch das Internet wurde es möglich, Kommunikation sowohl zu standardisieren und formalisieren, als auch sie singularisiert und individualisiert auftreten zu lassen.[13] Entsprechend waren Ende der 90er Jahre neue konsens- und vertrauensbildende Elemente innerhalb kommunikativer Prozesse nötig – und Emojis und Emoticons deckten genau jenen Bedarf. Heute werden täglich etwa sechs Milliarden von ihnen weltweit versendet.[14]

Damit ein Überfluss an digitalen Daten und Dingen möglich wurde, mussten zweitens die Geräte-, die Speicher- und Transaktionskosten sinken. Der Politikwissenschaftler Volker Schneider verweist auf die „mikroelektronische Revolution", die seit den 1970er Jahren im Bereich der Telekommunikation „zu unglaublichen Leistungssteigerungen, riesigen Möglichkeitserweiterungen und zu dramatischen Kostensenkungen geführt"[15] hat. Beliefen sich die Ausgaben für ein Megabyte Datenspeicherplatz auf einer Festplatte im Jahr 1985 noch über 100 Euro, so bezahlten die Kunden im Jahr 1997 für dieselbe Menge neun Cent – ein Preisverfall von über tausend Prozent in zwölf Jahren.[16] Zu diesem Zeitpunkt besaßen in Deutschland gut acht Millionen Menschen einen Mobilfunkanschluss, wobei sie für ihr Handy in der günstigsten Ausführung mehr als 400 Euro bezahlten. Im Jahr 2010 waren etwa 100 Mio. Anschlüsse zu verzeichnen, ein mobiles Endgerät kostete nun nur noch 100 Euro.[17] Digitale Standardisierung, Deregulierung des Marktes auf europäischer Ebene und die Einführung von Prepaid-Karten waren weitere Gründe dafür, dass in einer Zeitspanne von knapp 20 Jahren der Siegeszug von SMS-Kurznachrichten einsetzte.

Nicolas Loufrani hätte sein Unternehmen wohl zu keinem besseren Zeitpunkt starten können: Ende der 1990er Jahre wurde die mobile Kommunikation für den Massenmarkt technisch und ökonomisch zugänglich gemacht, und das Genre der digitalen Kurznachricht war durch Personal Computer, Pager und Massengerdienste in Grundzügen skizziert worden. Die Menschen lernten bereits, wie sie unter den Bedingungen allumfassender Mobilität (siehe „Selfiesticks") technisch vermittelte Nähe etablieren konnten. Außerdem hatte man es mit einem ‚Ding' zu tun, das permanent zwischen materiellen und digitalen Kulturen zirkulierte und dabei interessante Spuren in der Popkultur hinterließ. Wer damals etwas auf sich hielt, lief in der „Acid House Uniform" herum; so erinnerte sich die Journalistin Sharon Walker an ihren ersten Abend im Londoner Heaven Nightclub in den späten 1980er Jahren: „Ich reihte mich in die Schlange der Kids ein, die in der Acid-House-Uniform aus Day-Glo-Latzhosen und Smiley-T-Shirts gekleidet waren."[18] Der Smiley hatte subkulturelles Kapital erworben.

Die „Wir-Droge"

Smileys haben nicht nur eine stoffliche Qualität als Flyer oder Sticker,[19] sie haben auch eine körperliche Dimension. In Londoner Clubs wie dem Heaven, Shoom oder Project wurden 1988 auf illegalen Partys die Nächte durchgetanzt. Meist dabei: die ausgebeulten *baggy trousers* und weite T-Shirts mit oder ohne aufgedrucktem Smiley-Gesicht. Die lockere Kleidung war nötig, um den Körper, der durch Tanz und Drogen verschwitzt war, kühl zu halten. „Drogen spielten die größte Rolle", schreibt der Journalist Simon Reynolds über die Anfänge der Acid House Szene in Großbritannien:

> „Der Name ‚Shoom' war ein neuer Slang für den Rausch, für das wogende Herz-im-Mund-Gefühl, wenn man auf Ecstasy war. Die Bilder auf den Flyern, Mitgliedskarten und Newslettern waren unverhohlen drogenaffin: Pillen mit Smiley-Gesichtern darauf."[20]

In den Clubs traf sich eine ganz neu zusammengesetzte britische Subkultur aus Weißen Vorortkids und homosexueller Szene:

> „Da waren all diese Vorstädter, die jetzt Ecstasy nahmen; und es war, als hätte man sie zum ersten Mal frei laufen lassen. Schwule Verhaltenscodes und Ausdrucksformen

wurden in das Körpergefühl der Jungs aus der Arbeiterklasse integriert."[21]

Nicht anders als in den 1970ern im Studio 54 oder der Paradise Garage in New York (siehe „Diskokugeln") setzte die Acid-House-Szene der späten 1980er Jahre eine Energie frei, die natürliche Grenzen aufzuheben schien: „Dank Ecstasy wurden alle Klassen-, Rassen- und Geschlechterschranken aufgehoben."[22]

Das alles geschah zu einer Zeit der wirtschaftlichen und kulturellen Depression in Großbritannien mit einer Arbeitslosenquote von über 10 %, wobei 40 % der Betroffenen unter 25 Jahre alt waren. *Der Spiegel* rief in einem Artikel von 1985 als möglichen Grund für die seit Jahren kulminierende Gewalt in den britischen Fußballstadien eine „verlorene Generation"[23] aus, und Margaret Thatchers konservative Regierungspartei trieb zudem die Entmachtung der Gewerkschaften während des Bergarbeiterstreiks im selben Jahr voran.[24]

Die Subkultur rund um den Smiley war also durchaus eine Reaktion auf die verheerende Politik der Thatcher-Ära, in der Zusammenhalt und Solidarität innerhalb der Arbeiterklasse zerstört wurden – aber sie war kein Aufstand und keine Revolution: „Die Energie, die durch Ecstasy freigesetzt wurde, fühlte sich revolutionär an, aber sie richtete sich nicht gegen den gesellschaftlichen ‚status quo'."[25]

Stattdessen zogen sich die Feiernden auf die Party-Insel Ibiza[26] oder in den Schutz der Nacht zurück und nutzen eine Droge, die aufgrund ihrer gemeinschaftsstiftenden Wirkung als „Wir Droge" beschrieben wurde, wie der Musikjournalist Matthew Collin festhält:

> „Ecstasy beschleunigt das Schließen von Freundschaften, schuf eine ausgedehnte Familie, einen Geheimbund, den

niemand verstand und von dem auch niemand wußte, daß er überhaupt existierte."[27]

Die vielen Berichte und Erinnerungen mögen verklärend gewesen sein, auch wenn sie den körperlichen Absturz nicht verschwiegen, aber es wird zumindest an ihnen deutlich, dass Ecstasy nicht aggressiv und selbstsüchtig machte wie Alkohol oder Kokain. Stattdessen war es eine kommunikative Droge:

> „Ein Teil dessen, was die klassische Rave-Erfahrung so lohnend und süchtig machend werden lässt, sind die ‚oberflächlichen', aber im wahrsten Sinne des Wortes berührenden Rituale des Wasserteilens, des Händeschüttelns, des Anlehnens von jemandem, dem es etwas schlechter geht, als wäre man ein Busenfreund."[28]

Selbst die verfeindeten Fußballgangs sollen sich in den Armen gelegen haben. Zehn Jahre nach dem Disco-Fieber war Acid House erneut eine sensorische Entgrenzungserfahrung, bei der sich die Masse der Tanzenden und das eigene Körpergefühl, Musik- und Lichteffekte ineinander verschränkten, um zu einem einzigen großen Lächeln zu werden. So ging es in die 1990er: „Von der Atmosphäre her noch Underground, war es gleichzeitig die Norm: etwas, was everykid machte, jedes Wochenende."[29]

Kommunikation, die unterhält

Smileys sind merkwürdige Dinge. Als grafische Zeichen stehen sie für eine aufmunternde und positive Haltung, die nicht nur global vermarktet wird, sondern bis in die Subkultur hinein für die Optimierungslogik der Moderne steht: Der individuelle Körper soll entspannter und besser funktionieren, ob 1964 in einer Versicherungsfirma oder 1988 auf einem 12-Stunden-Rave. Aus den zehn Millionen Smiley-Stickern, die Franklin Loufrani in den 1970ern kostenlos verteilte, sind deutlich mehr als die 1,3 Mio. Ecstasy Tabletten geworden, die die deutsche Firma Imhausen-Chemie 1989 für den europäischen Drogenmarkt produzierte.[30]

Als Emojis wiederum sind sie Zeichenketten einer formalen Sprache, eingebunden in die Entwicklungs- und Wirtschaftsgeschichte mobiler Endgeräte und ihrer technischen Standardisierung. Hier bilden sie eine entscheidende Schnittstelle zwischen direkt-persönlichen und medial vermittelten Kommunikationsformen, indem sie die Gestik der Face-to-Face-Begegnung sowie ihre erklärenden und phatischen Funktionen als tastaturschriftlich erzeugtes Zeichen nachspielen. Smileys wandern, wie einleitend zitiert, von der materiellen in die digitale Kultur und wieder zurück. Dabei verstärkt sich bei jedem Grenzübertritt die zugrundeliegende Idee, das Konzept eines globalen Kommunikationsangebots: die Möglichkeit, jederzeit mit jedem zu interagieren. Durch den Smiley, so beschreiben es Beißwenger und Pappert, signalisiere ich „der oder dem anderen nicht nur Wohlwollen und Nähe, sondern auch [meine] Kommunikationsbereitschaft – und zwar unter sehr geringem Aufwand"[31]. Damit erfüllen diese Zeichen eine der zentralen Bedingungen von Unterhaltung, wie sie Niklas Luhmann definiert: „Unterhaltung heißt eben: keinen Anlaß suchen und finden, auf Kommunikation durch Kommunikation zu antworten."[32]

Unterhaltung ist in diesem Sinne selbsterzeugend. Ihre Veranlassung ist zugleich die historische Bedingung ihrer Entstehung, nämlich die Aufgabe, den realen Überfluss der Dinge und Möglichkeiten in solcher Weise zugänglich zu machen, dass daraus eine fiktionale Erzählung werden kann, die in sich selbst wiederum ein Spiel zwischen

Überfluss und Auswahl inszeniert. Anders formuliert: So lange es bei der Entscheidung ☺ oder ☹ bleibt, so lange erfüllen Emojis vor allem Basisfunktionen – „allgemein ein Gefühl der Zusammengehörigkeit zwischen Gesprächspartnern zu vermitteln, aufrechtzuerhalten oder zu verstärken"[33]. In dem Moment jedoch, in dem die Überfülle an Emojis zu einer Auswahl zwingt, die als individuell gestaltete aber allgemein ausgerichtete Erzählung gelesen werden kann, wird aus Kommunikation Unterhaltung.

Entscheidend dafür ist, dass alle am Prozess Beteiligten sowohl von der Notwendigkeit der Selektion als auch von ihrer Möglichkeitsoffenheit wissen. Emojis sind immer intentional gesetzt, weil sie Antworten auf die Frage provozieren, warum in diesem Zusammenhang genau jener Emoji ausgewählt und kontextualisiert wird. Sie sind eine spielerische „Anweisung zur Suche nach dem Gemeinten"[34]. So hat ein Vulkanier-Gruß als Emoji wahrscheinlich mit der Serie *Star Trek* und der Figur des Mister Spock zu tun und kann als ein Friedensgruß gelesen werden. Aber wie genau und warum in diesem spezifischen Zusammenhang jener Textnachricht? Emojis bieten einen Überschuss an, der über ihren Informationswert hinausgeht und genau deshalb gedeutet werden muss.

Dabei weisen Emojis als eine Form der Kommunikation die unterhält, übergreifende Merkmale des Populären und der Popkultur auf: Sie sind ohne großen Aufwand verfügbar und als Sinnangebot in der Regel leicht zu entschlüsseln. Sie sind ästhetisch zweideutig, indem sie zwischen Text- und Bildformaten changieren. Sie besitzen eine mediale Eigenlogik zwischen technischer Normierung, kommunikativer Nähe und individueller Gestaltungsmöglichkeit. Sie treten als sequenzierte Reihe auf und erhöhen damit die Lust an der Fortsetzung. Sie sind selbstreferentiell, indem sie durch ironische, missverständliche oder zitierende Setzungen auf ihre Funktionalität im Kommunikationsprozess hinweisen.

Gleichzeitig lassen sich am Beispiel der Emojis einige Tendenzen zuzuspitzen, die erst durch die Entstehung digitaler Medien virulent geworden sind. Zum einen lösen sie den Unterschied zwischen der Produktion und der Rezeption von Unterhaltung partiell auf. Auch wenn Zuschauerinnen, Fans oder Sammler in der Populären Kultur immer ein gewisses Aktivitätspotential mitbringen müssen (siehe „Scrapbooks"), so verschränken sich in den digitalen Medien Produktion und Rezeption von Unterhaltung auf einem neuen Niveau. Es macht einen Unterschied, ob ich ein Spiel im Stadion oder eine Serie vor dem Fernseher verfolge, die für mich von anderen inszeniert wurden – oder ob ich am Smartphone tippend, lesend, kommentierend das ästhetische Format erst herstelle, dass ich zeitgleich rezipiere.

Auch wenn sie beide der Unterhaltung dienen, so sind ein Fußballspiel und ein Chatverlauf nicht nur unterschiedliche Formate der Popkultur, sie organisieren darüber hinaus das Verhältnis zwischen Akteuren, die etwas anbieten und denen, die es nutzen, auf grundsätzlich andere Weise. Als Konsequenz dieser Verschiebung ist unter anderem eine noch engere Verzahnung von Information, Werbung und Unterhaltung zu beobachten, wie sie der Soziologe Dirk Baecker als Kriterium der digitalen Transformation charakterisiert: „Die Werbung ist so sehr eine Nachricht wie die Nachricht eine Unterhaltung."[35] Emojis sind ein prägnantes Beispiel für diese konvergierenden Prozesse der Gegenwart.

Zum anderen verschärfen soziale Medien die Unklarheit darüber, in welcher Beziehung die verschiedenen Teilnehmerinnen am Unterhaltungsprozess zueinanderstehen. Anders als etwa im Fußballstadion oder vor dem Fernseher, bleibt es für die Eigenlogik sozialer Medien ungeklärt, in welchen Momenten ich mich als User in einer sozialen Interaktion befinde und wann ich an einem Unterhaltungsprozess unter massenmedialen Bedingungen teilhabe. Die häufig eingeforderten Benimmregeln im Netz verweisen momentan noch auf die Dominanz von sozial strukturiertem Verhalten. Mindestens ebenso wichtig wäre allerdings das Bewusstsein der ästhetischen Form, also das Wissen, dass ich mich als User in einer zweideutigen Beziehung zu anderen Usern befinde, die gleichzeitig ernst (im Sinne sozialer Verbindlichkeit) und unernst zu charakterisieren ist (im Sinne eines fiktionalen Raumes, in dem ein spielerisches Verständnis von kommunikativer Interaktion als Unterhaltung herrschen darf).

Schließlich erhöht sich durch Smileys und Emojis auch die Dynamik der Globalisierung. Globalisierung soll hier, mit der Soziologin Bettina Heintz, „als Intensivierung grenzüberschreitender Beziehungen" sowie als „wechselseitiger Beobachtungs- und Vergleichsprozess" aufgefasst werden.[36] Emojis bieten sich aufgrund ihrer digital-materiellen Dinglichkeit für beide Perspektiven an. Einerseits sind sie Zahlen und Zeichenketten einer formalen Sprache, die auf mathematischen Operationen beruht. Wie Heintz darlegt, sind „Kommunikationen im Medium von Zahlen (oder einer formalen Sprache) [...] besonders geeignet, das Problem der Distanzüberbrückung zu lösen"[37]. Formale Sprachen wie Zahlen oder Emojis sind somit weitgehend selbsterklärend, zu einem bestimmten Anteil kultur- und kontextunabhängig und verfügen über „ein distinktes und begrenztes Alphabet"[38]. Dass Smileys und Emojis global schneller ‚reisen' als Wörter ist somit ihrem visuell ausgedrückten Informationsgehalt und ihrer damit zusammenhängenden universellen Lesbarkeit zu verdanken.

Emojis und Smileys sagen nicht nur etwas, sie zeigen auch etwas (anderes): „Es ist nicht einfach der Abstraktionsgrad, sondern (auch) das *Medium* der Kommunikation, das die weltweite Verbreitung von ‚ideas, objects and practices' erklärt."[39] Gerade die ästhetische Zweideutigkeit von Emojis, also die Art und Weise, wie sie zwischen Zahl und Bild changieren, ist für die wechselseitige Beobachtung unter globalen Bedingungen geeignet. Weil allgemein klar ist, was sie wollen – nämlich mit Kommunikation auf Kommunikation zu antworten – und situativ offen ist, welche Erzählungen diese Bild-Text-Mitteilungen anbieten, können Emojis als eine Art Kulturübersetzung in einer sich weiter globalisierenden Popkultur verstanden werden. Sie entlasten von der Aufgabe des Verstehens und eröffnen damit einen niedrigschwelligen Reflexionsraum, der das Eigene im Licht des Anderen sieht: ツ.

Anmerkungen
1. Kuni, Verena: Wenn aus Daten wieder Dinge werden – ‚From Analogue To Digital and Back Again'? In: Tietmeyer, Elisabeth/Hirschberger, Claudia/Noack, Karoline/Redlin, Jane (Hg.): *Die Sprache der Dinge – kulturwissenschaftliche Perspektiven auf die materielle Kultur.* Münster [u. a.] 2010, S. 185.
2. Beißwenger, Michael/Pappert, Steffen: *Handeln mit Emojis. Grundriss einer Linguistik kleiner Bildzeichen in der WhatsApp-Kommunikation.* Duisburg 2019, S. 11.
3. Siehe Eintrag zu Scott E. Fahlman, Wikipedia: https://de.wikipedia.org/wiki/Scott_E._Fahlman (30.03.2021).
4. Ebd.
5. Beißwenger, Michael/Pappert, Steffen: a. a. O., S. 12.
6. Luhmann, Niklas: *Die Realität der Massenmedien.* Opladen 1996, S. 11.

7. Beißwenger, Michael/Pappert, Steffen: a. a. O., S. 20.
8. Stark, Luke/Crawford, Kate: The Conservatism of Emoji: Work, Affect and Communication. In: *Social Media + Society,* 1/2 (2015), S. 5.
9. Kurita, Shigetaka: Inbox: The Original Emoji, by Shigetaka Kurita, 2016. Siehe Museum of Modern Art: https://www.moma.org/calendar/exhibitions/3639 (30.03.2021).
10. Die Auflösung findet sich in: *Süddeutsche Zeitung Magazin,* 15.10.2015: https://sz-magazin.sueddeutsche.de/gesellschaft-leben/hat-jemand-mitgeschrieben-81750 (30.03.2021).
11. Rötzer, Florian: SMS erfreut sich schnell wachsender Beliebtheit. In: *Telepolis,* 01.10.2000: https://www.heise.de/tp/features/SMS-erfreut-sich-schnell-wachsender-Beliebtheit-3451107.html (30.03.2021).
12. Deutschen Gesellschaft für Post- und Telekommunikationsgeschichte e. V., Frankfurt a. M.: *Breitbandige Internet-Anwendung,* Mai 1998: https://www.post-und-telekommunikation.de/PuT/Tk_1998_1_Jan-Juni.php (30.03.2021).
13. „Wir haben es mit einem grundsätzlichen Bruch zu tun, denn es wird historisch erstmals ein technologischer Komplex gesellschaftlich leitend, welcher auf die Verfertigung, Zirkulation und Rezeption von Kulturformaten zentriert ist. Zugleich handelt es sich um die erste Schlüsseltechnologie in der Geschichte der Moderne, welche eine Singularisierung von Objekten und Subjekten ermöglicht, anregt und sogar erzwingt." Reckwitz, Andreas: *Die Gesellschaft der Singularitäten. Zum Strukturwandel der Moderne.* Berlin 2017, S. 228 f.
14. The Smiley Company: Smiley CEO sets out his vision for the new Emoji of the future. In: *Brandora,* September 2019: http://brand-licensing.com/

DocPage.aspx?IzmLang=9&DID=33325&DIA=33325&QSI=1&OPS=9&LUR=& (30.03.2021).
15. Schneider, Volker: *Die Transformation der Telekommunikation. Vom Staatsmonopol zum globalen Markt (1800–2000)*. Frankfurt a. M. 2001, S. 159.
16. Siehe Winhistory: Alte Preise für Hardware. In: *Winhistory,* 2020: https://www.winhistory.de/more/386/altepreise.htm (30.03.2021).
17. Siehe Stöber, Rudolf: Neue Medien. Geschichte. Von Gutenberg bis Apple und Google. Medieninnovation und Evolution. Bremen 2012, S. 290 sowie Tenzer, F.: Anzahl der Mobilfunkanschlüsse in Deutschland von 1992 bis 2020. In: *Statista,* 10.03.202: https://de.statista.com/statistik/daten/studie/3907/umfrage/mobilfunkanschluesse-in-deutschland/ (30.03.2021).
18. Walker, Sharon: Thirty years since the second summer of love. In: *The Guardian,* 01.07.2018: https://www.theguardian.com/music/2018/jul/01/thirty-years-since-the-second-summer-of-love-1988 (30.03.2021).
19. Umfassende Sammlungen von Flyern aus den 1980er und 90er Jahren finden sich in: Berlin, Chelsea Louise: *Rave Art. Flyers//Invitations and Membership Cards from the Birth of Acid House Clubs and Raves.* London 2014 sowie Riemel, Mike (Hg.): *Flyer Soziotope. Topographie einer Mediengattung.* Berlin 2005.
20. Reynolds, Simon: *Generation Ecstasy. Into the World of Techno and Rave Culture.* New York 1999, S. 60.
21. Ebd.
22. Ebd., S. 63.
23. N. N.: England raus aus Europa. In: *Der Spiegel,* 02.06.1985: siehe https://www.spiegel.de/spiegel/print/d-13513612.html (30.03.2021).
24. Taylor, Adam: Margaret Thatcher Fought One Huge Battle That Changed The UK Forever. In: Insider,

08.04.2013: https://www.businessinsider.com/thacher-versus-the-unions-2013-4?r=DE&IR=T (30.03.2021).
25. Reynolds, Simon: a. a. O., S. 66.
26. Die Entstehung von Acid-House ist, wie alle populären Phänomene, nur als Kulturtransfer einer mobilen Szene zu verstehen: hier zwischen den USA (vor allem Detroit, Chicago und New York), Großbritannien (vor allem Bristol, London und Manchester) und der Balearen-Insel Ibiza: „Die Verbreitung von *Extasis* traf wie durch einen seltsamen Zufall mit dem Import der ersten House-Platten zusammen. Zu Beginn der Urlaubssaison 1987 eröffneten der britische DJ Trevor Fung und sein Cousin Ian St Paul aus Carshalton, die beide seit Beginn der Achtziger auf der Insel Urlaub gemacht hatten, für den Sommer eine Bar in San Antonio. Das Project (benannt nach einer Club Night im Londoner Stadtteil Streatham) wurden zum Magneten für alle britischen Discogänger auf der Insel, ein Treffpunkt für viele der wichtigen Leute, die später den Kern der Acid-House-Szene in England bildeten." In: Collin, Matthew: *Im Rausch der Sinne. Ecstasy-Kultur & Acid House.* St. Andrä: 1998, S. 64 f.
27. Ebd., S. 66.
28. Reynolds, Simon: a. a. O., S. 84.
29. Ebd., S. 79.
30. N. N.: Anedridi asit asitik. Westdeutsche Chemiefirmen unterstützen, mit der Lieferung von Spezialpräparaten, internationale Drogenkartelle. In: *Der Spiegel,* 36/1990: https://magazin.spiegel.de/EpubDelivery/spiegel/pdf/13500332 (30.03.2021).
31. Beißwenger, Michael/Pappert, Steffen: a. a. O., S. 20.
32. Luhmann, Niklas: a. a. O., S. 107.

33. Danesi, Marcel: *The Semiotics of Emoji. The Rise of Visual Language in the Age of the Internet.* London/New Delhi 2017, S. 97.
34. Beißwenger, Michael/Pappert, Steffen: a. a. O., S. 92.
35. Baecker, Dirk: *4.0 oder Die Lücke die der Rechner lässt.* Berlin 2018, S. 196 f.
36. Heintz, Bettina: Numerische Differenz. Überlegungen zu einer Soziologie des (quantitativen) Vergleichs. In: *Zeitschrift für Soziologie* 39/3 (2010), S. 175.
37. Ebd., S. 174.
38. Ebd.
39. Ebd., S. 176.

2005. Selfiesticks
Das massentouristische Selbst

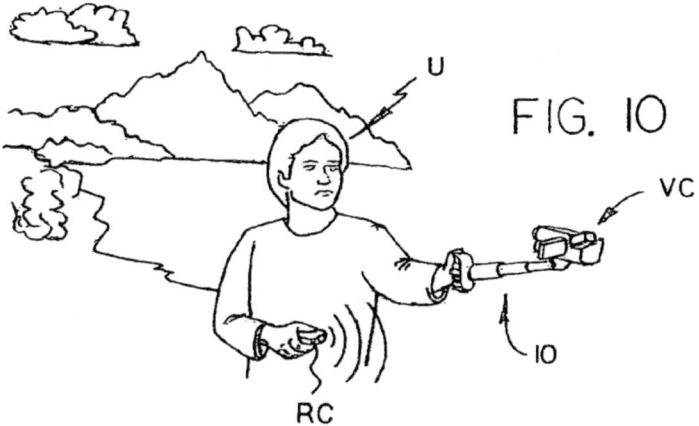

Wayne G. Fromm: Patentanzeige des Quik-Pod, 2010.

In Istanbul, in der Nähe des Goldenen Horns, liegt der Vergnügungspark Miniatürk. Seit seiner Eröffnung im Jahr 2003 werden dort auf 15 000 Quadratmetern unter anderem der Topkapi-Palast, die Hagia Sophia und der Atatürk-Flughafen gezeigt, die Große Moschee von Bursa und der Tempel der Artemis – alle in Miniaturausgabe. 135 Modelle, jedes im Verhältnis von 1 zu 25 zum Original, bieten „a fabulous and quick tour of Turkey", wie es auf der Website heißt. Entsprechend wuselig ist der Besuch des Parks, zu dem auch Restaurants und Cafés, Spielplätze und eine Ausstellungshalle gehören: Überall fotografieren sich die Besucher mit größtem Vergnügen vor den bekannten Gebäuden. Kameras werden weitergegeben, Familien und Reisegruppen stellen sich in Formation, lächeln geduldig und warten auf das obligatorische ‚Klick', das die eingefrorene Pose wieder erlöschen lässt: „Trottel unterwegs"[1], so nennt Christoph Henning den oder die Touristen und fasst damit die Häme zusammen, die sich regelmäßig über diesen Typus von Mensch ergießt. Doch die Abwertung ist unbegründet. Nicht nur ist der Tourismus die konsequente Folge und Bedingung der globalen Mobilität seit dem 19. Jahrhundert, er trägt auch zur Herausbildung eines individuellen Selbstverständnisses in der Massenkultur bei. Insofern ist es lohnend, nach der Art und Weise der Unterhaltung zu fragen und damit nach dem Spiel zwischen Ernst und Unernst, das den Tourismus prägt. In Miniatürk ist zu beobachten, dass das Vergnügen auch in einer spezifischen Raumerfahrung besteht. Ähnlich wie im kindlichen Spiel mit Modelleisenbahnen oder Lego-Welten trifft die reale Abbildung auf eine irreale Proportion. Ich sehe mich selbst und die Hagia Sophia in ein und derselben Größe, in ein und demselben Raum. Ohne es zu ahnen, nahm Miniatürk damit jenes

Vergnügen vorweg, das sich mit dem Selfiestick ab dem Jahr 2005 popularisieren sollte.

Dinge auf Reisen

Die Touristen, die ihren Selfiestick in der Umhängetasche mit sich tragen, sind keine Reisenden. Ein Reisender war ein Solitär, ein einzelner Reisender und meistens männlich: Er kommt aus einer Zeit zwischen dem 16. und dem 18. Jahrhundert, als die Pilgerfahrt des Spätmittelalters von der Bildungsreise abgelöst wurde. Mit der sogenannten Grand Tour, so schreibt es der Ethnologe Justin Stagl verbanden sich erstmals und offensiv „Mobilität und Neugier"[2]: Humanismus, Renaissance und Aufklärung wurden durch diesen Erkundungsdrang geprägt, der gleichermaßen als Feigenblatt für Ausbeutung und Gewalt in den Kolonien diente: „Diese Weltsicht hatte mit dem europäischen Ausgriff auf den Rest der Erde zu tun."[3] Entsprechend brachten die Reisenden fremde Dinge mit nach Hause. In Europa entstanden in dieser Zeit die ersten Sammlungen, die sich aus einer Mischung von kolonialem Handel, feudalem Machtanspruch und naturwissenschaftlicher Forschung speisten, wie der Kulturwissenschaftler Philipp Blom in seiner materialreichen Studie über das Sammeln der Dinge zeigt:

> „Ole Worm in Dänemark, die Universitäten Leiden und Oxford, die Sammlungen der Stadt Basel und Pierre Borel in Paris – sie alle nahmen teil an diesem Ideenaustausch und an der Jagd nach Objekten, die seltsam waren, oder kostbar, oder unbekannt, von bizarren Holzformationen bis hin zu exotischen Früchten, Nautilusmuscheln und Extremitäten von fremden Tieren, von Meerjungfrauen und vorzeitigen Drachen."[4]

Aber nicht nur *naturalia, arteficialia* und *curiosita* wurden gekauft oder gestohlen, um in Europa die feudalen Sammlungen und Kuriositätenkabinette zu füllen, sondern auch Zeichnungen und Reiseberichte wurden mit nach Hause gebracht. Sie bildeten die Grundlage für eine neue Art des Reisens, die sich schrittweise aus den Bildungsreisen des Adels und später auch des gehobenen Bürgertums entwickelte. Denn jene teils illustrierten Aufzeichnungen, die sich ab Mitte des 19. Jahrhunderts zu Fotos und Reiseführern wandelten, boten dem Reisenden nunmehr die Möglichkeit, sich selbst ins Zentrum der Erlebnisse zu stellen.

Welche Schriften von Reiseschriftstellerinnen und Autoren des 19. und 20. Jahrhunderts man auch aufschlägt – Mary Wortley Montagu, Wilfred Thesiger, Karl May oder Bruce Chatwin –, alle nehmen ihre Leserinnen mit auf eine Entdeckungstour, die immer auch eine Reise zum eigenen Ich ist. Als Robert Byron 1927 zum zweiten Mal die Mönchsrepublik des heiligen Berg Athos besuchte, um dort als einer der wenigen Ungläubigen Schätze der byzantinischen Kultur zu sehen, galt seine Begeisterung nicht nur den Ikonen, sondern einer körperlich genauestens ausgeloteten Erfahrung des eigenen Selbst:

> „Um acht Uhr morgens trafen die Sonnenstrahlen die Türen des gegenüberliegenden Schranks mit einer Verheißung, die die Nerven erzittern und die Luft in die Tiefen des Körpers eindringen ließ. Über dem Bett tanzten die Fransen des Vorhangs im Rhythmus meines Herzklopfens. Denn der Tag meiner Abreise war angebrochen, oder vielmehr der Tag meiner Rückkehr."[5]

Byron kam nicht ohne Ausrüstung auf den Berg Athos: Er hatte lederne Satteltaschen für die Wegstrecken auf den Mauleseln bei sich, Konservendosen voll Hühnchen in Aspik und mehrere maßgeschneiderte Anzüge – im Gepäck außerdem ein Fotoapparat, den der mitgereiste Freund und Archäologe bediente. Die Aufnahmen in den 20 Klöstern dauerten regelmäßig mehrere Tage, die dazugehörigen Fotoplatten wurden auf der Rundreise immer wieder zwischengelagert, weil ihr Transport naturgemäß unpraktisch war. Zumindest das ist heute anders.

Während die Bildungsreise ihren Zielpunkt noch vorrangig in der Akkumulation gelehrten Wissens hatte, stellt die touristische Reise unumwunden die Erfahrung des Einzelnen in den Mittelpunkt. Gerade die Individualisierung der Erlebnisse bietet dabei den Anschluss für die Vielen, die andere aber doch immer ähnliche Reiseerfahrungen machen und jeweils unterschiedlich aber doch immer ähnlich in Text und Bild prozessieren: in Postkarten und Fotoalben, in WhatsApp-Nachrichten und Selfies. „Stilistische Pluralisierung versus überregionale Vereinheitlichung"[6], nennt Gerhard Schulze diese Entwicklung, in der die fortschreitende Ausdifferenzierung des Selbstausdrucks vor, während und nach einer Reise in keinem Widerspruch zur globalen Massenkultur des Tourismus steht.

So beginnt die weitverzweigte Geschichte des Tourismus etwa im Jahr 1840. In dieser Zeit bot Thomas Cook im Süden Englands erste organisierte Reisen an und der Kartograph George Bradshaw veröffentlichte seinen *Bradshaw's Railway Companion,* eine Übersicht über Zugverbindungen weltweit – und wurde damit zur heimlichen Hauptfigur in Jules Vernes Roman *Reise um die Erde in 80 Tagen* von 1873. Vor allem aber präsentierte der Pionier der Fotografie Louis Daguerre in Frankreich eine Frühform der Kamera. Die Kombination aus medialem Blick, kommerzialisierten und standardisierten Reiseangeboten sowie einer Infrastruktur für individuelle

Mobilität legte die Grundlage für die Erfahrungen des touristischen Selbst. Daraus leitete sich wiederum die Nutzung medialer Geräte, die Ausdifferenzierung der Angebote und der weitere Ausbau der Infrastrukturen ab, was sich bis heute fortsetzt. Kaum eine kulturelle Praxis hat derart intensive Auswirkungen und ist so engmaschig vernetzt mit ökonomischen, politischen, sozialen und ökologischen Prozessen weltweit. Aus dem Prototyp des individuell Reisenden wurden ab Mitte des 19. Jahrhunderts unwiderruflich ‚die Touristen'.

Denn den einzelnen Touristen gibt es letztlich nicht (nur als abstrakte Sozialfigur der Forschung), er und sie kommen immer in der Vielzahl der Touristenhorden oder -massen zur Erscheinung. Quantität ist ebenso ihre Bedingung wie ihr Problem, – nicht erst seit Easy Jet und Airbnb. Dies zeigt eine Notiz des französischen Schriftstellers Stendhal, der 1817 die Promenaden von Florenz „von sechshundert Russen oder Engländern [verstopft]"[7] sah. Die herablassende Haltung gegenüber Touristen wandert durch die Jahrhunderte und übertrug sich von der Aristokratie auf das Bürgertum und vom Bürgertum auf das Proletariat. Ihr Ziel besteht darin, so der Soziologe Marco d'Eramo,

> „sich von der eigenen Herkunftsschicht freizuspielen durch eine Neubewertung des eigenen kulturellen Kapitals (welches darin besteht, das Gesehene wirklich zu sehen und zu verstehen) und die Abwertung der Anderen (bzw. ihres Unvermögens, wirklich zu sehen, was sie vor Augen haben, oder es vielleicht zu sehen, aber nicht zu begreifen)"[8].

Die bis heute andauernden Distinktionsspiele zwischen ‚Reisenden' und ‚Touristen' sind somit immer auch eine

Auseinandersetzung mit der Massengesellschaft, ihren Bedingungen und Konsequenzen.

Die „Ortsveränderung mit und durch den Körper"[9] wurde im Lauf des 20. Jahrhunderts noch populärer, als das einstmals Exklusive und Außergewöhnliche für immer mehr Menschen zugänglich wurde: Bezahlter Urlaub, der in Europa größtenteils im Zeitraum zwischen den beiden Weltkriegen eingeführt wurde, und die Verbreitung des Automobils nach 1945 beschleunigten diese Entwicklung. Bereits 1950 konnten 25,3 Mio. Menschen weltweit verreisen. Nur zwei Generationen später, verzeichneten die United Nations World Tourism Organisation (UNTWO) für das Jahr 2015 schon 1,18 Mrd. sogenannter Personen-Ankünfte im internationalen Reiseverkehr.[10] Von der Grand Tour junger Adeliger, die Handelsflotten und Gerichtshöfe in St. Petersburg, Büchereien und Hochschulen in London sowie Kirchen und Kunstkammern in Florenz besuchten, lässt sich somit eine Linie bis zum Campingurlaub, zur ersten Flugreise, zu *work & travel* und den Aida-Kreuzfahrten ziehen. Dabei bleibt der Erfahrungsanspruch des touristischen Selbst stabil: durch Mobilität etwas Fremdes zu erleben.

Das ist ein entscheidender Punkt: Auch und gerade für Touristen ist die Erfahrung, sich in der Fremde zu bewegen und das eigene Fremdsein zu erleben, konstituierend. Als Tourist muss ich räumliche, zeitliche und/oder normative Signale des Fremden erfahren und selbst performativ herstellen. Ähnlich wie ein Spiel, muss diese Erfahrung einen Anfang und ein Ende haben, damit sie erzählbar wird. Schließlich will jeder und jede davon berichten, wie sie von zu Hause aufgebrochen sind („Schon der Weg zum Flughafen war ein Abenteuer!"), was sie in der Fremde erlebt haben („eine faszinierende Kultur") und wie die Reise endete („gut, wieder zu Hause zu sein"). Die Populäre Kultur benötigt einen

„Mitteilungskern"[11], an dem ihre Akteure teilhaben: so auch die Touristen, die von sich selbst erzählen, indem sie von ihrem Umgang mit dem nie ganz Fremden berichten.

So ist die Hagia Sophia in Miniatürk auch nicht für diejenigen gemacht, die die Geschichte dieser byzantinischen Kirche entdecken wollen. Sie richtet sich an diejenigen, die die Hagia Sophia bereits kennen und in ihrem Wiedererkennen bekräftigt werden wollen. „Daher ist der Erfahrung, die in der Unterhaltung zu machen ist, immer ein Moment von Bestätigung beigegeben"[12]. Als Tourist kenne ich die Hagia Sophia zwar ausschließlich als mediale Oberfläche, als ein Highlight im *Lonely Planet* und als „irgendwas mit Kultur". Aber ich kenne sie – so wie ich das Taj Mahal, Windsor Castle und die Niagara Fälle kenne. Nirgendwo bestätigt sich der einleitende Satz in Niklas Luhmanns Werk *Die Realität der Massenmedien* so umfassend wie hier: „Was wir über unsere Gesellschaft, ja über die Welt, in der wir leben, wissen, wissen wir durch die Massenmedien."[13]

Touristen bewegen sich in einer Welt, in der die Erfahrung von Fremdheit – verstanden als „eine von Natur aus gegebene Andersartigkeit"[14] – verschwindet. Kein Gebäude ist unbekannt, kein Weg eine Sackgasse, kein Hotelzimmer bleibt ohne Wertung. Der Schriftsteller Christian Kracht hat diese Form des Reisens in *Der gelbe Bleistift* auf ganz andere Weise beschrieben als Robert Byron knapp hundert Jahre vor ihm. Über die Insel Ko Samui im Golf von Thailand, die erst durch die Eröffnung eines Flughafens ab 1989 für den Massentourismus zugänglich gemacht wurde, schreibt er in seinem Reisebericht:

„Man kann sich in Chaweng Seidenhemden schneidern lassen mit paspelierten Elefanten darauf, handbemalte Krawatten mit dem Abbild Mutter Teresas kaufen, und aus einen Stück Teakholz gearbeitete Nachbildungen der Werke von Georgia O'Keefe. Man kann, wenn man will, mexikanisches Bier mit dem berühmten Limettenschnitz trinken, nordindisch essen, südindisch, schweizerisch und koreanisch. Es gibt Riesen-USA-Burger, Tacos, Döner Kebab, Falafel, Thai-Suppen, Sushi, südafrikanische Weine und Austern aus Chile."[15]

Touristische *destinations* nehmen die Form eines globalen Themenparks an: Von jeder Kultur ist etwas dabei. Umso wichtiger wird es, Fremdheit noch zu markieren. Selfiesticks sind aus dieser Perspektive das materielle Zeichen dafür, dass man als Besucherin vertraut und erfahren im Umgang mit dem Fremden ist. Wo immer ein Selfiestick in die Höhe ragt, ist klar, dass hier Eigenes auf Fremdes trifft (in Zeiten vor dem Smartphone übernahmen eine über den Bauch gehängte Kamera und der ausgebreitete Stadtplan diese Markierungsfunktion). Genau dafür gibt es Selfiesticks: Sie sind der Beweis dafür, dass vertraute Fremdheitserfahrungen nicht nur möglich, sondern längst populär geworden sind.

Mobile Fotos für mobile Menschen

2005 gab es noch kein iPhone, YouTube oder Instagram. „Wenn man irgendetwas von sozialen Medien verstand", so schreibt der Journalist Leo Benedictus rückblickend, „dann wusste man, dass MySpace die Zukunft gehörte"[16]. In dieser Steinzeit, vor etwa 20 Jahren, gab es allerdings schon digitale Kameras – und das seit gut zehn Jahren zu einem massenkompatiblen Preis. Die Erfindung und Patentierung des Dings, das wir heute Selfiestick nennen, ist ohne den Übergang von analoger zu digitaler Fotografie nicht zu verstehen. Erst aus der Verbindung von Massentourismus und den Unmengen von digital produzierten, reproduzierten und distribuierten Bildern entstand die Popularität des Selfiesticks.

Dieser Zusammenhang ist schon an seinem Vorgängerprodukt, dem Monopod, abzulesen. 1985 erfanden die Japaner Hiroshi Ueda und Yujiro Mimo ein „Telescopic Extender for Supporting Compact Camera"[17], wie es in der Patenschrift Nr. 4,530,580 heißt. Angestellt bei der Firma Minolta hatten Ueda und Mimo den Markt der Kompaktkameras im Blick und verknüpften ihr Patent mit einer klaren Funktion: Das Ziel war es, sich leichter selbst fotografieren zu können. Der Monopod sollte das Kamerastativ, den Tripod, überflüssig machen, wie in der Beschreibung der Erfindung nachzulesen ist: „Gegenstand der vorliegenden Erfindung ist die Bereitstellung einer neuartigen Kamerahalterung zur Verwendung für die Selbstfotografie."[18] Kompakt sollte der Monopod sein und leicht zu bedienen. Er bestand aus einer Teleskopstange mit Griff und wurde an die Stativöffnung der Kamera geschraubt. Über ein Verbindungskabel konnte der Auslöser mechanisch betätigt werden; zudem wurde am verlängerten Arm des Monopod ein Spiegel angebracht, der es möglich machte, das Selbstporträt auszurichten.

Der Monopod war eine Erfindung des anbrechenden Zeitalters mobiler Endgeräte. Nicht zufällig kam das Ding aus Japan, dem Land von Canon, Nikon, Minolta, Sony und Fuji. Gleichzeitig erlebte das Land in den 1980er Jahren „ein Jahrzehnt der Freizeitindustrie", in dem sich innerasiatischer Tourismus, ein Entwicklungsboom bei Themenparks und die Videospielindustrie gegenseitig verstärkten, wie die Soziologin Ute Hoffmann gezeigt hat.[19] Flankiert wurden die privatwirtschaftlichen Innovationen durch ein politisches Rahmenprogramm – den sogenannten 10-Million-Plan, mit dem die Regierung ab 1987 das Ziel verfolgte „die jährliche Zahl der japanischen Touristen, die ins Ausland reisen, in den nächsten fünf Jahren von 5 520 000 auf 10 000 000 zu verdoppeln"[20]. Von dieser *privat-public-partnership* dürfte auch Hiroshi Ueda profitiert haben, der seine Idee für den Monopod selbst aus der Perspektive eines Touristen beschrieb: „Immer, wenn ich nach Übersee reiste, nahm ich meine Kamera mit und machte jede Menge Fotos."[21]

Nicht nur für den asiatischen Raum lässt sich nachzuvollziehen, ab wann eine qualitative Steigerung vom Tourismus zum Massentourismus eingesetzt hat. Die Zahlen der World Tourism Organisation weisen einen Sprung um das Jahr 1980 nach:

> „In den zehn Jahren von 1980 bis 1990 stiegen die Einkünfte aus dem internationalen Tourismus um 9,2 Prozent pro Jahr an, weit höher als die Wachstumsrate des Welthandels insgesamt."[22]

Mit knapp 1,3 Mrd. Reiseankünften war im Jahr 2015 etwa jeder siebte Mensch auf der Erde regelmäßig unterwegs, um irgendwo etwas anderes zu machen, als zu Hause zu arbeiten. Die Branche rechnete damals mit einer weiterhin hohen Nachfrage und sicherlich nicht mit einer Pandemie, durch die internationale touristische Ankünfte auf knapp 400 Mio. Personen im Jahr 2020 sanken: Die UNWTO stellte für das Jahr einen Rückgang von −74 % im internationalen Reiseverkehr fest, im Unterschied zu −4 % nach der Weltwirtschaftskrise 2008/2009.[23]

Doch gerade in Zeiten, in denen Reisen und Urlaub problematisch werden, zeigt sich die historisch gewachsene Logik des touristischen Selbst. So stellte der britische Soziologe John Urry fest: „Es ist ein wesentlicher Bestandteil des modernen Lebens, das Gefühl zu haben, dass Reisen und Urlaub notwendig sind."[24] Diese unglaubliche, aber in ihrer Entwicklung auch faszinierende Verschwendung von Zeit und Geld des Einzelnen und den ökologischen Ressourcen Aller, muss entsprechend dokumentiert, legitimiert und ausgewertet werden. Was Naturalia und Zeichnungen für die Bildungsreisenden waren, sind Souvenirs und Fotos seit Beginn des modernen Tourismus: Vor allem Fotos in jeglicher materiellen Form fungieren als „die entscheidende Ergänzung des Selbst", weil dadurch „die autobiographische Erzählung der Reise ins Bildhafte [fortgesetzt]"[25] wird, wie der Kulturwissenschaftler Reinhard Bachleitner festhält.

An Fotos herrschte seit den 1980er Jahren und der Erfindung digitaler Fotografie kein Mangel mehr. Die Massenkultur, so formuliert es Hannelore Bublitz, „etabliert eine Kulturökonomie, in deren Zentrum die Ästhetik der Bilder und deren technische Vervielfältigung steht"[26]. Entsprechend wahnwitzig, aber nicht unrealistisch muten die Zahlen an, die 2013 von einem Senior Researcher aus dem Umfeld von Facebook veröffentlicht wurden. Dort heißt es für das Netzwerk, „mehr als 350 Millionen Fotos werden durchschnittlich jeden Tag hochgeladen"[27]. Mit diesen Zahlen ergäbe sich ein astronomischer Bildbestand, der bei Facebook in die Billionen geht. Für die sozialen Netzwerke insgesamt gehen Schätzungen für das Jahr 2014 von täglich 1,8 Mrd. hochgeladenen Fotos aus.[28] Von den 1,43 Billionen Fotos, die 2020 weltweit gemacht worden sein sollen, wurden über 90 % von einem Smartphone aufgenommen,[29] der Markt für digitale Kameras ist rückläufig. Beinahe unnötig zu erwähnen, dass sich die Zahl der Mobilfunkverträge wie auch der Internetnutzung in den letzten 20 Jahren vervielfacht hat:

> „Angesichts der enormen Verbreitung kann schnell übersehen werden, wie neu die Vernetzung in diesem Bereich

ist: 1988 waren lediglich acht Staaten mit dem Internet verbunden, im Jahr 1993 waren es 55 und 1995 zum ersten Mal mehr als die Hälfte aller Staaten (115). Erst seit Beginn dieses Jahrtausends sind alle Staaten mit dem Internet verbunden."[30]

Die Verbindung von mobilen Menschen und mobilen Daten hat den Boden für die Popularität des Selfiesticks bereitet. Sein Erfinder, der Kanadier Wayne Fromm, hat kaum etwas an der Idee des Monopods geändert. In seiner Patentanzeige aus dem Jahr 2005 findet sich eine schematische Grafik zur Erläuterung der Nutzung des Geräts. Man sieht eine Figur, die sich vor einer skizzierten Landschaft selbst fotografiert, Wolken beschatten ein Seepanorama mit Bergen. Die Figur hält in der linken Hand den sogenannten Quik Pod, an dessen Ende eine Digitalkamera montiert ist (zu erkennen an dem schwenkbaren Bildschirm), in der rechten Hand löst eine Fernbedienung das gewünschte Foto aus. Mit Fromms Erfindung, so heißt es in der Patentanzeige, solle es möglich werden, „den Kamerabenutzer und alles andere, was er auf dem Bild haben möchte, miteinzubeziehen."[31] Bis heute ist es das erklärte Ziel und Prinzip des Selfiesticks: Nicht nur sich selbst zu fotografieren, sondern sich selbst als Teil des öffentlichen Raums medial sichtbar zu machen.

Aber Wayne Fromm, der in den folgenden Jahren einen vergeblichen Kampf gegen Raubkopien, Billigvarianten und Fälschungen seines Quik Pod führte, sah auch die Notwendigkeit, sich im Gedränge des Massentourismus Platz zu verschaffen. Seine Erfindung sei dafür da, so die Patentanzeige, „ein Ereignis zu erfassen, das durch eine Menschenmenge oder Ähnliches blockiert wird"[32]. Die Kombination aus zu vielen Touristen vor zu vielen historischen Sehenswürdigkeiten (in Venedig zum Beispiel) mit zu wenig Zeit (für das Aufbauen des Kamerastativs) und zu wenig Platz (auf der Rialtobrücke) machte dieses überflüssige Ding plötzlich zwingend notwendig.

Entsprechend gibt es heute Selfiesticks in allen Preisvarianten mit vielfältigen technischen Erweiterungen und Accessoires – nicht nur für Touristen, sondern auch für „Haustierbesitzer, Hausfrauen, Bodybuilder, Fotografen"[33], wie ein Marktforschungsinstitut festzustellen meinte. Der asiatische Kontinent ist dabei das am schnellsten wachsende Absatzgebiet für den weltweiten Markt an Selfie-Accessoires. Für 2017 wurde sein Wert auf knapp 700 Mio. US-Dollar geschätzt, mit einem Entwicklungspotential von über 2 Mrd. US-Dollar bis ins Jahr 2025,[34] das allerdings aufgrund der Pandemie wohl nicht erreicht werden wird.

Doch wer auch immer und wo auch immer welches Modell aus welchem Grund nutzt: Alle Selfiesticks beruhen auf demselben Funktionsprinzip und Material; sie bestehen aus einer Teleskopstange mit Handkordel und rutschfestem Griff, an deren Ende ein Schraub- oder Klemmelement die Digitalkamera bzw. das Smartphone befestigen lässt. Ausgelöst wird das Foto meistens über ein digitales Funkverfahren, ansonsten wurden oder werden verkabelte Lösungen angeboten. Der integrierte Bildschirm heutiger Kameras macht den Spiegel, den Ueda und Mimo ihrem Monopod hinzufügten, überflüssig. Eine Teleskopstange von maximal einem Meter sowie ein automatischer Schwenkkopf für die Kamera ermöglichen unterschiedliche Perspektiven bis hin zur Halbtotalen.

Was in Miniatürk also durch die Verkleinerung der Gebäude funktioniert, ist auch mit dem Selfiestick durch die Vergrößerung des medialen Blickwinkels möglich: Der fotografierende Mensch und die fotografierten Sehenswürdigkeiten werden in ein neues Verhältnis gesetzt, das Maß ihrer Beziehung ändert sich gleichsam. Damit wird auch deutlich, dass der Selfiestick etwas anderes ermöglich als das Selfie. Natürlich kann der Stick auch für die Produktion von Selfies genutzt werden – aber auch für viele weitere Bildtypen. Seine Teleskopstange wird bei der Selbstaufzeichnung von Extremsportarten genutzt oder setzt Gruppen ins Bild, wenn sie sich nicht gerade an Orten befinden, wo die Nutzung mittlerweile verboten ist. Doch auch hier zeigt die Materialität des Selfiesticks deutlich an, dass es bei diesem Ding um Raumgrößen und Blickperspektiven geht.

Vertraute fremde Räume

Boris Groys hat in seinem Aufsatz „Die Stadt im Zeitalter ihrer touristischen Reproduzierbarkeit" darauf hingewiesen, dass „der touristische Blick alles, worauf er gerichtet ist [romantisiert, monumentalisiert und verewigt]"[35]. Jedes Foto in einem Album, jede Reisereportage und jeder Reiseführer, jede Filmkulisse und jede Instagram-Story aus Istanbul, Rom oder New York verwandeln „das Vorläufige ins Endgültige, das Zeitliche ins Ewige, das Vergängliche ins Monumentale"[36]. Ähnlich wie Starfiguren (siehe „Ein Skalp") ziehen touristische Sehenswürdigkeiten die Vielzahl der medialen Blicke auf sich und werden durch die Blicke aller zu jenen touristischen Orten, Gebäuden oder Landschaften gemacht, die man gesehen haben muss.

Doch anders als bei Starfiguren ist das Kennzeichen touristischer Sehenswürdigkeiten nicht ihre Leistung, sondern ihre Geschichtlichkeit. Monumental sind Gebäude, Landschaften oder städtische Ensembles nicht nur aufgrund ihrer tatsächlichen Größe, sondern vor allem auch aufgrund der ihnen zugeschriebenen Historizität. Als Beleg hierfür erlangen Sehenswürdigkeiten Bedeutung, deshalb sind sie des Sehens würdig: Ah, der

Circus Maximus (Brot und Spiele), die Akropolis (Wiege der europäischen Zivilisation), der Reichstag in Berlin (Nationalstaat). Wie sind Selfiesticks in dieses Dreiecksverhältnis zwischen dem Selbst, dem touristischen Blick und der historischen Sehenswürdigkeit eingebunden? Sie entstehen, wie gezeigt, zu einer Zeit des etablierten Massentourismus, in dem das Fremde nicht mehr durch „Angst" vorstrukturiert ist.[37] Niemand fürchtet sich mehr vor der schieren Größe der Hagia Sophia oder der in ihr sedimentierten Geschichtlichkeit. Fungieren Selfiesticks deshalb lediglich als „Zubehör [...] des Phänomens der Selbstinszenierung"[38], wie der Medienwissenschaftler Christian Stiegler behauptet?

In diesem Falle wäre der Selfiestick nichts anderes als eine weitere Möglichkeit, die spezifische Bildproduktion digitaler Medien, in der Aufnahme- und Abbildungsmedium verbunden sind, fortzuschreiben. Die Ästhetik der frontalen Selbstadressierung, die durch das Selfie zum Sinnbild einer scheinbar ununterbrochenen Selbstinszenierung in der Kultur der Spätmoderne geworden ist, würde durch den Selfiestick keine neuen Qualitäten erfahren, allenfalls eine „Professionalisierung des Aufnahmevorgangs"[39] garantieren.

Doch Selfiesticks sind näher an den Dingen: Nicht nur deshalb, weil sie in ihrer sperrigen Materialität auffallen, um damit Fremdheit zu markieren, sondern vor allem, weil sich durch dieses Ding die fotografierte Person und ihre Umwelt in eine gleichwertige Beziehung setzen. Es geht beim Selfie Stick nicht (nur) um eine automediale Selbstinszenierung vor den Sehenswürdigkeiten der Welt, es geht um ein buchstäblich handhabbares Maß im Verhältnis zur Geschichte.

Roland Barthes hat für jene Form der Nähebeziehung den Begriff der Proxemie verwendet. Das Wort bedeutet für ihn, „den sehr begrenzten Raum [...], der das Subjekt unmittelbar umgibt: Raum des vertrauten Blicks, der Objekte, die man mit dem Arm erreichen kann, ohne sich sonst zu bewegen"[40]. Mit dem Selfiestick verdoppelt sich die Armlänge zur Armspanne. Doch auch hier geht es um einen vertrauten Raum, der durch den eigenen Körper bestimmt wird. Der Stick spannt sich im Rahmen der eigenen Augen-Hand-Koordination auf und auch wenn der mediale Blick weit über die körpernahe Umgebung hinausweist, der fremde Raum (voll monumentaler Geschichte vielleicht) wird vertraut gemacht. Selfiesticks machen das touristische Selbst zu einem gleichberechtigten Körper unter anderen Körpern.

Schließlich bedeutet jede Zunahme des Tourismus „auch eine zunehmende Geschwindigkeit der Monumentalisierung"[41]. Jedes Foto produziert Geschichte: Während der Massentourismus also immer schneller und immer mehr die materiell sichtbare Seite von Geschichte produziert (in Form von ewigen Sehenswürdigkeiten), potenziert diese Menge an Sehenswürdigkeiten den Massentourismus. Zwischen all der Masse an Geschichte und all der Masse an Touristen ragt prominent ein Selfiestick hervor. Er zeigt das Maß des Menschen an – eine Armspanne weit. Vor allem aber schafft dieses Ding eine weitere Art des doppeldeutigen Vergnügens, in der Welt zu sein: als ein massentouristisches Selbst, dessen Kennzeichen es ist, mit dem Fremden einen vertrauten Raum zu teilen.

Anmerkungen

1. Christoph Henning zit. n. Bachleitner, Reinhard: Der Tourist. In: Moebius, Stephan/Schroer, Markus (Hg.): *Diven, Hacker, Spekulanten. Sozialfiguren der Gegenwart*. Berlin 2010, S. 433.
2. Stagl, Justin: *Eine Geschichte der Neugier. Die Kunst des Reisens 1550–1800*. Wien/Köln/Weimar 2002, S. 73.

3. Ebd., S. 124.
4. Blom, Philipp: *Sammelwunder, Sammelwahn. Szenen aus der Geschichte einer Leidenschaft.* Berlin 2004, S. 42.
5. Byron, Robert: *Der Berg Athos. Reise nach Griechenland.* Berlin 2020, S. 22.
6. Schulze, Gerhard: *Die Erlebnisgesellschaft: Kultursoziologie der Gegenwart.* Frankfurt a. M. 1993, S. 162.
7. Stendhal zit. n. D'Eramo, Marco: *Die Welt im Selfie. Eine Besichtigung des touristischen Zeitalters.* Berlin 2018, S. 24.
8. Ebd.
9. Bachleitner, Reinhard: a. a. O., S. 430.
10. Siehe UNTWO: Global and regional tourism performance. A compilation of data on outbound tourism by country, including data on international tourism expenditure and outbound trips, https://www.unwto.org/global-and-regional-tourism-performance (31.03.21).
11. Hügel, Hans-Otto: *Lob des Mainstreams. Zu Begriff und Geschichte von Unterhaltung und Populärer Kultur.* Köln 2007, S. 21.
12. Ebd., S. 24.
13. Luhmann, Niklas: *Die Realität der Massenmedien.* Opladen 1996, S. 9.
14. Stagl, Justin: Grade der Fremdheit. In: Münkler, Herfried, unter Mitarbeit von Bernd Ladwig (Hg.): *Furcht und Faszination. Facetten der Fremdheit.* Berlin 1997, S. 88.
15. Kracht, Christian: *Der gelbe Bleistift.* München 2005, S. 141 f.
16. Benedictus, Leo: Is this man responsible for inventing the selfie stick? In: *The Guardian*, 11.01.2015, https://www.theguardian.com/technology/shortcuts/2015/

jan/11/meet-the-man-who-invented-the-selfie-stick (31.03.2021).
17. United States Patent: Patent Number 4,530,580, https://patentimages.storage.googleapis.com/cb/a4/b7/caf0a4f8fbf909/US4530580.pdf (31.03.2021).
18. Ebd.
19. Hoffmann, Ute: *Themenparks re-made in Japan. Ein Reisebericht.* Berlin 2002, S. 39.
20. Burns, Peter M.: Japan's Ten Million Program: the Paradox of Statistical Success. In: *Progress in Tourism and Hospitality Research* 2/2 (1996), S. 187.
21. Vibeke Venema: How the selfie stick was invented twice. In: *BBC World Service*, 19.05.2015, https://www.bbc.com/news/magazine-32336808 (31.03.21).
22. Siehe D'Eramo, Marco: a. a. O., S. 26.
23. Siehe UNTWO: 2020: A year in review. COVID-19 and Tourism. Tourism in Pre-Pandemic Times, https://www.unwto.org/covid-19-and-tourism-2020 (31.03.21).
24. Urry, John: *The tourist gaze: Leisure and Travel in Contemporary Societies.* London 2002, S. 5.
25. Bachleitner, Reinhard: a. a. O., S. 432.
26. Bublitz, Hannelore: *In der Zerstreuung organisiert. Paradoxien und Phantasmen der Massenkultur.* Bielefeld 2005, S. 105.
27. Demirel, Firat: A Focus on Efficiency, 17.09.2013, https://de.slideshare.net/FiratDemirel/facebook-ericsson-rapor (31.03.21).
28. Siehe Statista: Anzahl der täglich über soziale Netzwerke und Apps wie Facebook, Instagram und Snapchat verbreiteten Fotos in den Jahren 2008 bis 2014, https://de.statista.com/statistik/daten/studie/312172/umfrage/taeglich-von-internetnutzern-hochgeladene-und-geteilte-fotos/ (31.03.21).

29. Mylio: How Many Photos Will Be Taken in 2020? https://focus.mylio.com/tech-today/how-many-photos-will-be-taken-in-2020 (31.03.21).
30. Bundeszentrale für Politische Bildung: Informations- und Kommunikationstechnologie, 03.04.2017, https://www.bpb.de/nachschlagen/zahlen-und-fakten/globalisierung/52518/information-und-kommunikation (31.03.21).
31. United States Patent: Patent No.: US 7.684,694 B2, https://patentimages.storage.googleapis.com/78/e3/54/c9eb21bf4a151a/US7684694.pdf (31.03.21).
32. Ebd.
33. IssueWire: Selfie Stick Market 2019 Size, Share, Revenue, Growth, Regional Demand, Sales and 2025 Forecast, https://www.issuewire.com/selfie-stick-market-2019-size-share-revenue-growth-regional-demand-sales-and-2025-forecast-1624262515990667 (31.03.21).
34. Siehe Persistence Market Research: Increasing use of social networking sites and growth in the travel and tourism business is propelling the global market for selfie accessories, https://www.persistencemarketresearch.com/market-research/selfie-accessories-market.asp (31.03.21).
35. Groys, Boris: Die Stadt im Zeitalter ihrer touristischen Reproduzierbarkeit. In: *Osteuropa* 53/9–10 (2003), S. 1380.
36. Ebd.
37. Bachleitner, Reinhard: a. a. O., S. 425.
38. Stiegler, Christian: Selfies und Selfie Sticks. Automedialität des digitalen Selbstmanagements. In: Ders./Breitenbach, Patrick/Zorbach, Thomas (Hg.): *New Media Culture: Neue Phänomene der Netzkultur.* Bielefeld 2015, S. 77.

39. Ebd., S. 76.
40. Barthes, Roland: *Wie zusammen leben. Simulationen einiger alltäglicher Räume im Roman.* Frankfurt a. M. 2007, S. 185.
41. Groys, Boris: a. a. O., S. 1380.

2016. Pokémon GO
Digitale Dinge

Pokémon GO Party in Chicago, 2019.

Im Sommer 2016 kam es an vielen Orten überall auf der Welt zu überraschenden Versammlungen von Menschen und Dingen. Man sah Kinder und Jugendliche, Männer und Frauen, die sich auf öffentlichen Plätzen trafen: Pizza, Bier und Coca Cola inklusive. In der Hand hielten sie ihr Smartphone, im Blick hatten sie „Pokémon GO". Das Spiel des Unternehmens Niantic hatte es in die Städte und in alle Medien geschafft:

> „*Pokémon Go* war ein Trendphänomen, das zumindest bei den deutschen Google-Suchanfragen mit einem Vierjahres-ereignis wie der Fußballeuropameisterschaft konkurrieren kann."[1]

Es wurde vor ihm gewarnt (Sicherheit), es wurde kritisiert (Kommerz), es wurde für passé erklärt (Mode) und nicht zuletzt als ein „hochgradig komplexes Spiel" für sein Aktivierungspotenzial gefeiert:

> „So kann eine nachhaltige und regelmäßige Nutzung der App nicht nur die körperliche Aktivität, sondern auch die psychische Gesundheit, das soziale Kapital und die sozialen Interaktionen in diesen Schlüsselgruppen verbessern."[2]

Darüber wurde allerdings die Frage aus dem Blick verloren, warum gerade mit Pokémon GO die Verbindung zwischen virtueller und materieller Realität zum ersten Mal glückte – und nicht etwa mit früheren Versuchen, wie dem von Niantic 2013 veröffentlichtem Spiel „Ingress", das dem gleichen Grundprinzip folgte und auch technologisch einen Prototypen darstellte. Viel entscheidender als die moralische Bewertung des Spiels ist deshalb ein Blick auf dessen Dinglichkeit: „Das Medium der Objektivierung zählt"[3], wie der Anthropologe Daniel Miller in seiner grundlegenden Arbeit *Material Culture and Mass Consumption* schreibt. Es macht einen Unterschied, welches Material und welche Ästhetik zum Anlass für massenwirksame Subjekt-Objekt-Beziehungen werden. Dieser Überzeugung bin ich in meinem Nachdenken über Populäre Dinge gefolgt – so auch hier: Wie tritt Pokémon GO als Ding auf und wie wird es in Gebrauch genommen?

Die Frage nach der Materialität virtueller Dinge ist im Laufe der letzten Jahre immer vehementer gestellt worden. Denn die umfassende Digitalisierung der Lebenswelten bewirkt nicht nur eine Irrealisierung der greifbaren, materiellen Wirklichkeit, sondern arbeitet im selben Maße an der Realisation des Virtuellen: „Die sogenannten virtuellen Welten, so phantastisch sie auch hier und da ausfallen mögen", schreibt die Ethnologin Gertraud Koch, „sind ohne das Materielle nicht zu denken"[4]. Für Pokémon GO heißt das: Die hier auftretenden Pokémon sind vor allem hochkomplexe technische Gegenstände. Ihre Qualität besteht in ihrer Wandlungsfähigkeit, oder – um mit dem Philosophen und Anthropologen Helmuth Plessner zu sprechen – in ihrer „beliebigen Erweiterungsfähigkeit und Umbildungsfähigkeit"[5]. Technische Dinge, das verstand Plessner bereits in den 1930er Jahren, evozieren eine „Endlosigkeit des Raumes und der Zeit"[6], nicht nur weil sie die grundlegenden körperlichen Beschränkungen des Menschen transzendieren, sondern auch deshalb, weil sie ebenso endlos transformierbar sind.

In diesem Sinne besteht die Dinglichkeit von Pokémon GO zum einen in seinen sich immer wieder reproduzierenden und dabei variierenden digitalen und analogen Möglichkeitsformen. Ob als Glumanda, Fukano oder Rattikarl: Pokémon sind auf eine Vielzahl hin angelegt. Entwickelt von dem japanischen Sammelkarten- und Videospielunternehmen Nintendo gibt es Pokémon seit 1996; zuerst für den Gameboy, dann als

Spielkarten. Analog zu der technischen Entwicklung ihrer Spielekonsolen, legt Nintendo kontinuierlich neue Generationen an Videospielen und Sammelkarten-Editionen auf. Edition Schwarz und Weiß, Diamant- und Platin-Edition, Pokémon X für den Nintendo 3DS, Pokémon Sonne und Mond – insgesamt knapp 120 Spiele und Spielvarianten. Im Jahr 2021 listet das Pokéwiki 655 verschiedene Figuren für Pokémon GO auf,[7] während der Online-Händler Cardmarket über 13 500 analoge Pokémonkarten zum Verkauf anbietet.[8] Die Pokémon Company selbst bezifferte den Versand von Sammelkarten im Jahr 2020 auf 30,4 Mrd. Stück.[9]

Zum anderen besteht die stoffliche Qualität der Pokémon in ihrem Aufforderungscharakter. Denn es ist die Praxis des Spielens, die den Umgang mit dem Material initiiert und katalysiert. Wie spiele ich: alleine oder in Gruppen, mit oder gegen andere? Welche Praktiken ermöglicht mir Pokémon GO, welche verhindert es? Welchen Regeln folgt das Spiel und welchen Regeln folgen die Spielerinnen?

Endlose Spiele

Die Spielenden folgen den Dingen – im buchstäblichen Sinn. Dabei sind es virtuelle Pokémon-Figuren, die zwar nicht als Regeln, aber doch als Spielanlass dienen. Sie gilt es zu suchen, zu fangen, zu trainieren und in die Kampfarena zu schicken. Dafür muss man sich in der realen Realität der eigenen Umgebung auf die virtuelle Realität der Pokémon einlassen. Pokémon visualisieren sich auf dem eigenen Smartphone als computergeneriertes Hintergrundbild oder im Modus der Augmented Reality (AR), indem das Kamerabild des Smartphones durch AR-Applikationen überlagert wird: „Die realen Objekte sind die Umgebung, die von der Kamera erfasst wird, während die virtuellen Objekte, die von POKÉMON GO erzeugt werden, die Pokémon sind."[10] Anders als bei einem analogen Spiel geben also das Interface und die Spielmechanik die Regeln vor: So durfte man etwa bei der Einführung von Pokémon GO die gesammelten Pokémon nicht untereinander tauschen, weil es technisch noch nicht möglich war – etwas, das im Update 2017 geändert wurde: Die Regeln wurden also an die Praxis der Spielenden angepasst. Auch die sogenannte Tempobeschränkung ist eine klassische Spielregel im technischen Gewand. Ziel des Spiels ist es, Pokémon durch die eigene physische Bewegung zu fangen, ohne dafür Fahrzeuge wie Autos, Straßenbahnen oder den Zug zu nutzen. Da Pokémon GO keinen traditionellen Spielleiter oder Schiedsrichterinnen kennt, übernimmt ein Bewegungssensor diese Aufgabe. In den Momenten, in denen sich das Smartphone zu schnell bewegt, ab etwa 45 km/h, verschwinden die Pokémon aus der virtuellen Realität des Spiels.

Es wird auf den ersten Blick deutlich, dass die Technizität des Spiels die Praxis der Regelung und Überwachung verändert. Ein technisches System als Schiedsrichter ist unbestechlich. Während „Monopoly"-Spielerinnen immer die Möglichkeit haben, Ausnahmen zu formulieren, sich abzusprechen und gemeinsam die Bank zu betrügen, lässt sich der Bewegungssensor nicht überlisten – oder nur mit einer besonderen Expertise. Die digitale Technik verändert zwar das Spiel, aber sie verhindert es nicht.

Gleichzeitig ist zu sehen, dass sich die Eigenschaften des Spiels nicht von denjenigen unterscheiden, die der Kultursoziologe Roger Caillois schon 1958 formuliert hat. In seinem Buch *Die Spiele und die Menschen* differenziert Caillois vier Kategorien, nach denen Spiele verstanden und sortiert werden können: Zufall (Alea), Wettkampf

(Agon), Maskierung (Mimicry) und Rausch (Ilinx).[11] Viele Spiele kombinieren diese Kategorien, weisen aber dennoch Schwerpunkte auf, durch die die jeweilige Praxis des Spielens definiert und charakterisiert ist. So verbinden etwa klassische Spiele wie „Mensch ärger dich nicht" oder „Yatzy" den Zufall des Würfelspiels und den Wettkampf des Gegeneinanders, sind aber in ihrer Ausrichtung deutlich von Alea geprägt und somit nicht kommerzielle Glücksspiele.

Während diese Spiele aufgrund ihrer unterkomplexen Mechanik heute zum Kanon der Spielkultur gehören, müssen andere den Platz immer wieder räumen, den sie eben noch erfolgreich besetzten. Dies gilt vor allem für Videospiele. So spielten in den 1980er Jahren alle, die einen Atari-Computer zu Hause hatten (oder zu den Arcade-Automaten durften) „Pac-Man". Der basale Wettkampf gegen das technische System und der Rausch, der sich einstellte, sobald das nächste Level erreicht wurde, bestimmten dieses frühe Videospiel; heute hat es nur mehr museal-nostalgischen Wert. Nicht anders erging es „Monkey Island" in den 90ern. Es handelte sich um ein frühes Point-and-Click-Adventure, von dem Jan Fischer in seiner biografisch angelegten Erzählung *Ready. Wie ich mit digitalen Spielen erwachsen wurde* folgendes erinnert:

> „Es war das erste Spiel, in dem ich mich verlief. Kein Spiel, das von links nach rechts ging, kein Spiel der klaren Wege, sondern eines, in dem einem Fehler lange nachhängen konnten, in dem die Wege nicht immer eindeutig waren, in dem man stundenlang ziellos durch die Bilder wandern konnte, auf der Suche nach der Lösung des nächsten Rätsels."[12]

Mit Monkey Island und seiner Kombination aus verschachtelter Grafik und Rätselstruktur wurden die

Spielenden auf sich selbst zurückgeworfen – vielleicht eignete es sich deshalb besonders gut für Adoleszenz-Erfahrungen. Auf jeden Fall bot sich den Spielenden die Möglichkeit, Mimikry in technischem Gewand zu erleben. Als Piratennovize Guybrush Threepwood schlüpften die Spielenden in einen digitalen Avatar, der allerdings noch nicht, wie zehn Jahre darauf durch „Die Sims" popularisiert und individuell konfiguriert werden konnte. Dass heute der Großteil der Multi-Player-Spiele durch die (Selbst-)Erschaffung fiktionaler Figuren die Kategorie der Maskierung weiterleben lassen, zeugt von der Langlebigkeit der von Caillois aufgestellten Kriterien.

Bei Pokémon GO scheinen sich die vier Kategorien in etwa die Waage zu halten. Auch hier steige ich in das Spiel ein, indem ich mich selbst zu einer fiktionalen Figur mache – und Studien zeigen, dass dabei weitgehend von einer „Identität von realen und digitalen Geschlechtern"[13] ausgegangen werden kann, auch wenn ich als Mann einen weiblichen oder geschlechtsindifferenten Avatar wählen kann. Mit dieser Figur gehe ich ins Spiel oder ich ändere sie wieder; technische Spiele implementieren Kontingenz auf allen Ebenen. Zudem erweitern sie, wie durch Pokémon GO augenfällig geworden ist, das Selbst in den real-virtuellen Raum. Auch die Pokéstops, digitale Portale, an denen sich Spielelemente wie Pokébälle, Eier und andere Gegenstände finden lassen, gehorchen dem Prinzip des Mimikry, denn sie ‚verkleiden sich' sozusagen als reale Orte. Zufällig ist, wo genau sich welche Pokémons befinden, an welchen Orten sich besonders seltene und wichtige Vertreter der Spezies aufspüren lassen. Ähnlich dem Fangen aus der eigenen Kindheit muss ich auf die Suche gehen, mich viel bewegen und hoffen, den Pokémon zu erwischen – und den nächsten, und den nächsten. Das kann, muss aber nicht zum Rausch führen. Im Spielerjargon und in der Terminologie des Psychologen

Mihály Csíkszentmihályi wird dieser Zustand als *flow* bezeichnet:

> „Hat sich eine Person erst einmal in die Aktivität versenkt, verschwindet der Rest der Welt aus ihrem Bewußtsein. Die Konzentration auf das Spiel schließt irrelevante Gedanken aus und die Wahrnehmung [...] bleibt sozusagen ‚in der Schwebe'."[14]

Interessanterweise ist Agon in Pokémon GO auf eine gewisse Weise unterrepräsentiert: Natürlich werden die Pokémon gefangen und trainiert, um sie schließlich in den Wettkampf mit anderen „Fraktionen" zu schicken. Aber dieser globale Kampf bietet nur wenige Gegner auf. Zurückgehend auf die ersten Videospielfassungen am Ende der 90er Jahre, ordnet man sich als Spielerin entweder der gelben, roten oder blauen Fraktion zu: Als Teil einer solchen waren dann ab einem bestimmten Level Kämpfe gegen Mitglieder der anderen beiden Fraktionen möglich – mehr aber nicht. Darüber hinaus kämpfen die Spieler nicht selbst, sondern schicken ihre Pokémon als Stellvertreter in den Kampf, um eine Arena zu erobern oder zu verteidigen. Der Spieler wird hier temporär zum Zuschauer: Er bestimmt einen Teil der Rahmenbedingungen des Kampfes (welche Pokémon mit wie viel Wettkampf- und Kraftpunkten in die Arena steigen) – muss aber auf den Modus des Kämpfens verzichten. Hier unterscheidet sich Pokémon GO deutlich von Ingress, in dessen narrativer Struktur ein Kampf um die Welt imaginiert wird. Als Spielerin schlägt man sich hier entweder auf die grüne Seite der Erleuchteten oder auf die blaue Seite des Widerstands. Die Firma Niantic hat mit diesem Spiel die technologische Basis für die Verbindung von virtueller und realer Realität gelegt. Ingress arbeitet wie Pokémon GO mit digitalen Portalen, die über die

Geodaten von Google Maps mit realen Orten verbunden sind. An diesen Portalen treffen die beiden Parteien aufeinander und kämpfen um Einfluss und Gebiete.

Pokémon GO erscheint aus dieser Perspektive weniger kriegerisch, beinahe unschuldig. Das Spiel verlagert Agon in die individuelle Sphäre des Spielenden. Nicht gegen andere kämpfe ich bei Pokémon GO, sondern gegen mich selbst. Präziser formuliert: Ich kämpfe gegen und für mich zugleich – ich sammle.

Sammeln und Sammlung

Die Ursprünge des Pokémon-Universums liegen in der Praxis des Sammelns und der Hervorbringung einer Sammlung. Sammeln ist eine anthropologische Praxis des Individuums, die das Überleben sichert(e). Gleichzeitig ist das Anlegen einer Kollektion Ausweis repräsentativer Macht und somit in ihrer Entstehungsgeschichte an die Feudalgesellschaften gebunden. Ferdinand II. hortete im 16. Jahrhundert auf Schloss Ambras in Tirol – wie zur selben Zeit und auch nach ihm so viele Herrscher in allen Teilen Europas – Rüstungen bekannter Feldherren, orientalische Säbel, Helme und Schwerter, Kunstwerke, Naturalia, Messinstrumente und Obskuritäten wie den sogenannten Ambraser Schüttelkasten (ein Holzkasten, in dem Schlangen, Wassertiere und Drachen hausten, die durch einen Stoß zum Leben erweckt werden sollten). Die Sortierung und Kategorisierung der unterschiedlichen Objekte bezeugte die ordnende und definitorische Macht, die die Menschen über die Dingwelt und die Natur besitzen (möchten) – wie auch die pure Anwesenheit all dieser Gegenstände aus eigenen Ländern und von fremden Kontinenten die politisch-militärische Macht des Herrschers anschaulich werden ließ.

Beides aber, die anthropologische wie die repräsentative Dimension der Dinge, bleiben in ihrer Entstehung an eine Armutsgesellschaft gebunden. Wer Essbares im Wald oder die von der Lore heruntergefallenen Kohlestücke zusammenklauben muss, ist zu sehr in den Kampf ums eigene Überleben verstrickt – ebenso wie der Großteil der von feudaler Herrschaft und ihrer materiellen Repräsentation ausgeschlossenen Bevölkerung. Erst in dem Moment, in dem sich Überflussgesellschaften entwickeln, können sich auch populärkulturelle Praktiken des Sammelns und der Sammlung entwickeln. Nur wer zumindest temporär nicht an sein eigenes Überleben denken muss, findet die Muße, überflüssige Dinge zu anzuhäufen. Gerade an eher merkwürdig anmutenden Kollektionen – Kugelschreibern, Eulenfiguren, Fernsehzeitschriften – zeigt sich somit das Spezifische populärkultureller Sammlungen: Sie zeugen von der Überproduktion der Dinge, die man oftmals nur dafür herstellt, massenhaft zusammengetragen zu werden. Sammeln bedeutet hier, ein Spiel mit der Verfügbarkeit und der Unverfügbarkeit der Dinge zu beginnen.[15]

Wie bereits gezeigt, findet in der zweiten Hälfte des 20. Jahrhunderts eine Transformation der Populären Kultur in die Popkultur statt (siehe „Suppendosen"). Unterhaltung und Vergnügen, Spielkultur und mediale Technizität werden schrittweise normalisiert und als Primärbedürfnisse verstanden. Das hat Auswirkungen auf die Praxis des Sammelns. Es macht einen Unterschied, ob Ende des 19. Jahrhunderts dem Fleischextrakt der Firma Liebig Sammelbilder beigelegt waren, oder ob Anfang des 21. Jahrhunderts Pokémon-Figuren als Teil eines digitalen Spieleuniversums gesammelt werden. Während zu Liebigs Zeiten ein popularisierter Bildungsanspruch zwischen Kontemplation und Belehrung dominierte, haben sich heute Sammeln und Spielen vereint.

Denn Pokémon werden gesammelt, um sie im Spiel zu gebrauchen oder anders formuliert: Sie werden bereits auf spielerische Weise gesammelt. Dabei benötigt man weiterhin körperliche *skills:*

> „Beim Fangen von POKÉMON muss der Spieler durch Wischen mit den Fingern auf den Bildschirm zeigen, um einen Poké-Ball auf das Pokémon zu werfen, sowie das Pokémon einfangen, indem er die Kamera ausrichtet und bei Bedarf der Bewegung folgt."[16]

Befinden sich die virtuellen Dinge einmal in der Kollektion eines Spielers, dann erfüllten sie einen Zweck im Regelwerk des Spiels. Sie weisen spezifische Qualitäten auf, die sie wertvoll machen: Kampfkraft, Verteidigungsleistung, Seltenheitswert. Pokémon GO bietet also unabhängig von seinen agonalen Elementen den einzelnen Spielenden viel an, um nur für sich zu spielen. Für die Spielenden ist Umfragen zufolge „das Sammeln von Pokémon besonders wichtig"[17], und bereits in den frühen Gameboy-Versionen konnten sie digitale Pokémon tauschen, wie die Ethnologin Anne Allison es als Teil ihrer Feldforschung mit amerikanischen Kindern beschreibt:

> „Danach schließen wir unsere Gameboys an – erst Jake und ich, dann Emma und Jake – um die Taschenmonster mit dem Verbindungskabel, das wir inzwischen alle besitzen, zwischen unseren Systemen zu übertragen."[18]

Somit bildet sich erst durch die Praxis des Sammelns eine Sammlung heraus. Die weitgehend stabilen Kanones einer musealen Kollektion werden im Kontext der Popkultur allerdings zu temporären Serien. Weil Pokémon unter beschleunigten, massenmedial-ökonomisierten Bedingungen zirkulieren, sind sie keine wertvollen Objekte, sondern banale Dinge – auch und gerade in ihrer Ästhetik, die einen entscheidenden Wert ihrer Dinglichkeit ausmacht. Das zeigen schon ihr Aussehen und ihre Namen: Pokémon könnten durch eine Kreuzung aus Teletubbies und unterschiedlichen Figuren des Disney-Universums entstanden sein. Sie heißen Pikatchu, wenn sie sehr bekannt sind, oder auch Gufa, Flemmli und Pandir. Ihrer Herkunft aus der japanischen Manga-Kultur verdanken viele ihre großen Augen, andere sehen wie knallbunte Luftballontiere vom Jahrmarkt aus. Allison beschreibt diesen Aspekt der Dinglichkeit als „Geschäft mit der Niedlichkeit" und sieht Pokémon eingebettet in eine spezifische Ästhetik japanischer Popkultur, die ambivalenter auftritt als das Starsystem Hollywoods. Mittlerweile hat dieses an internationalem Einfluss gewonnen „durch die weitreichende Beeinflussung, ja sogar globale kulturelle Vorreiterrolle [...] in drei Branchen: Videospielen, Anime (Animation) und Mangas (Comics)"[19].

Pokémon sind also banale Dinge, angenehm irgendwie und wenig einschüchternd. „Ohne Banalität" aber, so der Germanist Peter Strasser, „keine Gesellschaft"[20]. Denn in den komplexen wie kontingenten Strukturen der Moderne und Spätmoderne sind explizite und symbolische Kommunikation nicht vorstellbar ohne ein hohes Maß an stereotypisierten Posen, Phrasen und Klischees. Weil über Dinge immer auch mit Menschen kommuniziert wird, ist die Verwendung banaler Dinge in einer Massengesellschaft nicht nur unvermeidbar, sie ist zwingend notwendig:

> „Konsequent pluralistische und multikulturelle Gesellschaften müssen die Erhöhung ihrer inneren Komplexität durch eine Monotonisierung ihrer Kommunikationsstile ausgleichen; und das heißt: sie müssen auch die *Formen* ihres Welt- und Selbstbezugs monotonisieren."[21]

Gufa, Flemmli und Pandir sind nicht deshalb banal, weil sie an ein kindliches oder gar dümmliches Publikum adressiert sind, sondern weil sie auf beiläufige Weise soziale Nähe herstellen sollen (siehe „Smileys/Emojis"). Wie ihre Vorläufer, die Tamagotchis, fördern sie eine sorgende Haltung gegenüber den Dingen. Ich kann meinem Pokémon einen Namen geben, so wie der Protagonist Ash im ersten Gameboy-Spiel seinen Pokémon und Freund Pikatchu taufte – nicht zufällig bis heute die bekannteste Figur aus dem Pokémon-Universum. Auch und gerade die reihenweise produzierten und massenmedial vermittelten Pokémon stiften individualisierte Kontakte und stehen zudem in Beziehung miteinander. Sie ermöglichen eine vorübergehende und dennoch zielgerichtete Vergemeinschaftung, die auf ebensolche Weise unverbindlich-temporäre Versammlungen von Menschen und Dingen initiiert. Etwas zu sammeln, bedeutet also nicht nur, die Dinge zu versammeln, sondern auch, sich mit anderen zu versammeln.

Sammeln und Versammlung

Populäre Dinge bieten die Möglichkeit, Orte der Versammlung von Menschen und Dingen zu schaffen. „Unsere Sprache nennt, was Versammlung ist, in einem alten Wort. Dies lautet: thing"[22], stellte der Philosoph Martin Heidegger fest. Dieser Sichtweise folgend, verlangen die Dinge nach einem Ort, ähnlich dem altgermanischen Ting-Platz, an dem über Sachen geredet, gestritten und geurteilt wird. Populäre Dinge schaffen solche temporären Orte für die Meinungsbildung in hochkomplexen und ausdifferenzierten Gesellschaften. Auffällig dabei ist, dass es auch im Kontext digitaler Dinge zu realen Versammlungen von realen Körpern kommt.

Denn jene Pokémon GO-Versammlungen im Sommer 2016 lagen nicht im Spiel selbst begründet. Es gab keine spielimmanente Notwendigkeit, sich an ein und demselben Ort zu versammeln; lediglich die Tatsache, dass eingesetzte ‚Lockstoffe' auch für alle anderen Spielerinnen in der Umgebung das Auftauchen von Pokémon wahrscheinlicher machten. Was sich hier öffentlich darstellte, ist die informelle Gruppierung von Menschen und ihr sichtbar werdendes Interesse für etwas. Aber für was?

Aus der Ferne betrachtet, sahen diese Ansammlungen von Menschen und Dingen manchmal wie Demonstrationen aus. Bevor Pokémon GO zum bekannten Medienereignis wurde, fragte man sich, warum diese Menschen hier und dort zusammen kamen. Eine öffentliche Versammlung stellt immer eine Frage, wie Judith Butler bemerkt: „Mit anderen Worten, Versammlungen haben schon vor und unabhängig von den spezifischen Forderungen, die sie stellen, eine Bedeutung."[23] In ihren *Anmerkungen zu einer performativen Theorie der Versammlung* schreibt die US-amerikanische Philosophin über die politischen Proteste im sogenannten Arabischen Frühling und hatte dabei sicherlich keine Pokémon-Spieler im Blick. Aber sie verweist auf die grundlegende Bedeutung der Körper, die an öffentlichen Orten jenseits aller Diskurse etwas ausdrücken, ohne zu sprechen: „Die Versammlung bedeutet etwas, das über das Gesagte hinausgeht, und dieser Bedeutungsmodus ist eine gemeinsame körperliche Inszenierung, eine plurale Form der Performativität."[24]. Dass Pokémon GO keine politische Forderung stellt, ist offensichtlich – das Spiel dient der Unterhaltung, dem Umschlag von der Quantität der digitalen Dinge in die Qualität einer individuellen Kollektion. Ganz grundsätzlich allerdings beruht das Spiel auf der Forderung, dass sich Körper versammeln und frei bewegen dürfen.

Eine Forderung, die vor allem in den Momenten evident wird, in denen diese demokratischen Voraussetzungen nicht erfüllt werden: Etwa, wenn im Westjordanland palästinensische Spieler ihre Pokémon nicht versammeln können, weil sie an reale politische Grenzen stoßen.[25]

Populäre Dinge sind banale, handhabbare Dinge, die keinen politischen Konsens erzwingen wollen oder können. An ihnen wird aber der prinzipiell vorhandene politische Raum einer demokratischen Öffentlichkeit sichtbar, „seiner Tendenz nach, ein alle Menschen und Kulturen umspannender Raum der Solidarität"[26]. Nimmt man Populäre Dinge ernst, zeigt sich an ihnen die wechselseitige Bedingtheit zwischen freiheitlichen Strukturen und nicht-exkludierender, hochgradig zugänglicher Dinglichkeit. Pokémon GO „brachte Spieler, auch völlig Fremde, mit Leichtigkeit zusammen"[27].

Die Banalität der Populären Dinge stiftet in ihrem Gebrauch soziale Beziehungen und bietet Orte zur Versammlung von Menschen und Dingen an: Subjekt-Objekt-Beziehungen unter massenkulturellen Bedingungen. An diesen Orten, physischer oder virtueller Art, helfen die Dinge beim Übergang von der Quantität der Masse und des Überflüssigen hin zur Qualität der Serie, des Originals und der individuellen Beziehung. Pokémon GO ist deshalb zum ersten Spiel geworden, das erfolgreich eine Augmented Reality behaupten konnte, weil trotz jener sich in den virtuellen Raum erweiternden Realität, die fiktive von der realen Realität unterscheidbar bleibt. Damit bleibt auch der grundsätzliche Spielcharakter von Pokémon GO zwischen Ernst und Unernst erhalten. Fiktive und reale Realität bleiben unterscheidbar, nicht nur, weil den Spielern über GPS-Daten materielle Orte und Dinge zugespielt werden, sondern vor allem deshalb, weil sich ein körperliches Wissen um die Materialität von Pokémon seit über 20 Jahre entwickelt hat. Ihr popkultureller Gebrauch ist sozusagen als eine eigene Materialität bestätigt.

Virtuelle Materialität

Es gibt nicht die eine Form, in der sich die Pokémon materialisieren. Seit ihrem ersten Erscheinen als Videospiel für den Gameboy 1996 treten sie als Elemente von Video- und Virtual-Reality-Spielen auf, wie auch in Comics, Anime- und Zeichentrickserien, als Sammelkarten, Plüschtiere und Fanartikel. Mehr als 20 000 verschiedene Einzelkarten sind weltweit auf dem Markt, jede neue mediale Version vergrößert das fiktionale Universum, jede weitere erfolgreiche Medialisierung potenziert das Franchising.[28] So entstehen strukturelle Überproduktion und plurale Dinglichkeit: Einmal ist es die Sammelkarte aus beschichtetem Papier, die wir in der Hand halten, dann das metallene Gehäuse des Smartphones oder Gameboys. Das Porzellan einer Kaffeetasse mit Pokémon-Figur ist fühlbar und handhabbar; das Flugzeug, auf das Pikachu aufgemalt wurde, ist nur aus der medialen Distanz zu bestaunen. Die Materialität der Pokémon oszilliert, und so ist nicht zu klären, ob Pokémon physische Dinge sind, oder virtuelle bites. Sie sind beides, und entscheidend ist gerade das Wiedererkennen der materiellen Dimension in der medialen Repräsentation und umgekehrt. In der Sammelkarte, die ich in der Hand halte, erkenne ich die virtuellen Pokémon der Smartphone- oder Nintendo-Spiele; durch die Souvenir-Tasse auf dem Frühstückstisch rufe ich mir die Filme, die ich noch nicht einmal gesehen haben muss, ins Gedächtnis.

Es ist also der popkulturelle Gebrauch, der zur Materialisierung von Pokémon beiträgt. Indem die Masse der Pokémon GO-Spielenden sich weltweit versammelt und einzeln bewegt, an lokalen Orten zusammenkommt und sich global auf die Suche macht; indem die Körper und Bewegungen der einzelnen Spielenden dazu beitragen, dass Pokémon gefangen und trainiert werden, miteinander konkurrieren und getauscht werden können – durch all diese populären Praktiken und somatischen Erfahrungen kreiert jedes Spiel seine eigene materielle Realität. Gerade weil Populäre Dinge ihren Fiktionswert immer offensiv behaupten („Dieses Pokémon bewundert runde Objekte. Es sucht nachts auf den Straßen nach verlorenen Münzen."), benötigen sie Formen der Materialisierung. Erst durch ihren materiellen Gebrauch und die Versammlung der Körper erlangen die fiktionalen Dinge vorübergehenden Realitätscharakter.

Die Realität der Pokémon besteht also schon immer in ihrer Fiktionalität: *Fictional Reality since 1996.* Die digitale Version auf dem Smartphone bietet nicht zuletzt eine Verbindung zwischen der digitalen Gegenwart und der eigenen Sozialisation an, durch die das Spiel über Sammelkarten oder den Gameboy bekannt ist. Eine Mehrzahl von Spielerinnen gab an, dass sie Pokémon GO aus Nostalgie nutzen würden.[29] Selten wurde deutlicher, dass Spielen eine eigene Realität erzeugt, indem es auf sich selbst verweist:

„POKÉMON GO wirkt wie eine Neuerfindung der Marke und ermöglicht den Zugang zu Augmented Realities auf eine sehr faszinierende und unterhaltsame Art und Weise, die die Bedenken gegenüber neuen Technologien abbaut und sie somit besonders zugänglich macht."[30]

Gleichzeitig gelang es Pokémon GO die Grenzen des Spiels zu verschieben. Wenn nach dem Kulturphilosophen Johan Huizinga das Spiel „sich vom gewöhnlichen Leben durch seinen Platz und seine Dauer"[31] unterscheidet, dann trifft dies für Pokémon GO nicht mehr zu. Zwar wird durch die permanente Anforderung an die Spielenden, ihre Umgebung mit der Augmented Reality auf dem Display abzugleichen, der Wechsel zwischen fiktionaler und realer Realität fortgeführt, aber die Unterschiede nehmen ab. Schon der Gameboy bot Spielen *to go* an, aber mit dem Smartphone konzentrieren sich potentiell alle Teilbereiche des modernen Lebens in einem technischen Gerät: „Spielen annähernd überall, auf der Arbeit, beim Einkaufen, beim Spaziergang mit dem Hund oder auf der Couch."[32] Die Gelegenheiten spielen zu können, haben sich mit dem Smartphone um eine weitere Stufe erhöht: Das macht auf die Dauer Arbeit.

Arbeit am Spiel

Liest man biografische Rückblicke auf die Videospielkultur der 1980er und 90er Jahre, so fällt der immense Zeitaufwand ins Auge, den die Protagonisten am Gameboy, vor dem Atari oder dem C64 verbrachten. Jan Fischer schreibt in seinen Erinnerungen von endlosen Nachmittagen, stundenlangen Erkundungen und ganzen Nächten die er mit einem „japanischen Prügelspiel" verbrachte.[33] Der Kulturwissenschaftler Mathias Mertens und der Autor Tobias O. Meißner denken in ihrem Buch *Wir waren Space Invaders* über die Stunden nach, die sie mit dem Computer-Rollenspiel „Final Fantasy VIII" verbrachten: „Umgerechnet eine volle Woche. Tag und Nacht."[34] Spielen kostet Zeit. Die technologische und ästhetische Weiterentwicklung sowie die ökonomische Einbettung der digitalen Spielkultur in die Lebenswelt von Kindern, Jugendlichen und Erwachsen haben daran nichts geändert, im Gegenteil. Spielen braucht und verbraucht immer mehr Zeit. Drei Faktoren spielen dabei eine besondere Rolle: die gesteigerte Bedeutung explorativer Welten für die Praxis des Spielens; die Etablierung neuer Ökonomien im Umfeld der digitalen Spielkultur sowie die Professionalisierung von Spielenden und Zuschauenden auf Portalen wie twitch.tv oder als Teil von e-sport Angeboten.

Über die Kategorie der Exploration könnte ein eigenes Buch geschrieben werden, das die Theorien des Spiels auf maßgebliche Weise ergänzen würde. Denn neben die von Roger Caillois beschriebenen vier Kategorien des Spiels ist längst eine fünfte getreten: Erkundung *(exploratio)*. Schon als sich ab Mitte der 90er Jahre die Menschen im häuslichen Wohnzimmer und der WG-Küche trafen, um „Die Siedler von Catan" zu spielen, dauerte das selten weniger als zwei Stunden. Zwar ist hier der konstruierende Charakter entscheidend, da die Spielenden eigene Siedlungen bauen, doch das Catan-Universum enthält gleichzeitig die Aufforderung, es zu erkunden. Endlos sitzt man über dem variablen Spielplan und baut Städte und Inselwelten, Handels- und Seewege, setzt Ritter, Entdecker und Piraten ein. Es war nur konsequent, dass Computerspiel- und Online-Angebote seit den 2000er Jahren das Catan-Universum auch auf andere Räume ausweiteten.

Digitale Spiele sind aufgrund ihrer technologischen Möglichkeiten prädestiniert, Räume anzubieten, die spielerisch erkundet werden können. Doch auch die Vermittlung der Regeln folgt dem Muster der Exploration. Kaum ein digitales Spiel kennt Spielregeln im traditionellen Sinne. Das Wissen über ein Spiel muss erarbeitet werden, es steht nicht am Anfang sondern am Ende des Spiels: „[I]ch vermute", schreibt Jan Fischer über „Space Cadet", „ich bin einer der wenigen Menschen auf der Welt, die wissen, dass man in dem Spiel unterschiedliche militärische Ränge freispielen kann"[35]. Ob diese so mühevolle wie vergnügliche Aneignung von Spezialwissen in massenkompatiblen Point-and-Click-Adventures geschieht oder in hochgradig selbstreflexiven Spielen wie „The Stanley Parable", ist zwar ein Unterschied, hier aber zweitrangig. Es geht darum, unendlich viele Räume in der Logik des Spiels so zu verschränken, dass ihre sukzessive Erkundung zum Ziel des Ganzen wird. *Levels* ist dann nur ein anderes Wort für mehr Räume, die mehr Zeit brauchen, um sie spielerisch kennenzulernen. Pokémon GO treibt diese Funktion des Spielens vorerst auf die Spitze: Durch die Verbindung realer und virtueller Räume wird potentiell die ganze Welt zum Spielort, ein Angebot, das sich auch Teile der Tourismusindustrie in Kooperation mit Niantic und Google zu Nutzen gemacht haben:

> „Darüber hinaus haben einige Reisebüros, Themenparks und Reiseveranstalter erfolgreich personalisierte Reisen, Führer und Touren für Reisende erstellt, die das Pokémon-GO-Spiel als Plattform nutzen, und festgestellt, dass Reisende mehr Interesse am Besuch dieser Attraktionen und Ziele zeigen."[36]

Aber Spielen kostet nicht nur Zeit, es kostet auch Geld. Digitale Spiele sind Teil der Unterhaltungsindustrie und ihre Umsätze haben im Jahr 2015 erstmals die der Filmbranche überholt.[37] Dabei entstehen neue Formen der Ökonomisierung in der Praxis digitaler Spiele, wie die Medienwissenschaftler Mark Johnson und Jamie Woodcock am Beispiel der Plattform Twitch.tv zusammenfassen:

> „Im Fall von *Twitch* gibt es sieben wichtige Möglichkeiten, wie Streamer ihre Aktivitäten monetarisieren: Abonnieren, Spenden und Anfeuern, Werbung, Sponsoring, Wett-

bewerbe und Ziele, unvorhersehbare Belohnungen und Kanalspiele."[38]

Die Unterschiede zur analogen Spielkultur sind offensichtlich. Was es dort zum Beispiel nicht gibt, ist die Möglichkeit, andere Menschen für sich spielen zu lassen. Ich frage nicht meinen Mitspieler, ob er für mich Yatzy spielt, damit ich die gewonnene Zeit besser nutzen kann. Die Praxis des Spielens fokussiert sich im analogen Raum auf die eigene Aktivität, die gerade nicht substituiert werden kann. Während ich jemanden einstellen kann, der mir die lästige Hausarbeit abnimmt, wäre es absurd, jemanden einzustellen, der mir das Vergnügen des Spielens abnimmt. Genau das aber geschieht im Moment.

So formieren sich rund um neue Spielkulturen auch neue Ökonomien. Jenseits von Wett- und Glücksspielen der analogen Ära, kann man als Spieler heute auf verschiedene Weise Geld verdienen. So zum Beispiel auf Steam, einer der relevanten Plattformen für den Vertrieb und die Entwicklung digitaler Spiele sowie für das massenhafte Online-Multiplayer-Gaming mit mehr als 120 Mio. aktiven Nutzern pro Monat weltweit, die laut Angaben des Unternehmens im Jahr 2020 zusammen auf 31,3 Mrd. Spielstunden kamen.[39]

Steam gibt technisch versierten Spielern unter anderem die Möglichkeit, sogenannte Modification der Online-Spiele (Mods) über seinen eigenen Online-Shop zu verkaufen. Auch eigene Spiele kleinerer Entwickler-Firmen können der Steam-Community zum Kauf angeboten werden. Was hier noch die Logik der von Henry Jenkins sogenannten Convergence Culture bedient – die Überlagerung analoger Ökonomien (Handelsplatz) durch digital erweiterte Partizipations- und Distributionsmöglichkeiten[40] – verändert sich qualitativ in den Modellen, die über die Praxis des Spielens selbst einen

Mehrwert entwickeln. Wer viel spielt, verdient in der digitalen Spielkultur nicht nur symbolisches, sondern auch ökonomisches Kapital. Das fängt bei den virtuellen Dingen an, die auf der Community-Seite von Steam zum Verkauf angeboten werden: ein notwendiger Schlüssel für „Counter-Strike" kann für unter drei US-Dollar erworben werden, eine AK-47-Waffe für das gleiche Spiel kostet über 30 US-Dollar. In anderen Spielen werden Zugangsdaten für den Einstieg in ein hohes Level verkauft. Weil für geübte Spieler „World of Warcraft" erst auf dem letzten aller möglichen Level interessant wird, kaufen sie sich die Zeit, die es braucht, auf diesem Level in das Spiel einzusteigen. Für andere zu spielen wird zum Geschäftsmodell.

Aber auch die Verflechtung von realer und virtueller Währung ist ein wachsendes Feld, das *gaming* und *working* auf neue Weise verknüpft. Aufmerksamkeit erregte 2014 das „Blutbad von B-R5RB" auf dem Multiplayer-Spiel „Eve Online".[41] In der Weltraum-Flugsimulation kann reales Geld durch die virtuelle Währung „ISK" generiert werden, die wiederum durch das eigene Spielen erworben wird. Das bedeutet umgekehrt, dass bei einem virtuellen Weltraumkrieg in diesem Universum reales Geld im Spiel ist. Bei einem Wettkampf im Januar 2014, an dem zwischen 2000 und 3000 Spieler gleichzeitig 21 Stunden lang in mehreren Formationen gegeneinander kämpften, wurde somit ein Wert von umgerechnet 330 000 US-Dollar vernichtet.

Sobald solche Summen im Spiel sind, ist es nur konsequent, dass auch die ausübenden Computerspielenden sich schrittweise professionalisieren. Dies lässt sich seit etwa zehn Jahren an den Mannschaften nachvollziehen, die von Vereinen wie dem VfL Wolfsburg oder Schalke 04 aufgebaut werden. Vereine, deren Kerngeschäft der Fußball ist, investieren in die Körper von Spielenden, die damit sukzessive zu Sportlerinnen werden: „Sie haben einen Ernährungsplan, kriegen Physiotherapie und müssen regelmäßig zum Fitness-Training."[42] Darüber hinaus wird ein Chef-Coach im Umfeld eines größeren Trainerstabs eingesetzt, und sie lernen mit den ‚Mechanismen der Branche' umzugehen: Nach einem Abstieg aus der europäischen Top-Liga „League of Legends" wird auch hier ein Trainer gefeuert oder Verträge der Spieler werden nicht verlängert. Das, was auf LAN-Partys unter Freunden begann, professionalisiert sich als eine eigene e-Sportkultur mit teilweise abenteuerlichen Preisgeldern: „am Ende des Tages geht jemand mit Millionenbeträgen an Siegprämien nach Hause und kauft sich davon einen Lamborghini".[43]

Professionalisierung meint hier ganz nüchtern und in Anknüpfung an den Soziologen Heinz Hartmann, dass zwei Momente gegeben sein müssen, um aus einer Aktivität wie Spielen schrittweise eine Profession zu machen: Spezialisierung und Kulturalisierung.[44] Spezialisierung umfasst die genannte Kombination ausgewählter Expertinnen und Expertisen (Trainer, Managerin, Physiotherapeuten etc.) und eine von diesen Expertinnen gesteuerte systematische Problembearbeitung. Weil e-Sportler beispielsweise über 400 asynchrone Bewegungen pro Minute ausführen müssen, benötigen sie neben 8–12 Stunden vor dem Bildschirm auch Physiotherapie und Fitness-Training. Spezialisierung hat über kurz oder lang eine Verwissenschaftlichung aller Teilbereiche einer Aktivität zur Folge, wie sie in allen ökonomisierten Sportarten von Formel 1 über Skispringen bis zum Fußball seit langem vorherrschend ist.

Kulturalisierung als Teil von Professionalisierung meint wiederum, dass die Aktivität des Spielens ihren jeweiligen Bezugsrahmen (hier: Computerspiele) überschreitet und sich auf kulturelle, also gesamtgesellschaftliche Zusammenhänge beziehen lässt. Mit dem Spielen wird plötzlich etwas geschaffen, das mehr wert ist als die Aktivität des Spielens an sich. So generieren Plattformen wie Steam und Twitch.

tv nicht nur neue Ökonomisierungsmodelle, sondern sie popularisieren eine „Kultur der Digitalität", die nach dem Medien- und Kulturwissenschaftler Felix Stalder in den „historisch neuen Möglichkeiten der Konstituierung und der Verknüpfung der unterschiedlichsten menschlichen und nichtmenschlichen Akteure"[45] besteht. Stalder weist darauf hin, dass erst in dem Moment, in dem die Technologie normalisiert ist und „ihre Versprechungen hohl klingen", ein durchgreifender Kulturalisierungsprozess einsetzen kann: „Diese Hybridisierung und Verfestigung des Digitalen, die Präsenz der Digitalität jenseits der digitalen Medien, verleiht der Kultur der Digitalität ihre Dominanz."[46]

So führt dieser Exkurs zur Arbeit am Spiel schlussendlich zurück zum langen Sommer von 2016. Denn die Kulturalisierung eines digitalen Spiels ist vielleicht das auffälligste Merkmal des Phänomens Pokémon GO gewesen. Das Spiel war etwas wert, so hieß es, es nütze der Gesellschaft vor allem im Hinblick auf die Steigerung physischer Aktivität. Viele Artikel beschäftigten sich mit genau jenem Punkt, der das Spielen von Pokémon GO mit allgemeinen Bedürfnissen und Normen kurzschließt. Doch weit über medizinische Aspekte hinaus hat Pokémon GO eine Diskussion darüber in Gang gesetzt, wie eine Gesellschaft aussehen wird oder aussehen möchte, in der buchstäblich in allen öffentlichen Räumen gespielt werden kann. Dass der Informatiker Frans Mäyrä 2017 die „Ludic Society", die spielende Gesellschaft, ausgerufen hat, ist nur eine begriffliche Fortführung jener übergreifenden Praxis, die zu Hause oder im Zug, auf der Arbeit aber auch als Teil von Arbeit, schicht- und generationenübergreifend Spiele spielt und damit eine neue Sozialität einübt und verstehen lernt.

„Offensichtlich sind die kulturellen Normen und der kulturelle Status von Videospielen und digitalem Spiel derzeit einem Wandel unterworfen; anstatt das Spiel strikt auf den Bereich der Freizeit zu beschränken, erlaubt das sich verändernde Verhältnis zwischen Arbeit und Freizeit mehr Spielraum [...] für das allgegenwärtige Spiel von Erwachsenen und den Ausdruck von Verspieltheit, insbesondere durch ihre Verbindung mit der wachsenden kulturellen Bedeutung, die der Kreativität beigemessen wird."[47]

Pokémon GO funktioniert in diesem Sinne als Trainingscenter für die „Ludic Society". Gerade die möglichen Gefahren (Unachtsamkeit, Unfälle), die moralischen Normverletzungen (Pokémons auf dem Holocaust-Mahnmal) und der spielerische, aber für die einzelnen Akteure wie auch für eine Gesellschaft nie kostenlose Wertschöpfungsprozess von personalisierten Geo-Daten, schaffen die Notwendigkeit darüber nachzudenken, wann und wie in den geteilten Räumen der Öffentlichkeit gespielt werden soll oder nicht. Etwa 150 Jahre nach ihrer Entstehung als Massenkunst des späten 19. und frühen 20. Jahrhunderts ist die Populäre Kultur somit in der gesellschaftlichen Mitte angekommen. „Unterhaltung", wie sie der Philosoph Han aktuell begreift,

„ist nicht mehr bloß ‚episodisch', sondern sie wird gleichsam *chronisch*. D. h. sie scheint nicht nur die Freizeit, sondern *die Zeit selbst* zu betreffen. [...] Die Unterhaltung ist, so gesehen, dabei, *über Episoden hinaus*, eine neue ‚Lebensführung', eine neue *Welt- und Zeiterfahrung* schlechthin hervorzubringen."[48]

Die Unterscheidung zwischen fiktiver und realer Realität, die dem Unterhaltungswert der Populären Kultur zugrunde liegt, bezieht sich nicht mehr auf besondere

Räume wie in der „Wild West Show" und nicht mehr auf eine begrenzte Zeit wie bei einer Fernsehserie, sondern sie grundiert alle sozialen Beziehungen. Die Herausforderung besteht darin, den spielerischen Charakter der Popkultur nicht aufzugeben und die Freiräume zur Reflexion, die sich noch in den banalsten Dingen bieten, weiterhin zu nutzen.

Anmerkungen
1. Becker, Sara [u. a.]: Pikachu und Co: soziologische Perspektiven auf Pokémon Go. In: *Working Papers kultur- und techniksoziologische Studien Universität Duisburg* 9/2 (2016), S. 31.
2. Clark, Alexander M./Clark, Matthew T. G.: Pokémon Go and Research: Qualitative, Mixed Methods Research, and the Supercomplexity of Interventions. In: *International Journal of Qualitative Methods* 15/1 (2016), S. 1.
3. Miller, Daniel: *Material Culture and Mass Consumption.* Oxford/Cambridge 1987, S. 129.
4. Koch, Gertraud: Social Media, Online Communities und Interfaces. Zur Materialität und Faktizität virtueller Welten. In: Braun, Karl/Dieterich, Claus-Marco/Treiber, Angela (Hg.): *Materialisierung von Kultur. Diskurse – Dinge – Praktiken.* Würzburg 2015, S. 629 f.
5. Plessner, Helmuth: *Politik – Anthropologie – Philosophie.* München 2001, S. 77.
6. Ebd.
7. Siehe PokéWik: https://www.pokewiki.de/Liste_der_Pok%C3%A9mon_in_Pok%C3%A9mon_GO (30.03.2021).
8. Siehe Cardmarket: https://www.cardmarket.com/de/Pokemon/Cards (30.03.2021).

9. The Pokémon Company: Pokémon in Figures: https://corporate.pokemon.co.jp/en/aboutus/figures/ (30.03.2021).
10. Toth, Christian: Pokémon Go. User-Created Social Environments in a Single Player Game. In: Clash of Realitites (Hg.): *On the Art, Technology and Theory of Digital Games*. Bielefeld 2017, S. 368.
11. Siehe Caillois, Roger: *Die Spiele und die Menschen. Maske und Rausch.* München/Wien 1958.
12. Fischer, Jan: *Ready. Wie ich mit digitalen Spielen erwachsen wurde.* München 2016, S. 26.
13. Becker, Sara: a. a. O., S. 15.
14. Csikszentmihalyi, Mihaly: *Das flow-Erlebnis. Jenseits von Angst und Lageweile: im Tun aufgehen.* Stuttgart 2008, S. 94.
15. Nicht zufällig kritisierten Pokémon-GO-Spielerinnen in einer Umfrage sowohl, dass es zu viele Pokémons gäbe, als auch, dass zu wenige davon verfügbar seien, denn genau um eine quantitative Balance geht es bei popkulturellen Sammlungen. Siehe Becker, Sara: a. a. O., S. 29.
16. Toth, Christian: a. a. O., S. 368.
17. Becker, Sara: a. a. O., S. 21 f.
18. Allison, Anne: Portable Monsters and Commodity Cuteness: Pokémon as Japan's New Global Power. In: *Postcolonial Studies* 6/3 (2003), S. 394.
19. Ebd., S. 383.
20. Strasser, Peter: Über das Banale. In: Aspetsberger, Friedbert/Höfler, G.A. (Hg.): *Banal und Erhaben. Es ist (nicht) alles eins.* Innsbruck/Wien 1997, S. 15.
21. Ebd., S. 27.
22. Heidegger, Martin: Das Ding. In: Ders.: *Vorträge und Aufsätze.* Pfullingen 1959, S. 172.
23. Butler, Judith: *Anmerkungen zu einer performativen Theorie der Versammlung.* Berlin 2016, S. 15.

24. Ebd., S. 16.
25. Siehe Futurezone: Wie in Nahost mit Pokemon Go umgegangen wird, 18.07.2016: https://futurezone.at/games/wie-in-nahost-mit-pokemon-go-umgegangen-wird/210.461.058 (30.03.2021).
26. Strasser, Peter: a. a. O., S. 28.
27. Toth, Christian: a. a. O., S. 371.
28. Siehe Cardmarket: https://www.cardmarket.com/de/Pokemon/Products/Singles?mode=list&idCategory=51&idExpansion=0&idRarity=0&sortBy=name_desc&site=3 (30.03.2021).
29. Becker, Sara: a. a. O., S. 10.
30. Toth, Christian: a. a. O., S. 367.
31. Huizinga, Johan: *Homo Ludens. Versuch einer Bestimmung des Spielelements der Kultur*. Amsterdam 1939, S. 15.
32. Becker, Sara: a. a. O., S. 8.
33. Siehe Fischer, Jan: a. a. O., S. 41.
34. Mertens, Mathias/Meißner, Tobias O.: *Wir waren Space Invaders. Geschichten vom Computerspielen*. Salzhemmendorf 2010, S. 106.
35. Fischer, Jan: a. a. O., S. 40.
36. Aluri, Ajay: Mobile Augmented Reality (MAR) game as a travel guide: insights from Pokémon GO. In: *Journal of Hospitality and Tourism Technology* 8/1 (2017), S. 4.
37. Siehe GamesWirtschaft: Fakten-Check: Games-Umsatz größer als die Film-Branche? 15.07.2016: https://www.gameswirtschaft.de/wirtschaft/fakten-check-games-umsatz/ (30.03.21).
38. Johnson, Mark R./Woodcock, Jamie: 'And Today's Top Donator is': How Live Streamers on Twitch.tv Monetize and Gamify Their Broadcasts. In: *Social Media + Society* 5/4 (2019), S. 8.

39. Siehe: Steam. Das Jahr 2020 im Überblick: https://store.steampowered.com/news/group/4145017/view/2961646623386540826 (30.03.21).
40. Siehe Jenkins, Henry: *Convergence Culture. Where Old and New Media Collide.* New York/London 2008.
41. Siehe GameStar: EVE Online – Das Blutbad von B-R5RB sorgt für Schaden von 240 000 Euro: https://www.gamestar.de/artikel/eve-online-das-blutbad-von-b-r5rb-sorgt-fuer-schaden-von-240000-euro,3032133.html (30.03.21).
42. Bovermann, Philipp: Schach auf Crack. Sie kämpfen gegen Mannschaften, die ‚Ninjas in Pyjamas' heißen, und hoffen auf Weltruhm: Schalke 04 unterhält eine Abteilung für professionelle Computerspieler. Ein Besuch in Gelsenkirchen. In: *Süddeutsche Zeitung* (15.01.2018), Nr. 11, S. 13.
43. Ebd.
44. Siehe Hartmann, Heinz: Arbeit, Beruf, Profession. In: Luckmann, Thomas/Sprondel, Walter Michael (Hg.): *Berufssoziologie,* Köln 1972, S. 36–52.
45. Stalder, Felix: *Kultur der Digitalität.* Berlin 2016, S. 18.
46. Ebd., S. 20.
47. Mäyrä, Frans: Pokémon GO: Entering the Ludic Society. In: *Mobile Media & Communication* 5/1 (2017), S. 49.
48. Han, Byung-Chul: *Gute Unterhaltung.* Berlin 2018, S. 154.

Literatur

Allison, Anne: Portable monsters and commodity cuteness: *Pokémon* as Japan's new global power. In: *Postcolonial Studies* 6/3 (2003), S. 381–395.

Aluri, Ajay: Mobile Augmented Reality (MAR) game as a travel guide: insights from Pokémon GO. In: *Journal of Hospitality and Tourism Technology* 8/1 (2017), S. 1–17.

Andressen, Michael B.: *Brillen. Vom Gebrauchsartikel zum Kultobjekt.* Stuttgart 1998.

Arnold, Uta-Robia: *Bericht über das schönste Erlebnis meines Lebens!* Sondershausen 1995. (Sammlung Michael Jackson, Bibliothek der Universität Hildesheim).

Auslander, Philip: *Performing Glam Rock. Gender and Theatricality in Popular Music.* Ann Arbor 2006.

Axtell, James/Sturtevant, William C.: The Unkindest Cut, or Who Invented Scalping? In: *The William and Mary Quarterly* 37/3 (1980), S. 451–472.

Bachleitner, Reinhard: Der Tourist. In: Moebius, Stephan/Schroer, Markus (Hg.): *Diven, Hacker, Spekulanten. Sozialfiguren der Gegenwart.* Berlin 2010, S. 422–436.

Baecker, Carlernst/Haas, Dieter/Jeanmaire, Claude (Hg.): *Märklin. Das internationale Programm bis 1915*. Frankfurt a. M. 1980.
Baecker, Dirk: *4.0 oder Die Lücke die der Rechner lässt*. Berlin 2018.
Barr, Charles: *Laurel & Hardy*. Berkeley 1968.
Barthes, Roland: *Die helle Kammer. Bemerkungen zur Photographie*. Frankfurt a. M. 1989 (frz. 1980).
Barthes, Roland: *Wie zusammen leben. Simulationen einiger alltäglicher Räume im Roman. Vorlesungen am Collège de France 1976–1977*. Hg. von Éric Marty. Frankfurt a. M. 2007 (frz. 2002).
Baßler, Moritz: Leitkultur Pop? Populäre Kultur als Kultur der Rückkopplung. In: *Kulturpolitische Mitteilungen* 148/I (2015), S. 34–39.
Baudrillard, Jean: *Transparenz des Bösen. Ein Essay über extreme Phänomene*. Berlin 1992 (frz. 1990).
Bauer, Thomas: *Die Vereindeutigung der Welt. Über den Verlust an Mehrdeutigkeit und Vielfalt*. Stuttgart 2018.
Beck, Ulrich: *Die Erfindung des Politischen. Zu einer Theorie reflexiver Modernisierung*. Frankfurt a. M. 1993.
Becker, Sara [u. a.]: Pikachu und Co: soziologische Perspektiven auf Pokémon Go. In: *Working Papers kultur- und techniksoziologische Studien* 9/2 (2016), S. 1–34.
Beißwenger, Michael/Pappert, Steffen: *Handeln mit Emojis. Grundriss einer Linguistik kleiner Bildzeichen in der WhatsApp-Kommunikation*. Duisburg 2019.
Beneke, Sabine/Zeilinger, Johannes (Hg.): *Karl May. Imaginäre Reisen*. Berlin 2007.
Benjamin, Walter: Das Kunstwerk im Zeitalter seiner technischen Reproduzierbarkeit [Zweite Fassung]. In: Ders.: *Gesammelte Schriften I, 2*. Hg. von Rolf Tiedemann und Hermann Schweppenhäuser. Frankfurt a. M. 1974, S. 471–508.
Benson-Allott, Caetlin: *Remote control*. New York/London 2015.

Berdrow, Wilhelm (Hg.): *Buch der Erfindungen. Ausgabe in einem Bande* [1901]. Düsseldorf 1985.

Berlin, Chelsea Louise: *Rave Art. Flyers, Invitations and Membership Cards from the Birth of Acid House Clubs and Raves.* London 2014.

Biazza, Jakob: ‚Schlager ist Sehnsucht'. Tobias Reitz ist ‚Textdichter' unter anderem für Helene Fischer. Ein Gespräch über Kopf, Bauch, Herz und Sprachpsychologie. In: *Süddeutsche Zeitung* (31.03.2021), Nr. 75, S. 10.

Binder, Beate: Stadt im Licht: Künstliche Beleuchtung in der Diskussion. In: Nentwig, Franziska (Hg.): *Berlin im Licht.* Berlin 2008, S. 35–44.

Bloch, Ernst: *Tübinger Einleitung in die Philosophie I* [1963]. Frankfurt a. M. 1973.

Blom, Philipp: *Sammelwunder, Sammelwahn. Szenen aus der Geschichte einer Leidenschaft.* Berlin 2004.

Blumenberg, Hans C.: *Wanted. Steckbriefe aus dem Wilden Westen.* München 1973.

Blumenberg, Hans: *Wirklichkeiten, in denen wir leben. Aufsätze und eine Rede* [1981]. Stuttgart 1986.

Böhme, Gernot: *Atmosphäre. Essays zur neuen Ästhetik.* Frankfurt a. M. 1995.

Bourdieu, Pierre: *Die feinen Unterschiede. Kritik der gesellschaftlichen Urteilskraft.* Frankfurt a. M. 1987 (frz. 1979).

Bovermann, Philipp: Schach auf Crack. Sie kämpfen gegen Mannschaften, die ‚Ninjas in Pyjamas' heißen, und hoffen auf Weltruhm: Schalke 04 unterhält eine Abteilung für professionelle Computerspieler. Ein Besuch in Gelsenkirchen. In: *Süddeutsche Zeitung* (15.01.2018), Nr. 11, S. 13.

Bublitz, Hannelore: *In der Zerstreuung organisiert. Paradoxien und Phantasmen der Massenkultur.* Bielefeld 2005.

Buchsbaum, Walther H.: Remote Control for TV. In: *Radio & Television News* 54/5 (1955), S. 46–48.

Buck, Susanne: *Der geschärfte Blick. Zur Geschichte der Brille und ihrer Verwendung in Deutschland seit 1850.* Marburg 2002. (Dissertation Philipps-Universität Marburg).

Burns, Peter M.: Japan's Ten Million Program: the Paradox of Statistical Success. In: *Progress in Tourism and Hospitality Research* 2/2 (1996), S. 181–192.
Busch, Jane: An Introduction to the Tin Can. In: *Historical Archaeology* 15/1 (1981), S. 95–104.
Butler, Judith: *Anmerkungen zu einer performativen Theorie der Versammlung*. Berlin 2016 (engl. 2015).
Byron, Robert: *Der Berg Athos. Reise nach Griechenland*. Berlin 2020 (engl. 1928).
Caillois, Roger: *Die Spiele und die Menschen. Maske und Rausch*. München/Wien 1958 (frz. 1958).
Clark, Alexander M./Clark, Matthew T. G.: Pokémon Go and Research: Qualitative, Mixed Methods Research, and the Supercomplexity of Interventions. In: *International Journal of Qualitative Methods* 15/1 (2016), S. 1–3.
Clarke, Alison J.: Tupperware: Vorstadt, Gesellschaft und Massenkonsum. In: Ortlepp, Anke/Ribbat, Christoph (Hg.): *Mit den Dingen leben. Zur Geschichte der Alltagsgegenstände*. Stuttgart 2010, S. 155–186.
Colby, Gerard: *DuPont Dynasty. Behind the Nylon Curtain* [1984]. New York 2014.
Collin, Matthew: *Im Rausch der Sinne. Ecstasy-Kultur & Acid House. Mit Beiträgen von John Godfrey*. St. Andrä 1998 (engl. 1997).
Csikszentmihalyi, Mihaly: *Das flow-Erlebnis. Jenseits von Angst und Lageweile: im Tun aufgehen*. Stuttgart 2008 (engl. 1975).
d'Eramo, Marco: *Die Welt im Selfie. Eine Besichtigung des touristischen Zeitalters*. Berlin 2018 (ital. 2017).
Dale, Alan: *Comedy is a man in trouble. Slapstick in American Movies*. Minneapolis/London 2000.
Danesi, Marcel: *The Semiotics of Emoji. The Rise of Visual Language in the Age of the Internet*. London [u. a.] 2017.
Danto, Arthur C.: The Artworld. In: *The Journal of Philosophy* 61/19 (1964), S. 571–584.
Danto, Arthur C.: *Kunst nach dem Ende der Kunst*. München 1996 (engl. 1992).

Diederichsen, Diedrich [u. a.]: *Das Madonna Phänomen.* Hamburg 1993.

Diederichsen, Diedrich: Olympier und Fans, Rezipienten und Götter. Menschen als Medien in verschiedenen Stadien der Kulturindustrie. In: Widmer, Ruedi (Hg.): *Laienherrschaft. 18 Exkurse zum Verhältnis von Künstlern und Medien.* Berlin 2014, S. 241–252.

Diederichsen, Diedrich: *Über Pop-Musik.* Köln 2014.

Drügh, Heinz: *Ästhetik des Supermarkts.* Konstanz 2015.

Dyhouse, Carol: *Glamour. Women, History, Feminism.* London/New York 2011.

Eichberg, Henning: Stadion. In: Hügel, Hans-Otto (Hg.): *Handbuch Populäre Kultur. Begriffe, Theorien und Diskussionen.* Stuttgart 2003, S. 437–441.

Faue, Elizabeth (Hg.): *The Emergence of Modern America 1900 to 1928.* New York 2003.

Felix, E.: Die Banane. In: *Hamburgischer Correspondent und neue hamburgische Börsen-Halle* 46/48 (25.02.1924), S. 6.

Fiedler, Leslie A.: Cross the Border – Close the Gap. In: *Playboy* 16/12 (1969), S. 151, 230, 252–258.

Fischer, Jan: *Ready. Wie ich mit digitalen Spielen erwachsen wurde.* München 2016.

Fletcher, Horace: *The A. B. – Z. of Our Own Nutrition.* New York 1903.

Franck, Georg: *Ökonomie der Aufmerksamkeit. Ein Entwurf.* München 1998.

Friederici, Georg: *Skalpieren und ähnliche Kriegsbräuche in Amerika* [1906]. Kassel 1991.

Funcke, Bettina: *Pop oder Populus. Kunst zwischen High und Low.* Köln 2007.

Garofalo, Reebee: The Popular Music Industry. In: Burnim, Mellonee V./Maultsby, Portia K. (Hg.): *African American Music. An introduction.* New York/London 2006, S. 393–416.

Gelber, Steven M.: *Hobbies. Leisure and the Culture of Work in America.* New York 1999.

Gitelman, Lisa: *Paper Knowledge. Toward a Media History of Documents*. Durham/London 2014.
Gledhill, Christine: Mary Pickford: Icon of Stardom. In: Bean, Jennifer M. (Hg.): *Flickers of Desire. Movie Stars of the 1910s*. New Brunswick/New Jersey/London 2011, S. 43–68.
Göttlich, Udo/Krischke-Ramaswamy, Mohini: Fan. In: Hügel, Hans-Otto (Hg.): *Handbuch Populäre Kultur. Begriffe, Theorien und Diskussionen*. Stuttgart 2003, S. 167–172.
Grasskamp, Walter: *Das Cover von Sgt. Pepper. Eine Momentaufnahme der Popkultur*. Berlin 2004.
Grasskamp, Walter/Krützen, Michaela/Schmitt, Stephan (Hg.): *Was ist Pop? Zehn Versuche*. Frankfurt a. M. 2004.
Gray, Todd: *Michael Jackson. Before he was King*. New York 2009.
Greve, Werner/Krankenhagen, Stefan: Authentische Fiktionen. Selbst-Darstellung und Identitätskonstruktion bei William F. Cody und Karl May. In: *Kulturwissenschaftliche Zeitschrift* 2/1 (2017), S. 25–37.
Groys, Boris: Die Stadt im Zeitalter ihrer touristischen Reproduzierbarkeit. In: *Osteuropa* 53/9–10 (2003), S. 1378–1385.
Groys, Boris: Der Pop-Geschmack. In: Grasskamp, Walter/Krützen, Michaela/Schmitt, Stephan (Hg.): *Was ist Pop? Zehn Versuche*. Frankfurt a. M. 2004, S. 99–113.
Gumbrecht, Hans Ulrich: *Lob des Sports*. Frankfurt a. M. 2005.
Gumbrecht, Hans Ulrich: Modern, Modernität, Methode. In: Ders.: *Dimensionen und Grenzen der Begriffsgeschichte*. München 2006, S. 37–80.
Hammond, Bryan (Hg.)/O'Connor, Patrick: *Josephine Baker*. London 1988.
Han, Byung-Chul: *Gute Unterhaltung*. Berlin 2018.
Handley, Susannah: *Nylon. The Story of a Fashion Revolution*. Baltimore 1999.
Häring, Hugo: probleme um die lichtreklame. In: *bauhaus: zeitschrift für gestaltung*. Hg. von Hannes Meyer. 2/4 (1928), S. 7.

Hartmann, Heinz: Arbeit, Beruf, Profession. In: Luckmann, Thomas/Sprondel, Walter Michael (Hg.): *Berufssoziologie.* Köln 1972, S. 36–52.

Hebdige, Dick: *Subculture. Die Bedeutung von Stil.* Reinbek bei Hamburg 1983 (engl. 1979).

Hecken, Thomas: *Pop. Geschichte eines Konzepts 1955–2009.* Bielefeld 2009.

Hedren, Paul L.: *First Scalp for Custer. The Skirmish at Warbonnet Creek, Nebraska, July 17, 1876.* Lincoln/London 1980.

Heesen, Anke te: *Der Zeitungsausschnitt. Ein Papierobjekt der Moderne.* Frankfurt a. M. 2006.

Heidegger, Martin: Das Ding [1954]. In: Ders.: *Vorträge und Aufsätze.* Pfullingen 1959, S. 163–181.

Heintz, Bettina: Numerische Differenz. Überlegungen zu einer Soziologie des (quantitativen) Vergleichs. In: *Zeitschrift für Soziologie* 39/3 (2010), S. 162–181.

Heiser, Jörg: *Doppelleben. Kunst und Popmusik.* Hamburg 2015.

Helfand, Jessica: *Scrapbooks. An American History.* New Haven/London 2008.

Helms, Dietrich: Thriller. Das erfolgreichste Album ‚aller Zeiten'. In: Paul, Gerhard/Schock, Ralph (Hg.): *Sound des Jahrhunderts. Geräusche, Töne, Stimmen. 1889 bis heute.* Bonn 2013, S. 496–499.

Hickey, Dave: *Der unsichtbare Drache. Essays zur Schönheit.* Berlin 2015 (engl. 1993).

Hoffmann, Heike: *Erziehung zur Moderne. Ein Branchenportrait der deutschen Spielwarenindustrie in der entstehenden Massenkonsumgesellschaft.* Tübingen 1998. (Dissertation Eberhard-Karls-Universität Tübingen).

Hoffmann, Klaus/Rascher, Jochen/Richter, Peter: *Silberbüchse, Bärentöter und Henrystutzen. Die berühmtesten Gewehre des Wilden Westens.* Radebeul 1990.

Hoffmann, Ute: *Themenparks re-made in Japan. Ein Reisebericht.* Berlin 2002.

Hood, Gordon Phillip (Hg.): A little Orange Peel, in: *Funny Cuts* (12.07.1890), Nr. 1, S. 7.

Hoormann, Anne: *Lichtspiele. Zur Medienreflexion der Avantgarde in der Weimarer Republik.* München 2003.
Horkheimer, Max/Adorno, Theodor W.: Dialektik der Aufklärung *Philosophische Fragmente* [1944]. In: Horkheimer, Max: *Gesammelte Schriften. Band 5: ‚Dialektik der Aufklärung' und Schriften 1940–1950.* Hg. von Gunzelin Schmid Noerr. Frankfurt a. M. 1987, S. 11–290.
Huck, Christian: FASHION NOW! Populäre englische Romane des 18. Jahrhunderts. In: Ders./Zorn, Carsten (Hg.): *Das Populäre der Gesellschaft. Systemtheorie und Populärkultur.* Wiesbaden 2007, S. 144–167.
Hügel, Hans-Otto: Ästhetische Zweideutigkeit der Unterhaltung. Eine Skizze ihrer Theorie. In: *montage a/v. Zeitschrift für Theorie und Geschichte audiovisueller Kommunikation* 2/1 (1993), S. 119–141.
Hügel, Hans-Otto: *Lob des Mainstreams. Zu Begriff und Geschichte von Unterhaltung und Populärer Kultur.* Köln 2007.
Hügel, Hans-Otto: Das Illustrierte ernst genommen. Karl Mays Waldröschen gelesen in der Perspektive der Bildbeigaben. In: Krankenhagen, Stefan/Hügel, Hans-Otto (Hg.): *Figuren des Dazwischen. Naivität in Kunst, Pop- und Populärkultur.* München/Kopenhagen 2010, S. 203–229.
Hügel, Hans-Otto: ‚Was heißt schon Fan?' Thesenartige Diskussion des Begriffs zu anderen kulturellen Figuren. In: Frizzoni, Brigitte/Trummer, Manuel (Hg.): *Erschaffen, Erleben, Erinnern.* Würzburg 2016, S. 19–42.
Huizinga, Johan: *Homo Ludens. Versuch einer Bestimmung des Spielelements der Kultur.* Amsterdam 1939 (nl. 1938).
Hülsen-Esch, Andrea von: Geschichte und Ökonomie des Kunstmarkts – ein Überblick. In: Hausmann, Andrea (Hg.): *Handbuch Kunstmarkt. Akteure, Management und Vermittlung.* Bielefeld 2014, S. 37–56.
Hunt, Leigh Ina: *Victorian Passion to Modern Phenomenon. A Literary and Rhetorical Analysis of Two Hundred Years of Scrapbooks and Scrapbook Making.* Austin 2006. (Dissertation University of Texas).

Jahr, Cliff: Elton John, Lonely at the Top. In: *Rolling Stone Magazine* (07.10.1976).
Jefferson, Margo: *Über Michael Jackson*. Berlin 2009 (engl. 2006).
Jenkins, Henry: *Convergence Culture. Where Old and New Media Collide*. New York/London 2008.
Jenkins, Henry [u. a.]: *Confronting the Challenges of Participatory Culture. Media Education for the 21st Century*. Chicago 2009.
Jenkins, Henry III: *Star Trek* Rerun, Reread, Rewritten. Fan Writing as Textual Poaching. In: *Critical Studies in Mass Communication* 5/2 (1988), S. 85–107.
Jenkins, Virginia Scott: *Bananas. An American History*. Washington/London 2000.
Johnson, Mark R/Woodcock, Jamie: ‚And Today's Top Donator is': How Live Streamers on *Twitch.tv* Monetize and Gamify Their Broadcasts. In: *Social Media + Society* 5/4 (2019), S. 1–11.
Jünger, Ernst: In Stahlgewittern. In: Ders.: *Sämtliche Werke. Erste Abteilung. Band 1: Tagebücher 1. Der Erste Weltkrieg*. Stuttgart 1978.
Kant, Immanuel: *Kritik der Urteilskraft* [1790]. Hamburg 1990.
Kasson, Joy S.: *Buffalo Bill's Wild West. Celebrity, Memory, and Popular History*. New York 2000.
Keun, Irmgard: *Das kunstseidene Mädchen* [1932]. München 1998.
Klinger, Cornelia: *Flucht, Trost, Revolte. Die Moderne und ihre ästhetischen Gegenwelten*. München 1995.
Klinger, Cornelia: Modern/Moderne/Modernismus. In: Barck, Karlheinz [u. a.] (Hg.): *Ästhetische Grundbegriffe. Historisches Wörterbuch in sieben Bänden. Band 4. Medien – Populär*. Stuttgart/Weimar 2002, S. 121–167.
Klussmeier, Gerhard/Plaul, Hainer: *Karl May und seine Zeit. Bilder, Dokumente, Texte*. Bamberg 2007.
Koch, Gertraud: Social Media, Online Communities und Interfaces. Zur Materialität und Faktizität virtueller Welten. In: Braun, Karl/Dieterich, Claus-Marco/Treiber, Angela (Hg.):

Materialisierung von Kultur. Diskurse – Dinge – Praktiken. Würzburg 2015, S. 629 f.

Kohout, Annekathrin: *Netzfeminismus. Strategien weiblicher Bildpolitik.* Berlin 2019.

König, Wolfgang: *Geschichte der Wegwerfgesellschaft. Die Kehrseite des Konsums.* Stuttgart 2019.

Kortmann, Christian: Westerner. In: Hügel, Hans-Otto (Hg.): *Handbuch Populäre Kultur. Begriffe, Theorien und Diskussionen.* Stuttgart 2003, S. 511–516.

Kracauer, Siegfried: Kult der Zerstreuung. Über die Berliner Lichtspielhäuser [1926]. In: Ders.: *Das Ornament der Masse. Essays.* Frankfurt a. M. 1963, S. 311–317.

Kracauer, Siegfried: Das Ornament der Masse [1927]. In: Ders.: *Das Ornament der Masse. Essays.* Frankfurt a. M. 1963, S. 50–63.

Kracauer, Siegfried: Wir schaffens. In: *Frankfurter Zeitung* (17.11.1927), Nr. 856.

Kracht, Christian: *Der gelbe Bleistift. Mit einem Vorwort von Joachim Bessing.* München 2005.

Krauss, Rolf H.: *Karl May und die Fotografie. Vier Annäherungen.* Marburg 2011.

Kuisle, Anita: *Brillen. Gläser, Fassungen, Herstellung. Beiträge zur Technikgeschichte für die Aus- und Weiterbildung.* München 1985.

Kuni, Verena: Wenn aus Daten wieder Dinge werden – ‚From Analogue To Digital and Back Again'? In: Tietmeyer, Elisabeth [u. a.] (Hg.): *Die Sprache der Dinge. Kulturwissenschaftliche Perspektiven auf die materielle Kultur.* Münster [u. a.] 2010, S. 185–193.

Kureishi, Hanif/Savage, Jon (Hg.): *The Faber Book of Pop.* London 1995.

Lange, Konrad von: *Die künstlerische Erziehung der deutschen Jugend.* Darmstadt 1893.

Lenman, Robin: *Die Kunst, die Macht und das Geld. Zur Kulturgeschichte des kaiserlichen Deutschland 1871–1918.* Frankfurt a. M./New York 1994.

Luhmann, Niklas: *Die Realität der Massenmedien.* Opladen 1996.
Lüthe, Martin: *Running Wild*: Motown – Soul und die Politik der Körper in der Popmusik. In: Schiller, Dietmar (Hg.): *A change is gonna come: Popmusik und Politik. Empirische Beiträge zu einer politikwissenschaftlichen Popmusikforschung.* Münster 2012, S. 147–170.
Maase, Kaspar: *Grenzenloses Vergnügen. Der Aufstieg der Massenkultur 1850–1970.* Frankfurt a. M. 2001.
Maase, Kaspar: Schlager und die Angst der Massen vor den Massenkünsten. In: Ders.: *Was macht Populärkultur politisch?* Wiesbaden 2010, S. 19–43.
Makropoulos, Michael: *Theorie der Massenkultur.* München 2008.
Mandelbaum, Michael: *The Meaning of Sports. Why Americans watch Baseball, Football, and Basketball and what they see when they do.* New York 2004.
Manning, Harriet J.: *Michael Jackson and the Blackface Mask.* Farnham/Burlington 2013.
Manow, Philip: *Im Schatten des Königs. Die politische Anatomie demokratischer Repräsentation.* Frankfurt a. M. 2008.
Marable, Manning: *Race, Reform and Rebellion. The Second Reconstruction in Black America, 1945–1982.* London 1984.
Marinetti, Filippo Tommaso: »Manifest des Futurismus« [1909]. In: Harrison, Charles/Paul Wood (Hg.): *Kunsttheorie im 20. Jahrhundert. Künstlerschriften, Kunstkritik, Kunstphilosophie, Manifeste, Statements, Interviews. Band I: 1895–1941.* Ostfildern-Ruit 2003 (engl. 1992), S. 183–187.
Markovits, Andrei/Hellermann, Steven L.: *Im Abseits. Fußball in der amerikanischen Sportkultur.* Hamburg 2002 (engl. 2001).
Marquard, Odo: Der Schritt in die Kunst. Über Heidegger und Schiller. In: Heidegger, Martin: *Übungen für Anfänger. Schillers Briefe über die ästhetische Erziehung des Menschen. Wintersemester 1936/37.* Hg. von Ulrich von Bülow. Mit einem Essay von Odo Marquard. Marbach am Neckar 2005, S. 191–206.

Marquard, Odo: *Der Einzelne. Vorlesungen zur Existenzphilosophie.* Stuttgart 2013.
Marx, Karl: Lohn, Preis, Profit [1898]. In: Institut für Marxismus-Leninismus beim ZK der SED (Hg.): *Marx-Engels-Werke. Band 16.* Berlin 1962, S. 101–152.
Mathews, Jennifer P.: *Chicle. The Chewing Gum of the Americas, from the Ancient Maya to William Wrigley.* Tucson 2009.
May, Karl: Freuden und Leiden eines Vielgelesenen. In: *Deutscher Hausschatz* 1 (1896/97), S. 1–11.
May, Karl: Old Surehand I. Reiseerzählung. In: *Karl May Werke. IV.18.* Freiburg i. Br. 1909.
May, Karl: Leseralbum. In: *Karl Mays Werke. Historisch-kritische Ausgabe für die Karl-May-Stiftung. Abteilung VIII. Briefe. Band 6.1.* Hg. unter Mitarbeit von Volker Griese und Hans Grunert. Bargfeld 1997–1998.
Mäyrä, Frans: Pokémon GO: Entering the Ludic Society. In: *Mobile Media & Communication* 5/1 (2017), S. 47–50.
Mertens, Mathias/Meißner Tobias O.: *Wir waren Space Invaders. Geschichten vom* Computerspielen. Salzhemmendorf 2010.
Miller, Daniel: *Material Culture and Mass Consumption.* Oxford/Cambridge 1987.
Miller, Daniel: *The Comfort of Things.* London 2008.
Monod, David: *The Soul of Pleasure. Sentiment and Sensation in Nineteenth-Century American Mass Entertainment.* Ithaca 2016.
Montanari, Massimo: *Der Hunger und der Überfluss. Kulturgeschichte der Ernährung in Europa.* München 1999 (ital. 1993).
Müller, Corinna: Revolution der Unterhaltungskultur: das Kino. In: Prügel, Roland (Hg.): *Geburt der Massenkultur.* Nürnberg 2014, S. 169–180.
Münkler, Herfried: *Mitte und Maß. Der Kampf um die richtige Ordnung.* Reinbek 2012.
Museum Folkwang Essen (Hg.): *A Star Is Born. Fotografie und Rock seit Elvis.* Göttingen 2010.

Nagl, Manfred: Zukunft. In: Hügel, Hans-Otto (Hg.): *Handbuch Populäre Kultur. Begriffe, Theorien und Diskussionen*. Stuttgart 2003, S. 530–539.
Nenno, Nancy: Femininity, the Primitive, and Modern Urban Space: Josephine Baker in Berlin. In: Ankum, Katharina von (Hg.): *Women in the Metropolis. Gender and Modernity in Weimar Culture*. Berkeley/Los Angeles/London 1997, S. 145–161.
Osterhammel, Jürgen: *Die Verwandlung der Welt. Eine Geschichte des 19. Jahrhunderts*. München 2009.
Panati, Charles: *Universalgeschichte der ganz gewöhnlichen Dinge*. Frankfurt a. M./Wien 1995 (engl. 1987).
Panofsky, Erwin: Stil und Medium im Film. In: Ders.: *Stil und Medium im Film & Die ideologischen Vorläufer des Rolls-Royce-Kühlers*. Mit Beiträgen von Irving Lavin und William S. Heckscher. Frankfurt a. M. 1999 (engl. 1947), S. 21–57.
Pfeiffer, David: Superhelden auf Zeitreise. Die Serie „Wandavision" und die Frage, wie sehr man die Geschichten aus dem Marvel-Kosmos variieren und persiflieren kann. In: *Süddeutsche Zeitung* (16./17.01.2021), Nr. 12, S. 12.
Plessner, Helmuth: *Politik – Anthropologie – Philosophie. Aufsätze und Vorträge*. München 2001.
Prey, Robert: Knowing Me, Knowing You: Datafication on Music Streaming Platforms. In: Ahlers, Michael [u. a.] (Hg.): *Big Data und Music. Jahrbuch für Musikwirtschafts- und Musikkulturforschung*. Wiesbaden 2019, S. 9–21.
Railton, Arthur R.: Push-Button Manor. In: *Popular Mechanics* (1950), Nr. 84–87, S. 252.
Reckwitz, Andreas: *Die Gesellschaft der Singularitäten. Zum Strukturwandel der Moderne*. Berlin 2017.
Redclift, Michael: *Chewing Gum. The Fortunes of Taste*. New York/London 2004.
Reemtsma, Jan Philipp: *Mehr als ein Champion. Über den Stil des Boxers Muhammad Ali*. Stuttgart 1995.
Requate, Jörg: Amerikanisierung als Grundzug der europäischen Medienentwicklung des 20. Jahrhunderts. In: Daniel, Ute/

Schildt, Axel (Hg.): *Massenmedien im Europa des 20. Jahrhunderts.* Köln 2010, S. 35–58.

Retter, Hein: *Spielzeug. Handbuch zur Geschichte und Pädagogik der Spielmittel.* Weinheim/Basel 1979.

Rettinger, Elmar (Hg.): *Der Wilde Westen am Rhein. Buffalo Bill in Mainz.* Mainz 2010.

Reynolds, Simon: *Generation Ecstasy. Into the World of Techno and Rave Culture.* New York 1999.

Riemel, Mike (Hg.): *Flyer Soziotope. Topographie einer Mediengattung.* Berlin 2005.

Ritter, Gert/Weiss, Günther: Der Einfluß von Grenzen auf industrieräumliche Entwicklungen. Das Fallbeispiel Spielwarenindustrie im Raum Sonnenberg-Neustadt. In: Dies.: *Politische Systeme und räumliche Strukturen. Fallstudien zum Wandel räumlicher Struktur- und Orientierungsmuster in den Grenzräumen der neuen Bundesländer.* Köln 1995, S. 123–144.

Rose, Phyllis: *Jazz Cleopatra. Josephine Baker in her time.* New York/London/Toronto 1989.

Rowling, Joanne K.: *Harry Potter und der Stein der Weisen.* Hamburg 1998 (engl. 1997).

Ruppert, Wolfgang: *Um 1968. Die Repräsentation der Dinge.* Marburg 1998.

Russel, Don: *The Lives and Legends of Buffalo Bill.* Norman 1960.

Rydell, Robert W./Kroes, Rob: *Buffalo Bill in Bologna. The Americanization of the World, 1869–1922.* Chicago 2005.

Scheuch, Erwin K./Scherhorn, Gerhard: *Handbuch der empirischen Sozialforschung. Band 11: Freizeit. Konsum.* Hg. von René König. Stuttgart 1977.

Schildt, Gerhard: *Frauenarbeit im 19. Jahrhundert.* Pfaffenweiler 1993.

Schlaffer, Hannelore: *Mode, Schule der Frauen.* Frankfurt a. M. 2007.

Schlaffer, Hannelore: *Alle meine Kleider. Arbeit am Auftritt.* Springe 2015.

Schneider, Volker: *Die Transformation der Telekommunikation. Vom Staatsmonopol zum globalen Markt (1800–2000).* Frankfurt a. M. 2001.
Schrage, Dominik: *Die Verfügbarkeit der Dinge. Eine historische Soziologie des Konsums.* Frankfurt a. M./New York 2009.
Schulze, Gerhard: *Die Erlebnisgesellschaft. Kultursoziologie der Gegenwart.* Frankfurt a. M. 1993.
Schulze, Hagen: *Staat und Nation in der europäischen Geschichte.* München 2004.
Sconce, Jeffrey: *Haunted Media. Electronic Presence from Telegraphy to Television.* Durham/London 2000.
Sears, John: Bierstadt, Buffalo Bill, and the Wild West in Europe. In: Kroes, Rob [u. a.] (Hg.): *Cultural Transmission and Receptions. American Mass Culture in Europe.* New York 1993, S. 3–15.
Seeßlen, Georg: Sex. In: Hügel, Hans-Otto (Hg.): *Handbuch Populäre Kultur. Begriffe, Theorien und Diskussionen.* Stuttgart 2003, S. 403–408.
Seidl, Monika: Das Scrapbook. In: Kramer, Anke/Pelz, Annegret (Hg.): *Album. Organisationsformen narrativer Kohärenz.* Göttingen 2013, S. 204–210.
Sellin, Paul: *Die Banane. Ein neues Volksnahrungsmittel. Eine botanisch-volkswirtschaftlich-ernährungsphysiologische Studie.* Langenfelde-Altona 1911.
Sheehan, James J.: *Geschichte der deutschen Kunstmuseen. Von der fürstlichen Kunstkammer zur modernen Sammlung.* München 2002 (engl. 2000).
Sidorick, Daniel: *Condensed Capitalism. Campbell Soup and the Pursuit of Cheap Production in the Twentieth Century.* Ithaca 2009.
Sieferle, Rolf Peter: Gesellschaft im Übergang. In: Baecker, Dirk (Hg.): *Archäologie der Arbeit.* Berlin 2002, S. 117–151.
Simmel, Georg: *Soziologie. Untersuchungen über die Formen der Vergesellschaftung.* Berlin 1908.
Simmel, Georg: *Gesamtausgabe in 24 Bänden. Band 10 (Philosophie der Mode (1905). Die Religion (1906/1912). Kant und*

Goethe (1906/1916). Schopenhauer und Nietzsche (1907)). Hg. von Otthein Rammstedt. Frankfurt a. M. 1995.
Singer, Leslie: *ZAP! Ray Gun Classics*. San Francisco 1991.
Spex. Magazin für Popkultur: Lady Gaga natürlich! (Juli/August 2011), Nr. 333, S. 34–44.
Spigel, Lynn: *Make Room for TV. Television and the Family Ideal in Postwar America*. Chicago 1992.
Spigel, Lynn: Der suburbane Hausfreund: Fernsehen und das Ideal von Nachbarschaft im Nachkriegsamerika. In: Ortlepp, Anke/Ribbat, Christoph (Hg.): *Mit den Dingen leben. Zur Geschichte der Alltagsgegenstände*. Stuttgart 2010, S. 187–217.
Sprenger, Florian/Engemann, Christoph (Hg.): *Internet der Dinge. Über smarte Objekte, intelligente Umgebungen und die technische Durchdringung der Welt*. Bielefeld 2015.
Stagl, Justin: Grade der Fremdheit. In: Münkler, Herfried, unter Mitarbeit von Bernd Ladwig (Hg.): *Furcht und Faszination. Facetten der Fremdheit*. Berlin 1997, S. 85–114.
Stagl, Justin: *Eine Geschichte der Neugier. Die Kunst des Reisens 1550–1800*. Wien/Köln/Weimar 2002 (engl. 1995).
Stalder, Felix: *Kultur der Digitalität*. Berlin 2016.
Stallybrass, Peter/Jones, Ann Rosalind: Fetishizing the Glove in Renaissance Europe. In: Brown, Bill (Hg.): *Things*. Chicago/London 2004, S. 174–192.
Stanitzek, Georg: Talkshow-Essay-Feuilleton-Philologie. In: *Weimarer Beiträge* 38/4 (1992), S. 506–528.
Star, Susan L./Griesemer, James R.: Institutional Ecology, 'Translations' and Boundary Objects. Amateurs and Professionals in Berkeley's Museum of Vertebrate Zoology, 1907–39. In: *Social Studies of Science* 19/3 (1989), S. 387–420.
Stark, Luke/Crawford, Kate: The Conservatism of Emoji: Work, Affect and Communication. In: *Social Media + Society* 1/2 (2015), S. 1–11.
Statistisches Bundesamt (Hg.): *Bevölkerung und Wirtschaft 1872–1972*. Stuttgart/Mainz 1972.
Stiegler, Christian: Selfies und Selfie Sticks. Automedialität des digitalen Selbstmanagements. In: Ders./Breitenbach,

Patrick/Zorbach, Thomas (Hg.): *New Media Culture. Neue Phänomene der Netzkultur.* Bielefeld 2015, S. 67–81.

Stöber, Rudolf: *Neue Medien. Geschichte. Von Gutenberg bis Apple und Google. Medieninnovation und Evolution.* Bremen 2013.

Stollfuß, Sven: We are @DruckAddicts. Social TV und Fan-Engagement am Beispiel der Social Media-Serie DRUCK. In: Ochsner, Beate /Otto, Isabell/Stiegler, Bernd/Zons, Alexander (Hg.): *Smarte Serienfans. Resistente Praktiken der Teilhabe in Fan-Gemeinschaften.* Marburg 2020, S. 83–95.

Strasser, Peter: Über das Banale. In: Aspetsberger, Friedbert/Höfler, Günter A. (Hg.): *Banal und Erhaben. Es ist (nicht) alles eins.* Innsbruck/Wien 1997, S. 13–28.

Sülzle, Almut: *Fußball, Frauen, Männlichkeiten. Eine ethnographische Studie im Fanblock.* Frankfurt a. M. 2011.

Thalheim, Vinzenz: *Heroische Gemeinschaften. Ich-bin-Räume von Ultras im Fußball.* Weinheim/Basel 2019.

Tokarski, Walter/Schmitz-Scherzer, Reinhard: *Freizeit.* Stuttgart 1985.

Toth, Christian: Pokémon Go. User-Created Social Environments in a Single Player Game. In: Clash of Realitites (Hg.): *On the Art, Technology and Theory of Digital Games. Proceedings of the 6th and 7th Conference.* Bielefeld 2017, S. 365–375.

Turner, Frederick Jackson: *Demokratisches Selbstverständnis und der Westen. Texte über Amerika.* Herausgegeben, kommentiert und mit einem Essay versehen von Philipp Gassert. Stuttgart 2019.

Urry, John: *The Tourist Gaze. Leisure and Travel in Contemporary Societies.* London 2002.

Veigel, Hans-Joachim: Licht wird produziert. In: Stiftung Stadtmuseum Berlin (Hg.): *Berlin im Licht.* Berlin 2008, S. 17–32.

Vinken, Barbara: *Angezogen. Das Geheimnis der Mode.* Stuttgart 2014.

Wallerstein, Immanuel: *Das moderne Weltsystem. Die Anfänge kapitalistische Landwirtschaft und die Entstehung der*

europäischen Weltwirtschaft im 16. Jahrhundert. Frankfurt a. M. 1986 (engl. 1974).
Ward, Brian: *Just my soul responding. Rhythm and Blues, black consciousness and race relations.* London 1998.
Warhol, Andy: *Die Philosophie des Andy Warhol von A bis B und zurück.* Frankfurt a. M. 2013 (engl. 1975).
Waterhouse, Richard: The Internationalisation of American Popular Culture in the Nineteenth Century: The Case of the Minstrel Show. In: *Australasian Journal of American Studies* 4/1 (1985), S. 1–11.
Weber, Max: *Geistige Arbeit als Beruf. Vier Vorträge vor dem Freistudentischen Bund. Erster Vortrag.* München 1919.
Weis, Diana: *Modebilder. Abschied vom Real Life.* Berlin 2020.
Wellershoff, Dieter: Infantilismus als Revolte oder das ausgeschlagene Erbe – Zur Theorie des Blödelns. In: Preisendanz, Wolfgang/Warning, Rainer (Hg.): *Das Komische.* Poetik und Hermeneutik. Band 7. München 1976, S. 335–357.
White, Richard: Frederick Jackson Turner and Buffalo Bill. In: Ders./Nelson Limerick, Patricia: *The Frontier in American Culture.* Berkeley/Los Angeles 1994, S. 6–65.
Wicke, Peter: *Von Mozart bis Madonna. Eine Kulturgeschichte der Popmusik.* Leipzig 1998.
Wicke, Peter/Ziegenrücker, Kai-Erik/Ziegenrücker, Wieland (Hg.): *Handbuch der populären Musik. Geschichte, Stile, Praxis, Industrie.* Mainz 2007.
Wihstutz, Benjamin: *Der andere Raum. Politiken sozialer Grenzverhandlung im Gegenwartstheater.* Berlin 2012.
Wilke, Kerstin: *‚Die deutsche Banane'. Wirtschafts- und Kulturgeschichte der Banane im Deutschen Reich 1900–1939.* Hannover 2004. (Dissertation Leibniz Universität Hannover).
Winter, Marian Hannah: Juba and American Minstrelsy [1947]. In: Bean, Annemarie/Hatch, James V./McNamara, Brooks (Hg.): *Inside the Minstrel Mask. Readings in Nineteenth-Century Blackface Minstrelsy.* Hanover/London 1996, S. 223–244.

Winter, Rainer: Popularisierung. In: Hügel, Hans-Otto (Hg.): *Handbuch Populäre Kultur. Begriffe, Theorien und Diskussionen.* Stuttgart 2003, S. 348–351.
Wulf, Christoph (Hg.): *Vom Menschen. Handbuch Historische Anthropologie.* Weinheim/Basel 1997.
Zeilinger, Johannes: ‚Nicht Einzelwesen, sondern Drama ist der Mensch'. Karl Mays Leben – Ein Traum von Größe. In: Beneke, Sabine/Zeilinger, Johannes (Hg.): *Karl May. Imaginäre Reisen.* Berlin 2007, S. 9–35.
Zika, Anna: *Ist alles eitel? Zur Kulturgeschichte deutschsprachiger Modejournale zwischen Aufklärung und Zerstreuung 1750–1950.* Weimar 2006.

MIX
Papier aus verantwortungsvollen Quellen
Paper from responsible sources
FSC® C105338

If you have any concerns about our products,
you can contact us on
ProductSafety@springernature.com

In case Publisher is established outside the EU,
the EU authorized representative is:
**Springer Nature Customer Service Center GmbH
Europaplatz 3, 69115 Heidelberg, Germany**

Printed by Libri Plureos GmbH
in Hamburg, Germany